Meike Hoffmann / Nicola Kuhn

HITLERS KUNSTHÄNDLER

Meike Hoffmann · Nicola Kuhn

HITLERS KUNSTHÄNDLER

HILDEBRAND GURLITT
1895–1956

Die Biographie

C.H.Beck

Mit 36 Abbildungen

Verlag C.H.Beck oHG, München 2016
Gesetzt aus der Adobe Garamond Pro, Frutiger LT
bei Fotosatz Amann, Memmingen
Druck und Bindung: CPI – Ebner & Spiegel, Ulm
Umschlaggestaltung: Kunst oder Reklame, München
Umschlagabbildung: Adolf Hitler mit Joseph Goebbels im Sammeldepot «Entarteter Kunst» in der Köpenicker Straße 24, Berlin-Kreuzberg, 13. Januar 1938, Foto: Courtesy National Archives, Washington D. C., photo no. 242-HB-32016-3
Gedruckt auf säurefreiem, alterungsbeständigem Papier
(hergestellt aus chlorfrei gebleichtem Zellstoff)
Printed in Germany
ISBN 978 3 406 69094 5

www.chbeck.de

Für Luzie, Lotti und Jens
Für Josefine, Jan und Jörg

Inhalt

Vorwort

Der Fall Gurlitt hat die Welt aufgerüttelt, ein neues Licht auf privaten wie musealen Kunstbesitz geworfen. Die Öffentlichkeit nahm in den Monaten nach der Entdeckung des «Schwabinger Kunstfunds» am Thema Raubkunst Anteil wie nie zuvor. Unsere Biographie des Menschen hinter dem Fund erzählt die Geschichte der Bilder – woher sie stammten, was den Sammler motivierte, in welchem Zwielicht er sich bewegte. An seinem Leben, das sich über vier Epochen deutscher Geschichte erstreckte – Kaiserreich, Weimarer Republik, Nationalsozialismus und Bundesrepublik –, lassen sich tragische Dimensionen, verbrecherisches Handeln und die hartnäckige Verdrängung der eigenen Schuld aufzeigen. Gurlitts Weg erscheint bezeichnend für viele Deutsche, die im Nationalsozialismus unter Druck gerieten, mitmischten, sich verstrickten und sich nach dem Ende des «Dritten Reiches» einer Auseinandersetzung mit der Vergangenheit nicht mehr stellen wollten.

Als Autorengespann, als Wissenschaftlerin und als Kunstkritikerin, haben wir die Zusammenarbeit an der Biographie Hildebrand Gurlitts als ausgesprochen fruchtbar empfunden. Meike Hoffmann entwickelte das Konzept – Nicola Kuhn stieß dazu. Jede von uns hat ihren Anteil eingebracht, und zu unserer Freude geschah dies nicht separiert, denn die Felder mischten sich – Quellen ausgewertet und formuliert haben wir beide. Basis des Buches sind die jahrelangen Recherchen von Meike Hoffmann in in- und ausländischen Archiven zum Kunsthandel in der NS-Zeit und insbesondere zu Hildebrand Gurlitt im Rahmen ihrer Forschungen an der Freien Universität Berlin. Auf Grundlage der von ihr aufgefundenen noch nicht ausgewerteten Selbst- und Fremdzeugnisse zu Hildebrand Gurlitt war es erst möglich, die Brüche und Ambivalenzen von dessen Lebensweg herauszuarbeiten. Am Fall Gurlitt wird sichtbar, welche Defizite bis heute in der Aufklärung von Kunstraub und Kunsthandel im «Dritten Reich» bestehen, wie viel Aufarbeitung die Museen noch zu leisten haben und dass auch die Gesetzgebung zur Restitution von Raubkunst neu überdacht werden muss.

Meike Hoffmann und Nicola Kuhn im Dezember 2015

Kapitel 1

Prolog: Eine doppelte Wende

Ein sonniger Tag verspricht es zu werden. Ende April hat das Thermometer in Hamburg schon 18 Grad erreicht. Der Frühling kommt mit aller Kraft, in den Vorgärten und Parks blühen die Rabatten, rund um die Alster, wo sich die Hansestadt von ihrer prächtigsten Seite zeigt, sprießt es. Auch die Häuser sind geschmückt für diesen besonderen Tag, den 1. Mai 1933, allerdings nicht vorsommerlich heiter. Die öffentlichen Gebäude sind beflaggt. Die Anordnung zum Hissen – neben der schwarzweiß-roten Fahne des Kaiserreichs hat auch die Hakenkreuz-Flagge im Wind zu wehen – kommt direkt aus Berlin und ergeht an alle Städte im Deutschen Reich, denn Hitler hat den 1. Mai zum «Feiertag der deutschen Arbeit» erklärt. Das Reichspropagandaministerium und die Nationalsozialistische Betriebsorganisation haben überall Aufmärsche geplant, eine Machtdemonstration gigantischen Ausmaßes. Mit Paraden und Massenaufzügen im ganzen Land sucht die NSDAP die Arbeiterschaft hinter sich zu scharen, nur um am nächsten Morgen eine brutale Offensive gegen die Gewerkschaften zu eröffnen und sie zu zerschlagen. Die Funktionäre werden verhaftet, die Konten beschlagnahmt, die Gewerkschaftshäuser besetzt.

Ein Tag mit schlimmen Folgen sollte es werden. Welche Fortsetzung dieser 1. Mai 1933 haben würde, konnte damals niemand ahnen, aber eine eigentümliche Stimmung, eine Mischung aus Vorfreude auf das Spektakel, aus Machtlüsternheit, aus banger Sorge, dürfte geherrscht haben. Die Verfolgung von Kommunisten, Künstlern, Andersdenkenden, von Juristen und Finanzbeamten jüdischer Herkunft hatte sogleich nach dem Machtantritt der Nationalsozialisten am 30. Januar 1933 begonnen. Eine regelrechte Fluchtwelle erfasste das Land nach dem Reichstagsbrand am 27. Februar, 37 000 Menschen emigrierten im Laufe des Jahres. Am 1. April kam es zu blutigen Ausschreitungen beim reichsweiten Boykott jüdischer Geschäfte. Eine knappe Woche später, am 7. April 1933, wurden mit dem «Gesetz zur Wiederherstellung des Berufsbeamtentums» Professoren aufgrund ihrer jüdischen Herkunft oder politischen Einstellung ihrer Ämter enthoben. Der zum Feiertag erklärte 1. Mai unter dem Motto «Ehret die Arbeit und achtet den Arbeiter!» diente als weiterer Baustein im nationalsozialistischen Machtgefüge, die Integration der Arbeiter in die neue «Volksgemeinschaft» besaß bei den Nationalsozialisten höchste Priorität. Sie sollten das Fundament für den neuen Staat bilden.

Auch Hamburg präpariert sich für den neu deklarierten Feiertag, neben Berlin und München gilt die größte Stadt im Norden als wichtiger Ausgangsort für die nationalsozialistische Bewegung. Was hier geschieht, wird im Land wahrgenommen. Längst befindet sich Hamburg in Parteihand, seit Carl Vincent Krogmann bei der Senatswahl am 8. März zum Ersten Bürgermeister bestimmt worden ist. Trotzdem vollzieht sich der Wandel in den ersten Monaten langsam. Zwar übernimmt die NSDAP bei der Senatswahl im März die Führung, aber die Bürgerschaft, das Parlament der Hansestadt, hat Anteil an der Regierungsneubildung und stellt sechs der insgesamt zwölf Senatoren. Damit sieht es vorläufig so aus, als bliebe das parlamentarische System erhalten. Erst in einem zweiten Schritt wird Hamburg vollends gleichgeschaltet. Die überwiegende Mehrheit der Bevölkerung lässt sich bereitwillig täuschen.

In der Hansestadt sind zum 1. Mai wie überall sonst auch Paraden geplant, Musikaufführungen finden statt, öffentliche Bekenntnisse zu Hitler als neuem Führer stehen auf dem Programm. Für die Hamburgische Universität ergreift der Mediziner und Prorektor Ludolph Brauer das Wort: «Wir bekennen uns zu unserem kraftvollen Reichskanzler Adolf Hitler [...] Wir haben des Mannes, der uns von der deutschen Zwietracht erlösen sollte, sehnsüchtig geharrt. Nun ist er erstanden. Freudig wollen wir ihm dienen.» Der Anhänger der Deutschnationalen Volkspartei ruft pathetisch zu Vaterlandsliebe, Opferbereitschaft, Wehrhaftigkeit auf und verspricht stellvertretend für die Alma Mater: «In diesen hohen Idealen werden unsere Universitäten zu allen Zeiten dastehen, weil es Deutsche sind, die an ihnen walten.»[1]

Am 1. Mai bekunden nicht nur die Arbeiter, sondern auch andere gesellschaftliche Gruppen ihre Gefolgschaft gegenüber den neuen Machthabern. Wer sich an diesem Tag verweigert, und das an prominenter Stelle, muss mit Folgen rechnen. Nur fünf Minuten vom Universitätsgebäude entfernt, wo Prorektor Brauer seine flammende Rede hält, befindet sich damals in der Neuen Rabenstraße 25 der Hamburger Kunstverein. Auf dessen Dach flattert keine Fahne. Ohnehin fällt das Gebäude aus der Nachbarschaft heraus. Zwischen den klassizistischen Patriziervillen wirkt die kühle, glatte Fassade aus Glas und hell verputzten Flächen wie eine Kampfansage an die Umgebung, an Tradition und Norm. Die von dem Hamburger Architekten Karl Schneider zum Vereins- und Ausstellungshaus umgebaute Villa ist in ihrer modernen Erscheinung dem lokalen «Kampfbund für Deutsche Kultur» seit jeher ein Dorn im Auge. Und dann noch diese Provokation, eine Form der Sabotage beinahe: Ausgerechnet in dem gediegenen Viertel Rotherbaum mit seinen vielen öffentlichen Gebäuden wie der Universität, dem Fernsprechknotenamt, dem Norddeutschen Rundfunk und zahlreichen Museen bleibt die Fahnenstange hier leer.

Das Nichthissen der Flagge ist ein Akt der Verweigerung; die Nachteile für seine weitere Karriere kann sich Hildebrand Gurlitt, der Direktor des Hamburger Kunstvereins, ausmalen. Aus heutiger Sicht imponiert diese Tat zunächst – dann aber irritiert sie, denn Gurlitt kollaboriert nur wenig später mit den Nationalsozialisten, die ihn zu einem ihrer wichtigen Kunsthändler machen. Was ist das für ein Mensch, der nach bewiesener Standhaftigkeit dann doch überläuft und sich im Laufe der Zeit zunehmend bereichert? Was ist das für eine Tat, die einerseits Signalwirkung besitzt und später umso mehr die verlorene Orientierung bezeugt? Hildebrand Gurlitt trifft innerhalb weniger Jahre zwei Mal für sein Leben folgenschwere Entscheidungen, erst gegen und dann für das NS-Regime. Wie wird ein kritischer Geist zum Mitläufer, ein Vorkämpfer der Moderne zu deren Liquidator, ein Opfer zum Täter? Der abmontierte Fahnenmast steht für eine Haltung, von der am Ende nicht viel übrig bleibt, ein Bekenntnis, das zur Leerstelle mutiert.

Am 1. Mai 1933 jedoch zeugt dieses Bild von Entscheidungskraft. Hildebrand Gurlitt weiß, was er tut, er weiß auch, dass er hier in einer Grauzone agiert, da es sich beim Kunstverein nicht um ein städtisches Gebäude handelt und das Hissen der Hausfahnen darum hier nicht verpflichtend ist. Dass ein solcher Akt die Nationalsozialisten trotzdem an empfindlicher Stelle trifft, zeigen die zahlreichen Denunzierungen und anschließenden Verfahren gegen Personen, die sich am 1. Mai 1933 kritisch zur Hakenkreuz-Fahne geäußert haben sollen. Gurlitt hat seine Kontakte zu den Größen der Hamburger Politik, die er vorher geschickt zu nutzen wusste, unweigerlich zerstört. Es kommt, wie es kommen muss: Als Direktor kann er sich nur noch dreieinhalb Monate halten, dann verliert er seinen Posten. Als er am 15. August 1933 sein Amt niederlegt, geht mit ihm der gesamte Vorstand.[2] Der Wind hat sich endgültig gedreht. Carl Vincent Krogmann, der neue Bürgermeister, der dem gerade erst zwei Jahre amtierenden Hildebrand Gurlitt bislang gewogen war und den Kunstverein unterstützte, lässt ihn fallen. Der Zorn auf den renitenten Direktor ist selbst Wochen nach dessen Entlassung aus dem Amt noch nicht verraucht. Und die Folgen reichen weiter: Eine Laufbahn als Leiter einer Sammlung moderner Kunst, die Gurlitt seit seiner Studienzeit verfolgt hat, ist damit verbaut. Gurlitt hat sich ins Abseits manövriert. Als der Kunstvereinsdirektor gehen muss, wird er mit einem Publikationsverbot belegt, das ihm sowohl das öffentliche Reden als auch das Schreiben untersagt. Auch sein Anspruch auf eine Pension ist verwirkt.[3] Er steht damit zum zweiten Mal vor den Trümmern seiner Karriere, nachdem er schon in Zwickau als Direktor des König-Albert-Museums wegen seines Einsatzes für die moderne Kunst seines Amtes enthoben wurde.

Warum hat es Gurlitt darauf ankommen lassen? Warum gibt er sein Engagement für die Avantgarde vorerst auf? Was hat den als energisch und durchsetzungsstark geltenden Vorkämpfer der Moderne veranlasst, seine Ablösung zu provozieren? Der 1. Mai 1933 wird für Gurlitt zum Wendepunkt. Er muss erkennen, dass seine Vision einer modernen Kunst als Symbol für die deutsche Nation mit der Ideologie der Nationalsozialisten nicht zu vereinbaren ist. Der von Hitler ernannte «Tag der Arbeit» bezeugt ihm durch die schiere Masse seiner Teilnehmer, dass die Mehrheit in eine andere Richtung strebt. Jenes alle gesellschaftliche Schichten umfassende Publikum, das er seit seinen Anfängen als junger Kurator in Zwickau erreichen wollte, wird ihm nicht mehr folgen, er steht auf verlorenem Posten. Den Kunstverein als Instrument seiner pädagogischen Arbeit kann er nicht mehr einsetzen. Mit dem Nicht-Hissen der Hakenkreuz-Fahne signalisiert er nach außen Widerstand, hat zu diesem Zeitpunkt aber für sich schon resigniert. In der Öffentlichkeit beweist Gurlitt Standhaftigkeit, als privater Geschäftsmann aber lässt er sich nur allzu bald korrumpieren.

Der 1. Mai 1933 ist für Hildebrand Gurlitt schicksalhaft. Sein Leben scheidet sich in ein Davor und ein Danach. Später schreibt er rückbli-

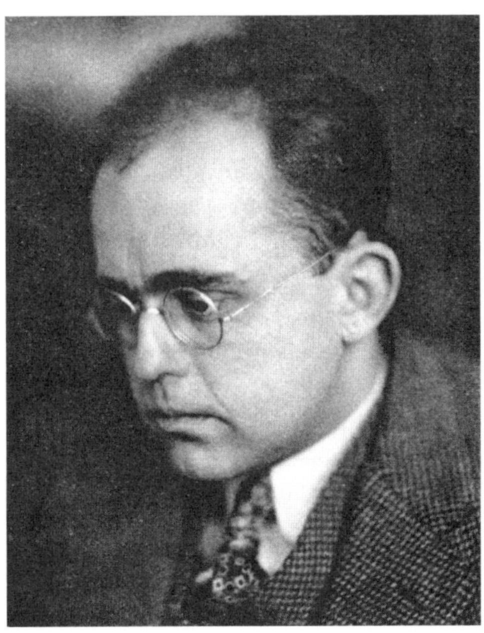

Hildebrand Gurlitt, um 1925

ckend über sein Leben, es sei darin «in seinem Wechsel nicht viel Besonderes aber sehr viel typisch deutsches enthalten».[4] Damit dürfte er genau jene Ambivalenzen gemeint haben, denen er sich jedoch nie wirklich stellte. Sich selbst hat er als Taktiker gesehen, der für seine Mission, die Durchsetzung der Moderne, zu Umwegen gezwungen war. Auf diese Weise verbrämte er seine Verfehlungen im NS-Regime. Die Erfahrungen am Zwickauer Museum prägten ihn, das Desaster am Hamburger Kunstverein bestätigte ihn darin, den institutionellen Rahmen zu verlassen. Nur wenig später sollte sich zeigen, dass ihm in dieser Zeit auch sein inneres Korrektiv verloren ging.

Die Aussicht auf ein zweites Zwickau mag Hildebrand Gurlitt zu seinem widerständigen und zugleich fatalistischen Schritt am 1. Mai bewogen haben. Die Erinnerung an seine Niederlage als erster hauptamtlicher Direktor des dortigen König-Albert-Museums muss ihm im Nacken gesessen haben. Während seiner Amtszeit von 1925 bis 1930 war er einer ständigen Kritik aus rechtskonservativen Kreisen ausgesetzt, der die Richtung des jungen Museumsdirektors nicht passte. Gurlitt baute hier erstmals eine moderne Kunstsammlung auf und ließ das Interieur im Bauhaus-Stil gestalten. Unter Gurlitt wird das Museum zu einem Muster für die Museumsreform, mit der in der Weimarer Republik auf Grundlage einer liberalen Kulturpolitik Deutschland als Kulturnation wieder erstarken soll. Unter ihm verwandelt sich innerhalb kürzester Zeit ein verschlafenes Provinzmuseum in ein Haus mit überregionaler Ausstrahlung.

Doch Gurlitt muss sich tagtäglich bei der Stadt Zwickau rechtfertigen, Geld bekommt er kaum zur Realisierung seiner Pläne. Trotzdem setzt er sich zunächst durch, was ihm in Kollegenkreisen hohes Ansehen verschafft, wofür er regelrecht gefeiert wird. Die Stadt selbst, die Mehrheit der Bevölkerung hat kaum Verständnis für Gurlitts Ambitionen. In dem von Industrie und Arbeiterschaft geprägten Umfeld besitzt die Kultur allgemein keinen hohen Stellenwert. Seit Beginn der 1920er Jahre gewinnen die Nationalsozialisten an Terrain. Und so sieht sich Gurlitt bald schon Diffamierungen in der Presse ausgesetzt, die ihrem Unverständnis gegenüber der von ihm geförderten Kunst, ja Hass gegen die Moderne freien Lauf lässt. Nachdem die Hetze einmal begonnen hat, besitzt Gurlitt kaum noch eine Chance. Nichts hilft mehr, kein Intervenieren des Deutschen Museumsbundes, keine Petition von Kunstfreunden, nicht einmal von Politikern. Zum April 1930 wird Gurlitts Vertrag mit der Stadt Zwickau aufgelöst. Als einer der ersten Museumsdirektoren Deutschlands muss er wegen seines Engagements für die Avantgarde gehen.

Im Vergleich zu diesen Verwerfungen muss sich für Gurlitt im Frühjahr 1933 die Situation noch verhältnismäßig harmlos dargestellt haben. Erst recht zwei Jahre früher, als er in die Hansestadt übergesiedelt ist, um den Posten des geschäftsführenden Direktors am Hamburger Kunstverein anzutreten. In Hamburg ist die Familie Gurlitt seit 200 Jahren ansässig und schon immer im Kulturbereich tätig gewesen. Eine Gurlitt-Insel und eine Gurlittstraße im Stadtteil St. Georg erinnern bis heute daran. Ihre Benennung im Jahr 1840 geht zurück auf den Aufklärer und Lehrer Johann Gottfried Gurlitt, der das Hamburger Gymnasium Johanneum reformierte. Abgesehen von den familiären Bindungen, die Hildebrand Gurlitt Wohlwollen in der Stadt sichern, ist auch das kulturelle Klima hier sehr viel freundlicher als in Zwickau.

In Hamburg existiert vor 1933 eine pluralistische Kunstszene, die Moderne hat hier längst Einzug gehalten. Es gibt eine potente und einflussreiche Sammlerszene, auf die sich Gurlitt berufen kann. Und es gibt prägende Persönlichkeiten in öffentlichen Institutionen, allen voran Max

Sauerlandt, Direktor des Museums für Kunst und Gewerbe, sowie Gustav Pauli, Direktor der Hamburger Kunsthalle, und Fritz Schumacher, Oberbaudirektor der Hansestadt, die schon lange vor Hildebrand Gurlitts Ankunft 1931 für die Moderne eingetreten sind. Die Hansestadt rangiert gleich hinter Berlin als die progressivste Stadt der Weimarer Republik.

Aber auch in Hamburg hat Gurlitt bald Kämpfe auszufechten. Als besonders streitanfällig erweist sich die gemeinsame Bespielung des Kunstvereinsgebäudes mit der konservativen «Hamburgischen Künstlerschaft». Auch wenn Gurlitt um einen ausgewogenen Ausstellungsplan bemüht ist, gibt es immer wieder Auseinandersetzungen. Der offene Streit lässt nicht lange auf sich warten – 1932 wird eine Pressekampagne gegen Gurlitt eröffnet, ein aus Zwickau bekanntes Spiel. Die Attacken gegen ihn gipfeln im März 1933 darin, dass per Anordnung des Polizeipräsidenten eine Ausstellung der Hamburgischen Sezession im Kunstverein geschlossen wird – das erste Verbot einer Kunstausstellung im «Dritten Reich».

Dieser Schlag dürfte jedoch nicht der Grund für Gurlitts Entscheidung gewesen sein, die Kunstvereinsarbeit aufzugeben, denn gleich darauf beweist er noch einmal, dass ihm gerade in den Weg gestellte Hemmnisse ein Ansporn sind. Unmittelbar nach Schließung beginnt er mit der Vorbereitung einer unverfänglichen Altmeister Ausstellung, um den Kritikern den Wind aus den Segeln zu nehmen. Mit einer Schau italienischer Futuristen, einer im faschistischen Italien akzeptierten Richtung der Avantgarde, versucht er, das Ruder noch einmal herumzureißen. Als Eröffnungsredner kann er den mit ihm befreundeten Carl Vincent Krogmann gewinnen. Ein geschickter Schachzug, denn Krogmann gehört zu einer der einflussreichsten Kaufmannsfamilien der Hansestadt und steht für die alteingesessene Bürgerschaft in Hamburg, die das kulturelle Geschehen bis dahin prägte. Als Sammler und Förderer einer gemäßigten Moderne und zugleich NSDAP-Mitglied soll er dem in die Kritik geratenen Kunstvereinsdirektor den Rücken stärken. Doch mit der Entfernung des Fahnenmastes verspielt Gurlitt seine Gunst.

Als dies geschieht, ist eine Diffamierung der modernen Kunst als «entartet» noch nicht in Sicht. Ganz im Gegenteil gibt es im ersten Jahr nach der nationalsozialistischen Machtübernahme reichsweit Versuche, zumindest einen Teil der Avantgarde, den Expressionismus, zur neuen Staatskunst zu erheben. Joseph Goebbels, damals schon Reichsminister für Volksaufklärung und Propaganda und damit einer der einflussreichsten Politiker im Kulturbereich, bekennt zu Beginn des Nazi-Regimes noch seine Wertschätzung für die moderne Kunst. Er äußert sich lobend über die Skulpturen von Ernst Barlach sowie die Malerei von Emil Nolde und Edvard Munch, umgibt sich sogar selber mit Werken dieser Künstler in seinen Privaträumen und Büros. Gemeinsam mit ihm setzt sich vor allem der Nationalsozialistische Deutsche Studentenbund vehement für die Moderne ein und verteidigt den Expressionismus als eine bodenständige deutsche Kunst mit spezifisch nordischer Ausdrucksform. 1933 ist also noch nicht absehbar, welche Zukunft der Moderne bevorsteht, zumal sie seit jeher Kritik ausgesetzt ist, seit den 1920er Jahren insbesondere durch völkisch-reaktionäre Kreise. Viele Museumsdirektoren und Künstler verkennen die aufziehende Gefahr.

Auch Gurlitt wird damals weder mit verstärkten Angriffen noch mit einem abrupten Ende der Anerkennung moderner Kunst in der Öffentlichkeit gerechnet haben. Die weitere Entwicklung des Kunstvereins nach Gurlitts Amtsniederlegung gibt ihm gewissermaßen recht: Zunächst ist kein Bruch sichtbar. Nach ihm übernimmt Krogmann selbst den Vorsitz und ändert nur wenig am Programm. Alle Künstler, die Gurlitt vorher ausgestellt hat, sind weiterhin in der Neuen Rabenstraße zu sehen. Erst 1936 wird hart eingeschritten, eine weitere Ausstellung geschlossen, der amtierende Direktor des Kunstvereins abgesetzt, der Verein direkt dem Ressort des Reichsministeriums für Volksaufklärung und Propaganda zugeordnet und das Gebäude in der Neuen Rabenstraße zwangsversteigert.

Gurlitt aber hat mittlerweile sein Auskommen im Kunsthandel gefunden, der einzige Weg, der ihm offengeblieben sei, wie er später behauptet. Diese Option mag ihm zunächst zwar kaum behagt haben, sieht er sich doch als Museums-, nicht als Geschäftsmann, dem Kunst weniger Ware denn ideeller Wert ist. Im Handel aber tritt er als Vermittler für gleichgesinnte Sammler auf, später sogar als angeblicher Beschützer der verfemten Kunst, als es gefährlich wird, sie offiziell anzubieten. Hier beginnt schleichend der Prozess eines moralischen Vagierens, als zwischen Gewinn und Rettung nicht mehr klar zu trennen ist und jüdische Sammler ihre Schätze schnellstmöglich zu niedrigen Preisen abzustoßen suchen.

Die zweite Wende seines Lebens aber kommt für Hildebrand Gurlitt in dem Moment, als er offiziell einwilligt, für die Nationalsozialisten den Verkauf der als «entartet» an den Pranger gestellten Kunst zu übernehmen, um dem Reich Devisen zu beschaffen. Vier Jahre hat er als Kunsthändler selbstständig gearbeitet, nun darf er als «Vierteljude» in dem Gewerbe nicht länger tätig sein, es sei denn, er nützt dem Reich. Gurlitt ist zwar kein Mann der Partei, aber geschätzt als Kenner und bestens vernetzt. Er wird gebraucht und lässt sich willig benutzen. Geschickt deckt er sich in dieser Zeit mit Werken der Moderne ein, von denen viele in seine Sammlung eingehen. Den endgültigen Pakt mit dem verbrecherischen Regime schließt er wenige Jahre darauf. Gleich nach der Besetzung Frankreichs geht er nach Paris und beginnt sich dort den Kunstmarkt zu erobern. Zügig baut er den Radius seines Handels aus: Belgien, Holland, Ungarn. Von den Alliierten wird er später als «Chiefdealer» eingestuft, er selbst versucht seine Position jedoch herunterzuspielen.

Aus dem mutigen, moralisch integren Mann, als der er am 1. Mai 1933 in Hamburg gelten muss, ist ein Schieber geworden, der seine Verfehlungen, seinen Selbstbetrug nicht einmal erkennen will, als er sich 1945 vor den Alliierten erklären soll. Wie so viele versäumt er es nach dem Krieg, sich Rechenschaft abzulegen und für die vorangegangenen Jahre Verantwortung zu übernehmen. Gurlitt wird nochmals Direktor eines Kunstvereins, diesmal in Düsseldorf, und schickt seine von den Alliierten zurückerhaltene Sammlung auf Reisen. Er unterstützt die institutionalisierte Rückführung von Werken, die er einst selbst als Händler erworben hatte. Die Nachfragen jüdischer Privatsammler aber blockt er ab. Die Chance zur Revision ergreift er nicht. Damit lädt Hildebrand Gurlitt eine zweite Schuld auf sich, die er seinen Kindern vererbt. Er sieht sich weiterhin als Herold der Moderne, der nun endlich wieder offen zeigen kann, wofür er sich immer schon engagiert hat. Dass er sich diskreditiert hat, verdrängt er perfekt. Die Szene mit dem fehlenden Fahnenmast steht retrospektiv für sein gesamtes Leben. Er wich zurück, zu offenem Widerstand sollte er sich nie bekennen. Eine klare Haltung zu den politischen Verhältnissen legte er nicht an den Tag, um sich die Machthaber gewogen zu halten. Auch im neuen System der Bundesrepublik fügt er sich problemlos ein, in dem er kaum hinterfragt seine Arbeit fortsetzen kann. Die Klärung seines Lebens, der von ihm gemachten Fänge hinterlässt er den überforderten Erben.

Kapitel 2

Die Gurlitts: Ein Familienporträt

Wann immer sich Paul Theodor Ludwig Hildebrand Gurlitt, so der vollständige Name, mit seinem Lebenslauf vorstellt – ob bei Bewerbungen für das Zwickauer Museum oder den Hamburger Kunstverein, ob bei seinen Auskünften für die alliierten Streitkräfte nach 1945 –, stets führt er stolz seine Familie an und nennt deren prominenteste Mitglieder, allen voran seinen Vater Cornelius Gustav Gurlitt, den bekannten Architekturhistoriker. Die Familie ist seine Rechtfertigung, nach hohen Ämtern zu greifen. Bei Verhören in der Nachkriegszeit dient sie als Verteidigung, als Nachweis für seinen tadellosen Hintergrund. Die Gurlitts sind eine regelrechte Dynastie, die namhafte Maler, Musiker, Kunsthistoriker und Galeristen, Theologen, Pädagogen und Archäologen hervorgebracht hat. Mit der familiären Erwartung, ebenfalls etwas Großes zu leisten, ist Hildebrand Gurlitt aufgewachsen. Im liberal gesinnten, bildungsbürgerlich geprägten Elternhaus, wo Gelehrte und Künstler, Architekten und Forscher ein- und ausgehen, wird er von Anfang an darauf vorbereitet, ein Gurlitt zu werden, an den sich die Nachwelt ebenfalls erinnern möge.

Als Hildebrand am 15. September 1895 in Dresden geboren wird, lebt der berühmte Großvater Louis Gurlitt (1812 bis 1897) noch zwei Jahre. Die Bilder des Landschaftsmalers werden den Enkel sein ganzes Leben begleiten. Für den jungen Hildebrand ist Louis Gurlitt zunächst die überragende Figur in dem großen Familienpanorama. Seine Bilder hängen zuhause an der Wand und erzählen anschaulich vom bewegten Leben des Großvaters. Es sind Gebirgslandschaften aus Tirol, schwedische Fjorde und norwegische Wasserfälle, Studien vom Golf von Neapel, von Positano, Capri, Sorrent und griechischen Ausgrabungsstätten, Skizzen aus Dalmatien, Spanien und Lissabon. In Hamburg, Wien, Kopenhagen, in Düsseldorf, Gotha, Dresden, Berlin hat Louis Gurlitt gelebt und gearbeitet, von dort aus hat er seine Exkursionen auf dem ganzen Kontinent angetreten, um im Sinne Alexander von Humboldts einen Zyklus europäischer Landschaften zu schaffen. Durch Louis Gurlitt kommt die Welt ins Dresdner Elternhaus. Er war in ärmlichen Verhältnissen im damals noch dänischen Altona aufgewachsen. Der Vater führte eine Golddrahtzieher-Werkstatt und vertrieb später «Essenzen» nach Rezepten eines Mediziners. Das Talent des jungen Louis wurde dennoch früh erkannt und gefördert, vielleicht auch weil in dieser Zeit noch sein Urgroßonkel Johann Gottfried Gurlitt (1754 bis 1827) am Hamburger Johanneum wirkte.

Dieser war damals schon eine Berühmtheit, in Erinnerung an sein Wirken an dem traditionsreichen Gymnasium wurde die 120 Meter lange Insel nahe dem Ostufer der Hamburger Außenalster nach ihm benannt. Als einer der großen Pädagogen der damaligen Zeit war seine Arbeit vom Geist der Aufklärung geprägt. Er studierte Theologie und Mathematik, klassische und orientalische Sprachen, lernte Arabisch, Chaldäisch und Koptisch. Statt an die Universität ging er jedoch schließlich in den Schuldienst, da er sich als Sohn eines Schneidermeisters eine Gelehrtenexistenz nicht leisten konnte. In seiner «Einleitung in das Studium der schönen Kunst des Altertums» aus dem Jahr 1799 heißt es: «Wenn die sogenannten strengen Wissenschaften unsern Verstand aufklären, mit Kenntnissen bereichern, und durch Berichtigung unserer Begriffe aufs Herz wirken, so bleibt dagegen der Kunst und Wissenschaft des Schönen der Vorzug eigen, daß sie unser Gefühl verfeinert, in uns schnelle und lebhafte Empfindung des Schönen und Guten und das Interesse dafür habituell macht, unser Herz zur Sanftmut stimmt, unsere Leidenschaften mildert, und das Gefühl der Tugend zum Enthusiasmus erhebt.»[1] Johann Gottfried Gurlitt formulierte damit ein Bekenntnis, das für viele seiner Nachfahren gelten sollte.

1802 wechselte er von Magdeburg nach Hamburg an das fast 200 Jahre alte Johanneum, eine der bedeutendsten Bildungsstätten der Hansestadt, um ihm als Rektor wieder zu Ansehen zu verhelfen. Es gelang ihm, während seiner über ein Vierteljahrhundert währenden Tätigkeit dem Johanneum neue Strahlkraft zu verleihen. Die pädagogische Linie zog sich in der Familie fort. Sie spielte auch bei Louis Gurlitts Sohn Ludwig (1855 bis 1931), dem Reformpädagogen und Wegbereiter der Wandervogel-Bewegung, eine wichtige Rolle, ebenso bei dessen Sohn Winfried Gurlitt (1902 bis 1982), einem Anthroposophen. Die Ideen einer dem Kind zugewandten Erziehung schlugen sich auch im Elternhaus Hildebrands nieder, sie prägten auch ihn. Nicht zuletzt die Entscheidung, seine eigenen Kinder Cornelius und Benita 1946 auf die Odenwaldschule zu schicken, kam vor diesem Hintergrund zustande. Das zu Jahrhundertbeginn gegründete Internat galt damals noch als Vorzeigeschule der Reformbewegung, die nicht nur bei Kleidung, Ernährung, Lebensgestaltung neue Wege suchte, sondern auch eine liberalere Pädagogik entwickelte.

Louis Gurlitt, der Großvater, aber tritt nicht als Person, sondern durch seine Werke konkret in Hildebrands Leben. Als Galerist wird der Enkel später mit ihnen handeln. Die Gemälde des Landschaftsmalers hängen heute in vielen vornehmlich norddeutschen Museen, in Flensburg, Kiel, Hannover, natürlich auch in der Hamburger Kunsthalle. Dorthin wird Hildebrand Gurlitt 1941 das Gemälde «Ansicht von Rom» (1845) zusammen mit Johann Fabers Bild «Mönch auf einer Terrasse am Nemi See» (1818) tauschen – als Entschädigung für zuvor als «entartet» beschlagnahmte Werke. Familiengeschichte, Kunst und Handel, politisches Kalkül und Vorteilsnahme verschränken sich hier ineinander. Seit im NS-Regime die Moderne unerwünscht ist, erlebt das 19. Jahrhundert eine ungeheure Nachfrage. Louis Gurlitts Landschaften, die auch Albert Speer begeistert sammelt, bieten heitere Stille und harmlose Idylle. Sein gemalter Rom-Blick vom Kapitolinischen Hügel über Forum und Palatin auf die Albaner Berge, vom sanften Licht der Abendsonne beschienen, wirkt wie aus der Zeit gefallen – das vollkommene Gegenteil zur Großstadt-Hektik und den Farbexplosionen in der zeitgenössischen expressionistischen Malerei. Das als Ersatz in die Sammlung der Hamburger Kunsthalle gelangte Gemälde befindet sich noch immer dort. Louis Gurlitts Spezialität waren stimmungsvolle Landschaften, in denen Mensch und Natur noch miteinander harmonieren, darin Häuser und Städte, die kein Elend kennen. Anlässlich der Louis-Gurlitt-Gedächtnisausstellung im November 1910 in der Berliner Galerie von Fritz Gurlitt bezeichnete der Kunstkritiker und Publizist Karl Scheffler diesen Blick als Sicht aus «Kinderaugen».[2] Er zeigt eine unversehrte Natur vor der Zäsur der industriellen Revolution.

Diese Haltung hatte Louis Gurlitt sich aus einer glücklichen Kindheit bewahrt, von der er in seinen «Jugenderinnerungen» schreibt. Er kehrt darin an seine Anfänge als junges Talent zurück, das die musisch begabten Eltern förderten, erzählt von seiner ersten Ausbildung bei Günter Gensler, einem Freund der Familie, und schließlich der vierjährigen Lehre beim

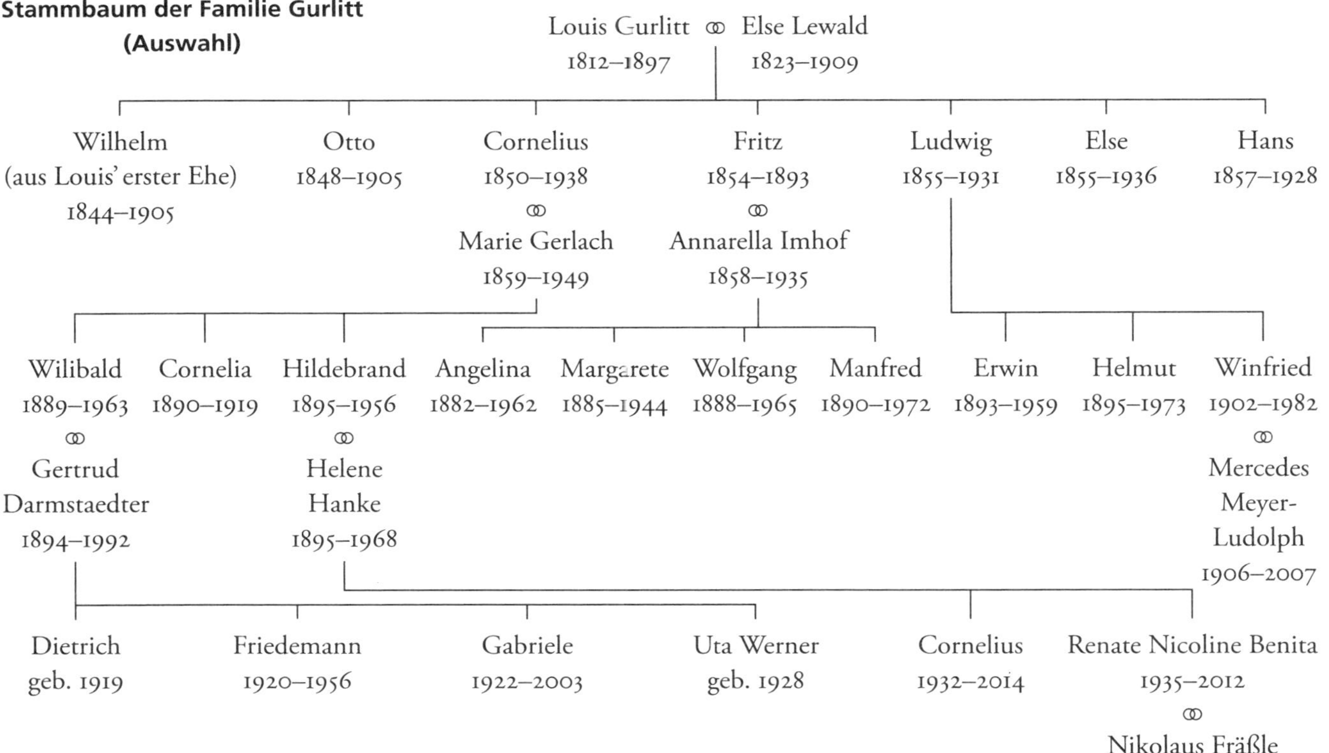
Stammbaum der Familie Gurlitt
(Auswahl)
Louis Gurlitt ⚭ Else Lewald
1812–1897 1823–1909
Wilhelm
(aus Louis' erster Ehe)
1844–1905
Otto
1848–1905
Cornelius
1850–1938
⚭
Marie Gerlach
1859–1949
Fritz
1854–1893
⚭
Annarella Imhof
1858–1935
Ludwig
1855–1931
Else
1855–1936
Hans
1857–1928
Wilibald
1889–1963
⚭
Gertrud
Darmstaedter
1894–1992
Cornelia
1890–1919
Hildebrand
1895–1956
⚭
Helene
Hanke
1895–1968
Angelina
1882–1962
Margarete
1885–1944
Wolfgang
1888–1965
Manfred
1890–1972
Erwin
1893–1959
Helmut
1895–1973
Winfried
1902–1982
⚭
Mercedes
Meyer-
Ludolph
1906–2007
Dietrich
geb. 1919
Friedemann
1920–1956
Gabriele
1922–2003
Uta Werner
geb. 1928
Cornelius
1932–2014
Renate Nicoline Benita
1935–2012
⚭
Nikolaus Fräßle

Landschaftsmaler Siegfried Detlev Bendixen, einem Schüler Jacques-Louis Davids.[3] Zum Studium ging der mittlerweile 20-Jährige an die Kopenhagener Kunstakademie. Mit Unterbrechungen lebte er zehn Jahre lang in Dänemark, wurde Akademiemitglied und erhielt Aufträge vom König. Von Dänemark aus begab sich Gurlitt auf seine ersten ausgedehnten Reisen in den Norden. 1837 ließ er sich in München nieder und stieß dort zu einem Kreis nordischer Künstler um Christian Morgenstern. Neben skandinavischen Landschaften erweiterte er nun sein Repertoire um bayerische Motive.

1842/43 ging der beständig umziehende Künstler nach Düsseldorf, denn hier war Gurlitts genuines Genre, die Landschaftsmalerei, hoch gefragt. Hier begegnete er den wichtigsten Vertretern der Düsseldorfer Malerschule, Lessing, Schadow, Schirmer, den Brüdern Andreas und Oswald Achenbach – die rheinische Metropole galt in dieser Zeit als Mekka der Landschaftsmaler. Auch die Gründung des Kunstvereins für die Rheinlande und Westfalen, Hildebrand Gurlitts späterer Wirkungsstätte, ging auf diesen Boom zurück; der Kunstverein sollte durch Ausstellungen für die Verbreitung der Düsseldorfer Malerei sorgen. Louis Gurlitt aber zog mit seiner Frau weiter und ließ sich in Rom nieder, wo 1844 der erste Sohn Wilhelm zur Welt kam; die Mutter verstarb kurz nach dessen Geburt. Der Witwer blieb zunächst in Rom und befreundete sich mit der Schriftstellerin und später berühmten Berliner Salonière Fanny Lewald (1811 bis 1889), die er im Umkreis von Friedrich Hebbel, Arthur Schopenhauers Schwester Adele und Ottilie von Goethe kennenlernte. Ihre jüngere Schwester Elisabeth (genannt Else) heiratete er 1847.

Die Schwestern Lewald und ihre sieben Geschwister entstammten einer aufgeklärten jüdischen Familie. Fanny war das erste Kind des Kaufmanns David Marcus, der 1831 seine Familie in Lewald umbenennen ließ, nachdem die beiden Söhne bereits 1826 und Fanny 1829 zum protestantischen Glauben übergetreten waren. Die Familie nahm damit am großen Assimilationsprozess der Juden im 19. Jahrhundert teil, um gleichberechtigte Aufnahme in die bürgerliche Gesellschaft zu finden. Durch die Konversion wollte der Vater seinen Söhnen eine freie Berufswahl, der Tochter die Hochzeit mit einem christlichen Mann ermöglichen, worin zum damaligen Zeitpunkt ihre größte Perspektive bestand. Selbst auf wissensdurstige junge Frauen wie Fanny warteten nur Haushalt, Handarbeit, Klavierspiel, ihnen blieb die Universität verschlossen. Trotzdem entwickelte sich

Fanny zu einer der ersten Schriftstellerinnen in Deutschland, die vom Verkauf ihrer Bücher leben konnten, sie wurde zur Vorkämpferin gleichberechtigter Bildung für Frauen.

Aus der Ehe zwischen Louis Gurlitt und Fannys zwölf Jahre jüngerer Schwester Elisabeth (1823 bis 1909) gingen sechs Kinder hervor. Deren jüdische Abstammung wurde schicksalhaft für die Familie, als sie 1933 den NS-Behörden ihren Stammbaum darlegen musste. Die groteske Situation spricht aus dem Brief, den Cornelius Gurlitt, Hildebrands Vater, am 31. Mai 1933 an seine Schwester schrieb: «Die Zeit bringt viel Ärger. Meine Söhne, wie ich, haben Erklärungen abzugeben, ob wir Arier sind. Das ist sehr schwer, denn niemand weiß, was ein Arier sei. [...] Ich und meine Söhne sind, wie alle Mitglieder von Verbänden, aufgefordert worden, ihr Ariertum nachzuweisen. Wir wollen und können nicht unsere so heiß geliebte Mutter und Großmutter verleugnen. Aber entschuldigt sind die, die in den Kriegen Deutschlands teilnahmen. So Onkel Emanuel, Otto, ich, Wilibald, Cornelia, Hildebrand. Wir haben vier Eiserne Kreuze in der Familie.»[4] Cornelius Gurlitt täuschte sich, das Eiserne Kreuz bedeutete nur kurze Zeit einen Schutz. Schon zwei Jahre später wurde er mit den Nürnberger Rassengesetzen zum «Halbjuden» erklärt, seine Kinder waren danach «Vierteljuden». Als pensionierter Hochschulprofessor konnte er zwar nicht mehr entlassen werden, wie es seinem ältesten Sohn Wilibald als Musikwissenschaftler an der Universität Freiburg widerfuhr, aber der 85-Jährige wurde seiner Ehrenämter entkleidet und verlor die Ehrenpräsidentschaft beim Bund Deutscher Architekten. Auch den selbstständigen Galeristen Hildebrand Gurlitt brachte die Kategorisierung als «Vierteljude» 1938 in Bedrängnis. Durch die offizielle Berufung zum Kunsthändler der Nazis entzog er sich der Verfolgung und bewegte sich unter dem Radar immer schärfer werdender Überprüfungen. Die Bedrohung aber diente ihm nach dem Krieg als Erklärung für alle Verstrickungen mit dem Regime. Zu emigrieren hatte er nie in Erwägung gezogen.

Es ist eine besondere Volte der Gurlittschen Familiengeschichte, dass Landschaftsmalerei im Stil Louis Gurlitts bevorzugt Eingang in das in Linz geplante «Führermuseum» finden sollte. Louis Gurlitts Gemälde strahlen zwar Beschaulichkeit aus, doch vermitteln sie durch die Internationalität ihrer landschaftlichen Motive geistige Freiheit und Weltoffenheit. Auch Alexander von Humboldt hatte das erkannt, der den Maler am Hof Friedrich Wilhelms IV. einführte. In Berlin erhielt Gurlitt deshalb den Auftrag, 30 europäische Landschaften für eine eigens zu erbauende öffentliche Halle zu malen. Der Ausbruch der 1848er-Revolution aber verhinderte Humboldts Plan, die Familie zog nach Nischwitz bei Leipzig weiter, wo der Maler das Schloss von Baron Christian Friedrich von Ritzenberg mit einem Zyklus italienischer Landschaften ausschmückte. Von dort aus ging es für die Familie nach Wien, Gotha, zuletzt wieder Berlin. Mit 85 Jahren starb Louis Gurlitt 1897. Er hinterließ ein immenses Werk, das seine rege Reisetätigkeit abbildet. Auch von ihm kehrten einige Werke mit dem Auftauchen des «Schwabinger Kunstfunds» zurück in den Blick der Öffentlichkeit.

Sieben Kinder, eine Tochter und sechs Söhne, hinterließ der Patriarch. Wilhelm Gurlitt (1844 bis 1905), der Älteste und Lieblingsbruder von Hildebrands Vater Cornelius, wurde 1855 als erster Professor auf den neu begründeten Lehrstuhl für Klassische Archäologie an der Universität Graz berufen. Er leitete in Graz außerdem ab 1900 den Steiermärkischen Kunstverein und öffnete damit die Stadt der modernen Kunst. Seine Tochter Brigitta (1889 bis 1956), Gitta genannt, besuchte mit Cornelia Gurlitt, der Schwester Hildebrands, die Malschule in Dresden. Über längere Zeit war sie immer wieder Gast bei deren Familie. Sie wurde später für ihren Cousin Hildebrand als Restauratorin tätig. Otto (1848 bis 1905), der nächstälteste Sohn Louis Gurlitts, ging als Banker nach London. Zu seinen Finanzprojekten gehörte die Gründung einer zehn Millionen Pfund schweren Dependance einer New Yorker Brauerei.[5] Wirtschaftlich erfolgreich war auch das jüngste der Geschwister, Hans Gurlitt (1857 bis 1928), der es als Landwirt und schließlich Kaffeehausbesitzer zu Wohlstand brachte. Von ihm ist der Ausspruch überliefert: «Ihr habt die Titel und ich die Mittel!»

Berühmtheit erlangte auch der fünfte Sohn, Ludwig (1855 bis 1931), dessen Zwillingsschwester Else (1855 bis 1936) wie der Vater malte. Ludwig wurde ein bedeutender Reformpädagoge, in dessen Klasse am Steglitzer Gymnasium die Wandervogel-Bewegung ihren Ausgang nahm. Offiziell wurde sie 1901 von seinem ehemaligen Schüler Karl Fischer ins Leben gerufen, den die Wanderaktivitäten an seiner Schule dazu animierten, einen Verein zu gründen. Als erster und einziger Pädagoge trat Ludwig Gurlitt ein Jahr später dem Verein bei und sorgte als Erwachsener für die behördliche Anerkennung des Vereins durch das Kultusministerium, denn nach preußischem Recht durften Schüler keinen eigenen außer-

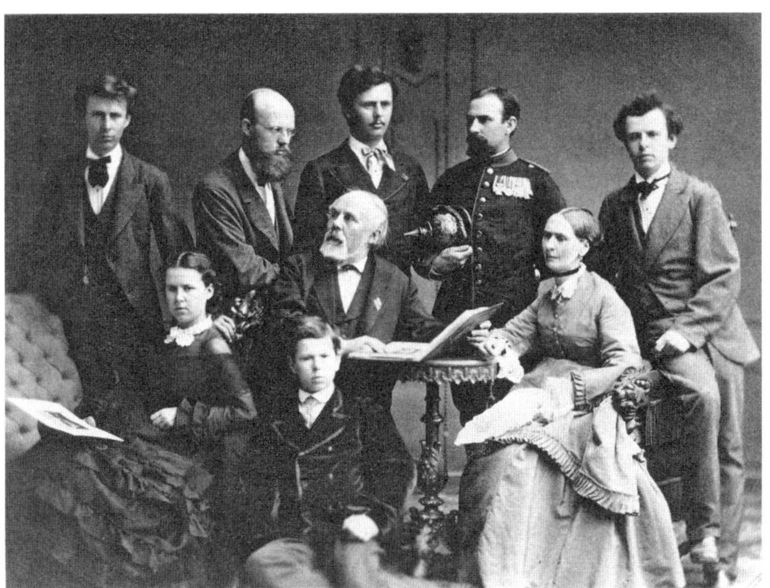

Louis und Else Gurlitt (in der Mitte am Tisch) mit ihren Kindern (hinten v. l. n. r.: Fritz, Wilhelm, Cornelius, Otto, Ludwig, vorne v. l. n. r.: Else, Hans), 5. Juli 1872

schulischen Verein gründen. Gurlitt war damit zumindest Geburtshelfer der von Steglitz ausgehenden Jugendbewegung, die Alternativen zur Enge des städtischen Lebens, zum rigiden schulischen Lernen suchte. Diese freiere Existenz hofften die «Stadtkinder» in der Natur zu finden. Der Wandervogel gehörte damit zu diversen neuen Bewegungen um die Jahrhundertwende, wie die Freikörperkultur oder die Lebensreformbewegung, die auch den Hintergrund der expressionistischen Kunst bildeten.

Im Jahr seines Beitritts zum Wandervogel gab Ludwig Gurlitt die polemische Schrift «Der Deutsche und sein Vaterland» heraus, eine Abrechnung mit den damaligen Schulformen, die ungeheure Verbreitung fand. Innerhalb von nur einem Jahr wurde sie acht Mal neu aufgelegt. «Unsere Erziehung, die so tyrannisch über jeden Schritt der Jugend wacht und von Stunde zu Stunde die Ziele und die Aufgaben und dazu die Mittel vorschreibt, zerstört durch ihren pedantischen Betrieb die elementaren Naturkräfte, die nach eigener freier Entwicklung drängen», so der Autor, der stattdessen das britische Schulsystem für vorbildlich hielt.[6] Deutsch-national orientiert, warf Gurlitt gleichzeitig den Gymnasien vor, das Vaterland zu verachten. Die Streitschrift trug ihm die Feindschaft seiner Kollegen ein, 1907 wurde er frühpensioniert. Er blieb in Steglitz, hielt Vorträge, publizierte schulreformerische Schriften und gründete 1911 in Zehlendorf ein Internat nach seinem pädagogischen Ideal, das jedoch scheiterte. Sein Sohn Winfried Gurlitt (1902 bis 1982), Hildebrands Cousin, schlug eine ähnliche Richtung wie der Vater ein, indem er sich einem anderen Zweig der Reformbewegung zuwandte, der Anthroposophie. 1923 begegnete er Rudolf Steiner, dessen Ideen er fortan als Buchhändler, Referent und Galerist verbreitete. Seine erste Frau Mercedes Meyer-Ludolph stieß nach ihrer Scheidung zu Hildebrand Gurlitt in dessen Hamburger Kunsthandlung.

Wie sein Bruder Ludwig wirkte auch Fritz Gurlitt (1854 bis 1893) in Berlin. Als Galerist stand er der beruflichen Sphäre seines Vaters noch am nächsten. 1880 gründete er in der Behrenstraße 29 die auf zeitgenössische Kunst spezialisierte «Galerie Fritz Gurlitt», die zeitweilig auch unter der Bezeichnung «Kunsthandlung» oder «Kunst-Salon» geführt wurde. Mitte der 1880er Jahre erhielt er den Titel Hofkunsthändler. Mit seiner Galerie wurde er zu einem wichtigen Wegbereiter der Moderne in Deutschland, bei ihm waren zeitgenössische Maler zu sehen, Makart, Lenbach, Defregger, Menzel, Uhde und Klinger. Fritz Gurlitt engagierte sich insbesondere für Böcklin, Thoma und Liebermann. 1883 zeigte er in seinen Räumen die erste Schau französischer Impressionisten in Deutschland mit Werken von Manet, Monet, Renoir, Degas, Sisley und Pissarro, lange bevor sie in Frankreich Anerkennung fanden.

Als Fritz Gurlitt 1893 knapp 40-jährig an Syphilis starb, hinterließ er seine Frau Annarella (1858 bis 1935) und vier Kinder. Der älteste Sohn Wolfgang (1888 bis 1965) stieg 1907 in das Geschäft mit ein, 1912 erhielt er Prokura, zwei Jahre später wurde er offizieller Mitinhaber. Unter seiner Ägide verfolgte die Galerie allerdings kein so avantgardistisches Programm wie zu Zeiten des Vaters. Wolfgang war eher der abwägende Geschäftsmann, wogegen Fritz als früher Förderer der Moderne immer wieder finanziell ins Risiko ging. Der Sohn führte 1914 einen neuen Geschäftszweig ein und gründete als Ergänzung zur Galerie den Kunstverlag Gurlitt GmbH. 1918 kam die Gurlitt-Presse hinzu. Hier ließ er graphische Einzelwerke, Mappenwerke, reich illustrierte Bücher sowie einen alljährlich erscheinenden Almanach mit Originalgraphik drucken und verlegen.

Künstlerbücher und Graphik erfreuten sich in dieser Zeit großer Popularität bei den Sammlern, die nach dem Krieg über weniger Finanzen verfügten. In der Weimarer Republik diente die Graphik als Medium, um weitere Bevölkerungskreise, auch Käuferschichten zu erreichen. In seinem ersten Jahr als Prokurist der Galerie zeigte der junge Gurlitt eine «Brücke»-Ausstellung, die erste geschlossene Präsentation der Künstlergruppe in Berlin. Zugleich war es ihre letzte, denn im darauffolgenden Jahr löste sich die Vereinigung auf. Gurlitts Schwerpunkt lag bei expressionistischer Kunst, bis 1924 besaß er die Alleinvertretungsrechte für Max Pechstein. Außerdem engagierte er sich für österreichische Malerei, insbesondere für Egon Schiele; mit Oskar Kokoschka und Alfred Kubin war er persönlich befreundet.

In der Nachkriegszeit geriet Wolfgang Gurlitt jedoch in eine finanzielle Misere. Er nahm mehrfach Kredite auf, bis er 1932 den Offenbarungseid leisten musste und das Geschäft auf seine Partnerin überschrieb. Den zweiten Offenbarungseid zehn Jahre später konnte er durch einen Vergleich mit den Gläubigern abwenden. Zu diesem Zeitpunkt bereitete der Galerist bereits den Umzug seiner Sammlung in eine zuvor im österreichischen Bad Aussee erworbene Villa vor, um sie vor Zerstörung im Krieg sowie dem Zugriff der Nationalsozialisten zu schützen. Tatsächlich wurden wenig später, 1943, seine Berliner Galerie und das Depot von einer Bombe getroffen. Im gleichen Jahr wagte er in Würzburg einen Neuanfang, aber auch hier wurden 1945 seine Galerie und Wohnung zerstört. Während der Zeit des Nationalsozialismus beteiligte er sich am Handel mit «entarteter» Kunst sowie an der Beschaffung von Werken für das «Führermuseum» in Linz, jedoch in weniger prominenter Position als sein Cousin Hildebrand, mit dem er in einem spannungsreichen Verhältnis stand. Ähnlich wie dieser verwies er in der Nachkriegszeit bei Nachfragen von Sammlern darauf, dass aller Besitz durch Bomben zerstört sei. Der Betrug konnte ihm jedoch nachgewiesen werden.

Nach 1945 ließ sich Wolfgang Gurlitt in Österreich nieder und entwickelte mit der Stadt Linz den Plan, eine Galerie moderner Kunst, bestehend aus seinem Kunstbesitz und Leihgaben von Wiener Museen, zu gründen, er selbst wollte unentgeltlich als Direktor amtieren. 1947 wurde mit einer Alfred-Kubin-Ausstellung die «Neue Galerie der Stadt Linz» eröffnet, 1953 erwarb die Stadt seine Sammlung, das Haus erhielt den Zusatznamen Wolfgang-Gurlitt-Museum. Im gleichen Jahr gründete Gurlitt in München eine Galerie, wodurch es jedoch zu Interessenkonflikten kam, denn der Galerist benutzte das Linzer Museum als seinen erweiterten Verkaufsraum, indem er dort ebenfalls verkäufliche Werke zeigte. Es kam zu Spannungen mit der Stadt Linz, 1962 schied er als Direktor aus. Die Neue Galerie, die heute nicht mehr den Namen des Gründers trägt, sondern sich Lentos Museum nennt, versucht inzwischen, die Provenienzen der Gurlittschen Sammlung zu klären, und hat bereits zwölf Werke restituiert.

Eine besondere Rolle im öffentlichen Kulturleben spielte auch Wolfgang Gurlitts jüngerer Bruder Manfred (1890 bis 1972), der eine Laufbahn als Musiker einschlug. Er wirkte als Kapellmeister in Essen, Augsburg und Bremen, wo er die «Gesellschaft für Neue Musik» gründete. Zwei Jahre nach seiner Berufung zum Generalmusikdirektor der Stadt wurde seine Oper «Wozzeck» nach dem Drama von Jakob Michael Reinhold Lenz uraufgeführt. 1927 wechselte Manfred Gurlitt nach Berlin, wo er als Gastdirigent an der Staatsoper wirkte. 1930 brachte er als zweites Lenz-Stück «Soldaten» auf die Opernbühne. Mit der Machtergreifung der Nationalsozialisten trat der Komponist im Mai 1933 in die Partei ein, seine Mitgliedschaft wurde jedoch aufgrund seiner jüdischen Vorfahren schon kurz darauf für nichtig erklärt. Erst jetzt erfuhr Manfred von seiner Mutter, dass nicht Fritz Gurlitt, sondern ihr zweiter Mann Willi Waldecker sein Vater war. Aus Vorsicht hatte sie damals alle Papiere vernichtet, so dass Manfred offiziell weiterhin als Enkel einer jüdischen Großmutter und nach den Nürnberger Gesetzen als «Vierteljude» galt. Folglich wurden seine Opern mit Aufführungsverbot belegt. Als Dirigent musste er zunehmend ins Ausland ausweichen und arbeitete an der Wiener Staatsoper. 1939 emigrierte Manfred Gurlitt endgültig nach Japan, wo er weiter dirigierte und an der Kaiserlichen Musikakademie lehrte. Auf Druck der Nazis wurde er schließlich 1942 auch hier entlassen. Nach vergeblichen Versuchen, in Deutschland wieder Fuß zu fassen, blieb er nach dem Krieg in Tokio.

Als Manfred Gurlitt seine 1930 in Düsseldorf uraufgeführte Oper «Soldaten» ein Jahr später am Altonaer Stadttheater inszenierte, nutzte die Stadt Altona das Ereignis zu einer umfangreichen Ehrung der gesamten Familie. Natürlich reiste auch Cornelius Gurlitt – nach dem Tod seines Vaters Zentralfigur des Clans – mit seiner Frau Marie aus Dresden an. An seine Schwester schrieb er voller Stolz am 14. November 1931: «Du weißt, dass die Stadt Altona an das alte Haus in der Kleinen Mühlenstrasse eine Bronzetafel anschlagen ließ, in der gesagt wird, dass hier Louis, Cornelius und Emanuel [beide Brüder von Louis] Gurlitt geboren sind.»[7] Die gleiche Ehre sollte er selbst nach seinem Tod erfahren. Heute erinnert an seinem Geburtshaus im sächsischen Nischwitz, einem mit Weinlaub berankten Haus neben dem barocken Schloss, eine Tafel auch an ihn. Darauf steht in knappen Worten: «Cornelius Gurlitt (1850–1938) war Architekt und Kunsthistoriker. Er wurde bekannt durch das 42-bändige Werk ‹Beschreibende Darstellung der älteren Bau- und Kunstdenkmäler des Königreiches Sachsen›». Die Erinnerungstafel kann nur einen Bruchteil vom Schaffen des Geehrten nennen, dessen wissenschaftliches Werk 97 Bücher und über 400 weitere Publikationen umfasst.

Cornelius Gurlitt, der dritte Sohn von Louis, wurde zum überragenden Kopf der Familie. Bis heute besitzt er als Architekturhistoriker Bedeutung. Der «Barockpapst» gilt als einer der Gründungsväter der Denkmalpflege. Er ging einen ungewöhnlichen Weg und staunte in seinen 1924 publizierten Lebenserinnerungen retrospektiv selber über seinen Werdegang, da er nie einen ordentlichen Abschluss und die Promotion «in absentia» gemacht hatte. Seinen Vornamen verdankte er dem Komponisten Gustav Cornelius Gurlitt (1820 bis 1901), einem Bruder des Vaters, der als Organist an der Hauptkirche von Altona wirkte und später zum königlichen Musikdirektor berufen wurde. Seine biedermeierlichen Kompositionen sind kaum noch bekannt, über 230 Stücke insgesamt; seine Etüden allerdings sind bis in die Gegenwart fest ins Repertoire eines jeden Klavierunterrichts eingeschrieben.

Cornelius Gurlitt war alles andere als ein braver Schüler. Er musste das Gymnasium verlassen, machte eine Maurerlehre, studierte Architektur in Stuttgart, arbeitete in verschiedenen Büros in Kassel und Dresden. 24-jährig ließ er sich für den Ausbau der Muldentalbahn zwischen Wurzen und Glauchau anstellen, einer Nebenbahn in Sachsen. Hier begann er sich zunehmend für die historischen Bauten am Rande der Strecke zu interessieren und legte damit die Anfänge seines späteren Engagements für die Denkmalpflege. Zugleich begann er zu schreiben, insbesondere während seiner Berliner Jahre zwischen 1889 und 1893, für Monatshefte und Fachmagazine. Als Kunstkritiker betätigte er sich unter anderem für Maximilian Hardens kämpferische Zeitschrift «Die Zukunft» oder für «Die Gegenwart», eine «Wochenzeitschrift für Literatur, Kunst und öffentliches Leben», so ihr Untertitel. In seiner journalistischen Tätigkeit folgt ihm später sein Sohn Hildebrand, der ebenfalls als Korrespondent für zahlreiche Zeitungen schreibt, aber außer seiner Dissertation keine Monographie vorlegen wird. Anders Cornelius Gurlitt, der 1887 zum großen Wurf ausholte, nachdem er seine Stelle als Direktorialassistent am Dresdner Kunstgewerbemuseum gekündigt hatte. Der unermüdliche Schreiber begann eine dreibändige Geschichte des Barockstils, ein Standardwerk, das eine Umwertung der bis dahin als zu ausschweifend und verspielt angesehenen Richtung einleitete. In Dresden hatte er die barocken Prachtbauten zu schätzen gelernt, seine weiteren Recherchen für das Werk führten ihn nach Italien, Frankreich, England, Österreich und in die Niederlande.

Obwohl ohne Hochschulabschluss, sorgte die 1887/89 veröffentlichte Schrift mit dem Titel «Geschichte des Barockstils» für Cornelius Gurlitts Berufung an die neu gegründete Königlich Sächsische Technische Hochschule in Dresden, wo er 1893 die Professur für Geschichte der technischen Künste übertragen bekam. In Dresden blieb er bis zu seinem Lebensende im Jahr 1938. Gurlitts unkonventionelle Herangehensweise, Spontaneität und Streitlust führten zu einer Öffnung des universitären Reglements. Unter ihm promovierte erstmals ein Architekt, kein geringerer als Hermann Muthesius, der seine Dissertation über englische Baukunst schrieb. Außerdem begründete Gurlitt an der Hochschule eine Sammlung für Baukunst, die sich zu einer der größten und modernsten im Lande entwickelte. Zu Cornelius Gurlitts weiteren Aufgaben an der Technischen Hochschule, der heutigen TU, gehörte es, die von seinem Vorgänger begonnene Inventarisierung der Kunstdenkmäler Sachsens fortzusetzen, die erst mit Band 41 im Jahr 1923 abgeschlossen wurde. Dafür reiste der Architekturhistoriker im «Pferdewagen», einem einfachen zweiachsigen Gefährt, kreuz und quer durch das Land, machte Aufmaße, skizzierte und beurteilte die Qualität eines Baus nicht zuletzt mit dem Blick des Praktikers. Wie sein eigener Vater war er ein unermüdlich Reisender, mehrfach ging er für seine Studien nach Konstantinopel, nach Dalmatien, Serbien, Bulgarien. Er veröffentlichte eine Schrift nach der anderen, eines seiner wichtigsten Werke wurde «Die deutsche Kunst des 19. Jahrhunderts», daneben sein Band über «August den Starken». Frühzeitig erkannte Gurlitt die Bedeutung des Städtebaus, nicht zuletzt durch das Beispiel seiner Heimatstadt Dresden, wo zu seiner Zeit die Verkehrsflüsse neu geordnet werden sollten. Als erster Hochschullehrer hielt er zum Thema Städtebau Vorlesungen und richtete Seminare für Externe ein.

All die weitgespannten Aktivitäten lassen vermuten, dass Cornelius Gurlitt nur wenig zuhause weilte. Sein brieflicher Nachlass aber verrät, wie intensiv er trotzdem sein Familienleben an der Seite seiner Frau Marie pflegte, der Tochter eines angesehenen Dresdner Justizrats mit florierender Kanzlei in Dresdens Altstadt, der etwa beim Rechtsstreit zwischen Karl May und den Nachfolgern seines Verlages hinzugezogen wurde. Ferdinand H. Gerlach (1829 bis 1900) entstammte einer Buchdruckerfamilie, die in Freiberg seit drei Generationen den Verlag Graz und Gerlach führte. Nachdem der ein Jahr ältere Bruder Heinrich Constantin Gerlach ins Familienunternehmen eingetreten war, schlug Ferdinand in Dresden eigene Wege ein. 1898 wurde er im hohen Alter, zwei Jahre vor seinem Tod, mit dem ehrenvollen Titel eines Königlich Sächsischen Justizrates ausgezeichnet. In Marie Gerlach hatte Cornelius Gurlitt die ideale Partnerin gefunden: klug, umsichtig, ehrgeizig für ihren Ehemann wie später für ihre Kinder. Das Paar heiratete 1888, nachdem Cornelius Gurlitt von einer Englandreise zurückgekehrt war. Zehn Jahre lang soll Maries Vater den Werbenden haben warten lassen, wie dieser später gerne zum Besten gab, denn der künftige Schwiegervater sah in ihm lange Zeit nur den Architekten, der bislang noch nichts gebaut hatte. Drei Kinder bekam das Paar: 1889 Wilibald, 1890 Cornelia und als Jüngsten 1895 Hildebrand, Ebb, Eitel und Putz, wie sie im Familienkreis genannt wurden. Alle drei ergreifen musische Berufe, ganz in der Tradition der väterlichen Familie.

Wilibald (1889 bis 1963) ist der Strebsame, das Vorbild für den sechs Jahre jüngeren Bruder Hildebrand. Zügig schlägt er als Musikwissenschaftler eine Hochschulkarriere ein, ganz so, wie sich die Eltern das für ihren Sohn vorgestellt haben. Er promoviert in Leipzig, lehrt in Basel und erhält schließlich einen Ruf nach Freiburg. Dort gründet er das musikwissenschaftliche Seminar und ein Collegium Musicum, mit dem er in den frühen 1920er Jahren in Karlsruhe und Hamburg mittelalterliche Musik aufführt. In dieser Zeit lässt er die sogenannte Praetorius-Orgel nach den Angaben des Musikgelehrten Michael Praetorius (1571 bis 1621) bauen, um den Klang und Charakter der Musik des 16. und 17. Jahrhunderts möglichst authentisch vorzuführen. Die sogenannte Orgelbewegung nimmt hier ihren Ausgang. Wilibald Gurlitt gilt fortan als Pionier des «Orgelklangs»,

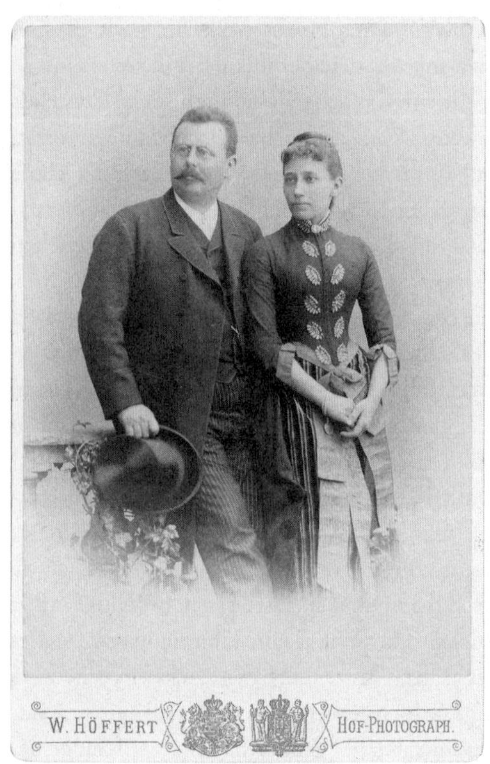

Cornelius und Marie Gurlitt, um 1887 (Hoffotograf W. Höffert, Dresden)

er ist angesehen, eine Koryphäe in der Musikwissenschaft und Stolz des Vaters, der in seinen Briefen scherzt, dass man ihn nun vor allem durch seinen Sohn kennen würde. 1937 aber wird Wilibald Gurlitt als «jüdisch versippt» seines Amtes enthoben – seine Frau Gertrud (1894 bis 1963) ist die Tochter des Mannheimer Kaufmanns und Stadtrats Viktor Darmstaedter, Gründer des Verkehrsvereins, der 1903 vom jüdischen Glauben zum Protestantismus übergetreten ist. Konvertierungen aber zählen bei den Nazis nicht. Wilibald Gurlitt wird nicht nur entlassen, er darf auch nicht mehr publizieren, wird von der Gestapo überwacht, den Kindern wird der Schulbesuch verwehrt. Erst nach Ende des Zweiten Weltkriegs kehrt Wilibald Gurlitt als Ordinarius an seine Universität zurück und übernimmt Gastprofessuren in Bern und Basel.

Die Schwester Cornelia (1890 bis 1919) gilt als der Liebling des Vaters, mit ihrem künstlerischen Talent tritt sie in die Fußstapfen des Maler-

Großvaters Louis Gurlitt. Voller Stolz lässt Cornelius für seine Tochter eigens ein Atelier zum rückwärtigen Hof seiner kleinen Villa in der Dresdener Kaitzer Straße 26 anbauen. Cornelia besucht die Malschule, da Frauen die Aufnahme in eine Akademie damals noch verwehrt wird. Sie malt expressionistisch, geprägt von den «Brücke»-Künstlern, die sie in Dresden erlebt hat. 1913 geht die 23-Jährige nach Paris wie viele Künstler ihrer Zeit, um ihre Ausbildung zu vervollkommnen, Marc Chagall ist jetzt ihr großes Vorbild. Mit Ausbruch des Ersten Weltkrieges muss sie nach Deutschland zurückkehren und beginnt als Rot-Kreuz-Krankenschwester zu arbeiten, ab 1915 an der Ostfront in Wilna (Vilnius). Trotzdem malt sie, mehr als zuvor. In Wilna entstehen eindrucksvolle Zeugnisse des Lazarettalltags, aber auch von der Kultur orthodoxer Juden und der bedrückenden Armut, die sie um sich herum erlebt. Nach dem Krieg zieht Cornelia Gurlitt nach Berlin, wo sie sich im neuen Leben jedoch nicht einfinden kann und eine unerfüllte Liebe nicht verwindet. Im August 1919 nimmt sie sich das Leben, ihr künstlerischer Nachlass geht an Hildebrand Gurlitt, dem sie unter den Brüdern am nächsten stand. Ihr mit dem «Schwabinger Kunstfund» nach fast einem Jahrhundert wieder aufgetauchtes Œuvre, von dem bis dahin nur wenige Blätter bekannt waren, erlaubt nun endlich auch ihre Würdigung als eine bedeutende Künstlerin.

Hildebrand ist der «Kleine» unter den Geschwistern, bleibt lange das Sorgenkind der Eltern, als Knabe kränkelnd, an der Universität ohne größere Ambitionen, beruflich zunächst perspektivlos. Der Druck, Vater und Mutter zu genügen, den großen Geschwistern zu gefallen, den berühmten Vorfahren zu entsprechen, muss für ihn enorm gewesen sein. Die Vehemenz, mit der er schließlich seine Projekte anpackt, nachdem er am König-Albert-Museum in Zwickau endlich seine erste bedeutende Stellung angetreten hat, ebenso an seiner zweiten Wirkungsstätte, dem Hamburger Kunstverein, spricht für ein verspätet eingelöstes Geltungsbedürfnis. Auch seine weitere Entwicklung als NS-Kunsthändler und Chefeinkäufer für das «Führermuseum» nach dem abrupten Ende einer institutionellen Karriere legt dies nahe. An beiden Häusern wie auch später am Düsseldorfer Kunstverein leistet Hildebrand Gurlitt Erstaunliches. Mit seiner Leidenschaft für die Kunst, seinem Engagement für die Moderne reißt er die Menschen mit, macht er seine Institutionen zu Kristallisationspunkten kultureller Begegnung in ihren jeweiligen Städten. Am Anfang seines Werdegangs stehen fordernd die überragende Familie, der prominente

Vater. Die traumatische Erfahrung des Ersten Weltkriegs noch als Abiturient prägt ihn. Hildebrand Gurlitt versucht später, diese verlorenen Jahre aufzuholen und das als Frontsoldat Erlebte hinter sich zu lassen. Fortan geht es für ihn immer nur nach vorne, ohne Blick nach links und rechts – leidenschaftlich für die Kunst in der Weimarer Republik, geschäftstüchtig während des NS-Regimes, vermeintlich honorabel in der Nachkriegszeit.

Kapitel 3

Schule der Kunst (1895 bis 1914)

Eine Kindheit und Jugend in Dresden

Das Dresden, in dem Hildebrand Gurlitt aufwächst, ist geprägt von enormen Modernisierungsschüben. Innerhalb eines Jahrhunderts, zwischen 1805 und 1905, verzehnfacht sich die Einwohnerzahl im Zuge der Industrialisierung. Um 1900 gehört Dresden zu den fünf bevölkerungsreichsten Städten Deutschlands. Allein zwischen 1890 und 1905 verdoppelt sich fast die Bewohnerschaft auf 516 996. Als Kind spürt Hildebrand Gurlitt diese Umwälzungen kaum. Er wächst behütet in der gepflegten Südvorstadt auf, dem seit Mitte des 19. Jahrhunderts systematisch erschlossenen Areal südlich der Bahnlinie. Die Kaitzer Straße, in welcher sich die Familie 1896 ein Jahr nach Hildebrands Geburt niederlässt, säumen Villen im Stil der Neorenaissance mit Türmchen und Erkern, aber auch Mietshäuser. Erst nach und nach, bis zum Ersten Weltkrieg schließen sich die Baulücken.

Die Gurlitts ziehen im Frühsommer 1896 in ein von Maries Vater für die junge Familie erbautes Heim. Die kleine Villa bleibt fast für ein halbes Jahrhundert der Familiensitz, 1945 wird sie beim Angriff auf Dresden vollkommen zerstört. Das Haus ist rundum von einem Garten umgeben, der zur Straße hin von einem schmiedeeisernen Zaun begrenzt wird. Viele Jahre später wird sich Hildebrand Gurlitt erinnern, wie er «als kleines Kind auf der Schaukel im Garten saß. Dies ist mein frühster Kindereindruck, [dass] es Abend ist, und stille und ich sitze und staune – einfach, [dass] alles ist.»[1] So fällt der erste Blick des Passanten auch auf diesen Garten und eine großzügige Vorderterrasse, die rechts und links von Tannen flankiert ist, ein klassisch gutbürgerliches Heim. Der Schwiegervater überlässt es der fünfköpfigen Familie zur Miete. Der erfolgreiche Jurist kann es sich leisten, dem Nachwuchs ein Haus zu bauen, denn Ferdinand H. Gerlach hat es in Dresden als Anwalt zu Wohlstand gebracht.[2] Jedem seiner sechs Kinder wird er 100 000 Goldmark vererben, die jedoch im Zuge der Inflation wertlos werden. Das von ihm finanzierte «Häusel», wie Cornelius Gurlitt es in einem Brief kurz vor dem Einzug nennt,

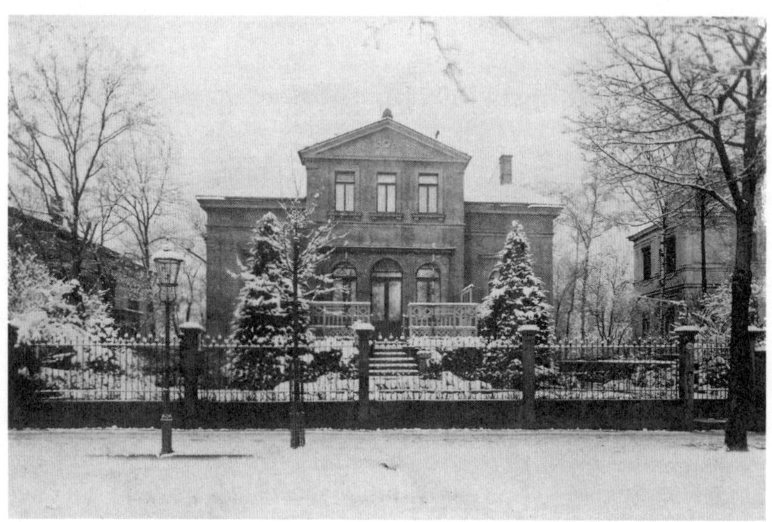

Villa Gurlitt in der Kaitzer Straße 26 in Dresden

befindet sich nur einen Katzensprung entfernt von seinem eigenen Domizil in der ebenfalls im Stadtteil Plauen gelegenen Chemnitzer Straße. Die Familie rückt damit zusammen.

Zu Beginn hadert Cornelius Gurlitt noch mit der Bleibe. Er hatte sich ein prachtvolleres Haus gewünscht. «Das Ding ist klein, wohl das kleinste im Viertel, die Zimmer sehr bescheiden», klagt er in einem Brief an seinen Bruder Wilhelm, der in Graz einen großbürgerlichen Haushalt führt.[3] Cornelius Gurlitt, dem stilbewussten Architekturhistoriker, missfällt vor allem die Fassade, an die er später eine wertvolle Renaissance-Plastik anbringen lässt. Sie wird nach 1945 aus den Trümmern geborgen und befindet sich heute am Haus Hauptstraße 21 in der Inneren Neustadt. Im Souterrain ist eine Wohnung für die Köchin und ihren Ehemann eingerichtet. Zum Personal gehört außerdem ein Hausmädchen, das ein Zimmer im Obergeschoss bekommt. Der Grundriss, den Cornelius Gurlitt kurz vor Einzug für seinen Bruder skizziert, weist das väterliche Arbeitszimmer im Obergeschoss aus – so groß wie die darunter liegende Wohnstube. Gleich daneben liegt die Bibliothek des Gelehrten. So eng die Räume gewesen sein mögen, die Familie entfaltet hier ein geselliges Leben. Rückblickend auf das Jahr 1904 berichtet Cornelius Gurlitt seinem Bruder Wilhelm, dass er 180 Besuche empfangen habe.[4] Bis zu seinem Tod 1938 lebt und wirkt er hier, seine Frau wohnt in dem Haus bis zum Bombenangriff 1945, den sie im Keller mit ihrem vier Jahre zuvor nach Dresden zurückgekehrten Sohn Hildebrand und seiner Familie übersteht.

Cornelius und Marie Gurlitt wird die neue Umgebung zugesagt haben, mehr als die Franklinstraße im Amerikanischen Viertel, wo sie die vorherigen drei Jahre in der Nachbarschaft von Arbeitern und kleinen Angestellten, aber auch Studenten und Professoren der nahegelegenen Technischen Hochschule wohnten. Die Kaitzer Straße gilt als standesgemäße Lage für höhere Beamte und Unternehmer. In dieser Gegend siedelt sich das Bürgertum der explosionsartig wachsenden Stadt an. Der Reiseschriftsteller und Melville-Übersetzer Friedrich Gerstäcker logiert in der schnurgeraden Kaitzer Straße und präsentiert in seiner Wohnung exotische Souvenirs. Im Haus Nummer 9 wohnt zeitweise der Bankier und Sammler Heinrich Arnhold mit seiner Frau Lisa. Sie freunden sich mit den Gurlitts an, Arnhold wird ein Förderer der Technischen Hochschule, an der Cornelius Gurlitt wirkt. Auch die Kinder haben guten Kontakt untereinander, der bis in die Nachkriegsjahre hält. Gleich um die Ecke von Haus Nummer 26, wo die Familie Gurlitt wohnt, steht zudem die Villa Bienert in der Würzburger Straße 46, die sich in den 1920er Jahren zum Künstler-Treffpunkt entwickelt. Im Salon der Sammlerin und Mäzenin Ida Bienert begegnet sich die Avantgarde Dresdens: Walter Gropius, Oskar Kokoschka, Paul Klee und Otto Dix. Unter den Gästen befindet sich auch die Ausdruckstänzerin Mary Wigman, deren Schülerin Helene Hanke Hildebrand Gurlitt später heiraten wird. Cornelius und Marie Gurlitt sind zwar konsterniert über «die verrückte Bienert» und ihre Extravaganzen. Im Frühjahr 1920 trägt die Sammlerin bei einem Künstlerfest ein Aufsehen erregendes Kleid, das den Nabel frei lässt und in der Stadt für Klatsch sorgt. Cornelius schätzt sie dennoch: «Sie ist ein braves Weib, und der bösen Mäuler gibt es viele».[5]

Die Familie führt in dieser Umgebung um die Jahrhundertwende ein eher beschauliches Leben, Cornelius Gurlitt unterrichtet nicht weit entfernt an der Technischen Hochschule, wenn er nicht gerade auf Reisen ist, um für seine Architekturbücher zu recherchieren. Marie Gurlitt wirkt daheim, von Hausmädchen und Köchin unterstützt. Ihr obliegt die Erziehung der Kinder. Da Hildebrand zum Kränkeln neigt, bereitet er den Eltern immer wieder Sorge. Insbesondere die Mutter ist beständig beunruhigt wegen ihres jüngsten Sohns, sei es wegen seiner gesundheitlichen Verfassung, sei es später wegen seines beruflichen Werdegangs und dann der Wahl seiner Gefährtinnen.[6] Hildebrand ist das Nesthäkchen der Familie, er wird umhegt, auch von seinen Geschwistern. Noch im November 1915, mitten im Krieg, beschreibt Cornelia, wie der mittlerweile 20-Jährige auf Heimaturlaub von der Mutter verwöhnt wird: «Putzerle braucht jetzt natürlich wieder sehr viele Sachen.»[7] Die Familienbande sind eng geknüpft, besonders Hildebrand und Cornelia verbindet eine große Nähe. Und doch wird sich der jüngste Spross später gegen die von den Eltern gesetzten Grenzen wehren.

Obwohl Dresden sich um die Jahrhundertwende von der königlichen Residenzstadt langsam zur Metropole entwickelt, hält sich der zu Beginn des 19. Jahrhunderts in romantischem Geist geprägte Begriff «Elbflorenz». Mit ihm werden im Zuge des erwachenden Städtetourismus die architektonischen Sehenswürdigkeiten Dresdens beworben. Die Stadt lockt vor allem mit ihren barocken Bauten, die erst durch Cornelius Gurlitt für die Kunstgeschichte als würdig entdeckt werden. Hildebrand wird das Image seiner Heimatstadt als «Elbflorenz» fortschreiben. In seinem reich bebilderten Beitrag für die «Illustrirte Zeitung», der 1931 anlässlich der Internationalen Hygiene-Ausstellung erscheint, schwärmt er von den Schönheiten der Stadt, der Brühlschen Terrasse, der Frauenkirche, dem neu gestalteten Zwingerhof, der Gemäldegalerie, und animiert den Leser zugleich, Verborgenes zu entdecken wie das Stadtgeschichtliche Museum, das Japanische Palais oder die Skulpturensammlung im Albertinum.

Hildebrand wird hier als Kind oft mit seinem Vater spazieren gegangen sein und dessen kunsthistorischen Ausführungen gelauscht haben. Cornelius Gurlitt ist einer der besten Kenner der Dresdner Architektur und hat dazu intensiv in Zeitungen und Zeitschriften publiziert. Und er besitzt einen Namen als hervorragender Redner, der seine Zuhörer in den Bann zu ziehen vermag. Der Junge lernt Dresden durch die Augen seines Vaters kennen: die prachtvollen Paläste und Kirchenbauten, den berühmten Canaletto-Blick vom südlichen Ufer der Elbe. Die väterliche Sicht auf die Stadt dürfte einen tiefen Eindruck bei dem Jungen hinterlassen haben.

Wie stark die Prägung durch den Vater war, lässt sich auch daran ablesen, dass Hildebrand anfangs ganz in seinen Fußstapfen wandelt, ja sogar als Student bei ihm Seminare besucht. Laut der Studienunterlagen der

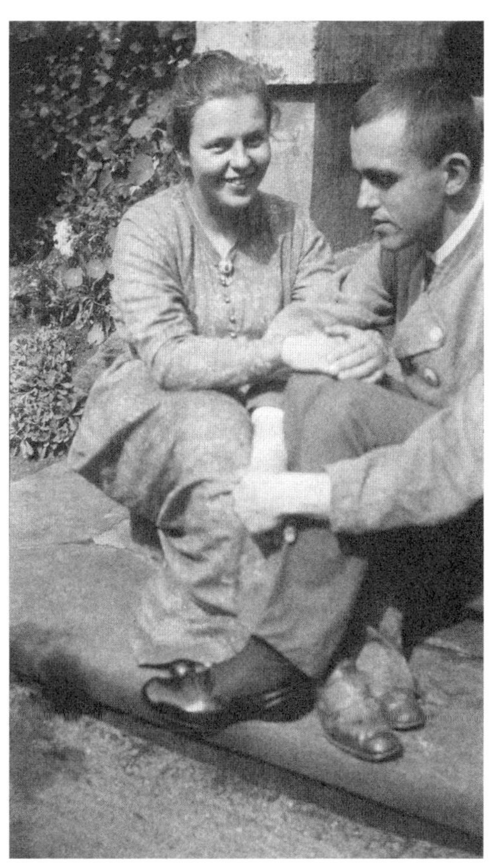

Cornelia und Hildebrand Gurlitt, um 1914

Sächsischen Technischen Universität schreibt sich Hildebrand auf Heimaturlaub während des Ersten Weltkrieges in der allgemeinen Abteilung ein, wo er eine Art Studium generale macht. Er besucht Vorlesungen über Impressionismus, Logik, Goethes «Faust», Richard Wagner, europäische Geschichte und Johann Sebastian Bach und belegt bei seinem Vater Formenlehre, Städtebau und Geschichte der Baukunst.[8] Als Hildebrand zunächst keine Arbeit findet, verschafft Cornelius Gurlitt ihm eine erste Anstellung. Zwischen 1923 und 1925 arbeitet er als Assistent an der Technischen Hochschule in der Sammlung für Baukunst, deren Gründung auf den Vater zurückgeht. Auch als Hildebrand nach seiner Entlassung als Museumsdirektor in Zwickau in seine Heimatstadt zurückkehrt, hilft ihm der Vater beruflich. Bis zu seinem Wechsel nach Hamburg als Leiter des Kunstvereins hält er Vorlesungen an der Dresdner Akademie für Kunstgewerbe.

Cornelius Gurlitt und die künstlerische Moderne in Dresden

Das Dresden der Jahrhundertwende erlebt nicht nur durch die Industrialisierung einen starken Modernisierungsschub, sondern ist auch in künstlerischer Hinsicht eine Keimzelle der Moderne. Eine Reformbewegung in Kunstgewerbe und Architektur nimmt hier ihren Ausgang, an der auch Cornelius Gurlitt Anteil hat. Ihre wichtigsten Impulse bekommt sie von England, vom Arts and Crafts Movement, das sich gegen die maschinelle Produktion von Kunstgewerbe, Hausrat und Inneneinrichtung wehrt. Anstelle der technisch hervorgebrachten Dutzendware im historistischen Stil sollen Kunst und Dekoration wieder aus dem Handwerk geboren werden. Cornelius Gurlitt hatte sich schon in seiner Zeit am Dresdener Kunstgewerbemuseum zwischen 1878 und 1887 berufen gefühlt, dem deutschen Kunsthandwerk auf die Sprünge zu helfen. 1888 widmete er seiner Braut Marie Gerlach eine kleine Schrift: «Im Bürgerhause. Plaudereien über Kunst, Kunsthandwerk und Wohnungs-Ausstattung». Darin postulierte er, dass eine Einrichtung, die alte Stile nachahme, kaum zum Wohle der Familie beitragen könne. Er verdammte Kitsch und Massenware und forderte, dass sich in der «Wohnungs-Ausstattung» das Wesen der Bewohner widerspiegeln solle.

Auf seiner Reise nach England im Jahr 1887 hatte er die Kunst der Präraffaeliten kennengelernt, einer progressiven Kunstbewegung, die zum Motor der frühen europäischen Moderne wurde und mit ihrem Verständnis von einer ganzheitlichen Kunst Ideen der späteren Arts-and-Crafts-Bewegung vorwegnahm. Die Bilder der Präraffaeliten schlugen Cornelius Gurlitt sofort in den Bann. Einige der Künstler lernte er persönlich kennen, mit anderen begann er einen Briefwechsel.[9] Zurück in Deutschland gelang es Gurlitt jedoch kaum, von seinen Eindrücken in der Fachpresse zu berichten und Artikel unterzubringen. Von der englischen Entwicklung wollte hier noch niemand etwas wissen. Bis das reformerische Gedankengut auch im Bereich der Architektur Früchte trug, dauerte es noch eine ganze Weile. Als Gurlitt 1893 seinen Ruf an die Technische Hochschule in Dresden erhält, ist er dort zunächst für das Fach Geschichte des Kunstgewerbes, später für Geschichte der Baukunst zuständig. Hier fühlt er sich zur rechten Zeit am rechten Ort: Die Hochschule ist reif für eine Reform. Gurlitt rühmt sich, mehr durch das Leben gelernt zu haben als aus Büchern. «Bin eine Dilettante – einer der sich ergötzen will», formuliert er noch in seinen 1925 publizierten Lebenserinnerungen und distanziert sich damit demonstrativ von der reinen Wissenschaft.[10] In Dresden an der Technischen Hochschule sieht er die Gelegenheit gekommen, in diesem Sinne eine neue Generation von Architekten heranzuziehen. Anerkennung dafür erhält er auch durch seine Berufung zum Rektor der Hochschule im Februar 1904. Von der Inauguration mit großem Fackelzug berichtet sogar die Zeitung.[11] Im Vorgarten der Kaitzer Straße 26 ist aus diesem besonderen Anlass feierlich die schwarz-weiß-rote Fahne gehisst. Cornelius trägt entsprechend am Revers das Eiserne Kreuz.

Unter Gurlitts Ägide soll an der Technischen Hochschule kein Reglement von vornherein dem künstlerischen Schaffen Grenzen setzen und das schöpferische Moment unterbinden, das allein eine wahre Kunst im Sinne der Arts-and-Crafts-Bewegung hervorbringen kann. Zugleich fördert Gurlitt den wissenschaftlichen Nachwuchs. Hermann Muthesius promoviert 1902 bei ihm als erster Architekt. Fünf Jahre später gehört er zu den Mitbegründern des Deutschen Werkbundes, der eine neue Warenästhetik für die kunstgewerbliche Industrieproduktion anstrebt. 1896 war Muthesius im Auftrag von Wilhelm II. als Kulturattaché der Deutschen Botschaft nach London gereist, um die Arts-and-Crafts-Bewegung vor Ort zu studieren und nach seiner Rückkehr darüber zu publizieren. Er ist genau wie Gurlitt von der neuen Bewegung fasziniert und will ihre Ideen nach Deutschland bringen. 1901 holt sich Gurlitt zur weiteren Verstärkung außerdem den Architekten Fritz Schumacher (1869 bis 1947) an die Technische Hochschule. Auch Schumacher, ebenfalls 1907 einer der Mitbegründer des Werkbundes, hatte England besucht und sich von Ruskin, Morris und anderen Vertretern des Arts and Crafts Movement inspirieren lassen, die ihm den Anstoß zu seiner Vision einer allumfassenden harmonischen Kultur gaben. Darin fordert er, den «beseelten Blick» weg vom einzelnen Gebäude oder Einrichtungsgegenstand auf ein komplexes soziales, ökonomisches und bauliches Gefüge zu richten, das nach menschlichem Maß geformt sein müsse. Als Architekt sieht sich Schumacher in der Rolle eines Kulturbringers, der im Dienst der Gesellschaft steht.[12] In Dresden an der Technischen Hochschule will er die unglückselige Spezialisierung in einzelne Kunstgebiete wieder aufheben. Sein Ziel ist das Gesamtkunstwerk, eine Vereinigung aller Künste, bei der sich die Kunst ins Leben integriert und eine Wiedergeburt aus den Anforderungen des Alltags heraus erlebt. Die Grundlage dabei bildet die Architektur. Auf ihrem Boden treffen sich Malerei und Bildhauerei, zudem die Inneneinrichtung – so Schumachers Überzeugung, die auch Gurlitt und Muthesius teilen. Ihnen gilt die Architektur als «Mutter der Künste».

Cornelius Gurlitt verschafft diesen neuen Ideen Zugang zur Hochschule. Indem er an seinem Fachbereich die Diplomprüfung einführt, können die Architekten erstmals einen akademischen Grad erlangen und sich damit von den durch den Staat regulierten Bauschulen absetzen. Die Architektur wird aus dem Staatsdienst gelöst und dem Entwerfer eine größere Freiheit bei der Gestaltung eingeräumt. Die eher künstlerisch angelegten Fächer in der Ausbildung gewinnen gegenüber den technischen an Gewicht, praktische Übungen dominieren gegenüber den lediglich Theorie vermittelnden Vorlesungen. Um die unterschiedlichen Gattungen zusammenzuführen, knüpft Schumacher ein Bündnis mit der Kunstakademie und der Kunstgewerbeschule in Dresden. Dem auf diese Weise universell ausgebildeten Architekten bieten sich weitaus größere Wirkungsbereiche als dem freischaffenden Künstler. Viele reformfreudige Maler der Jahrhundertwende, wie zum Beispiel Henry van de Velde oder Peter Behrens, wenden sich deshalb der Architektur zu. Auch für junge Künstler besitzt die Dresdner Reformbewegung eine große Anziehungskraft. Sie schreiben sich an der Königlich Sächsischen Technischen Hochschule ein, wo sich schon bald die Keimzelle einer die Malerei wenig später revolutionierenden Künstlergruppe bildet.

In den Jahren 1901 bis 1904 finden sich in der sächsischen Hauptstadt nach und nach Ernst Ludwig Kirchner, Fritz Bleyl, Erich Heckel und Karl Schmidt-Rottluff ein, um an der Technischen Hochschule das Architekturstudium aufzunehmen. 1905 werden sich die Vier zur Künstlergruppe «Brücke» zusammenschließen und gemeinsam mit den dazukommenden Malern Max Pechstein, Emil Nolde und Otto Mueller den Expressionismus in Deutschland begründen. Die angehenden Studenten fühlen sich alle zum Künstler berufen, nur fehlen ihnen die Orientierung und Basis. Ihr Architekturstudium nehmen sie dabei längst nicht so ungern und nur auf Geheiß der Eltern auf, wie sie später zu ihrer eigenen Mythenbildung häufig behaupten werden. Ganz im Gegenteil bietet Dresden als Zentrum der Reformbewegung in Kunstgewerbe und Architektur den aus Chemnitz und Zwickau zugezogenen Adepten genau das richtige Sprungbrett in die Welt der Kunst.

1906 ist der Höhepunkt der Dresdner Reformbewegung erreicht. In diesem Jahr darf Dresden die III. Deutsche Kunstgewerbeausstellung ausrichten, eine Ehre, die bisher München vorbehalten war. Da die beiden früheren Ausstellungen im Münchner Glaspalast 1876 und 1888 eher einen gestalterischen Tiefstand der Produktkultur markierten, überzeugt Dresdens Bewerbung mit einem innovativen Konzept für die international wichtige Schau umso mehr. Veranstaltungsort ist der Ausstellungspalast am Stübelplatz sowie das südlich daran anschließende Gelände. Mit 38 000 Quadratmetern steht den Organisatoren die größte Fläche zur Verfügung, die in Deutschland bis dahin jemals für solch eine Unternehmung genutzt wurde. Musterbeispiele für jeden Lebensbereich sollen gezeigt werden. Es gibt Wohnhäuser und -einrichtungen für unterschiedliche soziale Schichten, Gaststätten, Warenhäuser, Schulen, Museumsräume, Werkstätten, Industriehallen sowie protestantische und katholische Kirchen, Gärten, Dorfplätze und Innenhöfe. Alles ist durchgestaltet, jeder Raum, jeder Einrichtungsgegenstand bis hin zum Teelöffel.

Viele Professoren der Technischen Hochschule sind in die Vorbereitung der Ausstellung involviert. Fritz Schumacher übernimmt als Vorsitzender die Abteilung Raumkunst, Cornelius Gurlitt die des Kirchenbaus. Das übergeordnete Ziel der Ausstellung besteht darin, das Verhältnis von Handwerk und Industrie für die Zukunft zu klären, ein Problem, das auch die Arts-and-Crafts-Bewegung in England nicht zu lösen vermocht hatte. Bisher bedeutete die Hinwendung zum Handwerk eine Abwendung von der technischen Produktion. In Dresden will man einen Schritt weitergehen. Hier soll für die Technik eine eigene Formensprache entwickelt werden – frei von der Formenwelt des Handwerks. Beiden Bereichen wird Eigenständigkeit zugebilligt, allerdings ist für Handwerk wie Technik der künstlerische Entwurf Voraussetzung. Alle zur Ausstellung eingeladenen Künstler dürfen sich daher die ihnen zuarbeitenden Werkstätten oder Firmen selbst auswählen. Der Künstler bestimmt, die Ausführenden sind ihm nachgeordnet. Diese eindeutige Vorrangstellung animiert die namhaftesten Architekten, Maler, Bildhauer und Graphiker der Frühmoderne zur Beteiligung an der Ausstellung.

Ein halbes Jahr – von Mitte Mai bis Ende Oktober 1906 – ist die III. Deutsche Kunstgewerbeausstellung geöffnet. In dieser Zeit sollen auch erste kunsterzieherische Funken auf die Bevölkerung überspringen. Die Organisatoren und Künstler sehen in der Raumkunst ein ideales pädagogisches Mittel, denn während ein Bild nur betrachtet werden kann, ist ein Raum optisch, akustisch und haptisch erfahrbar. Somit sei «der gestaltete Raum auch das wirkungsvollste Instrument, um den unbeteiligten Menschen künstlerisch zu fassen», so Fritz Schumacher.[13] Um ein möglichst breites Publikum zu erreichen, wird eine Sonderbriefmarke herausgegeben, werden Plakate und Postkarten gedruckt sowie neben den Ausstellungskatalogen für jede Abteilung eine eigene Zeitung mit insgesamt 34 Ausgaben publiziert.

Am 12. Mai 1906, einem sonnigen Samstag, eröffnet die Ausstellung unter dem Motto «Ein Festzug des deutschen Kunstgewerbes». Eine Reitergarde begrüßt mit Fanfaren die herbeiströmenden Besucher. Auch König Friedrich August III. nimmt an den Feierlichkeiten teil und schreitet das Ausstellungsgelände ab. Auf einer eigens angefertigten Ansichtskarte von seinem Rundgang ist hinter dem Monarchen Cornelius Gurlitt zu erkennen. Es muss ein großer Tag für ihn gewesen sein, zweifellos haben ihn auch seine Frau und die Kinder begleitet. Auf der Ansichtskarte steht links ein Junge von etwa elf Jahren, der durchaus Hildebrand sein könnte.

Das Ereignis wird großen Eindruck auf den Jungen gemacht haben, wie auch die Reformbewegung insgesamt nicht spurlos an ihm vorübergegangen sein kann. Viele Gespräche in der Kaitzer Straße werden sich während der mehrjährigen Vorbereitungszeit der Ausstellung um nichts anderes gedreht haben. Auf das Kind muss die intensive Beschäftigung des Vaters und der anschließende Erfolg prägend gewirkt haben. Hildebrands spätere Entscheidung, an der Technischen Hochschule in Dresden Kunst- und Baugeschichte zu studieren, wird davon beeinflusst gewesen sein.

Erste Begegnungen mit den Malern der «Brücke»

Ob Hildebrand Gurlitt die «Brücke»-Künstler schon bei seinen Besuchen des Vaters an der Technischen Hochschule oder auf der Kunstgewerbeausstellung getroffen hat, ist nicht bekannt. Die Möglichkeit, ihnen auf dem Ausstellungsgelände zu begegnen, bestand durchaus, denn die Professoren der Technischen Hochschule, der Kunstakademie und der Kunstgewerbeschule ließen ihre Studenten an den Entwürfen mitarbeiten. Kirchner, Heckel, Bleyl und Schmidt-Rottluff sind allerdings schon nicht mehr darunter. Sie haben sich am 7. Juni 1905 zur Künstlergruppe zusammengeschlossen und zum Zeitpunkt der Ausstellungseröffnung bereits die Hochschule verlassen. Heckel arbeitet im Architektenbüro von Wilhelm Kreis, um sich als freischaffender Künstler seinen Lebensunterhalt zu verdienen. Als Professor für Raumkunst an der Kunstgewerbeschule wirkt Kreis ebenfalls an der III. Deutschen Kunstgewerbeausstellung mit und entwirft eines der markantesten Ausstellungsgebäude: das Sächsische Haus. Heckel ist die Bauleitung für die darin untergebrachte Porzellangalerie übertragen. Während dieser Zeit begegnet er Max Pechstein, der als Meisterschüler Otto Gussmanns an der Kunstakademie mehrere Mosaike, Decken- und Wandmalereien im Sächsischen Haus ausführen darf. Beeindruckt von der Farbenpracht, die Pechstein schon damals in seinen Werken entfaltet, führt Heckel den Kollegen in die junge Künstlergruppe ein.[14]

Während ihres Architekturstudiums belegen die «Brücke»-Künstler Fächer sowohl bei Cornelius Gurlitt als auch bei Fritz Schumacher. Letzterer ist zumindest für kurze Zeit ihr Held, denn der junge Hochschullehrer, der in seinem Fachbereich «Freihand- und Ornamentzeichnen» unterrichtet, verurteilt den bislang stets rückwärtsgewandten Blick auf vergangene Stile und das einfache Nachahmen immer gleicher Formen. Die Gipsnachgüsse historischer Ornamente, die zu jedem Zeichensaal einer Architektenklasse gehören, räumt Schumacher rigoros beiseite. Statt dessen legt er eine Sammlung von Muscheln, Steinen und Pflanzen an, damit sich die Studenten in Naturformen einfühlen können. Und er geht mit ihnen nach draußen und lässt sie unter freiem Himmel Landschaftsformationen der Dresdener Umgebung zeichnen, um ihre Wahrnehmung zu sensibilisieren. Jahrzehnte später wird sich Schumacher an seine Dresdner Lehrtätigkeit und die «Brücke»-Künstler unter seinen Studenten erinnern: «Deshalb war ich sehr zufrieden, als ich allmählich erreichte, dass sich auch diese unruhigen Elemente auf den Bahnen einer reinlichen naturtreuen Zeichnungstechnik bewegten. Dies dauerte aber nicht lange – plötzlich hörte es auf. […] Von dieser Zeit an begannen die künftigen ‹Brücke›-Leute zu meinem Schrecken höchst unordentlich zu zeichnen. […] Ich kann […] nicht behaupten, dass ich die jungen Entlein verstand, die mir unerfahrenen [sic!] Glucke davonschwammen […].»[15]

Schumacher benennt hier den Punkt, an dem sich von der bereits etablierten Reformbewegung eine ultramoderne Ausrichtung der jüngsten Generation abspaltete. Auch Cornelius Gurlitt vermag ihr trotz seiner liberalen Einstellung nicht zu folgen. Gleichwohl erkennt er wie Fritz Schumacher den individuell gewählten Weg seiner Schüler an. Gegenüber seinem jüngsten Sohn aber artikuliert er schon damals vorausschauend die Vermutung, dass die Kunst dieser jungen Künstler diesem einmal das bedeuten könnte, was Hans Thoma, Arnold Böcklin und Max Liebermann ihm und seinem Bruder Fritz bedeutet hätten.[16]

Auch wenn nicht überliefert ist, ob Hildebrand Gurlitt schon in der Technischen Hochschule oder auf der III. Deutschen Kunstgewerbeausstellung auf die «Brücke»-Künstler stieß, so erinnerte er sich später an eine andere Begegnung umso besser. Während der großen Schau eröffneten die jungen Künstler am 24. September 1906 in der Gröbelstraße 17 in Dresden-Löbtau ihre eigene Ausstellung – nicht weit vom Wohnhaus der Gurlitts entfernt. Es ist ihre erste Präsentation in Dresden, nachdem sie bereits 1905, im Jahr der Gruppengründung, in Leipzig mit ihrer Kunst an die Öffentlichkeit getreten sind. Der Ort der Ausstellung ist eher ungewöhnlich, denn hier unterhält der Lampenfabrikant Karl Max Seifert sein Ladenlokal nebst Schauräumlichkeiten. Dem Unternehmer hatte auf der Kunstgewerbeausstellung die Porzellangalerie im Sächsischen Haus besonders gefallen. In der Gröbelstraße überlässt er nun den «Brücke»-Künstlern die freien Wände für ihre Gemälde und Graphiken, während von der Decke Beleuchtungskörper aller Art hängen.

Die Künstler treiben viel Aufwand für diese Ausstellung. Sie entwerfen ein Plakat, Einladungskarten und ein Programm. Auch ein Katalog wird konzipiert, der aber nicht mehr zur Ausführung kommt. In mehreren Tageszeitungen erscheinen Ausstellungsankündigungen und -kritiken. Hildebrand besucht die Ausstellung mit seiner Mutter: «Ich vergesse nicht die Stunde, in der ich mit meiner Mutter, der ‹Königlich Sächsischen Frau Geheimem Rat›, die erste Ausstellung der ‹Brücke› in einem barocken Lampengeschäft, in einer öden Straße Dresdens […] sah. Was da hing wirkte in der Königlich Sächsischen Kunststadt, der Stadt des Barock und der Romantik wirklich ‹Fauves›. Wenn auch van Gogh und Munch in Dresden schon ein wenig bekannt waren, diese Kunst, diese barbarisch leidenschaftlich kraftvollen Farben, diese Grobheit in ärmsten Holzleisten gerahmt, wollten als Schlag ins Gesicht der Bürger wirken und taten es auch. Auch ich der junge Schüler, erschrak, aber ‹Frau Geheime Rat›, sich von den jungen Männern führen lassend, meinte, eigentlich sollte man von diesen interessanten Arbeiten kaufen und nahm einen der erstaunlichen Holzschnitte mit nach Haus.»[17]

Hildebrand Gurlitt hält nicht weiter fest, was die «Brücke»-Künstler bei der Führung sagten, wie sie ihre Werke seiner Mutter und ihm erläuterten. Aber sehr wahrscheinlich nahm Marie Gurlitt auch das als Holzschnitt vervielfältigte Programm der «Brücke»-Künstler mit nach Hause, das in der Ausstellung für die Besucher auslag und Käufern von Werken in die Hand gedrückt wurde. «Mit dem Glauben an Entwicklung, an eine neue Generation der Schaffenden wie der Genießenden rufen wir alle Jugend zusammen. Und als Jugend die die Zukunft trägt, wollen wir uns Arm- und Lebensfreiheit verschaffen gegenüber den wohlangesessenen älteren Kräften. Jeder gehört zu uns, der unmittelbar und unverfälscht wiedergibt, was ihn zum Schaffen drängt», so lautete der kurze und mutige Aufruf zur Ablösung von Tradition und Konvention.[18] In diesem Sinne wird sich viele Jahre später auch Cornelia Gurlitt, längst Malerin geworden, in einem Brief an ihren Bruder Wilibald äußern: «Das Wesen der Kunstform ist Stilisierung des Materials, und der Zweck der Stilisierung ist Erlösung des Ausdrucks.»[19] Die jungen «Brücke»-Künstler bekunden mit ihrem Gründungsmanifest ihre Nähe zur Philosophie von Friedrich Nietzsche. Dieser beschwor in seinen Schriften die Freisetzung der schöpferischen Individualität. Nur dadurch könne eine neue Generation von Künstlerpersönlichkeiten hervorgebracht und Deutschland aus seiner desolaten Kulturkrise geführt werden. Hier hat auch die von Hildebrand Gurlitt später verfochtene Idee, Deutschland als Kulturnation wieder auferstehen zu lassen, ihren Ursprung.

Zunächst aber «erschrickt» der junge Hildebrand Gurlitt angesichts der Werke der «Brücke»-Künstler, und eine weitere Auseinandersetzung mit ihrem Schaffen bleibt fürs Erste aus. In seiner Jugend scheint es keine weiteren Versuche einer Annäherung an die Avantgarde gegeben zu haben.

Aber die von ihm erwähnte Druckgraphik, die seine Mutter in der Ausstellung erworben hat, und das von den Künstlern verfasste Programm warten in irgendeiner Schublade im Haus der Kaitzer Straße auf die spätere Entfaltung ihrer Wirkkraft.

Auf Linie gebracht: Nationalismus als Lehrinhalt

Was der Elfjährige vom Kunstunterricht in der Schule her kennt, hat für ihn nichts mit dem bei den «Brücke»-Künstlern Gesehenen zu tun. Und doch gibt es einen gemeinsamen Nenner, der auch den Kern von Hildebrands späterem Kunstverständnis bildet. Wie mittlerweile in fast allen deutschen Schulen genießt die Kunsterziehung auch am St. Annen Gymnasium, das die Gurlitt-Söhne besuchen, einen hohen Stellenwert. In Preußen ist das Zeichnen schon seit 1872 ein obligatorisches Unterrichtsfach, die Kunsterziehung eine gesamtgesellschaftliche Maßnahme – Vorboten der Kunsterziehungsreform, die sich um die Wende vom 19. zum 20. Jahrhundert landesweit ausdehnt. Ein, zwei Generationen später kann in Deutschland jedes Kind, jeder junge Erwachsene zeichnen. Anlass der Bestrebungen war die Gründung des Deutschen Reichs. Die lang ersehnte Einheit sollte sich nicht nur auf politischer und staatsrechtlicher Ebene vollziehen. Vielmehr wollte man das Volk auch auf kultureller Ebene zu einer Nation zusammenwachsen lassen und sich vor dem Ausland behaupten. Das aber war noch ein weiter Weg. Auf der Weltausstellung in London 1862 hatte Deutschland ein denkbar schlechtes Bild abgegeben. «So steht also für unser Vaterland die Aufgabe noch aus, in den bildenden Künsten das führende Land von Europa zu werden», stellte Konrad Lange, einer der Väter der Kunsterziehungsreform, zu Beginn seines pädagogischen Wirkens fest.[20]

Doch war damit lediglich die Spitze benannt. Es ging nicht nur um die bildenden Künste, es ging um die Kultur insgesamt und um deren schleichenden Verfall seit der Industrialisierung. Ganz unten wollte man anfangen und auf breiter Front Abhilfe schaffen. In den niederen Schulen, der Volks- und Mittelschule, zielte der Kunstunterricht fortan auf die Geschmackserziehung der Arbeiter und kleinen Angestellten. Dem Kitsch sollte Einhalt geboten, die unteren sozialen Schichten in die Lage versetzt werden, die eigene Wohnung ansprechend einzurichten. In den Gymnasien wurde dagegen der ästhetische Sinn geschult. Der gutsituierte Bürger- und Beamtenstand galt als Kern der Nation, er war den Reformern das größte und wichtigste Publikum für die bildende Kunst. Von zentraler Bedeutung ist daher auch am St. Annen Gymnasium das «Freihandzeichnen» unter der Anleitung von ausgebildeten Pädagogen. Hildebrand sitzt hier im Unterricht von Oberlehrer Paul Groß und zeichnet nach Pflanzen, Steinen, präparierten Schmetterlingen und Insekten. Von seinem Vater weiß er, dass Fritz Schumacher an der Technischen Hochschule, nur wenige Kilometer vom Annen-Gymnasium entfernt, ganz ähnlich unterrichtet. Er kann sich kaum vorstellen, dass die Schülergeneration vor ihm noch nach historischen Ornament- und Dekorformen zeichnen musste. Unmerklich werden hier Weichen gestellt – einige Jahre später in der Weimarer Republik tragen die Reformen Früchte. Hildebrand und all die anderen Gymnasiasten in Dresden und ganz Deutschland müssen nicht mehr Kunstformen nachahmen, sondern werden direkt an den Naturformen geschult. Ihre Wahrnehmung wird dadurch entscheidend sensibilisiert und individualisiert. «Wir wollen nicht, daß das Kind die Natur zuerst durch die Brille der Vergangenheit, durch die Vermittlung bestimmter historischer Stilarten sehe […] denn wir glauben, daß das Kind dadurch zu dem Irrtum verführt wird, die Schönheit eines Bauwerks oder Geräts bestehe in dem von außen angeklebten Ornament», referiert Konrad Lange die Ziele der Reformbewegung auf dem ersten Kunsterziehertag in Dresden 1901.[21] Unter den 250 Teilnehmern dürfte sich auch Hildebrands Zeichenlehrer Paul Groß befunden haben.

Während die «Brücke»-Künstler bei Fritz Schumacher auf diese Weise zur Freiheit des künstlerischen Ausdrucks gelangen, hat in der Schule das Dargestellte akkurat dem Naturvorbild zu gleichen. An diesem Punkt lässt sich die Ambivalenz der im Ursprung fortschrittlichen Ideen festmachen. An eine freie Entfaltung der kreativen Kräfte ist in den Schulen kaum gedacht. Hier geht es darum, einen Kollektivgeschmack und klar definierten Schönheitssinn bei den Schülern herauszubilden. Die Formung einer bestimmten Mentalität, eines festen Korpsgeistes ist das Ziel. «Eines der mächtigsten Mittel hierzu liegt unbestreitbar in der ernsten, zielbewussten Entwicklung des Kunstsinnes, des Kunstgeschmackes, der Kunstliebe. […] Wenn die Schüler beim Zeichnen zur Vollendung eines Ornamentes stets dem erkannten Gesetze der Schönheit folgen müssen, so wird es ihnen auch später nicht schwer fallen, sich dem Willen eines anderen oder bürgerlichen Gesetzes unterzuordnen. Der Kunstunterricht erzieht demnach die Schüler zu brauchbaren Gliedern der menschlichen Gesellschaft, zu ihrem und der Gesamtheit Nutzen.»[22] Kunst, Volk und Nation werden zunehmend parallelisiert. Der pädagogische Ansatz der Kunsterziehungsreform, welcher im Schulunterricht eigentlich eine Herausbildung des Individuums verfolgte, zielt schließlich darauf, die Heranwachsenden mit der Nation zu identifizieren, sie auf das Deutschsein einzuschwören. Auch national-imperialistische Aggressionen gegen das Ausland halten damit Einzug in den Kunst- und Zeichenunterricht.

In Dresden bekennt sich Rektor Richard Henke in seiner Antrittsrede in der Annenschule 1908 dazu, jeden Schüler so zu formen, «dass er sich nicht nur als Individuum fühlt, sondern daß er sozial empfindet, denkt und handelt». Seine Kollegen schwört er ein: «Jeder von uns möge sich als dienendes Glied eines Organismus betrachten, bei dem sich der Einzelne dem Ganzen einfügt.» Und: «Wir wollen uns angelegen sein lassen, ihren [der Schüler] Charakter zu bilden, zu festigen, zu stählen und ihnen zeitig die ideale Gesinnung einzuimpfen, die sie fähig machen soll zum selbstlosen Dienst für ihre Mitmenschen.»[23]

Im Hause Gurlitt ist die Kunsterziehungsreform Tagesthema. Neben Konrad Lange ist es vor allem Alfred Lichtwark, der sich ganz in den Dienst der Bewegung stellt; er ist dabei die weitaus populärere Figur. Cornelius Gurlitt kennt ihn noch aus den 1880er Jahren, in denen er seine Nachfolge als Kunstberichterstatter der Zeitschrift «Die Gegenwart» angetreten hatte. Lichtwark war 1886 als Direktor an die Hamburger Kunsthalle gegangen, wo er sein Bildungsideal konkret verfolgen konnte. Hier machte er die Sammlungen dem Publikum, insbesondere den Kindern, durch das gemeinsame Betrachten von Bildern zugänglich, in einer Form, wie es sie vorher nicht gab. Damit gehört er zu den Begründern der Museumspädagogik. Lichtwark setzt auf die Kraft des Dilettantismus, die «unerschrockene» Begegnung mit der Kunst. In diesem Sinn ist auch Cornelius Gurlitts Wahlspruch «Bin eine Dilettante» zu verstehen.

Auch Lichtwark verfolgt seine Kunsterzieher-Ideale vor dem Hintergrund einer erstarkenden deutschen Nation. Die dritte Zentralfigur der Bewegung, Julius Langbehn, verleiht dieser eine gefährliche Ausprägung. Cornelius Gurlitt steht schon früh in Verbindung mit dem Architekturhistoriker, seit dieser Mitte der 1880er Jahre einen Diskussionspartner suchte, um an ihm in regelmäßigen Abständen die kontroversen Thesen seines 1890 erscheinenden Buches «Rembrandt als Erzieher» zu erproben. Die Gespräche verlaufen streitbar, doch hinterlassen sie bei Gurlitt einen tiefen Eindruck.[24] Langbehns Schrift hat zu Beginn des Jahrhunderts ihren Siegeszug noch nicht angetreten. Später wird sie als theoretischer Unterbau der nationalsozialistischen Ideologie dienen, mit jeder weiteren Auflage verstärken sich die antisemitischen Töne darin. Langbehn sucht «Rembrandt als Erzieher» zu installieren, in dem er die Wiedergeburt des «niederdeutschen Wesens» zu erkennen glaubt, da seine erdverbundene Kunst bäuerlich und aristokratisch zugleich gewesen sei. Auch Cornelius Gurlitt sympathisiert später zunehmend mit diesem Gedankengut.

Hildebrand Gurlitt wird von den theoretischen Auseinandersetzungen als Schüler wenig berührt gewesen sein. Doch in diesem geistigen Milieu wächst er auf, hier erfährt er seine Prägung. Was ihn als Kind und später als Gymnasiast bewegt, ist nicht überliefert. Seine Welt ist die Familie und die Annenschule, die zu den großen traditionellen Schulen Dresdens gehört: 1563 durch den Rat der Stadt gegründet, 1619 zur Lateinschule, 1724 zum Lyzeum erhoben. Ihren Namen hat sie von ihrer ursprünglichen Lage nahe der Annenkirche, seit 1870 residiert sie in einem neuen, im Renaissancestil erbauten Schulhaus südöstlich der Kirche. 1911 besucht Hildebrand die Obertertia zusammen mit Eberhard Hoesch, Johannes von Kossecki und Hans Mersiowsky, die er drei Jahre später in einem Feldbrief als seine Freunde bezeichnen wird.[25]

War der Schüler Hildebrand Gurlitt bis dahin ganz im Familienkreis aufgegangen, so katapultieren ihn der Krieg, die Erlebnisse an der Front in unmittelbaren Kontakt mit anderen. Plötzlich öffnet sich sein Horizont. Wie so viele meldet sich Hildebrand von der Schulbank weg freiwillig zum Kriegseinsatz und kann es nicht erwarten, bis er im August 1914 gemustert und bald darauf vereidigt wird. Ein Jahr später treffen sich die vier Klassenkameraden in ihrer alten Schule wieder. Das sächsische Kultusministerium hat eine Verordnung erlassen, dass ins Heer eingetretene Primaner eine außerordentliche Reifeprüfung ablegen dürfen. «Die schweren Opfer, die die jungen Leute ihrem Vaterlande willig zu bringen bereit waren, sollten ihnen nach Möglichkeit erleichtert werden», hält der Rektor der Annenschule in seinem Jahresbericht fest.[26] Hildebrand Gurlitt holt in seinem Heimaturlaub das Abitur nach, bevor er an die Front zurückkehrt.

Kapitel 4

Schule des Lebens (1914 bis 1918)

Eine Nation stürzt sich in den Krieg: Hildebrand Gurlitt wird Soldat

Im Spätsommer 1914 gerät die Welt aus den Fugen. Das vermeintlich feste Gefüge der europäischen Ordnung zerbricht in Folge der Kriegserklärung von Österreich-Ungarn an Serbien am 28. Juli 1914. Wie reagieren die Gurlitts auf das Weltgeschehen? Selbstverständlich melden sich beide Söhne, Wilibald und Hildebrand, freiwillig zum Kriegsdienst, sogleich im August. Schließlich sind sie von ihrem Vater zum Patriotismus erzogen worden. Cornelius Gurlitt ist mit seinen 64 Jahren zu alt, um noch einmal selbst mit an die Front zu ziehen. Aber sein Stolz auf das Eiserne Kreuz für seinen Einsatz im Deutsch-Französischen Krieg von 1870/71 erwacht von Neuem. Damals war er so alt wie sein jüngster Sohn jetzt. Schon als Schüler hatte er die politischen Ereignisse mit Leidenschaft verfolgt, Karten und Schlachtstellungen des Deutschen Krieges von 1866 nachgezeichnet, eine Kriegsgeschichte geschrieben und sich zum Hilfsdienst gemeldet.[1] Die tiefe Verbundenheit mit der Heimat hatte ihm sein Vater Louis Gurlitt vorgelebt – und Cornelius gibt sie wiederum an seine Kinder weiter. Sie folgen ihm in seiner patriotischen Gesinnung und sind voller Enthusiasmus bereit, in den Krieg zu ziehen.

Ende Juli 1914 sehnen die Deutschen tatendurstig den Moment der Mobilmachung herbei. Am 1. August, einem Sonnabend, ist es endlich so weit. Eine riesige Menschenmenge versammelt sich vor dem Berliner Schloss und wartet auf den Kaiser. Als dieser auf den Balkon tritt und verkündet: «In dem jetzt bevorstehenden Kampfe kenne ich in meinem Volk keine Parteien mehr. Es gibt unter uns nur noch Deutsche», jubeln ihm Tausende zu – egal, ob politisch links oder rechts orientiert. Auch Friedrich August III., König von Sachsen, weiß die Gunst der Stunde zu nutzen und wendet sich an sein Volk und seine Soldaten. In Dresden herrscht das gleiche Bild wie in Berlin: Keinen hält es zuhause, die Menschen versammeln sich in den Straßen, auf den Plätzen, warten gespannt auf die neuesten Ankündigungen. Sie jubeln, feiern, begrüßen den Krieg. «Vorwärts mit Gott für Kaiser und Reich. Für König und Vaterland. Die Mobilmachung ist befohlen worden», titelt der «Dresdner Anzeiger» in einem schnell zusammengestellten Extrablatt vom 1. August 1914. Ebenfalls im «Dresdner Anzeiger» wendet sich Cornelius Gurlitt mit dem ganzen Professorenkollegium der Königlich Sächsischen Technischen Hochschule am 2. August an die Studentenschaft: «Viele von Euch sind zur Fahne geeilt und werden ihr Leben einsetzen für die Sicherheit und die Ehre des Vaterlandes. Es drängt uns, im Geiste ihnen die Hand zu drücken und sie in den Schutz des Lenkers der Schlachten zu befehlen.» Insgesamt 322 Angehörige der Technischen Hochschule werden im Krieg ihr Leben verlieren.[2]

Nicht nur in der Familie, auch in der Schule ist Hildebrand Gurlitt zu einem treuen Reichsdeutschen erzogen worden. Weniger durch Drill und Gehorsam als durch eine subtile Vermischung von kulturellen und nationalen Leitbildern, die ihm im Unterricht vermittelt werden. Wie eng in dieser Zeit die beiden Sphären Kultur und nationales Selbstverständnis miteinander verknüpft sind, lässt sich an einer Rede des Hamburger «Brücke»-Förderers Gustav Schiefler erkennen, mit dem Hildebrand Gurlitt später zusammenarbeiten wird. Der pensionierte Landgerichtsdirektor hält sie am 30. September 1914 vor der Hamburger Kunstgesellschaft. In seinem Vortrag über «Unsere kulturelle Verantwortung nach dem Kriege» erklärt er dem Publikum, dass die deutschen Soldaten «in diesem Kampfe nicht nur für Hab und Gut, Haus und Hof, Herd und Familie, Macht und politischen Einfluss kämpfen, sondern dass höhere Güter auf dem Spiel stehen: die deutsche Art, der deutsche Geist, die deutsche Kultur». Diese Form des Nationalismus speist sich aus der Kultur; die eigentliche Aufgabe des Krieges wird darin gesehen, eine neue deutsche, allen anderen überlegene Kulturnation zu schaffen.

Vor diesem Hintergrund ist auch die offizielle Kriegspropaganda im Herbst 1914 zu verstehen. Die Bevölkerung wird weniger über Innen- und Außenpolitik informiert als mit kulturellen Botschaften in Hochstimmung gehalten. Der «Dresdner Anzeiger» beschwört den Sieg fortan mit Gedichten, denkwürdigen Sentenzen von Intellektuellen sowie Abbildungen von Soldaten, er feiert das Heldendasein der deutschen Armee. Von diesem Hurra-Patriotismus lassen sich auch Skeptiker mitreißen. Der Dramatiker Gerhart Hauptmann, eher Sozialdemokrat denn treuer Untertan von Wilhelm II., schreibt für die Ausgabe des «Dresdner Anzeigers» vom 22. August 1914 das Gedicht «Oh mein Vaterland». Der Ausbruch des Ersten Weltkriegs erscheint selbst dem ansonsten pazifistisch gesinnten Schriftsteller als die konsequente Folge des Kulturkampfes. Ähnlich reagiert Richard Dehmel, der als bedeutendster Lyriker seiner Zeit gilt. In seiner ekstatischen «Oh Mensch – Oh Welt»-Diktion der Vorkriegszeit hatte er sich noch weltumspannend, universell denkend gezeigt. Im August 1914 aber sieht er sich nur noch als Deutscher. Für die Ausgabe vom 9. des Monats sendet er dem «Dresdner Anzeiger» den ersten von mehreren Beiträgen. Sein Gedicht ist als «Lied für alle» geschrieben, für alle Dresdner, für alle Deutschen.

Aber nicht nur in Dresden wird die poetische Überhöhung als Propagandamittel eingesetzt. Die Kunst wird strategisch zur Volksverhetzung missbraucht. Die schwärmerischen Poeme lullen ein, sie lassen den Sieg greifbar nahe erscheinen. Sogar der «Simplizissimus», die beißend-satirische politische Wochenschrift, stimmt nach wenigen Wochen in die Kriegsbegeisterung ein.

Der Taumel erfasst das ganze Land, auch die sonst außerhalb des gesellschaftlichen Konsenses stehende Künstlerschaft. Sie glaubt, durch die «reinigende» Kraft des Krieges die Kluft zwischen Avantgarde und Volk schließen zu können. Die Vorstellung vom zweifellos erfolgreichen Ausgang der militärischen Auseinandersetzungen animiert die Künstler nicht nur zur Unterstützung in Form öffentlicher Aufrufe, sondern auch zur eigenen Beteiligung. Neben Richard Dehmel melden sich Otto Dix, Alfred Döblin, Max Ernst, Ernst Ludwig Kirchner, Oskar Kokoschka, Wilhelm Lehmbruck, Ernst Toller, Georg Trakl und viele andere freiwillig zum Einsatz. Gottfried Benn, Hugo von Hofmannsthal, Paul Klee, Otto Mueller, Max Pechstein, Karl Schmidt-Rottluff, Egon Schiele und Max Slevogt werden ebenfalls eingezogen. Doch die Ernüchterung folgt schnell. August Macke fällt bereits Ende September 1914 an der Westfront, anderthalb Jahre später gehört auch Franz Marc zu den Opfern.

Die grausame Wirklichkeit im Feld holt die Künstler ein. Max Beckmann, der sich freiwillig zum Sanitätsdienst gemeldet hat und seine Erfahrungen künstlerisch zu verarbeiten sucht, erleidet im Sommer 1915 einen Nervenzusammenbruch. Im gleichen Jahr wird George Grosz, der die von Leichen übersäten Schlachtfelder zeichnet, als dienstuntauglich aus der Armee entlassen. Lehmbruck, der als Sanitätsgehilfe dient, erholt sich nie wieder von den Eindrücken an der Front, ebenso wenig wie

Kirchner, der ein Jahr nach Kriegsbeginn krankgeschrieben wird; beide begehen später Selbstmord. Ernüchterung macht sich in Dresden wie überall in Deutschland breit, je häufiger Meldungen von Toten und Verwundeten eintreffen. Die Versorgungslage der Bevölkerung verschlechtert sich während des Kriegs dramatisch. Hunger breitet sich aus, denn die gesamte Wirtschaft ist auf die Belange des Kriegs ausgerichtet.

Zwischen Abenteuer und Grauen: Erfahrungen an der Front

Im August 1914 ist Hildebrand Gurlitt von Zweifeln an der Richtigkeit der kriegerischen Auseinandersetzung, von existenziellen Ängsten noch weit entfernt. Er beneidet seinen Bruder Wilibald, der gerade bei Hugo Riemann in Leipzig über den frühbarocken Komponisten Michael Praetorius promoviert hat und gleich Anfang August in den Krieg ziehen darf. Auch seine Schulfreunde Eberhard Hoesch, Johannes von Kossecki und Hans Mersiowsky sind schon im Feld. Er selbst hat sich eine Magen-Darm-Erkrankung zugezogen und muss das Bett hüten. Am 23. August kann der knapp 19 Jährige seinem Bruder endlich berichten, dass er für tauglich befunden worden ist. Wilibald ist als Leutnant im Leib-Grenadier-Regiment Nr. 100 der 23. Division des XII. Königlich Sächsischen Armeekorps eingesetzt und erlebt dort die Hochstimmung nach dem Sieg deutscher Truppen zwischen Metz und den Vogesen über acht französische Armeekorps. Hildebrand schreibt ihm über die Begeisterung und den Stolz in Dresden, über den Jubel und die Fahnen.[3]

Wilibald erfährt jedoch auch den Hass der «Franktireurs», der belgischen Partisanen. Um Frankreich in kürzester Zeit zu unterwerfen, kommt es im Zuge des deutschen Einmarschs in das neutrale Belgien zu zahlreichen Übergriffen deutscher Militärs auf die belgische Bevölkerung. Mehrere Tausend Zivilisten sterben, und zahlreiche Kulturgüter werden zerstört. Nach dem Krieg wird sich Wilibald, der als Leutnant am Einmarsch in Dinant beteiligt war, Verhören der Alliierten im Zusammenhang einer völkerrechtlichen Untersuchung der Vorfälle stellen müssen. So also sieht die Realität des deutschen Krieges aus, der angeblich aus einer kulturellen Verantwortung heraus begonnen wurde. Im angelsächsischen Raum eilt den Deutschen bald der Ruf von Kultur zerstörenden

Barbaren voraus. Als Reaktion auf die Vorwürfe aus dem Ausland beschließen führende deutsche Publizisten und Intellektuelle, einen «Aufruf an die Kulturwelt» zu verfassen, in dem das Geschehen im August 1914 als Selbstverteidigung aus Notwehr dargestellt wird. Dadurch soll der Ruf deutscher Truppen wiederhergestellt werden.

«Es ist nicht wahr», beginnt jeder der sieben Absätze in der Manier eines Manifestes. Sie gipfeln im letzten Abschnitt in der Aussage: «Es ist nicht wahr, daß der Kampf gegen unseren sogenannten Militarismus kein Kampf gegen unsere Kultur ist, wie unsere Feinde heuchlerisch vorgeben. Ohne den deutschen Militarismus wäre die deutsche Kultur längst vom Erdboden getilgt. Zu ihrem Schutz ist er aus ihr hervorgegangen in einem Lande, das jahrhundertelang von Raubzügen heimgesucht wurde wie kein zweites. Deutsches Heer und deutsches Volk sind eins. Dieses Bewußtsein verbrüdert heute 70 Millionen Deutsche ohne Unterschied der Bildung, des Standes und der Partei.»

Der Aufruf wird von 93 deutschen Wissenschaftlern, Künstlern und Schriftstellern unterzeichnet, darunter einige, die Hildebrand Gurlitt während seines Kriegsdienstes kennenlernen wird. Aber noch steht ihm unmittelbar die Zeit an der französischen Front bevor. Mitte September 1914 wird er vereidigt, zunächst aber nur für die Miliz aufgestellt: im 1. Ersatz-Bataillon des Leib-Grenadier-Regiments Nr. 100 in Dresden-Neustadt. Mit Krieg hat das noch nichts zu tun, wie er seinem Bruder schreibt. Einen Monat später darf er endlich aufbrechen; er sitzt in der Bahn in Richtung Westfront, wohin genau, weiß er nicht oder darf es nicht benennen – «vermutlich in die Vogesen» –, jedenfalls immer noch im Reserveregiment. Unruhig und voller naiven Tatendrangs grüßt er in seinen Briefen als Kamerad und Waffenbruder.[4]

Hildebrand stürzt sich in das Abenteuer, als das ihm der Krieg zunächst noch erscheint, auch wenn er schon im November 1914 schreibt, dass er «auf baldigen Frieden» hofft. In den ersten beiden Jahren bleibt er mit seinem Regiment an der Westfront.[5] Dabei wird er mit der ganzen Härte des Krieges konfrontiert. In seiner Feldpost erscheinen die Kriegshandlungen jedoch harmlos, das Grauen kommt kaum vor. Er spricht sich selbst Mut zu, indem er die Gefahr herunterspielt, auch wenn um ihn die Menschen massenhaft sterben, mehr als in früheren Kriegen durch die moderne Waffentechnologie. In den Gefechten werden erstmals Maschinengewehre eingesetzt. Schwere Geschütze wie die «Dicke Bertha» zerstören selbst Ziele in weiter Entfernung. Rauchlose Munition sorgt dafür, dass Rohre nicht mehr nach jedem Schuss gereinigt werden müssen und die Gegner nicht erkennen können, von welchem Ort aus geschossen wird.

Die Schlachtfelder sehen aus wie Kraterlandschaften. Den einzigen Schutz bieten die an beiden Seiten der Front teils in mehreren Reihen ausgehobenen Schützengräben, in denen Munitionsdepots, Feldküchen, die Quartiere untergebracht sind. Teilweise harren die Soldaten darin wochenlang aus. Hildebrand beschreibt die Situation mit abgerungener Leichtigkeit in seinem Weihnachtsbrief von 1914. Den Heiligen Abend verbringt er in einem Schützengraben zwischen Reims und Verdun. Der Beschuss durch die französische Artillerie setzt auch an diesem Tag nicht aus. Über die Köpfe der Soldaten fliegen Schrapnells und Granaten. Das zerrt an den Nerven des 19-Jährigen: «Das ständige Geknalle und die fortwährende Gefahr macht einen langsam stumpfsinnig.»[6]

Hildebrand blendet das martialische Geschehen innerlich aus, selbst als er verwundet wird. Im Oktober 1915 wird er in der Champagne am linken Oberarm verletzt und kommt nach Augsburg ins Lazarett. Ein halbes Jahr später ist er zum zweiten Mal verwundet, diesmal durch Granatsplitter an Kopf und rechtem Arm; die Kopfwunde ist leicht, die Armwunde schwerer, dennoch schwärmt er davon, dass es «ein herrliches Gefecht» gewesen sei.[7] Später wird er sich mit anderen Gefühlen an die Erlebnisse an der Front erinnern. In seinen später verfassten Lebenserinnerungen schreibt er – von sich in dritter Person: Er «hatte soviel Blut unnütz fliessen sehen, daß er sein Leben lang den Gedanken nicht los werden konnte, wie sehr es nur ein Zufall sei, der Zufall von einer Zehntausendstel-Sekunde, daß er nicht mit den besten seiner Freunde an der Somme das Grab teilt, statt mit einem ‹Heimatschuß› Urlaub zu bekommen».[8] Zur Verarztung seiner zweiten Verletzung wird er nach Würzburg geschickt und darf schließlich wieder nach Dresden fahren, um sich psychisch zu erholen. Seine Konstitution ist angegriffen.

Während der gesamten Kriegszeit darf Gurlitt offensichtlich immer wieder nach Hause zurückkehren. Parallel zu seinem Kriegsdienst ist er vom Wintersemester 1914/15 bis zum Wintersemester 1918/19 an der Technischen Hochschule in Dresden eingeschrieben, wo er ein breitgefächertes Angebot wahrnimmt: Vorlesungen über Grundfragen der Ästhetik, über die Geschichte der Philosophie, bis hin zu einer «Besprechung der

Literaten der Gegenwart», daneben besucht er auch die Seminare seines Vaters.[9] Als Reservegrenadier befindet sich Gurlitt immer wieder aufs Neue daheim in Warteposition, in Erwartung der nächsten Einberufung.

Während dieser Phasen saugt der zunehmend verstörte junge Mann die Kultur in sich auf, geht in Theateraufführungen und Konzerte, besucht Vorlesungen, hört Vorträge, um an der Front davon zu zehren. Der große Bruder gibt ihm in diesen Jahren korrespondierend Halt; mit dem Vater schreibt Hildebrand sich kaum Briefe – schon gar nicht solche, in denen er sich öffnet wie gegenüber Wilibald. Neben beinahe arglosen Beschreibungen alltäglicher Tätigkeiten wie des Aushebens von Schützengräben, neben Überlegungen, ob er sich als Fahnenjunker melden soll, um in den Genuss bevorzugter Behandlung bei den Offizieren zu kommen, ist die Musik ein immer wiederkehrendes Thema der Korrespondenz zwischen den beiden Brüdern. Die Musik stellt für den nach außen scheinbar unverzagten Hildebrand eine tröstliche Sphäre dar, in die er seine Sehnsüchte projizieren kann: «Wenn wir uns wieder sehen werden, dann werden wir uns den Schlusschor der 9. Sinfonie anhören und das wird uns aus dem Herzen gesprochen sein. So denken wir im Felde.»[10]

Die drei Geschwister rücken durch den Krieg nochmals näher zusammen. Wie sehr Hildebrand an Wilibald und Cornelia hängt, zeigt sich an seinen Briefen zu den Feiertagen, in denen er wehmütig die gemeinsamen Familienfeste in Erinnerung ruft. Auch mit Cornelia schreibt er sich regelmäßig. Im Mai 1916 ist er wieder auf Heimaturlaub und trifft seine Schwester. Dem älteren Bruder berichtet er bewegt von der Begegnung: «Eitl hat mich der Krieg sehr viel näher gebracht, erst jetzt ist es ein rechtes geschwisterliches Verhältnis, seit ich sie mit anderen Leuten vergleichen gelernt habe. Ohne Phrase: ich habe keinen größeren Wunsch, als mit meinen beiden Geschwistern zusammen zu sein.»[11] Wie sehr Hildebrand und Cornelia einander zugetan sind, zeigt ein Foto, auf dem Hildebrand in Uniform auf Heimaturlaub zu sehen ist (siehe S. 43). Er sitzt mit der Schwester zusammen auf dem Treppenabsatz der Gartenterrasse in der Kaitzer Straße, ihre Beine kreuzen sich übereinander. Während Hildebrand seine Unterschenkel umgreift, legt Cornelia ihre Hände auf sein rechtes Knie. Ihre Arme bilden auf diese Weise zwei Kreise, die sich kreuzen. Diese besondere Sitzhaltung gewinnt fast symbolische Bedeutung: Die beiden Geschwister bilden eine Einheit. Cornelia lacht fröhlich in die Kamera, Hildebrand schaut sinnierend auf den Boden.

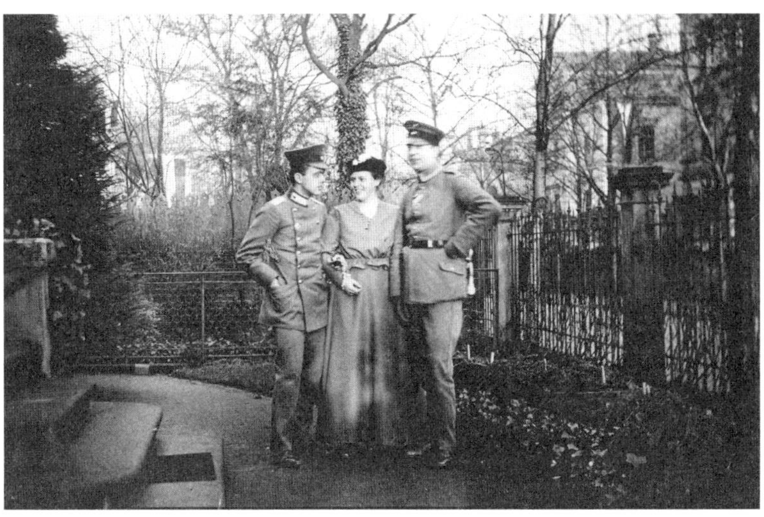

Hildebrand, Cornelia und Wilibald Gurlitt während des Ersten Weltkriegs im Urlaub in Dresden, um 1915

Die besondere Nähe zwischen dem jüngsten Gurlitt und seiner Schwester kommt auch in einer Fotografie zum Ausdruck, auf der die drei Geschwister abgebildet sind, die beiden Brüder tragen Uniform. Cornelia in der Mitte lacht wieder frei heraus, während sich Hildebrand bei ihr eingehängt hat und zu ihr herüberschaut. Wilibald dagegen stellt sich in Positur, die eine Hand in die Hüfte gesetzt. In den folgenden Jahren wird er für Hildebrand zunehmend zur Respektsperson, der gegenüber er sich erklärt und seine Selbstzweifel wie Ängste offenbart. So schmal und unsicher, wie der Jüngste auf dieser Fotografie gegenüber seinen beiden kräftigen, hochgewachsenen Geschwistern erscheint, wirkt er immer noch wie der «Kleine», der er als Soldat nicht mehr sein will.[12] Der Krieg verändert ihn tatsächlich: «Aus dem kleinen, weichen, immer etwas weinerlichen Putz ist ein großer, sehr magerer, schöner Junge geworden, ganz männlich, sehr energisch im Denken und sehr lebhaft und leidenschaftlich», beschreibt Cornelia ihren jüngeren Bruder im November 1917.[13] Hildebrand muss bald schon eine Brille tragen. Als einziges der drei Geschwister hat er die schlechten Augen seines Vaters geerbt. Im Laufe der Jahre wird sich seine Sehfähigkeit zunehmend vermindern, er wird immer stärkere Brillengläser benötigen. Letztendlich wird seine Sehschwäche auch mit schuld an dem Autounfall 1956 sein, an dessen Folgen er stirbt.

Im Lande Ober-Ost

Ende 1917 wird Hildebrand Gurlitt nach Wilna (Vilnius) in die Militärverwaltung versetzt, die permanente Bedrohung an der Front hat seine «Nerven» angegriffen.[14] Es ist höchste Zeit, dass er aus der Schusslinie kommt: «Man hat Angst, dass man gerade während der Zeit totgeschossen würde, wo man im bösesten Zweifel ist, [...] und dann noch eins ist gefährlich: man könnte zu einer Art zu denken kommen, die mit der Art, wie man jetzt leben muss, nicht übereinstimmt, davor hat man am meisten Angst, wie sollte man leben.» So beschreibt Hildebrand im September 1917 seine Lebensängste gegenüber dem Bruder.[15] Glücklicherweise landet er in der Presseabteilung Ober-Ost in Litauen. Möglicherweise hat ihm seine Schwester dabei geholfen, die in Wilna als Lazarettschwester arbeitet und in enger Beziehung zu Paul Fechter steht, den sie noch aus Dresden als Kunstkritiker der «Dresdner Neuesten Nachrichten» kennt und der seit 1916 in der Presseabteilung Ober-Ost arbeitet. Ober-Ost ist die Bezeichnung für das von den deutschen Streitkräften besetzte, 109 000 Quadratkilometer große Gebiet an der Ostfront, das sich über Teile des heutigen Lettland und Weißrussland erstreckt. Das «Land des Oberbefehlshabers Ost» steht unter direkter Militärverwaltung. Hier versuchen sich die deutschen Militärs einen eigenen Staat zu schaffen, indem sie das Territorium nach ihren Vorstellungen ordnen. Ein junger gebildeter Mann, der sich bei der sogenannten Kulturarbeit einsetzen lässt, ist da noch zu gebrauchen.

In Wilna sammelt Hildebrand ganz andere Erfahrungen als an der Front, die für sein späteres Leben von Bedeutung sein werden. Seine Aufgabe ist nun weniger militärischer als propagandistischer Natur. Durch Kulturprogramme soll den Litauern, Letten, Esten, Weißrussen und Ostjuden, die hier zusammenleben, «deutsche Leitkultur» vermittelt, das Land auf die zukünftige deutsche Besiedlung vorbereitet werden. Dahinter steht der Plan, durch eine Vereinnahmung Estlands, Finnlands, Livlands und der Ukraine die russische Regierung zu destabilisieren. Um die Kontrolle zu erlangen, wird die einheimische Bevölkerung statistisch erfasst und mit einer Flut von Verordnungen überschwemmt. Das importierte Kulturprogramm bezieht Schulen, Forschungsinstitute, Theater, Bildungsvereine, Presse und Publikationen ein. Hildebrand Gurlitt wird schließlich zum Leiter der «Kunst»-Sektion abgestellt, «die die Aufgabe hat, den Landeseinwohnern einen Begriff von deutscher Art und den Soldaten eine Erinnerung an das Schöne in Deutschland zu geben», wie er schreibt.[16] Hier entwickelt er anspruchsvolle Ideen. In einem Brief an seinen Bruder vom 23. Februar 1918 träumt er davon, der bildenden Kunst innerhalb des Kulturprogramms den Rücken zu stärken und dafür Leihgaben aus den berühmtesten Sammlungen der Berliner und Dresdner Museen zu gewinnen, für die er gemeinsam mit seinem Freund, dem Maler Magnus Zeller, Ausstellungen konzipiert: «Unser Plan geht dann auch noch weiter, es gibt eine Theaterabteilung, warum sollte man nicht auch eine Abteilung für bildende Kunst im Gebiete Oberbefehlshaber Ost (Wilna, Grodno, Riga, Bialistock, Kowno usw.) einrichten. Die in laufender Reihe Ausstellungen aus Deutschland besorgt. Malerei, Graphik, Kunstwerke (vielleicht könnte Osthaus helfen). Leiter dieser Abteilung wäre natürlich Leutnant Gurlitt, Mitarbeiter Leutnant Zweig.»

Die Arbeit in Wilna gefällt Hildebrand. Das Beste an seiner Versetzung von West nach Ost aber ist die Nähe zur geliebten Schwester Cornelia. Diese hat sich zu Kriegsbeginn beim Roten Kreuz gemeldet und ist nach Stationen in Warschau und Metsch bei Johannesburg / Ostpreußen seit Herbst 1915 als Schwester im Kriegslazarett Wilna-Antokol tätig. Schon vor seiner Versetzung ist Hildebrand immer wieder nach Wilna gereist, um seine Schwester zu besuchen. Dabei mag sich auch der Kontakt zu Paul Fechter und die Beziehung zur Presseabteilung geknüpft haben. Am Ende des Krieges wird Hildebrand resümieren, Cornelia erst in Wilna richtig kennengelernt zu haben. In der Wilnaer Zeit dürfte auch das Porträt entstanden sein, das die Schwester von ihrem Bruder schuf. Es zeigt einen nachdenklichen jungen Mann mit schmalem Gesicht, markanten Brauen, langer Nase und einem Schnauzbart, der ihm offensichtlich mehr Kontur verleihen soll. Der Blick ist abwesend, der Mund halb geöffnet, als wäre der Porträtierte innerlich woanders. Der graue Stehkragen verrät die Soldatenuniform, und der Betrachter ahnt, dass hier jemand womöglich quälenden Erinnerungen an die Front nachhängt.

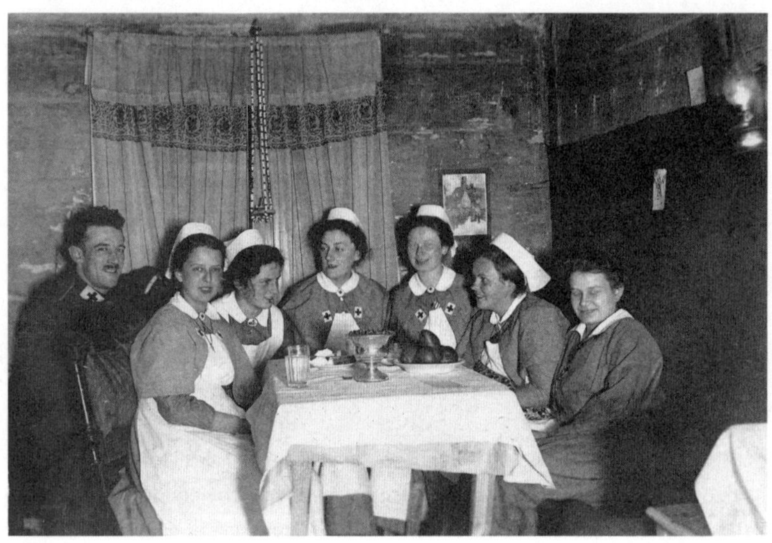

Cornelia (Zweite von rechts) mit befreundeten Krankenschwestern in Wilna, 1916

Auch wenn es keine unmittelbaren Kampfhandlungen gibt, sind beide Geschwister in Wilna einer Extremsituation ausgesetzt, vor allem Cornelia, die im Lazarett dramatische Szenen erlebt. Sie schottet sich jedoch nicht ab gegen das sie umgebende Elend wie die meisten Militärangehörigen. Wie sie lässt Hildebrand die täglich erfahrene Not der Menschen in seinen Briefen unerwähnt, ähnlich wie zuvor seine Erlebnisse im Feld. Anders hält es der Schriftsteller Herbert Eulenberg, der ebenfalls in Wilna zur Propaganda-Abteilung gehört. Er beschreibt seiner Frau Hedda plastisch die herrschende Armut: «Die Leute wimmern einen auf Schritt und Tritt um ein Stück Brot an. Am meisten schneidet einen der Anblick der hungernden Kinder in die Seele. Sie hocken an den Straßenecken und sehen einen mit großen von Hungerfieber glänzenden Augen an.»[17] Cornelia bekommt noch Schlimmeres zu sehen, denn im Kriegslazarett von Antokol, das zuvor ein Garnisonslazarett der russischen Armee war, erhalten «aus Speiseresten Hunderte armer Landbewohner täglich Nahrung».[18] Sie verarbeitet das Erlebte in ihrer Kunst. Die Malerin schafft ergreifende Graphiken von Bettlern, Kriegsversehrten, Friedhofsszenen, dazwischen Porträts von Frauen, die verzweifelt am Boden ihrer Kammer liegen und die Hände vors Gesicht schlagen. Dahinter lassen sich Selbstdarstellungen erahnen. In Wilna reift Cornelia zu der Künstlerin, die sie immer sein wollte: unmittelbar, existenziell, emphatisch.

Cornelia Gurlitt gehört zu den wenigen Frauen ihrer Generation, die ihren Berufswunsch verwirklichen können. Sie hat sich früh für eine Laufbahn als Künstlerin entschieden, obwohl ihr Vater für sie ursprünglich eine Ausbildung zur Volksschullehrerin vorgesehen hatte – «um in Mädchenschulen zu lehren».[19] Ab 1910 besucht sie die Malschule von Hans Nadler, einem Pleinairisten. Nadlers Malerei bewegt sich zwischen Realismus und Impressionismus. Doch Cornelia ist von Nadler nicht lange gefesselt und wendet sich schon bald dem figurativen Expressionismus zu. 1913 stellt sie erstmals mit anderen Schülerinnen von Nadler im renommierten Kunstsalon Emil Richter in Dresden aus. Im Spätsommer 1914 wird sie erneut zu einer Ausstellungsteilnahme in der Kunsthütte Chemnitz eingeladen. «Eitl ist jetzt stadtbekannt», schreibt Hildebrand stolz an Wilibald.[20]

In Wilna aber erreicht das Werk Cornelias seinen Höhepunkt. In den Darstellungen des schweren Lazarettalltags, der Freunde, der litauischen Landschaft und der Einwohner steigert sie sich zu einer vorher noch unerreichten Ausdruckskraft, die sie ebenbürtig mit den Malern der Vorkriegsmoderne erscheinen lässt. Hier begeistert sich auch Paul Fechter für ihre Arbeiten. Der Kunstkritiker hält sie für «vielleicht die genialste Begabung der jüngeren expressionistischen Generation». Erst im Juni 1914 ist Fechters Überblicksdarstellung über den Expressionismus im Münchner Piper Verlag erschienen. Fechter ist ein profunder Kenner dieser Kunstrichtung, er weiß daher Cornelias Werk einzuschätzen. «Sie hat wieder und wieder die ungeheuerlichen Bettlergestalten Wilnas gezeichnet, mit der Feder oder für den Druck vom Stein. […] In den Blättern von Cornelia Gurlitt lebt viel mehr von der leidenden Realität des Ostens; das Traumhafte ist unerbittliche Wirklichkeit geworden, nicht vom Einzelnen aus, sondern durch die Kraft und die Härte der verwirklichten Form.»[21] Paul Fechter wird für Cornelia in Wilna zum wichtigsten Gesprächspartner. In ihm findet sie einen Menschen, der sie versteht: ein «lang entbehrter Genuss», denn die sensible Künstlerin ist in Wilna «einem jeden Trottel […] ausgeliefert, der [ihr] hineinreden möchte».[22] Cornelia schreibt Wilibald in höchsten Tönen über Fechter: «ein ‹Journalist›, ein Mann, der auch Philosophie studiert hat, also ebenso gelehrt ist wie ihr, und der das ohne weiteres versteht, was ich denke und meine, wenn ich von Kunst spreche.» Zwischen den beiden bahnt sich eine Liebesbeziehung an, die tragisch enden wird. Auch während des Krieges stellt Cornelia aus, auf einer Karte vom November 1914 schreibt sie an Wilibald: «Ich habe hier ausgestellt und bin dadurch sozusagen geistig legitimiert. [...] Es wird viel um mich gestritten.»[23] 1917 folgt in Wilna eine weitere Ausstellung, diesmal von Hildebrand organisiert.

Auftrag Kultur: Hildebrand Gurlitt in der Presseabteilung des Militärs

Für Hildebrand Gurlitt ist die Versetzung in die Presseabteilung von Ober-Ost ein Glücksfall, nicht nur weil er der permanenten Bedrohung an der Front entgeht, sondern weil sich ihm hier intellektuell der Horizont öffnet. Mit ihm zusammen arbeiten vor allem Schriftsteller, Dichter, Journalisten, Maler und Bildhauer, darunter bekannte Persönlichkeiten wie Richard Dehmel, dessen patriotische Gedichte er in den Kriegsausgaben der Dresdner Tagespresse bereits gelesen hat. Nach Wilna sind auch der Romanist Victor Klemperer und der Schriftsteller Arnold Zweig abgeordnet, um die Kultur Deutschlands im besetzten Gebiet zu vermitteln. Besaß man noch nicht den Ruf eines Dehmel, Klemperer oder Zweig, so war eine Entsendung nur möglich, wenn man im Kriegseinsatz schon mehrmals verletzt worden war wie Hildebrand Gurlitt.

Der junge Mann kommt in eine Einheit, die «vielleicht die unmilitärischste Formation der ganzen Armee» ist, wie der Schriftsteller Sammy Gronemann später schreibt, der selbst dazugehört hat. Gurlitt begegnet hier dem Journalisten Oskar Kühl, dem Dramatiker Herbert Eulenberg, den expressionistischen Malern Magnus Zeller und Karl Schmidt-Rottluff sowie dem Graphiker Hermann Struck. Fast alle sind mit einer national-patriotischen Einstellung in den Krieg gezogen, die meisten nur wenig älter als Hildebrand Gurlitt. Sie haben eine ähnliche Schulbildung genossen, wurden wie er von den Theorien von Alfred Lichtwark und Julius Langbehn geprägt. Und alle tragen sie ihren Nietzsche in der Tasche. Der bewunderte Philosoph hat in seinen Schriften immer wieder Krieg und Kampf als Voraussetzung für eine «Umwertung der Werte» genannt, der sie alle entgegenfiebern. Sie wollen weg von dem in ihren Augen rein materialistisch gesinnten 19. Jahrhundert, hin zu den geistigen Werten, die der deutschen Nation wieder zu ihrem angestammten Ruhm als Nation der Dichter und Denker verhelfen sollen. Der Krieg steht für sie am Anfang einer moralischen Gesundung des Volkes. «Es wird Kriege geben, wie es noch keine auf Erden gegeben hat», heißt es in Nietzsches «Ecce Homo».

Doch damit hat der Philosoph kein Säbelrasseln, sondern einen geistigen Kampf gemeint: «Ich bringe den Krieg. Nicht zwischen Volk und Volk: ich habe kein Wort, um meine Verachtung für die fluchwürdige Interessen-Politik europäischer Dynastien auszudrücken, welche aus der Aufreizung zu Selbstsucht Selbst(üb)erhebung der Völker gegeneinander ein Prinzip und beinahe eine Pflicht macht.» Die reale kriegerische Auseinandersetzung nennt Nietzsche den «Winterschlaf der Kultur». Die Kriegsbegeisterung so zahlreicher Künstler geht zurück auf eine Simplifizierung seiner Ideen innerhalb der Kunsterziehungsbewegung. Viele von ihnen sehen den Ersten Weltkrieg vor allem als einen Kulturkampf um die geistige Vorherrschaft der Deutschen in Europa an. Auch Hildebrand ist von der Richtigkeit der kulturellen Mission im Lande Ober-Ost überzeugt, um die hier ansässigen «primitiven» Völker mit den Segnungen deutscher Kultur zu beglücken.

Mehr, als er selbst in seinen jungen Jahren vermitteln kann, empfängt er allerdings durch die neuen Eindrücke und die Begegnungen mit seinen Kameraden in der Presseabteilung. Endlich hat er Menschen um sich, mit denen er tiefer gehende Gespräche führen kann. Er wird in den «Klub der ehemaligen Intellektuellen» aufgenommen, wobei der Zusatz «ehemalig» nur eingefügt wird, um bei den Vorgesetzten nicht den Verdacht von aufrührerischen Versammlungen zu wecken – so erklärt es zumindest Sammy Gronemann in seinen später publizierten Erinnerungen. «An jedem Abend», so schreibt er, pflegte «einer aus der Tafelrunde aus seinem Spezialgebiet etwas zu berichten. Oskar Kühl erzählte aus der Journalistenpraxis, ich gab Geschichten aus der Anwaltskanzlei zum besten, Arnold Zweig, Richard Dehmel, Herbert Eulenberg lasen ihre neuesten Dichtungen vor, Smigelski, früherer Jesuitenpater, jetzt Musikschriftsteller, gab Reminiszenzen aus der Jesuitenschule in Rom zum besten, Baron von Wilpert gab philosophische Essays, Rößler rezitierte Faust oder Dante, Goslar predigte Sexualethik und Wirtschaftslehre, Struck, Magnus Zeller, Gurlitt,

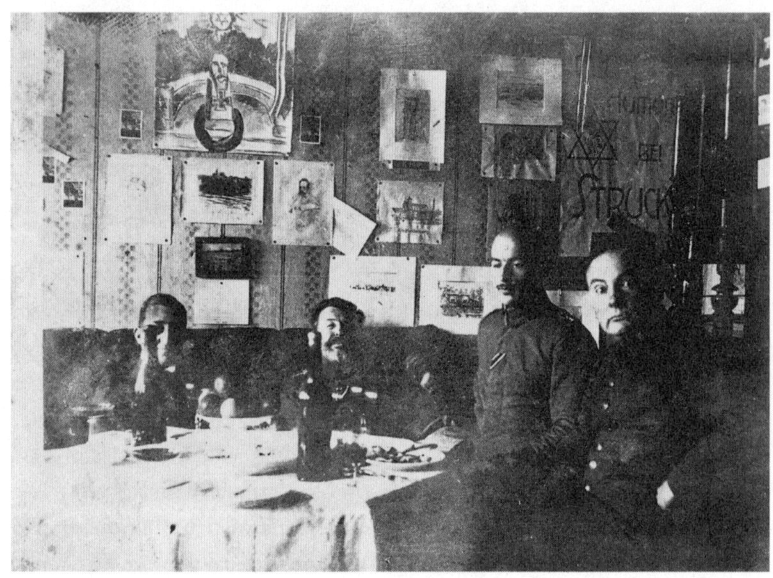

Kameraden von Hildebrand Gurlitt in der Presseabteilung von Ober-Ost (v. l. n. r.: unbekannt, Hermann Struck, Arnold Zweig, Herbert Eulenberg), 1917

Schmidt-Rottluff debattierten über die Frage, ob ein moderner Maler verpflichtet sei, auf einem ihm in Auftrag gegebenen Portrait auch ein Gesicht anzubringen.»[24] Nach diesem eher offiziellen Teil der Abende geht die Runde zu den Dingen des Alltags über. Jeder erzählt, was er erlebt hat. «Wir debattierten über das merkwürdige Schauspiel, das wir dort in Litauen beobachteten. – Krieg im Krieg! – nämlich den Krieg zwischen Zivilisation und Kultur – zwischen der Zivilisation des Westens, wie sie im Gefolge des siegreichen deutschen Heeres einmarschierte, und der Kultur des Ostens, wie sie von den Völkern dort, den Litauern, Weißrussen, später Weißruthenen genannt, den Letten, den Polen und vor allen Dingen den Juden vertreten wurde.»

Überraschenderweise gibt es aber auch Ähnlichkeiten. Ganz unvermutet stellen die Soldaten bei ihrer Ankunft in Litauen fest, dass die meisten Einheimischen deutsch sprechen, viele von ihnen mit ihren blonden Haaren und blauen Augen zudem sehr deutsch aussehen und in deutsch anheimelnden Städten wohnen. Hildebrand Gurlitt und seine Kameraden leben sich deshalb schnell in Wilna ein. Schon Jahrhunderte zuvor hatten sich in den baltischen Ostseegebieten Deutsche angesiedelt. Die sogenannten Baltendeutschen suchten kurz nach der Revolution von 1905 im zaristischen Russland mit einem Kulturprogramm der schleichenden Russifizierung entgegenzuwirken. Zu den prägendsten Eindrücken Wilnas aber gehört das jüdische Leben; viele Soldaten begegnen zum ersten Mal dem Ostjudentum. Das «Jerusalem des Nordens» ist ein Zentrum jüdischer Kultur und Aufklärung. Hierhin retteten sich im Laufe der Jahrhunderte verfolgte Juden aus Mitteleuropa und Russland. Mit 200 000 Einwohnern ist Wilna die größte Stadt Litauens. Im Laufe des Ersten Weltkrieges flieht etwa ein Drittel der Einwohnerschaft, wird evakuiert oder kommt ums Leben, davon sind rund 44 Prozent Juden, mehrheitlich Frauen, Kinder und alte Menschen.

Mit der Besetzung Wilnas 1915 stoßen die deutschen Soldaten auf ein «phantastisches Ineinander von Osten und Westen, ein Volksgemisch von Polen, Juden, Litauern, Weißrussen, Deutschen», wie Paul Fechter es eher beschönigend beschreibt.[25] Richard Dehmel nennt Wilna die «Stadt der hundert Kirchen und tausend Bordelle» und warnt die Armeeangehörigen vor den Prostituierten und den Ansteckungsgefahren.[26] Viele der Frauen gehen aus Armut dem Gewerbe nach, «Bordelle schießen da auf wie Pilze» aus dem Boden.[27] Die Literaten sind insbesondere fasziniert vom Ostjudentum, das sich ihnen in Wilna darbietet, vom religiösen Leben, das sie in den Synagogen kennenlernen. Auf Richard Dehmel macht die Stadt am Ende einen größeren Eindruck als Rom. Der Gottesdienst in einer alten Synagoge berührt ihn stärker als eine durch den Papst zelebrierte Ostermesse, denn hier erlebt er die Kraft einer betenden Gemeinde.[28] Und Hermann Struck stellt 1918 fest, dass die anfängliche «Geringschätzung» der Ostjuden «im Laufe des nun schon lange währenden Zusammenlebens einer verständnisvollen Achtung gewichen» ist.[29] Diese neuen Begegnungen führen bei so manchem, der mit einem anerzogenen Antisemitismus in den Krieg aufgebrochen ist, zu einer veränderten Einstellung gegenüber dem Judentum.

Hildebrand Gurlitts Generation ist mit einem latenten Antisemitismus aufgewachsen. Die von Julius Langbehn propagierten Ideen von einer «Rassenseele» des Menschen, die das Wesen des Volksgeistes ausmache, hat sie häufig unkritisch übernommen. Seine Theorien sind ein schleichendes Gift. In den späteren Auflagen seines Buches «Rembrandt als Erzieher» beschimpft er die Juden als Zerstörer der deutschen Kultur:

«[…] ihre Ausbeutungsgier ist oft genug grenzenlos; sie gehen krumme Wege; und ihre Moral ist nicht die unsere […].»[30] Ihre Stilisierung als das Böse schlechthin, als gegnerische Kraft des deutschen Geistes entfaltet ihre Wirkung auch bei Künstlern. Karl Schmidt-Rottluff etwa artikuliert seine Ressentiments unverhüllt in einem Brief an den Kunsthistoriker Wilhelm Niemeyer: «Nur eines, eines möchte das Ergebnis des Kampfes sein, die Erledigung Englands. Dies Volk, das vollkommen durch die Juden verseucht ist, muss merken, dass man Kriege nicht um Geld führt. Die Ekelhaftigkeit solcher Gesinnung muss ein Ende haben. […] Es ist ein Glück bei den ganzen Ereignissen, dass ganz Europa davon betroffen wird und schließlich wird sich doch der deutsche Geist am Schluss als der lebensfähigste und unzerstörbare erweisen – ganz gleich wie die Würfel noch fallen. Meine Furcht vor dem Judentum war nur allzu begründet: hier in B[erlin] ist sie bereits greifbar geworden. Diese Juden hier tragen die große Überzeugung schon öffentlich mit sich herum, dass sie nach dem Kriege auch politisch herrschen. Doch ich denke der deutsche Gott wird uns davor bewahren und es ihnen gründlich in die Bude schneien lassen.»[31]

Wie weit der Antisemitismus Langbehns auch auf Hildebrand Gurlitt abgefärbt hat, lässt sich nicht nachweisen. Ihn dürfte aber beeindruckt haben, dass sein Vater mit dem Autor in seiner Frühzeit zeitweilig in engem Kontakt gestanden und über diese Begegnungen mehrfach in Zeitschriften publiziert hatte.[32] In Hildebrands Briefen lassen sich zumindest gewisse Untertöne herauslesen. So schreibt er herablassend über seine jüdischen Kommilitoninnen, denen er während eines Heimaturlaubs 1915 an der Hochschule begegnet: «Ich war jetzt bei Elsenhans und Walzel im Kolleg. Walzel redet über Ibsen, Studenten sind aber stets nur zwei da und etwa 80 Weiber. Fast alles Juden. Trotzdem macht er es sehr fein.»[33] Den 19-jährigen David, den er in Wilna in seine Obhut genommen hat und dem er 1920 in Berlin Arbeit zu vermitteln sucht, charakterisiert er mit den Worten: «obgleich Jude, doch anständig».[34] Ganz offensichtlich hat er verdrängt, dass Elisabeth Lewald, seine Großmutter väterlicherseits, selbst Jüdin war. Durch die Assimilierung vieler jüdischer Familien im 19. Jahrhundert wissen schon wenige Jahrzehnte später die wenigsten Nachkommen von ihren jüdischen Wurzeln.

Cornelia ist als Künstlerin fasziniert vom jüdischen Leben Wilnas. Sie sucht gezielt den Kontakt zur jüdischen Bevölkerung. An ihren älteren

Bruder schreibt sie im Mai 1917: «Wahrscheinlich werden jetzt öfters Menschen bei mir ein und aus gehen – vor allem Juden, deren Religion mich ungeheuer interessiert – bei deren Kennenlernen mich aber oft eine plötzliche Erkenntnis der liebesschweren Schönheit des neuen Testaments überfällt.»[35] Immer wieder malt sie Szenen aus der Stadt, unter anderem entsteht eine Lithographie, die sie später Paul Fechters Frau Emma widmen wird. Auf dem Bild ist ein Betender oder Bettler dargestellt, der mit angewinkelten Beinen auf dem Boden hockt. Im Hintergrund sind die Grabsteine des jüdischen Friedhofs zu erkennen.

Für Hildebrand sind vor allem die Gespräche mit den Malern, Schriftstellern, Intellektuellen, die er in seiner Abteilung trifft, von Bedeutung. Dass viele seiner Kameraden jüdischer Herkunft sind, wie zum Beispiel Hermann Struck, Arnold Zweig, Magnus Zeller, spielt für ihn keine Rolle. Mit den Gesprächspartnern teilt er seine Zweifel über die gegenwärtige Situation, in der sie sich befinden. So schreibt er an Wilibald am 24. April 1918: «aber wenn ich hier allein bin, wenn [ich] mit Zeller oder irgendwem anderen eine Stunde zusammen bin, so reden wir vom Krieg, denken Krieg, fühlen Krieg. Immer wieder rennen wir an den Fragen fest. Warum? Für welches Ziel? War es wirklich nötig? Was kann man tun, um ihn nicht zu verlängern? Was kann man tun, um seine Wirkungen abzuschwächen? Was kann man tun, um sich für die neue Zeit vorzubereiten?»[36]

Der Krieg zermürbt den jungen Mann zunehmend. Wie alle anderen glaubte er zu Beginn, bereits Weihnachten 1914 nach einem schnellen Sieg wieder zuhause zu sein. Nach Jahren des Kampfes und Millionen Toten folgt die Ernüchterung. Hildebrand ahnt, dass er als Freiwilliger von der Schulbank weg einem großen Irrtum aufgesessen ist. Am 20. September 1918, wenige Wochen vor dem Waffenstillstand, offenbart er sich gegenüber seinem Bruder: «Dann kam der Krieg, und ich glaubte all' das blöde Geschwätz, was in den Zeitungen und überall von Ehre, von Tapferkeit, von Vaterlandsliebe usw. stand. [Nahm] es ebenso kritiklos wie alles zu Haus, ohne zu wählen (denn zu Haus kam immer Gutes).» Und doch will er zugleich der Patriot und aufrechte Deutsche bleiben: «Die Frage bleibt inwieweit man die ethische Friedensforderung, die alle Denker aller Zeiten ausgesprochen haben zu verwirklichen suchen soll, auch wenn der nationale Gedanke darunter leidet.»[37]

Sehnsucht nach Frieden und einem neuen Leben

Hildebrands Briefe aus dem letzten Kriegsjahr zeugen von der Wandlung, die er durchgemacht hat, einer Entwicklung vom Kriegsenthusiasten beinahe zum Pazifisten. Er ist innerlich erschüttert durch die Erfahrungen im Feld, geistig aufgerüttelt durch die intensive Lektüre von Nietzsche und Tolstoi, den er «meine Bibel» nennt, inspiriert durch den Austausch mit den anderen «Kulturbotschaftern» seiner Presseabteilung. Der schüchterne Junge aus Dresden entwickelt sich zu einem erwachsenen Mann. In Wilna hat er seine ersten Rendezvous, er verabredet sich mit «Tippfräuleins» zum Tanzen.[38] Desillusioniert vom Krieg und zugleich tatendurstig entwickelt er Visionen für die Zeit danach. «Weißt Du eigentlich, was meine neuen Pläne für die Zukunft sind?», fragt er seinen Bruder frohgemut in einem Brief, um gleich selbst die Antwort zu geben: «In irgendeiner Stadt, wo modernes, großindustrielles Leben ist, in Barmen oder Essen usw., und dort versuchen, über ein kleines, auf Wirkung (nicht irgendwelche Vollständigkeit usw.) berechnetes Museum Einfluss auf die Arbeiter zu bekommen, wenn Du willst, die Kunst benutzen als Lock- und Fangmittel zu allem geistigen.»[39] Hier zeichnet sich bereits der energische Museumsmann ab, der in Zwickau ein provinzielles Ausstellungshaus zur weit über die Region hinaus ausstrahlenden Institution entwickeln wird.

Und doch klingt der wenige Wochen später folgende Weihnachtsbrief 1917 wieder zweifelnd und verunsichert: «Ich glaube nicht, dass so bald irgendeine Friedensbotschaft die Menschen erreichen wird, mag sein, dass man für einige Zeit das Schießen satt bekommt, solange aber die Menschen nicht begreifen lernen, dass nicht irgendwelche Feinde oder Staaten usw. den Krieg […], sondern jeder Einzelne Schuld ist, weil er falsch gelebt hat, gibt es keinen Frieden. Ich kann und will nicht glauben, dass der Krieg eine Sache ist, gegen die man nichts tun kann, wie z. B. gegen ein Erdbeben, dass es eine Naturnotwendigkeit ist. […] Vor allem scheint mir wichtig, dass man versucht, ein möglichst richtiges, (wenn Du willst) gutes Leben [zu führen]. Alles andere scheint mir jetzt gleichgültig. Und der Grundsatz dieses Lebens heißt sicherlich: Leb wie Du willst, dass die andern leben.»[40] Dieser Leitspruch wird auf Hildebrands weiterem Lebensweg seine Gültigkeit behalten. In den nachfolgenden Jahren, in der Weimarer Republik und schließlich unter den Nationalsozialisten, erfährt er jedoch seine jeweils eigene Interpretation. Liegt die Betonung bei dem jungen Museumsmann und dem Kunstvereinsdirektor noch bei den «andern», so verschiebt sich die Akzentuierung nach 1937 auf die Verwirklichung der eigenen Bedürfnisse.

Hildebrand Gurlitt ist am Ende in der Lage, die Erschütterungen des Krieges zu verkraften und den Tod von Freunden und Kameraden zu verarbeiten. Die Bildungsblase, von der umschlossen er in den Krieg eintritt, schirmt lange Zeit die ihn umgebende grausame Wirklichkeit ab, auch wenn er im Oktober 1917 wegen nervlicher Zerrüttung von der Front abgezogen wird.[41] Die Erinnerung an die Erlebnisse an der Front aber wird ihn in seinem künftigen Berufsleben begleiten. So fördert er später zwei Künstler, die sich des Themas Krieg in besonderer Weise annehmen: Käthe Kollwitz, deren graphisches und skulpturales Werk nach dem Tod ihres Sohnes Peter 1914 in Flandern um das Leid der Zurückgebliebenen kreist, und Otto Dix, der in seinen Gemälden und Graphikzyklen exzessiv die Grausamkeiten auf den Schlachtfeldern darstellt. Im Januar 1919 kehrt Hildebrand aus Litauen nach Dresden zurück, um alsbald sein Kunstgeschichtsstudium zunächst in Frankfurt aufzunehmen. Daheim hält es ihn nicht lange: «Auf dem Haus liegt der furchtbare Druck, der Deutschland betroffen hat, doppelt schwer, weil er Vater so ganz unerwartet traf.»[42]

Kapitel 5

Netzwerke (1918 bis 1920)

Aufbruch in die Selbstständigkeit

Als Wilhelm II. am frühen Morgen des 10. Novembers 1918 in den Reisesalonwagen des preußischen Hofes steigt und in die Niederlande flüchtet, bricht für Cornelius Gurlitt eine Welt zusammen. Nicht nur dass am Tag zuvor die Republik ausgerufen worden ist und das Kaiserreich damit endgültig seinen Todesstoß erhalten hat. Für Gurlitt senior ist es kaum vorstellbar, dass der Monarch selbst kampflos aufgegeben, ja «Fahnenflucht» begangen hat, wie es im konservativen Milieu bis in die 1940er Jahre heißen wird. Hildebrand dagegen findet sich schnell in die neuen Verhältnisse ein. Keine drei Wochen später erklärt er seinem Bruder: «Einigkeit und die Nationalversammlung sind die beiden wichtigsten Dinge jetzt.» Er überlegt, wen sie beide wählen könnten: «Die Partei, zu der wir gehören, gibt es eben noch nicht, denn zum Adel, zum Großgrundbesitz und Großkapital können wir uns doch auch nicht rechnen.»[1] In seinem Brief ist von Wilhelm II. keine Rede mehr, obwohl dieser erst zwei Tage zuvor, am 28. November 1918, offiziell abgedankt hat.

Dem Vater ist die neue Regierung suspekt, die nun begründete Weimarer Republik wird ihm fremd bleiben. Cornelius Gurlitts bisheriges Wirken ist bei aller Liberalität letztendlich auf die Werte des wilhelminischen Reichs ausgerichtet gewesen. Das von ihm zur Maxime erklärte Wort «Ich dien'!» gilt in erster Linie dem deutschen Volk, ist aber bis 1918 durchaus auch als Treuegelöbnis gegenüber dem ersten Mann im Staate, dem Kaiser, zu verstehen gewesen.[2] Dementsprechend hat er sich in den vergangenen Jahrzehnten mit Äußerungen immer zurückgehalten, sobald es um das offiziell vertretene Kunstideal ging und er selbst einen anderen Geschmack pflegte. Jetzt, im Frühjahr 1918, offenbart er seiner Schwägerin Mary seine Ängste: «Vielleicht müssen wir alle Schrecknisse der Unordnung durchmachen, um erst wieder unsere Stellung im Gesamtleben recht verstehen zu lernen.»[3] Und kurz vor dem Jahrestag der Kapitulation des Deutschen Reiches zieht er für sein zurückliegendes Arbeitsjahr zwar eine positive Bilanz, aber: «All' das bringt mich nicht über den Schmerz über Deutschlands Verfall hinweg.»[4]

Gurlitt widmet sich umso intensiver seinen publizistischen Projekten. Er schreibt weiter an seinem zweibändigen Werk über August den Starken und das Sachsen zu dessen Zeiten – sein Opus magnum wird 1924 erscheinen. Außerdem setzt er 1919 die Reihe «Beschreibende Darstellung der älteren Bau- und Kunstdenkmäler des Königreichs Sachsen» mit einem weiteren Band fort, 1920 folgt das «Handbuch des Städtebaus». Am 1. April 1920 wird Cornelius Gurlitt an der Hochschule pensioniert. Fortan befindet sich der mittlerweile 70-Jährige im «Unruhestand», wie er es selber nennt.[5] Für seine diversen Ämter muss er permanent reisen, zumal nach Berlin, wo er zu Beratungen in den Ministerien herangezogen wird. Der 1919 wieder begründete Bund Deutscher Architekten beruft ihn zu seinem Präsidenten, ebenso die Deutsche Akademie des Städtebaus.

Hildebrand Gurlitt ist anders als sein Vater bereit für Veränderungen, für eine neue Politik. Sein Austausch mit den Kriegskameraden in Ober-Ost hat seinen Blick geweitet. Zum ersten Mal hat er sich dort außerhalb der Gedankenwelt seines Elternhauses bewegt und sich seine eigene Meinung zu bilden gelernt. Wie Gurlitt waren auch seine Kameraden von der Reformbewegung und der Kunsterziehungsreform geprägt und dadurch empfänglich für weitaus radikalere Ideen. Kein einziger Anhänger der Monarchie befand sich unter Hildebrands damaligen Gesprächspartnern. Das verwundert kaum, schließlich waren es auch ihre Kunstwerke und Gedichte, die Kaiser Wilhelm II. zu Beginn des 20. Jahrhunderts zur «Rinnsteinkunst» erklärt hatte. Angesichts der erschütternden Erfahrungen während des Krieges hatte sich bei vielen Künstlern die Verbundenheit mit dem deutschen Staat zusätzlich gelockert.

Auch Hildebrand zweifelt, wie schon im letzten Kapitel deutlich wurde. Eine Antwort auf seine Fragen findet er nicht so schnell. Vom Vater lässt er sich über Politik nichts mehr sagen. So kritiklos der inzwischen 23-Jährige vor dem Krieg alles im Hause Gurlitt Gesagte übernahm, so skeptisch steht er nun dem elterlichen Denken gegenüber. Nach seiner Rückkehr nach Dresden Anfang 1919 deprimiert ihn die häusliche Situation, denn er muss feststellen, dass die Eltern gebrechlich geworden sind und sein Vater nicht mehr der stolze «Königlich Sächsische Geheime Rat» ist, sondern ein alter Mann.[6] Kurz nach Neujahr lässt sich Cornelius Gurlitt zum zweiten Mal wegen einer Star-Erkrankung operieren und muss tagelang über beiden Augen eine Binde tragen. Eine Autoritätsperson wie den Vater so beeinträchtigt zu erleben, fällt Hildebrand nicht leicht. Keine zwei Wochen nach seiner Rückkehr aus Litauen, am 22. Januar 1919, bricht er zum Studium nach Frankfurt auf. Wohin es mit ihm gehen soll, weiß er noch nicht. «Wer sind ‹wir›, das zu erkennen, ist unsere nächste Aufgabe», erklärt er zum Motto der kommenden Jahre. Diese Orientierungslosigkeit macht sich auch in seiner politischen Haltung bemerkbar. Nur das eine weiß er: dass jetzt eine «Regierung, die etwas wagt», gefunden werden muss. Seine Teilnahme an der Wahl zur Deutschen Nationalversammlung am 19. Januar 1919 ist ihm Pflicht. Er entscheidet sich, die SPD zu wählen: als Votum «für Völkerbund, für Abrüstung, für Demokratie». Weiter links seine Stimme abzugeben, kommt für ihn nicht in Frage.[7]

Die Wahl am 19. Januar 1919 ist Hildebrands erster Urnengang, denn bei der letzten, zwei Jahre vor Kriegsausbruch, war er noch zu jung. Die SPD geht – wie von Hildebrand Gurlitt erwartet – als stärkste Kraft hervor und bildet in der Folge mit der Zentrumspartei und der Deutschen Demokratischen Partei (DDP) eine Koalition. Cornelius Gurlitt stimmt anders als sein Sohn: «Ich bin kein Demokrat und habe daher für die Deutsche Volkspartei gewählt.»[8] Die Deutschnationale Volkspartei (DNVP) steht in der Tradition konservativer Kaiserreichs-Anhänger. In ihr sind hauptsächlich Mittelständler, Beamte und Bildungsbürger vertreten. Die Revolution ablehnend, strebt die Partei eine Restauration der Monarchie an. Kein Wunder, dass die Tribüne, auf der Cornelius Gurlitt vor der Wahl öffentlich für die DNVP wirbt, von Spartakisten mit «geballten Fäusten, geschwungenen Stühlen und mit Wut entstellten Gesichtern» gestürmt wird.[9] Auch hieran wird deutlich, wie weit die Wege von Vater und jüngstem Sohn auseinander gegangen sind. Auf einen Neuanfang bauend, schreibt Hildebrand zwei Tage nach der Wahl seinem Bruder: «Ich persönlich habe niemals gehofft, dass dieser Krieg etwas Gutes bringen kann, und glaube auch, die Entente erwartet noch manches Schweres, Deutschland aber kann nur dann glücklich werden, wenn es den Revanchegedanken – der Frieden mag kommen, wie er will – auch aus dem letzten Herzenswinkel vertreibt.»[10]

Wenige Tage später rücken die tagespolitischen Fragen jedoch schon wieder in den Hintergrund.[11] Für Hildebrand gibt es wichtigere Themen: Was studiere ich und wo? Während des Krieges hatte er verschiedene

Ideen entwickelt, je nachdem unter welchem Einfluss er gerade stand – unter dem seiner Kameraden in Ober-Ost oder dem seiner Eltern während der Heimaturlaube. Mal wollte er Archäologie, neuere Geschichte, Musikgeschichte oder Philosophie studieren, mal Geschichte der Politik und Volkswirtschaft. Zum Schluss kehrt er zur ursprünglich favorisierten Kunstgeschichte zurück. Allerdings steht für ihn die Technische Hochschule in Dresden, wo er während der Kriegsjahre diverse Veranstaltungen belegt hatte und bis zum 15. Januar 1919 offiziell eingeschrieben war, nicht mehr zur Debatte. Am 7. Januar erbittet er ein Abgangszeugnis, um sich woanders einschreiben zu können.[12]

Universitätsbeginn in Frankfurt und der Verlust der Schwester

Hildebrand Gurlitt hat sich für ein Studium an der Johann Wolfgang Goethe Universität in Frankfurt am Main entschieden, die erst im Jahr 1914 gegründet wurde. Rein aus privaten Mitteln finanziert, ist sie die erste Stiftungsuniversität Deutschlands. Neben dem bürgerschaftlichen Engagement übt die Frankfurter Universität aufgrund ihrer modernen Struktur und neuen Fachbereiche große Anziehungskraft sowohl auf Lehrende als auch auf Studierende aus. Schon in den ersten regelmäßig durchgeführten Semestern treffen sich hier die Protagonisten der späteren intellektuellen Elite Deutschlands. Hildebrand aber hat Frankfurt vor allem wegen seiner hervorragenden Kunstsammlungen ausgewählt und der Nähe zu den größten Domen und schönsten Städten Deutschlands. Er findet Quartier bei einer «netten» Wirtin, die ihm «abends eine dicke Suppe» kocht, damit der junge Student auch satt wird.[13] Am 27. Januar immatrikuliert er sich an der Philosophischen Fakultät und bleibt bis zum Ende des Sommersemesters. Sein Abgangszeugnis ist auf den 11. September 1919 datiert, zum Promovieren wird er zwei Jahre später wieder nach Frankfurt kommen.

An der Goethe Universität schreibt sich Hildebrand bei Rudolf Kautzsch ein, der seit 1915 den Lehrstuhl für Kunstgeschichte innehat. Sein Schwerpunkt ist die Architektur des Mittelalters, daneben lehrt er zur Buchkunst und zur bildenden Kunst der Gegenwart. Hildebrand Gurlitt besucht bei ihm die Vorlesung «Geschichte der Baukunst». 1907 gehörte Kautzsch zu den Unterzeichnern einer Denkschrift des Deutschen Werkbundes. Der Kunsthistoriker wird zumindest dem Namen nach auch Cornelius Gurlitt bekannt gewesen sein. Zur persönlichen Begegnung zwischen den beiden kommt es aber erst durch Hildebrands Studium. Die Verbindung von Kautzsch zum elterlichen Hause seines Studenten baut sich aus, als feststeht, dass Hildebrand bei ihm promovieren wird. In der folgenden Zeit weilt Kautzsch immer wieder als Gast in der Kaitzer Straße 26, wo Mutter Gurlitt von ihm als einem «feinen, wohlwollenden, ernsten Gelehrten» schwärmt.[14]

Kautzsch erwartet von seinen Studenten vor allem eine formanalytische Durchdringung der Bauwerke. Die geistige Haltung eines Künstlers hält er nur am Rande für erwähnenswert. Hildebrand Gurlitt mag dadurch einen einfachen Einstieg in sein Kunstgeschichtsstudium gefunden haben, zumal dieser Ansatz der Lehre seines Vaters entsprach. Dennoch fehlt ihm die vertiefte Auseinandersetzung. In Frankfurt am Main lehrt zeitgleich der Philosoph, Psychologe und Pädagoge Hans Cornelius, dessen bekannter Name den Studienanfänger lockt. Die Philosophie steht ohnehin noch immer auf seiner Wunschliste, hat er doch davon in seinem Elternhaus zu wenig mitbekommen, wie er meint. Cornelius' «Grundbegriffe der Philosophie» begeistern ihn. Hildebrand liest das Handbuch als «eine Einführung in die Logik, die einem wohltuend das Gehirn und die Gedanken auseinander fitzt und sie wie klöppelweich auf den [Katheder] legt».[15] Gleichzeitig mit ihm studieren auch Max Horkheimer und Theodor W. Adorno bei Hans Cornelius in Frankfurt, bei dem sie 1922 bzw. 1924 promovieren und schließlich habilitieren.

Persönlich kennengelernt hat Hildebrand die beiden Kommilitonen nicht, wie er auch sonst kaum mit anderen Studenten Kontakt aufnimmt, so sehr vertieft er sich in sein Studium. Zugleich denkt er schon kurz nach seiner Ankunft in Frankfurt über einen möglichen Wechsel nach. Eine innere Unruhe treibt ihn an. Hat er das richtige Fach gewählt, ist er am richtigen Ort und bei dem besten Professor? Über Ostern reist er zu den Eltern nach Dresden, in der Pfingstwoche unternimmt er eine Wanderung vom Feldberg nach Lörrach, um noch einmal zu überdenken, wo er weiterstudieren will. Im August bricht dann die Katastrophe über die Familie Gurlitt herein: der Selbstmord von Cornelia, wenige Tage nachdem sie ihr eigenes Atelier in Berlin bezogen hat.

Die 28-Jährige ist im Sommer 1918 aus Wilna über Leipzig nach Dresden zurückgekehrt. Sie verarbeitet das im Krieg Erlebte sehr viel schlechter als ihr jüngerer Bruder. Nach den belastenden Erfahrungen als Rote-Kreuz-Schwester, den bewegenden Begegnungen in Wilna bricht der Verlust vieler Freunde umso heftiger über sie herein, insbesondere der Tod Rolf Donandts – der Sohn des Bremer Bürgermeisters ist bereits am 1. August 1914 in Marne gefallen. Ihre Labilität hat Hildebrand schon im Mai 1916 bei einem seiner ersten Besuche in Wilna bemerkt, weil sie es «ungleich schwerer hat»: «Ihre Ansprüche an andere Menschen sind größer als meine, der ich von jedem noch nehmen kann.»[16]

Der Heimkehrerin gelingt es nicht, in einem geregelten Leben wieder Tritt zu fassen, selbst nachdem sie sich vom Elternhaus in Dresden selbstständig gemacht hat, um allein in Berlin einen Neuanfang zu versuchen: «Auch ich bin nach fast vier Jahren nun wieder zurückgekommen, mir ist das Zivilkleid noch etwas ganz Fremdes und die Gedanken des Umlandes fremd und quälend. Neben dem Pflegen, Malen in einem Lande, das ich liebte, war leichter als hier tatenlos in einem fremden Atelier vor leeren Tafeln zu stehen und Angst zu erleiden», schreibt sie Ende August 1918.[17] Einen Monat später steht es immer noch nicht besser um sie: «Ich habe noch nicht das richtige Leben hier in Berlin, es zerrt in einem fort hin und her. Ich male, aber nicht gut – ich hätte in Wilna bleiben sollen – aber das ging nicht.»[18] Der letzte von ihr erhaltene Brief geht im Februar 1919 an den Vater, mit der Bitte, sich keine Sorgen um sie zu machen. Verzweiflung klingt aus ihren Worten heraus: «Ich sehne mich nach der Wilnaer Lebensform und weiß hier keine zu finden, alles stört mich, und so offen ich doch für alles war, so sehr verschließe ich mich in diesem Chaos hier.»[19]

Hildebrand besucht sie im Mai 1919 zum letzten Mal und berichtet danach Wilibald hilflos von der seelischen Verfassung der Schwester: «Wegen Eitl ist es leider nun eben doch sehr schlimm. Ich kann nur nicht viel darüber schreiben, weil ich mich schon zu lange geängstigt habe und mich nun nicht wundern kann, wenn es die Eltern auch gemerkt haben. Eitl ist, ja schreiben kann man es nicht – tot, ist vielleicht das treffendste Wort. Mir liegt es nicht, Phrasen zu machen und zu weinen. Aber wohl ist mir weiß Gott manchmal nicht gewesen, wenn ich das so langsam kommen sah.»[20] Am 4. August nimmt Cornelia Gift, in einer Bäckerei, die sie noch besucht, verliert sie das Bewusstsein und wird in das Elisabeth-Krankenhaus in der Lützowstraße 24 eingeliefert. Am Morgen des 5. August

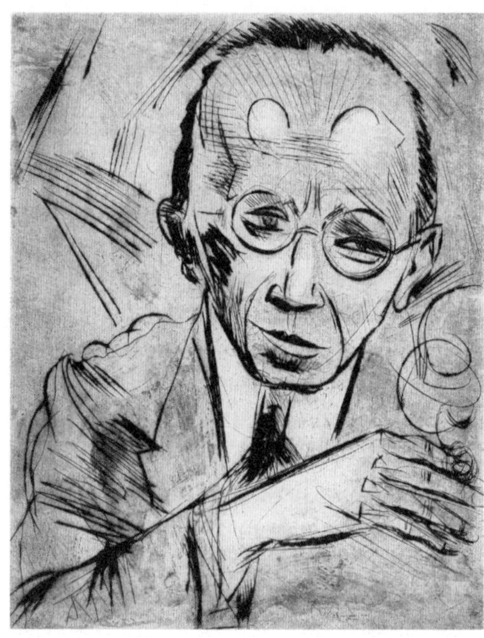

Max Pechstein,
Paul Fechter – Der Kritiker,
Radierung, 1921

stirbt sie an Herzversagen. Einen Abschiedsbrief hinterlässt sie nicht. Der Vater möchte glauben, dass sie «den körperlichen und seelischen Anstrengungen des vierjährigen Schwesterndienstes an der russischen Front erlag».[21] Auf diese Weise kann er den Tod der Tochter patriotisch verbrämen und für sich verarbeiten. Auslöser für den Suizid dürfte jedoch die unglückliche Liebesbeziehung mit Paul Fechter gewesen sein, von dem sie vorübergehend schwanger war; die Beziehung fand in Deutschland keine Fortsetzung.[22] Auch Fechter lebt nach dem Ersten Weltkrieg in Berlin, nun aber wieder bei Frau und Kind. Später wird er Gurlitt als freien Mitarbeiter an die «Deutsche Allgemeine Zeitung» vermitteln, in deren Kulturredaktion er nach seiner Rückkehr aus dem Krieg eingetreten ist. Der Feuilletonist und Schriftsteller war derjenige, der Cornelia in Wilna «wohl im Tiefsten getroffen hat, glücklich, sehr glücklich und sehr unglücklich gemacht hat», wie Marie Gurlitt es vorsichtig umschreibt.[23]

Hildebrand Gurlitt soll als angehender Kunsthistoriker den Nachlass betreuen, so ein letzter Wunsch der Schwester: «Eitl hat mir keine sehr leichte Aufgabe hinterlassen, sie ging und ließ so viele Fragen ungelöst, die ich nun ‹auf› habe.»[24] 1922 plant Hildebrand Gurlitt zusammen mit Paul Fechter eine Ausstellung ihrer Bilder, doch kommt es dazu nicht. Es ist wohl noch zu früh für Hildebrand; der Schmerz sitzt zu tief, stand er doch seiner Schwester besonders nahe. Er bittet Fechter, in seinem Elternhaus nicht über die Ausstellung zu sprechen. «In Dresden habe ich gar keine Lust, weil es dann alles so ins Persönliche geht.»[25] Auch wenn er für das Andenken an seine Schwester gern bei einer Ausstellung ihrer Werke behilflich gewesen wäre, wird der Plan fallen gelassen. Hildebrand Gurlitt entscheidet sich nun, nach Berlin zu gehen, in eine Stadt, die ihm vorher noch zu politisch erschien, um dort ruhig arbeiten zu können.[26] Am 12. Januar 1920 immatrikuliert er sich an der Friedrich-Wilhelms-Universität, der heutigen Humboldt-Universität, wo er die nächsten drei Semester studieren wird. In Berlin trifft er auch zahlreiche gemeinsame Bekannte von sich und Cornelia aus der Wilnaer Zeit wieder. Hildebrand wird beim Gespräch über die vergangene Zeit, die gemeinsame Erinnerung an die verstorbene Schwester Trost gefunden haben.

Studium in unruhiger Zeit

Zu den engen Freunden Hildebrands gehört Hanns Niedecken-Gebhardt, der mit Wilibald Gurlitt am Königlichen Konservatorium der Musik in Leipzig studiert und dort genau wie dieser 1914 promoviert hat. Hildebrand kennt ihn aus der Armee, gemeinsam haben sie an der Westfront gekämpft und mitten im Krieg Weihnachten gefeiert, was die beiden zusammengeschweißt hat. Wie Hildebrand wurde auch Niedecken nach Wilna versetzt, wo er Cornelia näher kennenlernte. Die beiden verliebten sich ineinander, doch die Beziehung zerbrach. Im Sommer 1917 berichtete Cornelia ihrem Bruder Wilibald, dass sie «nun ganz, ganz gewiss nicht» heiraten werden.[27] Hildebrand und Hanns bleiben befreundet, mit diesem kann sich der junge Student über expressionistische Dichtung, Malerei und Musik unterhalten. Die Beziehung besteht auch fort, als Hanns von Intendant Ernst Lert 1920 als Regieassistent an die Oper nach Frankfurt geholt wird. In den nächsten Jahren geht Niedecken in Dresden in der Kaitzer Straße 26 ein und aus. Mit Hildebrand unternimmt er immer wieder Reisen.

Von seinen ehemaligen Kriegskameraden trifft Hildebrand in Berlin auch die Maler Karl Schmidt-Rottluff und Magnus Zeller wieder, mit denen er die neuesten Entwicklungen in der Kunst diskutiert. Ebenso verkehrt er mit Lotte Wahle, einer Freundin von Cornelia, die mit ihr auf die Malschule von Hans Nadler gegangen ist. Sie hat mit dem expressionistischen Maler Conrad Felixmüller einen unehelichen Sohn namens Justus, der im Dezember 1917 zur Welt gekommen ist.[28] Hildebrand Gurlitt wird Pate des Jungen, die Freundschaft mit Felixmüller bleibt trotz der Trennung des Paares bestehen. Dem Werk des Dresdner Künstlers ist Gurlitt zum ersten Mal während des Krieges auf Heimaturlaub begegnet, wo er ihn mehrfach im Atelier besuchte und dort auch andere Expressionisten traf. Gurlitt war sofort begeistert von Felixmüllers Schaffen: «Was sich an Angst und Zweifel im Felde bei uns gesammelt hatte, die jung und ohne Nachdenken mit ererbter Selbstverständlichkeit Soldaten geworden waren, das hatte in diesen Bildern einen Ausdruck gefunden. Dieser ganz junge Mann, der nie im Felde gewesen war, traf mit seinen Bildern unsere Not.»[29] Felixmüller verweigerte 1917 den Kriegsdienst und wurde als Krankenwärter zwangsverpflichtet. Im gleichen Jahr zeichnete er Cornelia Gurlitt als Krankenschwester. Lotte Wahle zieht mit ihrem Sohn nach dem Krieg nach Hamburg, wo sie in Altona in ärmlichen Verhältnissen lebt. 1920 besucht sie für ein paar Tage Hildebrand in Tegel und reist dann weiter nach Dresden, wo sie bei den Gurlitts in der Kaitzer Straße unterkommt. Drei Tage lässt sie den kleinen Jungen in der Obhut von Marie Gurlitt, während sie ihren Vater trifft, der sich weigert, das uneheliche Kind bei sich zuhause zu empfangen. Marie Gurlitt behagt die Situation nicht, und doch kümmert sie sich um den Patensohn Hildebrands.[30]

Neben all den wiederbelebten Kontakten, den Besuchen und kleinen Reisen vernachlässigt Hildebrand Gurlitt sein Studium nicht. Er schreibt sich zum Wintersemester 1919/20 bei Professor Adolph Goldschmidt ein, einer Koryphäe für die Kunst des Mittelalters. Dessen Seminare besucht er mit Begeisterung, nicht nur wegen der Inhalte. Ihn fasziniert auch die Technik, die Goldschmidt zur Veranschaulichung einsetzt: «Goldschmidt bleibt sehr gut und inhaltsreich: Über Giotto, an dem er byzantinische und mittelalterliche Einflüsse nachweist, aber so, dass man auch davon noch einen Begriff bekommt. Der Lichtbildapparat, immer zwei Bilder zum Vergleich nebeneinander, ist schon allein etwas Sehenswertes.» Hildebrand spielt hier auf eine Spezialität der Berliner Kunstgeschichtslehre an. Goldschmidt trat 1912 in Berlin die Nachfolge Heinrich Wölfflins an. Der Schweizer Kunsthistoriker hatte zur Beschreibung stilistischer Phänomene gegensätzliche Wortpaare, wie «linear» und «malerisch», als kunstgeschichtliche Grundbegriffe entwickelt und war der Erste, der in seinen Vorlesungen zwei Diaprojektoren verwendete, um die Kunstwerke im direkten Vergleich analysieren zu können.

Goldschmidt wird für Gurlitt zum Halt, als dieser durch die politischen Ereignisse aus dem Takt gebracht wird. Am 13. März 1920 werden im sogenannten Kapp-Putsch die sozialdemokratischen Mitglieder der Reichsregierung aus Berlin vertrieben; die junge Republik wird dadurch an den Rand eines Bürgerkriegs geführt. Die meisten Putschisten sind aktive Reichswehrangehörige oder ehemalige Angehörige der alten Armee und Marine sowie Mitglieder der Deutschnationalen Volkspartei. Hildebrands Freund Arnold Vieth von Golßenau (1889 bis 1979), der mit ihm in derselben Kompanie an der Westfront und in Ober-Ost gedient hat, ist ebenfalls in die Ereignisse verwickelt. Als Adliger hat er zunächst die Offizierslaufbahn eingeschlagen und hätte mit seinem Regiment im März 1920 auf die gegen den Putsch protestierenden Arbeiter schießen müssen. Doch Vieth verweigert den Befehl und quittiert kurz darauf seinen Dienst beim Militär. Die mutige Tat beeindruckt Hildebrand. Er selbst erlebt den Kapp-Putsch nur aus der Ferne, während er im Hörsaal sitzt: «Ich ging zwar ins Kolleg, aber seltsam ist es, wenn hier der gute Goldschmidt die Falten der stehenden Madonnen im 14. Jahrhundert bespricht und um die Ecke Hunderttausende die Regierung stürzen wollen und Blut fließt.» Ihm ist nicht wohl bei dieser distanzierten Haltung: «Wir alle, wir Studenten, wir stehen so kläglich außerhalb dessen, was eigentlich jetzt geschieht, wenn wir auch geistig an allem schuld sind.»[31] Dieses Muster wird sich im «Dritten Reich» wiederholen, wenn Gurlitt als Kunsthändler für die Nationalsozialisten in den besetzten Gebieten tätig wird und scheinbar unberührt von den Geschehnissen ringsum seinen Geschäften nachgeht. Als Student jedoch setzt er sich noch mit Fragen der Schuld auseinander. Nach fünf Tagen aber scheitert der Kapp-Putsch aufgrund der bewaffneten Gegenwehr der Proletarier, der Uneinigkeit der Militärs über die eigentliche Zielsetzung und des von der SPD ausgerufenen Generalstreiks.

Auch nach dem Ende der dramatischen Ereignisse reflektiert Hildebrand seine eigene Passivität: «Solange Kapp da war, habe ich nichts getan, sondern nur überall, wo ich es konnte, auf ihn geschimpft.» Ihn verunsichert die Situation: «Nach den Putschtagen bin ich nun sehr müde. Man war so entsetzlich einsam und auf sich selbst gestellt in dieser Zeit. Keine Klasse, kein Stand, dem man ganz angehört.»[32] Da vermittelt ihm Goldschmidt einen lukrativen Nebenjob, der Alltag kehrt zurück. Als Assistent des brandenburgischen Inventarisators Georg Voss soll er helfen, die Kunstdenkmäler in der Mark Brandenburg zu erfassen. Hildebrand Gurlitt verfügt auf diesem Gebiet über einige Erfahrung, denn er kennt die Methoden seines Vaters, der immer wieder vom sächsischen Innenministerium mit der Inventarisierung der Kunstdenkmale Sachsens beauftragt wurde. Während der nächsten drei Semester verdient er 300 Mark monatlich für drei Nachmittage pro Woche, in den Ferien gar 800 Mark für eine Vollzeitbeschäftigung. Hildebrand braucht das Geld, denn die Eltern können ihn durch die knappe Pension des Vaters finanziell kaum unterstützen. Mit den 200 Mark pro Monat, die ihm bisher zur Verfügung standen, ist er kaum ausgekommen, auch wenn er bescheiden in der Volksküche essen ging. «Der Arbeitslose bekommt gegen 6–7 Mark den Tag = 180–210 Mark», rechnet er seinem Bruder vor.[33] Wilibald ist daher immer wieder mit Geldüberweisungen eingesprungen. Das ist mit dem neuen Studentenjob nun nicht mehr nötig.

Neben den Lehrveranstaltungen bei Goldschmidt besucht Hildebrand in Berlin Vorlesungen von Alois Riehl, der als Nachfolger Wilhelm Diltheys den Lehrstuhl für Philosophie innehat. Und er hört die Vorlesungen des Philosophen und Kunsthistorikers Max Dessoir zur Psychologie der Ästhetik und Parapsychologie, denn Hildebrand bleibt weiter an der Philosophie interessiert. Schließlich hält er eine «breite philosophische Basis» für eine Grundlage des Kunstgeschichtsstudiums. In Riehl findet Hildebrand endlich einen Professor, wie er ihn sich immer vorgestellt hat: einen, der Philosophie weniger als Wissenschaft, sondern vielmehr als Lehre vom Leben, von der «Weltanschauung» versteht.[34] Dessoir ist ihm zwar als Mensch unsympathisch, in einem Brief an seinen Vater bezeichnet er ihn gar als «ästhetisches Rindvieh».[35] Dennoch schätzt er ihn fachlich, denn bei ihm lernt er, zwischen dem Ästhetischen und der Kunst zu unterscheiden. Kunst sei immer ästhetisch, aber sie dürfe nicht darin aufgehen, so Dessoirs Ansatz, denn sie besitze außerdem eine ethische Dimension. Die abstrakte Malerei Kandinskys repräsentiert für den Philosophen eine rein ästhetische Kunst, «nur Farben und Zierde».[36] Gurlitt folgt dieser Ansicht seines Lehrers. Offensichtlich geht auf Max Dessoirs Einfluss Gurlitts lebenslange Bevorzugung des figürlichen Expressionismus, der «Brücke»-Künstler gegenüber den «Blaue Reiter»-Künstlern zurück.

Familienbande und Freundschaften fürs Leben

Als Hildebrand Gurlitt von Frankfurt nach Berlin wechselt, hätte es eigentlich nahegelegen, dass er zunächst bei Wolfgang Gurlitt absteigt. Der gut sieben Jahre ältere Cousin steht dem Neuankömmling unter den in Berlin ansässigen Verwandten altersmäßig noch am nächsten. Wolfgang Gurlitt leitet in Berlin seit 1912 die Galerie seines früh verstorbenen Vaters Fritz Gurlitt und daneben den von ihm gegründeten Gurlitt-Verlag und die Gurlitt-Presse. In den Jahren, die Hildebrand in Berlin weilt, gründet er außerdem den «Verlag für jüdische Kunst Fritz Gurlitt». Dieser wird nur ein Jahr existieren, aber in dieser Zeit erscheinen unter der wissenschaftlichen Leitung des Kunsthistorikers Karl Schwarz 23 bibliophil gestaltete Hefte mit alten und modernen Dokumenten jüdischer Kunst, mit Bibel- und Haggadah Illustrationen sowie Biographien jüdischer Dichter und Künstler. Wolfgang hat also alle Hände voll zu tun, als sein Cousin ihm sein Kommen avisiert. Wohl darum antwortet er ihm nicht. Hildebrand besucht den Cousin daraufhin direkt in seiner mittlerweile in der Potsdamer Straße 113 residierenden Galerie, wo Wolfgang auch wohnt. Dabei handelt es sich keineswegs um irgendeinen «Laden», wie Hildebrand sich abfällig in einem Brief gegenüber seinem Bruder Wilibald äußert.[37] Vielmehr verbirgt sich hinter der Adresse ein typisch gutbürgerliches Wohnhaus im historistischen Stil mit Gewerbenutzung. Erst 1917 hatte Wolfgang Gurlitt ein der Galerie benachbartes Haus erworben, das er um einen Neubau für die jüngere Künstlergeneration erweiterte: zwei der modernen Kunst gewidmete Ausstellungssäle, der eine in Pompeianisch-Rot, der andere in Kanariengold, wie die «Vossische Zeitung» sogleich berichtet. Für die Tordurchfahrt entwirft der Maler César Klein einen Jahreszeitenzyklus, Rudolf Belling schafft eine Skulptur, ergänzt um Mosaiken und Glasfenster von Max Pechstein. Auch die im Vorderhaus gelegenen Privaträume lässt sich Wolfgang Gurlitt von den Künstlern neu gestalten – als Schauräume expressionistischer Wohnkultur. Das Teezim-

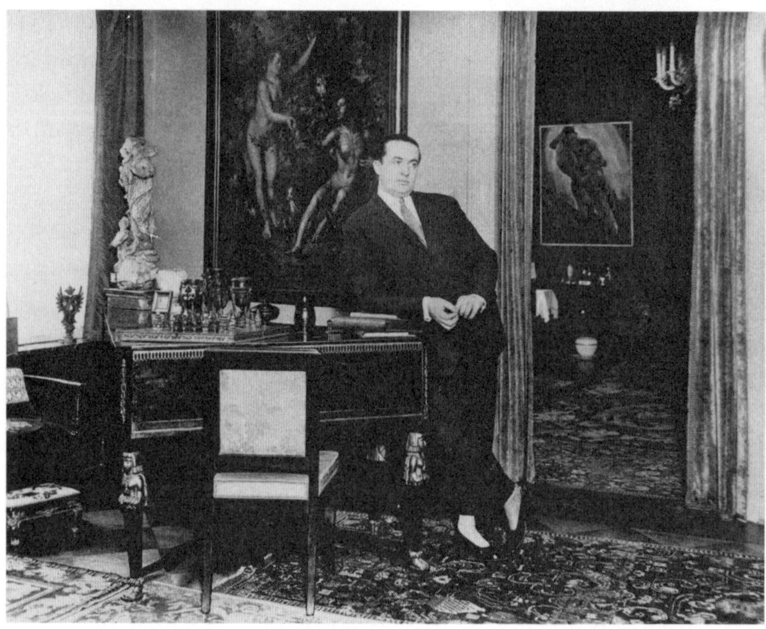

Wolfgang Gurlitt am Arbeitstisch in seiner Wohnung in der Potsdamer Straße in Berlin, um 1926

mer verwandelt César Klein durch Spiegel und mit elektrischem Licht hinterleuchtete farbige Fenster in ein Spiegelkabinett. Die Ausmalung des Schlafzimmers besorgt ebenfalls Klein, die skulpturale Bearbeitung des Bettes Rudolf Belling, die Glas- und Mosaikarbeiten stammen wieder von Max Pechstein. Die Kritik reagiert begeistert, Theodor Heuss lobt im «Deutschen Werkbund» die neue künstlerische Einheit und sieht darin eine Möglichkeit zur Erneuerung der Kunst.[38] Die Berliner Kunstzeitschrift «Wasmuths Monatshefte für Baukunst» druckt Fotos von der extravaganten Ausstattung in ihrer Ausgabe des VI. Jahrgangs.[39]

In den großzügigen Räumen hätte es sicher auch Platz für Hildebrand gegeben. Aber Wolfgang bietet ihm keine Unterkunft an, und Hildebrand will nicht fragen. Nach dem Tod von Wolfgangs Vater Fritz im Jahr 1893 war ein erbitterter Streit über dessen Erbe zwischen Cornelius Gurlitt und den übrigen Geschwistern auf der einen Seite sowie

Fritz Gurlitts Witwe Annarella auf der anderen Seite ausgebrochen. Seither haben sich der Dresdener und der Berliner Zweig der Familie nie wieder richtig ausgesöhnt. Mittlerweile kündigt sich ein neues Zerwürfnis an. Else Gurlitt, Cornelius' Schwester, die zu Lebzeiten von Fritz in der Galerie ausgeholfen hat, befindet sich im Rechtsstreit mit Wolfgang, der Werke von seinem Großvater Louis Gurlitt nicht herausgeben will. Nach Elses Meinung aber stehen die Bilder ihr und ihrem Mann Ludwig zu. Im Sommer 1922 kommt es zum Prozess, in dessen Verlauf Gurlitts gegen Gurlitts aussagen werden.[40] Hildebrand wird in dem Streit selbstverständlich zu Else halten, die im engsten Einvernehmen mit ihrem Bruder Cornelius Gurlitt steht. «Er soll mir den Buckel runterrutschen», schreibt Hildebrand nach dem Besuch in der Potsdamer Straße düpiert an seinen Bruder: «Zumal sein Verlag fast nur Schweinereien herausgibt, wenigstens mir dadurch bekannt ist. Sieh Dir mal seinen Almanach an, und es kotzt Dich an.»[41] Vermutlich hat sich Hildebrand die «Privatdrucke» aus der Reihe «Der Venuswagen» zeigen lassen. In den neun Ausgaben, die 1919 und 1920 erscheinen, werden als «erotische Lektüre» mit Illustrationen in Originalgraphik unter anderem Victor-Joseph Étienne de Jouys «Sappho oder die Lesbierinnen» (1920, illustriert von Otto Schoff) und «Pantschatantra. Fabeln aus dem indischen Liebesleben» (1919, illustriert von Richard Janthur) geboten. Wolfgang Gurlitt hat damit eine Marktlücke entdeckt, während seine Verwandten indigniert reagieren.

Eine Unterkunft findet Hildebrand schließlich in Tegel bei einer Frau Löschke, deren Schwager mit Cornelia eng befreundet war. Sie wohnt allein in einem kleinen Holzhaus im großen Humboldt-Park direkt am Tegeler See, die Anschrift lautet: «Tegel b. Berlin, Schlossbezirk, Parkhäuschen». Frau Löschke kocht für Hildebrand und versucht, ihm die Unterkunft so angenehm wie möglich zu gestalten.[42] Marie Gurlitt ist jedoch besorgt und fährt nach Berlin, um nachzuschauen, wer sich da um ihren jüngsten Sohn kümmert, der immer schon unter einem empfindlichen Magen gelitten hat. Gleich im Februar 1920 lernt sie seine neue «Stube» kennen und die Wirtin, mit der sie erst einmal die Verpflegung bespricht. Ihr Putzerl benötigt «Kartoffeln, Graupen, Fett, Wurst, Marmelade, Kakao usw.». Die Ernährungslage sei ja in Berlin so schrecklich, sie verspricht, alles zu schicken. Sie will auch am Studentenleben ihres jüngsten Sprosses teilhaben und besucht gemeinsam mit ihm das Kolleg von Goldschmidt über Botticelli.[43] Wie mag sich Hildebrand dabei wohl gefühlt haben, wo er doch gerade erst dem Elternhaus erfolgreich entkommen war?

Auch wenn Hildebrand es bei Frau Löschke zunächst «hübsch» findet, zieht er bald in die Stadt. Die Eltern registrieren es mit Erleichterung, denn sie fürchteten zuletzt, dass die Tegeler Wirtin ihrem Sohn nachstellen und eine «Gefahr für Hildebrand» darstellen könnte. Und Mutter Marie beginnt nachträglich zu schimpfen: «Es ist aber auch eine so furchtbar liederliche Frau, ich meine: ihr Haus ist schmutzig und unordentlich.»[44] Am Ende gesteht auch Hildebrand gegenüber seinem Bruder Misslichkeiten ein: «Frau Löschke hat mich sehr gequält mit allerlei Torheiten. Ich hielt es nicht für ‹Gentlemen like›, euch davon zu erzählen, wie ich dergleichen niemandem, auch meinen Freunden nicht, erzähle.»[45] Seine neue Unterkunft befindet sich zwar «in einer hässlichen Gegend», aber er ist zufrieden, denn von der im vierten Stock gelegenen Wohnung in der Charlottenburger Leibnizstraße 104 hat er es wesentlich näher zur Universität.[46] Vergnügt berichtet Hildebrand den Eltern: «Ich habe eben geschlafen. Auf einem großen Sofa. Dann ist ein Bett, ein Tisch, Schreibtisch, Stühle, Schrank im Zimmer. Alles braunes, helles Naturholz. Ganz reine und die Stube ist groß und hat zwei Zimmer und ist hell». Bei seiner neuen Wirtin bezahlt er 40 Mark im Monat samt Verpflegung und kann jederzeit rufen: «Frau Lux, bitte bringen Sie mir meinen Kaffee».[47]

Nach dem Umzug lernt Hildebrand in den Lehrveranstaltungen von Adolph Goldschmidt Leopold Reidemeister kennen – die erste eigenständige Bekanntschaft, die er in Berlin macht, ohne dass es schon vorher eine Verbindung durch seine Geschwister gegeben hätte. Reidemeister ist ein Großneffe Wilhelm von Bodes, des Generaldirektors der ehemals Königlichen, nun Staatlichen Museen zu Berlin, der allseits höchstes Ansehen genießt. Hildebrand renommiert im März 1920 zuhause mit seinem neuen Freund, und Mutter Marie ist sichtlich angetan. Reidemeister wird in den kommenden Jahren in der Kaitzer Straße des Öfteren Logis beziehen. Ihn und Hildebrand verbindet eine lebenslange Freundschaft, am Ende wird der Studienkamerad die Grabrede auf den 1956 tödlich verunglückten Gurlitt halten. Er ist fünf Jahre jünger als Hildebrand, hat aber zuvor schon ein Architekturstudium in Braunschweig aufgenommen. Die beiden Studenten teilen die gleichen Interessen, beide schwärmen für den Expressionismus. Außerdem plagen Reidemeister ebenso wie Hildebrand Geldprobleme. Für einen Verwandten Wilhelm von Bodes bereitet es in

Berlin jedoch keine Schwierigkeiten, eine Stelle als Werkstudent zu finden. Er nimmt eine Stelle in der Galerie van Diemen an, die von Eduard Plietzsch, einem früheren Assistenten seines Großonkels, geleitet wird. Bis zuletzt schwärmt er von der Arbeit dort: «Was hier zu lernen war, ist heute kaum noch vorstellbar. Der vertraute Umgang mit großen Kunstwerken war das tägliche Brot, eine Selbstverständlichkeit. Bilder von führenden Meistern der holländischen und flämischen Schule, wie Ruisdael, Frans Hals, Pieter de Hooch, Rubens, van Dyck und Teniers waren keine Seltenheit. Ebenso wie die Canalettos und Francesco Guardi. Ein ähnliches Angebot gibt es heute nur noch in London. In dieser Galerie unter den Linden gab sich die Welt ein Stelldichein.»[48] Reidemeister ermuntert auch Hildebrand, in der Galerie Arbeit anzunehmen. Dieser gerät für kurze Zeit ins Schwanken. Der Berliner Kunsthandel ist im Aufblühen begriffen, van Diemen ist nicht die einzige Galerie Berlins, in der die potenten Sammler ein- und ausgehen. Rund um den Kemperplatz, in der Bellevuestraße, der Victoriastraße, der Tiergartenstraße haben sich die Kunsthändler angesiedelt, die Haberstocks und Matthiesens, die Cassirers und Thannhausers.

Für kurze Zeit begegnet Gurlitt in dieser Szene seiner eigenen Zukunft. Dem jungen Studenten ist das Milieu noch suspekt, denn er strebt die höheren Sphären einer Museumslaufbahn an, während sich seine Eltern für ihn eine Universitätskarriere wünschen. Von seinem Bruder versucht er sich dennoch Zustimmung einzuholen: «Gehalt wird gut sein […] Außerdem komme ich doch mit allen bekannten Kunsthistorikern zusammen, wichtig für äußerliche Zukunft ist, dass Bodes Neffe, mein Freund, auch im Geschäft ist. Die Sache ist nicht so ein kümmerlicher Laden, sondern hat Filialen im Ausland und in ganz Deutschland und Beziehungen in die ganze Welt. Jedes Museum wird gern hören, dass ich dort gearbeitet habe, wenn sie mich etwa anstellen wollen. Ich weiß, dass dies ein Schritt fort von der einer Gelehrtenlaufbahn in das praktische Leben ist, aber ich wollte dies im Grunde ja immer. Schreib mir bitte, was Du denkst, mir liegt sehr viel daran das zu wissen, ob Du es irgendwie hässlich und als peinlich empfindest.»[49]

Die Sache zerschlägt sich schließlich, weil Plietzsch schon jemand anderen gefunden hat.[50] Die beiden bleiben aber in Kontakt. Knapp zwei Jahrzehnte später werden sie doch noch in geschäftliche Verbindung treten, beide als Kunsthändler im Auftrag der Nationalsozialisten. Im Berlin des Jahres 1920 ist Plietzsch bereits der arrivierte Galerist, in seinem Hause verkehren Max Pechstein, Rudolf Belling, George Grosz, Richard Scheibe, Alfred Partikel und andere Künstler, von denen Hildebrand einige bei ihm kennengelernt haben wird. 1922 veranstaltet Reidemeister zusammen mit Plietzsch in der Galerie van Diemen die legendäre «Erste russische Kunstausstellung» mit Werken von Marc Chagall, El Lissitzky und Kasimir Malewitsch. Mit ihr beginnt sich der Konstruktivismus in West-Europa zu verbreiten. Hildebrand Gurlitt wird sie nicht mehr gesehen haben, denn nach drei Semestern in Berlin geht er Anfang 1921 zurück an die Frankfurter Goethe Universität. In Berlin verlangt Adolph Goldschmidt zur Promotion drei Nebenfächer, darunter Griechisch. Hildebrand ist dadurch «das Kraut verhagelt», wie es Mutter Marie voller Nachsicht für ihren Sohn ausdrückt, der den einfacheren Weg geht und am Main einen schnelleren Studienabschluss anstrebt.[51]

Kapitel 6

Die Kunst ruft – der Vater auch (1920 bis 1925)

Eine Chance für die Avantgarde

In den bewegten Zeiten, die Hildebrand Gurlitt als junger Erwachsener durchlebt, den unruhigen Jahren, in denen er seinen Weg finden muss, stellt die Kunst der Avantgarde die einzige Konstante für ihn dar. Die Entwicklung in den 20er Jahren gibt ihm recht und bereitet ihm den idealen Rahmen für seine beruflichen Ambitionen. Mit der Abdankung des Kaisers ist auch die letzte Hürde für eine Kunst gefallen, die radikal mit der Vergangenheit bricht. Vor dem Ersten Weltkrieg war die moderne Kunst nur bis in die privat geführten Galerien und Kunstvereine vorgedrungen, das allerdings landesweit. Deutschland bot und bietet auch in der Weimarer Republik einen vortrefflichen Nährboden hierfür. Denn anders als in Frankreich oder England, wo sich das Kunstgeschehen hauptsächlich in den Hauptstädten abspielt, in Paris oder London, unterhält in Deutschland jede größere Stadt ihren eigenen Kunstverein – als Bürgerinitiative für die Kunst. Das Sammeln von Kunst stellt nicht länger ein Privileg der oberen Schichten dar. Dieser Umstand befördert umso mehr das Interesse der Kunstvereinsmitglieder für die zeitgenössische Kunst, auch der Avantgarde. Die Kunstvereine sind für neue Strömungen häufig der erste institutionelle Ort, an dem sie ausgestellt werden, eine wichtige Station auf dem Weg von der Privatgalerie ins Museum. Einer der ältesten ist der 1817 gegründete Hamburger Kunstverein, den Hildebrand Gurlitt ab 1931 leiten wird. Bereits im 19. Jahrhundert haben sich die einzelnen Vereine zu überregionalen Ausstellungsverbänden zusammengeschlossen. Die Kunstvereinsausstellungen inspirieren umgekehrt auch die jeweilige Künstlerschaft vor Ort. Auf diese Weise entwickelt sich in Deutschland eine vielgestaltige, auch widersprüchliche, vor allem dynamische Kunstsprache der Moderne, deren Vermittlung Hildebrand Gurlitt sein Berufsleben widmen will.

Seine Anfänge an der Universität fallen in eine auch kunstpolitisch aufregende Phase. In der Weimarer Republik erfahren die Avantgarden erstmals eine offizielle Wertschätzung. Das neue Kultusministerium der ersten SPD-geführten Landesregierung in Preußen erklärt die Freiheit der Kunst zum Grundsatz staatlicher Kulturpolitik und spricht sich damit gegen jegliche Reglementierung aus. Hildebrand muss das wie eine Bestätigung seines bisherigen Fühlens und Denkens empfunden haben. Das preußische Kultusministerium kündigt außerdem an, die Bedeutung deutscher Kultur international ins Bewusstsein rücken zu wollen.[1] Die Kunst soll fortan als Mittel nationaler Selbstbehauptung dienen. Indem Deutschland zur Kulturnation ersten Ranges aufsteigt, so die Idee, kann auch die Zerrissenheit des Volkes, die Demütigung durch den verlorenen Krieg kompensiert werden. Fritz Wichert, der Direktor der Mannheimer Kunsthalle, formuliert es in seinem 1919 erschienenen Aufsatz «Die Kunstmuseen und das deutsche Volk» ganz unverblümt, indem er Nietzsche zitiert: «Hätten wir wirklich aufgehört sie [die Franzosen] nachzuahmen, so würden wir damit noch nicht gesiegt, sondern uns nur von Ihnen befreit haben: erst dann, wenn wir Ihnen originale deutsche Kultur aufgezwungen hätten, dürfte auch von einem Triumphe der deutschen Kultur die Rede sein».[2]

Die Idee von einer Kulturnation, als Selbstbild eines neuen Deutschland, ist für Hildebrand nicht neu – er kennt diese Gedanken aus seinem Elternhaus. Der aktuellen Kunst kommt dabei neuerdings eine besonders wichtige Aufgabe zu, denn in ihr artikulieren sich die Wünsche und Probleme der Gegenwart, und damit besitzt sie sinnstiftende Kraft. Die Kunst soll das Selbstbewusstsein der Deutschen wieder stärken, den Bürgern eine Möglichkeit zur Identifikation mit der Nation bieten. Galt das Kaiserreich als Beamten- und Militärstaat, so versteht sich die Weimarer Republik nun als Kulturnation. Die Kulturstaatlichkeit bildet die Voraussetzung für eine neue demokratische Gesellschaft, in der die alten bildungsbürgerlichen Werte jedoch beibehalten werden können.

In der Weimarer Republik wird eine regelrechte Politik der Kunstpopularisierung verfolgt. Zu den größten Herausforderungen gehört dabei die Reformierung der Museumslandschaft. In Berlin macht der Direktor der Nationalgalerie Ludwig Justi den Anfang. Hildebrand Gurlitt kann quasi durch die Fenster der Friedrich-Wilhelms-Universität Unter den Linden zusehen, wie Justi auf der gegenüberliegenden Straßenseite das Kronprinzenpalais als neue Abteilung der Nationalgalerie einrichtet. In ihr wird moderne und modernste Kunst präsentiert, sind Impressionisten und Expressionisten gemeinsam zu sehen. Am 4. August 1919 wird die spektakuläre Eröffnung gefeiert. Während im Untergeschoss die aus dem Stammhaus auf der Museumsinsel herübergeholten Impressionisten und Berliner Secessionisten Slevogt, Corinth und Liebermann ausgestellt sind, werden die Novitäten im Obergeschoss gezeigt. Wilhelm Lehmbrucks Steinskulptur «Kniende» steht dort vom ersten Tag an als eines der zentralen Kunstwerke, neben Arbeiten von Erich Heckel, Oskar Kokoschka, Ernst Barlach, Ernst Ludwig Kirchner, Lyonel Feininger, Franz Marc und vielen anderen, die auch für Hildebrand Gurlitt in der ersten Reihe der modernen Kunst stehen. Hier hängen auch die Ikonen der Sammlung, Franz Marcs «Turm der blauen Pferde» und Oskar Kokoschkas Gemälde «Die Freunde». Eine chronologische Gliederung gibt es nicht, einzelne Räume sind bestimmten Künstlern oder Gruppen gewidmet. Eine solche monographische Würdigung erfahren die Künstler der «Brücke» und des «Blauen Reiters», Franz Marc, Emil Nolde, Erich Heckel und später auch Max Beckmann.

Die Eröffnung ist eine Sensation, ein Durchbruch für die moderne Kunst. Mögen auch privat initiierte Museen wie das Museum Folkwang, damals noch in Hagen, sehr viel früher expressionistische Kunst präsentiert haben, hier geschicht es an einem herausragenden Ort. Denn die Nationalgalerie ist eine staatliche Institution, Berlin die Hauptstadt der Kunst. Doch Justi will nicht nur spektakulär sein, sein Ziel ist die Vermittlung, eine Popularisierung der Kunst. Der rührige Direktor gibt zahlreiche Kataloge und Sammlungsführer heraus, organisiert Vortragsreihen und Führungen. Nicht nur die Kunstkenner und Bildungsbürger, die bisher typischen Museumsbesucher, gilt es von der modernen Kunst zu überzeugen, sondern auch kunstferne Kreise für sie zu gewinnen. Damit befindet Justi sich auf einer Linie mit der neuen Politik. Hildebrand Gurlitt verfolgt diese Aktivitäten mit großer Aufmerksamkeit. Nicht nur die von Justi gezeigten Künstler finden sich bei ihm später wieder, sondern auch das intensive pädagogische Begleitprogramm – ob in Zwickau, Hamburg oder zuletzt in Düsseldorf. Die Eröffnung von Justis neuer Dependance im Kronprinzenpalais am 4. August 1919 hat der junge Kunstgeschichtsstudent wohl nicht besucht, damals studierte er noch in Frankfurt. Trotzdem kam Hildebrand im August 1919 immer wieder nach Berlin, denn er musste sich um den Nachlass seiner Schwester Cornelia kümmern, die am Tag der Eröffnung Selbstmord begangen hatte. Mit seinem Umzug nach

Berlin im Januar 1920 kann Hildebrand dann unmittelbar die weitere Entwicklung des Kronprinzenpalais verfolgen: die nächsten Ankäufe des Direktors, die sich zuspitzenden Auseinandersetzungen bis hin zum «Berliner Museumskrieg», den sich Justi und der vehement für die Impressionisten streitende Kunstkritiker Karl Scheffler ab 1921 liefern.

Justis Berliner Vorbild hilft die Museumsreform in Deutschland voranzutreiben. Im ganzen Land lockert sich die vom Kaiser bislang vorgegebene Bindung an traditionelle Werte. Endlich ist für die Moderne der Weg in die heiligen Hallen der Museen frei. Und eine neue Generation von Museumsleitern und -mitarbeitern, die wie Hildebrand Gurlitt im Sinne von Alfred Lichtwarks Kunsterziehungsreform geschult sind, wartet bereits auf ihren Einsatz. Vor seinem Umzug nach Berlin hat Hildebrand Gurlitt in Frankfurt auch Seminare bei Georg Swarzenski besucht, der am Städelschen Kunstinstitut arbeitet und ebenfalls zu den Moderne-Vorkämpfern gehört. Er kauft Werke von Franz Marc, Willi Baumeister und Max Beckmann, von denen die beiden letzteren Künstler an der Städel-Schule lehren. Insbesondere mit Beckmann verbindet den Museumsmann eine enge Freundschaft, 13 Gemälde erwirbt er insgesamt von ihm. An der Mannheimer Kunsthalle wird Gustav Hartlaub ab 1923 als Direktor bedeutende Werke von Dix, Grosz und Beckmann erwerben und sich für die Neue Sachlichkeit einsetzen. Gurlitt macht sich im Sommer 1922 Hoffnung, im Mannheimer Museum arbeiten und Hartlaub auf seinem Posten als Assistent beerben zu können, nachdem dieser zum Direktor des Hauses aufgestiegen ist. Doch die Pläne zerschlagen sich. Das Kunstmuseum in Essen ist ebenfalls ein Hort der Moderne. Ernst Gosebruch kauft für die Sammlung Werke von Chagall, Derain, van Gogh, von Heckel, Kirchner, Lehmbruck, Macke, Mueller, Nolde, Pechstein und Schmidt-Rottluff. Der größte Coup aber gelingt ihm 1921 mit der Übernahme der Sammlung des Hagener Mäzens Karl Ernst Osthaus, in deren Folge das Essener Haus in Museum Folkwang umbenannt wird. Zu den Pionieren unter den Museumsdirektoren gehört auch Max Sauerlandt, der ab 1908 das Städtische Museum für Kunst und Kunstgewerbe in Halle leitet und versucht, den Schwerpunkt auf die zeitgenössische Kunst zu verschieben. Als er 1913 Emil Noldes «Abendmahl» erwirbt, kommt es zum Eklat. 1919 wechselt Sauerlandt nach Hamburg ans Museum für Kunst und Gewerbe, wo er Kirchner, Nolde und Schmidt-Rottluff mit wichtigen Arbeiten an sein neues Haus holt. Wenngleich Gurlitt das

Schaffen dieser Direktoren als Student eher aus der Ferne beobachtet haben dürfte, so begegnet er ihnen doch schon bald als Zwickauer Museumsleiter auf Augenhöhe. Ja, er wird unter seinen späteren Kollegen sogar regelrecht berühmt als ein Held der Reform durch den «Zwickauer Museumsskandal», den er durch seine eigene progressive Ankaufspolitik auslöst.

Doch nicht nur die Museen in den großen Städten wagen sich mutig voran. Nach ihren ersten Schritten folgen auch die kleineren nach: Kiel, Lübeck, Altenburg, Erfurt. Die neu formierte Museumslandschaft zeichnet sich durch eine große Vielfalt aus, die Schwerpunkte sind jeweils unterschiedlich gesetzt durch regionale Stileigenheiten. Trotz hartnäckiger Widerstände entwickelt sich die Geschichte der modernen Kunst langsam zu einem Erfolg, und Deutschland beginnt, unter dem Motto «Einheit in der Vielfalt» eine veränderte kulturelle Identität anzunehmen.

Der angehende Kunsthistoriker politisiert sich

Hildebrand Gurlitt hat in seiner Studienzeit nicht nur erlebt, wie sich die Museen der breiten Bevölkerung gegenüber öffneten. Er dürfte auch mit Bestrebungen von Künstlern, unmittelbar politisch zu wirken, in Berührung gekommen und davon nicht unbeeindruckt geblieben sein. In Frankfurt hatte er die politischen Entwicklungen um ihn herum noch eher aus der Ferne verfolgt: «Von Politik höre ich wie Du nur aus der Zeitung (ich habe übrigens Demokratische Volkspartei gewählt)», schrieb Hildebrand seinem Bruder im Februar 1919.[3] Und doch beginnt er sich zunehmend zu interessieren. Mit der Zeit rückt der Student wieder weiter nach links, der Regierungspartei entgegen: «Drum denke ich, das Beste ist, man bleibt regierungstreu, d. h. sozialdemokratisch, denn wenn sie auch keine großen Lichter zu sein scheinen, die Eberte und Scheidemänner, so gibt es doch nirgends Bessere.»[4] Nach seinem Umzug nach Berlin nimmt er stärker Anteil am politischen Geschehen. Die Lehrveranstaltungen von Alois Riehl interessieren ihn zunehmend mehr als die von Adolph Goldschmidt über mittelalterliche Kunst. Der österreichische Philosoph liest an der Friedrich-Wilhelms-Universität gerade über das Erkennen politisch-sozialer Verhältnisse. Das animiert den jungen Gurlitt, auf der Straße das Gespräch mit Arbeitern zu suchen: «großen, schönen, vollen Menschen, die auch das Beste wollen, aber natürlich nicht wie wir, von etwas weiter die Sache sehen können.» Voller Neugierde besucht er eines «dieser großen Massenquartiere, wo die Leute mit wenig Geld wohnen».[5] Er geht mit offenen Augen durch die Stadt: «Berlin ist grausam und nüchtern, es zeigt einem, wie es wirklich aussieht in Deutschland.»[6] Und er erschrickt: «Wenn ich mich umsehe, so sehe ich um mich wilde, hasserfüllte Fanatiker (linke und rechte), die vor Hass auf die anderen nichts sehen, oder solche, die verzweifeln, traurig sind, die nicht ein noch aus wissen.»[7] Ihnen fehlen «Kunstgriffe und -mittel», wie er meint, durch die eine moralische Erhebung erst möglich sei. In dieser Zeit besucht er eine «Expressionisten-Arbeiter»-Ausstellung, eine der sogenannten Fabrikausstellungen, wie es sie bislang nur in Berlin gibt. Organisatoren dieses neuartigen Ausstellungstypus sind der Arbeitsrat für Kunst und die Novembergruppe, beides politisch aktive Vereinigungen, zu denen Architekten, Maler und Kunstschriftsteller gehören, die mit ihrer avantgardistischen Kunst zur sozialen Revolution in Deutschland beitragen wollen.

Unter ihnen befindet sich auch Max Pechstein, einst «Brücke»-Mitglied, der sich in beiden Vereinigungen engagiert. Gurlitt kennt seine Werke. Der «Brücke»-Gründer Karl Schmidt-Rottluff, dem er 1917 in Wilna begegnet ist, hat ihm viel von dem Künstler erzählt. Außerdem stellt Pechstein seit 1912 in der Galerie seines Cousins Wolfgang aus. Vor allem aber kennt Hildebrand den Namen des Künstlers durch seine Schwester und Paul Fechter, für den Pechstein als stärkste Erscheinung unter den Expressionisten gilt. 1921 veröffentlicht Fechter im Verlag von Wolfgang Gurlitt das Verzeichnis der Graphiken des «Brücke»-Malers. Auch Eduard Plietzsch, Hildebrand Gurlitts neue Bekanntschaft aus dem Galeriegewerbe, ist mit dem Maler befreundet. Eigentlich ist Pechstein bei jeder gesellschaftlichen Veranstaltung im Hause Plietzsch anzutreffen, aber Hildebrand Gurlitt begegnet ihm dort noch nicht. Erst einige Jahre später lernen sich die beiden persönlich kennen, als Gurlitt seine erste Ausstellung im Zwickauer Museum bestreitet. In Berlin stößt der damalige Student auf den Künstler gewissermaßen auf der Straße. An jeder Hausecke hängen von ihm gestaltete Plakate. Pechstein arbeitet aus Überzeugung für den «Werbedienst der deutschen Republik» und entwirft Anschläge, mit denen er für die demokratische Ordnung wirbt und vor einem Abdriften in anarchistische Zustände warnt. «An alle Künstler», «An die Laterne», «Erwürgt nicht die junge Freiheit» sind die Plakate überschrieben, und sie dürften auch auf Hildebrand Gurlitt ihre Wirkung nicht verfehlt haben.

Bei Alois Riehl hat Gurlitt theoretisch vom Prozess gesellschaftlicher Umbildung gehört, die Fabrikausstellungen stellen eine praktische Tat dar. Das Proletariat – so der Gedanke dahinter – bedarf der Unterstützung, um ins Museum zu gehen und sich der Kunst zu nähern, die nun integrativ wirken soll. Selbst wenn längere Öffnungszeiten und freier Eintritt angeboten werden, die auch der lang arbeitenden Bevölkerung einen Museumsbesuch erlauben, bleiben Vorbehalte immer noch bestehen. Die Künstler schlagen deshalb den umgekehrten Weg ein: Die Kunst kommt direkt zu den Arbeitern, in die Fabriken. Die Begegnung mit Originalen soll den Kunstgeschmack der Proletarier heben und ihnen eine Alternative zum Kitsch aufzeigen, der zuhause an den Wänden hängt. Nur wenig später, in der Frühphase des «Dritten Reiches», werden all diese Ideen – die Fabrikausstellungen, das Postulat Kunst statt Kitsch, die Volksnähe in der Kunst – von Teilen der NS-Anhängerschaft aufgegriffen, die noch an den Nationalsozialismus als soziale Revolution glauben. Der expressionistische Maler Otto Andreas Schreiber gehört dazu, der 1933 sogleich NSDAP-Mitglied wird. Als Vertreter der Nationalsozialistischen Studentenschaft versucht er, den Expressionismus als Vorbild der neuen Staatskunst zu etablieren, und organisiert über 2000 Fabrikausstellungen. «Um aber diese Entwicklung zu fördern, muß der Künstler mehr denn jeh seine Werke als Anschauungsmaterial […] ins Volk tragen. […] tragen wir sie also in die Fabriken und Betriebe, an die Stätten, mit deren Errichtung die große Entfremdung zwischen Volk und Kunst begann. […] Wenn es nicht dabei bleibt, daß Kunstausstellungen in Fabriken aufgebaut werden, wenn vielmehr der Künstler persönlich während der Arbeitspause in der Fabrik den handarbeitenden Volksgenossen seine Werke erläutert, wenn ferner wie sie in seine, er gleichzeitig in ihre Arbeit Einblick gewinnt, so ist die Anbahnung einer für beide Teile fruchtbaren Beziehung möglich», lautet Schreibers Credo.[8]

Die flammenden Worte könnten auch aus dem Mund eines überzeugten Demokraten der Weimarer Republik stammen. Die Vermittlungsarbeit, die Hinwendung zu einem Publikum, dem Kunst zunächst fremd ist, wird auch das Ziel Hildebrand Gurlitts sein. In einem 1930, kurz nach seiner Entlassung als Zwickauer Museumsdirektor publizierten Aufsatz über «Museen und Ausstellungen in mittleren Industriestädten» schreibt er programmatisch: «In den mittleren Städten steht und fällt das Museum mit seinem Programm von Ausstellungen und Vorträgen. Sinn und Aufgabe der Museen ist in diesen Städten: Verbindung zu sein zwischen dem oft sehr stillen geistigen Leben in der Stadt und den künstlerischen Zentren im Lande. [...] Wichtig ist die Einsicht, daß man die Menschen in der Industriestadt nicht durch Ausstellungen von ‹reiner› Kunst, von Bildern von diesem oder jenem berühmtem Maler locken kann.»[9] Deshalb hat er in Zwickau viel Wert auf Ausstellungen mit Themen aus dem täglichen Leben gelegt, die den Arbeiter in das Museum locken sollten, wie zum Beispiel «Handwerkskunst», «Das farbige Zwickau», «Kinderzeichnungen», «Die neue Küche».

Auf dem Sprung: Gurlitt als Kustos, Kritiker und Künstlerfreund

Doch noch befindet sich der angehende Kunsthistoriker auf dem Weg. Bis er seine Ideen, die während der Kriegs- und Studienjahre entwickelten Vorstellungen auf seinem ersten Posten in Zwickau umsetzen kann, muss er sein Studium abschließen und eine Durststrecke im heimatlichen Dresden überstehen. Im Frühjahr 1921 wechselt Hildebrand Gurlitt von Berlin zurück nach Frankfurt, das Abgangszeugnis der Philosophischen Fakultät der Friedrich-Wilhelms-Universität wird ihm am 2. April ausgestellt.[10] Nachdem sich die Stelle bei Eduard Plietzsch in der Galerie van Diemen zerschlagen hat, beschließt er, bei Rudolf Kautzsch in Frankfurt weiterzustudieren. Der Architekturhistoriker nimmt ihn als Doktoranden auf, schon im Sommer gewinnt das Thema seiner Dissertation Form; Hildebrand wird über «Die Katharinenkirche in Oppenheim am Rhein» promovieren, die Arbeit wird allerdings erst Jahre später, 1930, publiziert. Kautzsch ist dem jungen Gurlitt gegenüber freundlich gesinnt, ihm mag es gefallen haben, den Sohn eines bekannten Kollegen als Doktoranden zu betreuen. Kautzsch fördert Hildebrand, nimmt ihn mit auf Reisen nach Mannheim und Darmstadt, wo er für ihn Wandmalereien abzeichnen soll. Gurlitt fühlt sich beflügelt. Im Februar 1922 macht er sich gar Hoffnung auf eine Assistentenstelle an der Frankfurter Universität, doch auch daraus wird nichts. Gurlitt bleibt bis zum Sommer 1922 in der Stadt, um an seiner Promotion zu arbeiten. Für ihn sind es zugleich letzte Monate der Freiheit, die er «sehr schlemmerhaft» in seiner «Bude» genießt.[11]

Seine Studentenzeit ist damit vorbei, Hildebrand Gurlitt kehrt zurück nach Dresden, in den Schoß der Familie. Ein längeres Bleiben in Frankfurt können sich die Eltern nicht leisten, die ohnehin für sein Studium ihr Erspartes aufgebraucht haben. Der 27-Jährige zieht bei den Eltern in der Kaitzer Straße wieder ein. Er steckt zwar voller Ideen, doch hat er keine Möglichkeiten, sie zu verwirklichen. Er kann nur hoffen, dass sein Vater seine Beziehungen spielen lässt, damit er eine Arbeit findet. Die Situation sorgt für Spannungen zwischen beiden Männern. Cornelius Gurlitt ärgert sich über seinen Sohn, dessen Umgang mit Frauen und mit Geld ihm nicht behagt. «Dazu die schreckliche Unordnung. Ich habe stets zu kämpfen, dass aus den Bibliotheken entliehene Bücher wieder zurück gebracht werden», klagt er gegenüber Wilibald. «Letzthin fand ich wieder drei aus der Landesbibliothek. Und da soll ich mich dafür einsetzen, dass er Assistent bei der Sammlung für Baukunst werde, die ich schuf und deren Ordnung bei der Liberalität der Benutzungsweise so schwer und nur durch Pedanterie erhalten werden kann! Prof. Reuther, mein Nachfolger, will ihn anstellen, weil er mir einen Dienst leisten will. Ich werde nichts dagegen tun, aber ich gehe ihm aus dem Weg, damit er mich nicht nach H. frage.»[12]

Im Dezember 1922 übernimmt Hildebrand die Assistentenstelle an der baugeschichtlichen Sammlung der Technischen Hochschule. Die Sammlung ist Cornelius Gurlitts ganzer Stolz. Bald nach seiner Berufung 1893 an die Dresdner Hochschule hat er damit begonnen, Architekturpläne, Bauzeichnungen, Fotografien und Modelle zusammenzutragen. Zum Teil gelangten sie als «Leihgaben» aus Behörden in seine Kollektion, darunter auch Entwürfe von Gottfried Semper aus dem Dresdner Oberbauamt. 1896 bewilligte ihm das Kultusministerium einen Assistenten, um die schnell wachsende Sammlung zu betreuen. Gurlitt senior verfolgte die Vision, «eine Sammlung ersten Ranges, wie noch keine in Deutschland ist, zusammenzubringen».[13] An sich galten solche Schausammlungen als veraltet. Die reformierte Architektur-Ausbildung sah vor, dass sich die Studenten nicht länger an Dekorformen und Plänen der Vergangenheit orientierten, sondern in die Zukunft blickten. Ihre eigentliche Bedeutung besitzt die Dresdner Sammlung bis heute denn auch als bauhistorischer Fundus. Während die Modelle im Zweiten Weltkrieg verloren gingen, befinden sich die Reste der Baukunstsammlung nunmehr im Archiv der Dresdner Landes-Denkmalpflege.

Für Hildebrand Gurlitt erweist sich die Assistentenstelle als wichtiger Baustein seiner Karriere, denn bei der nächsten Bewerbung kann er schon angeben: Aufbau und Betreuung einer Sammlung. Bevor er aber selbst als Leiter einer Kunstsammlung in Zwickau beginnen kann, versucht Hildebrand, das Beste aus den Dresdner Zwischenjahren zu machen. Auch sein Vater betrachtet die beruflichen Gehversuche seines Jüngsten zunehmend wohlwollend. An Wilibald berichtet er am 26. Februar 1923: «Putz hat vielerlei Geschäfte: die Sammlung für Baukunst, Vorträge in Hellerau, Expertise von Kunstwerken für Fides [eine im gleichen Jahr in Dresden eröffnete Galerie für moderne Kunst], Zeitungsberichte mit Theater, Konzert etc., Besuche.»[14] 1924 holt die Dresdner Akademie für Kunstgewerbe Hildebrand in ihr Kollegium, wo er «Vorträge über Kunstgeschichte» halten soll, wie es im «Dresdner Anzeiger» in der Ausgabe vom 31. Januar 1924 heißt.[15]

Während des Interims in seiner Heimatstadt schließt Hildebrand weitere für die Zukunft wichtige Freundschaften und begegnet Künstlern, mit denen er künftig eng zusammenarbeiten wird. In Dresden hat sich nach dem Ersten Weltkrieg, nach den avantgardistischen Anfängen der «Brücke»-Künstler eine vitale Kunstszene entwickelt. Im Januar 1919 hat sich die «Dresdener Sezession Gruppe 1919» gegründet, in deren Statuten es heißt: «Die Sezession Gruppe 1919 wird von einer Anzahl Künstler gebildet, die im Sinne ihrer Kunst ideelle Unternehmungen vorhaben, welche sie, wie auch ihre Kunst, notwendigerweise von den bisherigen Künstlern trennen. Hauptgrundsätze sind: Wahrheit – Brüderlichkeit – Kunst.» Zu der Gruppe gehören Conrad Felixmüller als Vorsitzender, Oskar Kokoschka als Ehrenmitglied, daneben unter anderem Otto Dix, Lasar Segall, Will Heckrott, Otto Griebel, Gert Wollheim und Bernhard Kretzschmar. Ähnliche Gruppierungen, in denen sich Künstler, Kritiker, Sammler zusammenschließen, bilden sich überall im Land. Das Junge Rheinland und die Berliner Novembergruppe formieren sich ebenfalls in dieser Zeit; mit beiden vereinigt sich die Dresdener Sezession im März 1922. Hildebrand wird Mitglied einer Künstlergruppe, die ihren Sitz in Bischofswerda hat. Zu ihr gehören die Maler Carl Lohse, Erna Scheumann, Ludwig Meidner, Hans Christoph und Erna Lincke, der Schriftsteller Arnold Vieth von Golßenau und der Schauspieler Erich Ponto.

In diesen Gruppen wird über Kunst gesprochen, werden Ausstellungen vorbereitet, vor allem aber wird über Politik diskutiert. Die gescheiterte Revolution, in deren Folge die Weimarer Republik entstand, hat die Künstlerschaft politisiert, ja radikalisiert und in vielen Fällen in den Kommunismus getrieben. Eine zentrale Figur in Dresden stellt Otto Dix dar, der hier bis zum Ersten Weltkrieg an der Kunstgewerbeschule studiert hat. 1919 ist er als Meisterschüler an die Dresdner Akademie der bildenden Künste gegangen, um hier in den Genuss eines eigenen Ateliers zu kommen. 1922 muss er es verlassen und wechselt im Herbst deshalb nach Düsseldorf an die Akademie, wo er erneut ein Studio gestellt bekommt. Als er 1927 eine Berufung an die Dresdner Akademie als Professor erhält, kehrt er zurück. Während sich Dix politisch zurückhält und vor allem mit seinen verstörenden Bildmotiven, den Lustmorden und Kriegsversehrten, für Aufsehen sorgt, bekennen sich die Künstler seines Umfelds zum Kommunismus, wie sein Freund Otto Griebel, einst Mitglied im revolutionären Arbeiter- und Soldatenrat, nun in der KPD. Auch Conrad Felixmüller ist nach dem Krieg in die Partei eingetreten. Anders als viele Künstler, die Hildebrand Gurlitt in Dresden kennenlernt, ist er selbst allerdings weit davon entfernt sich zu radikalisieren. Aber er ist fasziniert von ihrem Tatendrang und bewundert sie dafür. Diese Maler sind so radikal, wie er nie sein konnte. Sie reagieren direkt und emotional auf Gesehenes, Erlebtes, auf politisches und menschliches Unrecht. Ihm selbst bleibt nur der mittelbare Weg. Hier aber sieht er seine künftige Aufgabe: als Kommunikator, als Vermittler ihrer Werke.

Gurlitts Wertschätzung für die Dresdner Künstler zeigt sich auch darin, dass er deren Arbeiten als Sammler kauft. Zahlreiche Werke von Felixmüller, Dix, Kretzschmar, Griebel, Christoph tauchen mit dem «Schwabinger Kunstfund» wieder auf. Sein Interesse an dieser Kunst bringt ihn mit dem Rechtsanwalt Fritz Salo Glaser zusammen, der in der Bergstraße 13 unweit des Gurlittschen Hauses wohnt. Glaser ist in den 1920er Jahren Vertragsanwalt der gerade neu gegründeten «Roten Hilfe», die mit dem Staat in Konflikt geratene Aktivisten unterstützt. Vor allem aber sammelt Glaser Kunst. Er besitzt Werke von Kandinsky, Klee, Nolde, Kokoschka, Schmidt-Rottluff und unterstützt die Dresdner Szene. Als verfolgter Jude wird er unter den Nationalsozialisten große Teile seiner Sammlung verlieren.

Neben seiner Arbeit an der Sammlung für Baukunst versucht sich

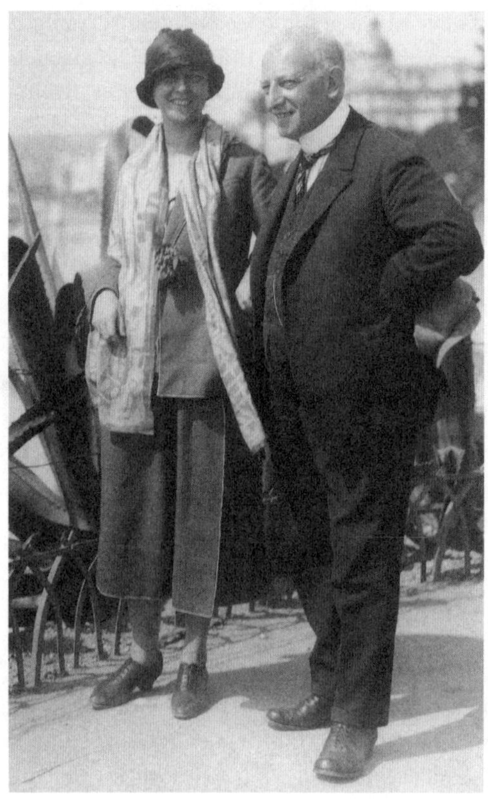

Fritz Salo Glaser mit seiner Ehefrau Erna, um 1925

Gurlitt in diesen Dresdner Jahren auch als Kunstkritiker bei der «Vossischen Zeitung» in Berlin, der «Frankfurter Zeitung», der «Leipziger Volkszeitung» sowie den «Dresdner Neuesten Nachrichten» einen Namen zu machen. Ebenso schreibt er für die «Deutsche Allgemeine Zeitung» (DAZ) in Berlin, früher Bismarcks Hauspostille. In der Weimarer Republik gehört die DAZ neben der «Vossischen» und der «Frankfurter Zeitung» zu den renommiertesten Blättern in Deutschland. Anfang der 1920er Jahre, als Hildebrand Gurlitts erste Artikel erscheinen, befindet sich die Zeitung im Besitz von Hugo Stinnes, einem Industriellen und Reichstagsabgeordneten der Deutschen Volkspartei. Entsprechend ist das Blatt nationalliberal ausgerichtet und eher auf konservativem Kurs. Hugo Stinnes' Bruder Heinrich sammelt Graphiken der Jahrhundertwende von Max Klinger, Max Slevogt, Lovis Corinth, Emil Nolde und anderen. Eines der Blätter aus dem «Schwabinger Kunstfund» – Edvard Munchs Lithographie «Asche» von 1899 – trägt Heinrich Stinnes' roten Sammlerstempel, eine Ligatur der Initialen H und S. Nach Stinnes' Tod 1932 wurde die Sammlung von den Erben nach und nach in Berlin, Leipzig und Bern versteigert. Möglich, dass Gurlitt die Lithographie auf einer dieser Auktionen erworben hat.

Auch Curt Emmrich, ein Kriegskamerad von Hildebrand Gurlitt an der Westfront, liefert regelmäßig Artikel für das Feuilleton der «Deutschen Allgemeinen Zeitung», zu dessen Redaktion Paul Fechter inzwischen gehört. Durch ihn sind die beiden vermutlich zur DAZ gestoßen. Dort lernt Gurlitt auch Bruno E. Werner kennen, einen liberalkonservativen Journalisten und Schriftsteller. Als Kunstkritiker interessiert sich Werner für den Expressionismus und insbesondere die Neue Sachlichkeit, aber auch für das Bauhaus. Die regierungsnahe DAZ tritt während der Weimarer Republik für die offiziell geförderte Avantgarde ein, allem voran den Expressionismus. Werner wie Gurlitt werden auch nach 1933 für die DAZ tätig bleiben. Von beiden erscheinen noch bis 1935 Artikel zur Kunst, die sich für die Moderne stark machen. Daraus ergeben sich zahlreiche Berührungspunkte mit Gurlitts Interessen. Werner ist allerdings nach den Nürnberger Rassengesetzen «Halbjude» und macht daher Zugeständnisse an den herrschenden Kunstgeschmack der Nationalsozialisten. Im Oktober 1933 unterzeichnet er mit 88 Schriftstellern ein Gelöbnis der Gefolgschaft zu Adolf Hitler. Trotzdem setzt er sich weiterhin publizistisch für Barlach, Schmidt-Rottluff, Macke, Kirchner und Heckel ein. Am 25. Juli 1937 erscheint ein nicht unterzeichneter Artikel in der DAZ, der vermutlich aus seiner Feder stammt, in dem ein Gang durch die Ausstellung «Entartete Kunst» in München beschrieben wird. Für die Forschung bildet dieser Artikel, der die einzelnen Werke und ihre Herkunftsmuseen neutral auflistet, bis in die 1980er Jahre hinein eine wichtige Grundlage zur Rekonstruktion der Ausstellung. Zu ihrer Zeit hingegen bekommt diese Aufzählung die Bedeutung einer «schwarzen Liste». Die Museumskuratoren orientieren sich anfangs daran in der Frage, was durch die Nationalsozialisten geächtet ist und was nicht.

1938 muss Werner die Redaktion der DAZ verlassen. Die Bekanntschaft zwischen ihm und Gurlitt hält bis zu dessen Tod, sie bleiben Vertraute. Nach Ende des Zweiten Weltkriegs tauschen beide gleich wieder Briefe aus, aus denen hervorgeht, dass Werner um die Orte in der Nähe von Dresden weiß, an denen Gurlitt seine Sammlung ausgelagert hat. Ab

1952 arbeitet der Kunstschriftsteller als Botschaftsrat und Kulturattaché in Washington. Gurlitt wendet sich 1955 an ihn, als er einen großen Teil seiner expressionistischen Papierarbeiten in die USA auf Ausstellungsreise schickt. Kurze Zeit darauf wird Werner am Museum of Modern Art in New York eine große Ausstellung deutscher expressionistischer Kunst organisieren. Beide Männer setzen sich nach dem Krieg für den deutschen Expressionismus ein, weil sie wie schon zu Beginn der Weimarer Republik darin eine Möglichkeit sehen, Deutschland als Kulturnation nach außen wieder positiv darzustellen.[16]

In seiner Dresdner Zeit der frühen 1920er Jahre hält Hildebrand Gurlitt auch in verschiedenen Städten kunsthistorische Vorträge. Zudem versucht er immer wieder, eine feste Anstellung zu bekommen. Am Anfang hofft er noch auf die Stelle als Assistent an der Kunsthalle in Mannheim und bittet im August 1922 seinen Bruder Wilibald, sich bei dessen Schwiegervater für ihn zu verwenden, der Stadtrat in Mannheim ist: «Bitte tu, was Du kannst, für mich in dieser Sache.»[17] Doch vergeblich. Ein Jahr später, im Dezember 1923, klingt er noch verzweifelter: «Zwei Stellen, am Kupferstichkabinett in Dresden und eine an der Kunstgewerbebibliothek in Berlin (bei Jessen), die mir winkten, sind eingezogen worden. Alle Türen schlagen zu.»[18]

Eine Partnerin für das Leben

Doch die Dresdner Jahre stehen für Hildebrand Gurlitt nicht allein im Zeichen erster beruflicher Gehversuche. Wichtig wird die Zeit für ihn vor allem, weil er seiner künftigen Frau Helene Hanke begegnet, der passenden Partnerin für seine ehrgeizigen Pläne, die zunehmend Gestalt annehmen. Doch zuerst muss der junge Mann noch das Ende seiner ersten großen Liebe verwinden, der Liebe zu Hedwig Schloesser. Er hat sie 1918 in Wilna durch seine Schwester kennengelernt. Sie arbeitet zusammen mit Cornelia im Lazarett. Wenn Hildebrand am Wochenende zu seiner Schwester fährt, dann sind die drei häufig gemeinsam unterwegs: «Man geht spazieren fährt Kanu und liegt im Walde.»[19] Ein Verhältnis mit der älteren, geschiedenen Freundin der Schwester bahnt sich an, eine intime Gegenwelt zu den verstörenden Umständen des Krieges. «Beide sehnten sich nach Liebe und Behaglichkeit, sie nach ihrem Unglück in ihrer Ehe, er nach seinen Verwundungen, seiner Todesangst, seiner Abscheu des Etappenlebens» – so beklagt sich Mutter Marie ein Jahr später bei Wilibald über die Mesalliance des jüngeren Bruders.[20] Nach dem Krieg setzen die beiden ihre Beziehung in Berlin fort. Die gemeinsame Zeit in Wilna schweißt sie zusammen, ebenso die Erinnerung an Cornelia in deren glücklichster Phase. Hedwig Schloesser hilft dem Heimkehrer über den Verlust der Schwester hinweg.

Hildebrands Eltern lehnen die Liaison jedoch strikt ab. Sie sehen in der schon einmal verheirateten Frau keine passende Partie für ihren Sohn, zumal Hildebrand erst einmal studieren soll. Schließlich hat er vier Jahre durch den Krieg verloren. Hildebrand aber ist entschieden: «Es steht sicher», informiert er seinen Bruder über seine Zukunftspläne und hofft, mit einem Besuch Hedwig Schloessers im Elternhaus die «Hindernisse» aus dem Weg zu räumen.[21] Das Gegenteil tritt ein: «Ich habe ihr, die, als sie bei uns auf Hildebrands Einladung wohnte, auf Ehe drängte, sehr ruhig und freundlich gesagt, dass ich eine solche nicht billigen kann», schreibt Cornelius Gurlitt hinterher seinem ältesten Sohn und bittet ihn, ebenfalls Hildebrand die Freundin auszureden. Die Meinung des Vaters über das Verhältnis steht fest: «Sie, die erfahrene Frau, [hat] den sehr unerfahrenen Leutnant, der reichlich Geld hatte», an sich gezogen – und «syphilitisch angesteckt».[22] Cornelius Gurlitt ist davon überzeugt, auch wenn Hildebrand umgekehrt glaubt, seine Liebhaberin infiziert zu haben. Über eine Behandlung der Krankheit fällt in den weiteren Briefen kein Wort. Die Syphilis ist ein Tabuthema in der damaligen Zeit, das in der Familie Gurlitt besonders belastet ist, da Fritz Gurlitt daran verstarb. Hildebrand aber kann offensichtlich geheilt werden, so er denn überhaupt erkrankt ist.

Der Streit zwischen den Eltern und Hildebrand über die Wahl seiner Gefährtin eskaliert jedoch. Cornelius bezeichnet Hedwig Schloesser als Mätresse, Hildebrand weigert sich fortan, mit den Eltern über sie zu sprechen. So deutliche Worte sind vorher nie und auch später nicht mehr zwischen den Generationen gefallen. «Bis jetzt enthielt fast jeder Brief einen Stich», beklagt sich Hildebrand bitterlich über die Einmischungen der Eltern.[23] Die Affäre löst sich zur Erleichterung der Eltern Ende 1921 auf, als Hedwig Schloesser wieder als Krankenschwester in die Schweiz berufen wird, um einen älteren, wohlhabenden Mann zu pflegen.[24]

Doch in Berlin droht auch noch andere Gefahr vom weiblichen Geschlecht: «Ich war die ganze letzte Zeit wieder ganz besonders beunruhigt um Hildebrand, ich fühlte, dass in Tegel es nicht in Ordnung war, sondern wieder schlecht auf Hildebrand [wirkte]. Ich weiß nichts Genaues, aber Vater hatte schon gemerkt, dass Frau Löschke sich immer versprach und Hildebrand ‹du› nannte», schreibt Marie Gurlitt Schlimmes ahnend an Wilibald. Hildebrand entzieht sich den Nachstellungen der Zimmerwirtin, indem er in Charlottenburg ein Zimmer nimmt. Noch lieber wäre es der Mutter, ihr Jüngster würde in Freiburg unter die Aufsicht des Bruders wechseln. «Ich bin so unglücklich, mein guter Wilibald, dass er solche Weibergeschichten hat», klagt sie ihrem älteren Sohn ihr Leid.[25] «Er hat eine ganz andre Art zu arbeiten als Du, er wird so leicht abgehalten und aufgehalten, entweder kommt Frl. Kersten oder Frl. Daul oder sonst wer in seinen Weg.»[26] Und: «Ich wünschte, Putz wäre bei lieben Leuten eingeladen, er kennt so viele Mädchen ohne Familie, die zu ihm kommen, auch auf die Bude kommen würden, eben andre Zeiten, früher erschien es nur hübscher und richtiger, wie es bei meinen Eltern und mir war.»

Während Hildebrand noch unter seiner Trennung von Hedwig Schloesser leidet und sich gegen die Vorhaltungen der Eltern verwahrt, begegnet er jedoch seiner künftigen Frau, einer Tänzerin der Mary-Wigman-Schule. Zumindest erlebt er sie auf der Bühne. Für den 14. Januar 1921 bekommt Hildebrand ein «Billet» zu einer Aufführung der berühmten Ausdruckstänzerin im Dresdner Konzertsaal. Es ist das Debüt der «Kammertanzgruppe Mary Wigman», zu der neben Berthe Trümpy und Gret Palucca auch Helene Hanke (1895 bis 1968) gehört. Auf dem Programm stehen der «Totentanz» für kleine Gruppe, der «Danse macabre» von Saint-Saëns, Solotänze von Wigman und Bizets «Farandole» mit Trümpy, Palucca und Wigman. «Es soll ein glänzender Abend gewesen sein», berichtet die Mutter ihrem ältesten Sohn davon. Ob Hildebrand bei dieser Gelegenheit schon Helene Hanke persönlich kennengelernt hat, ist nicht überliefert. Die junge Frau gehört zu den ersten Elevinnen Wigmans, die im Herbst 1920 in der Bautzner Straße in Dresden offiziell ihre eigene Schule gegründet hat.

Knapp drei Jahrzehnte, bis zu ihrem Umzug 1948 nach West-Berlin, lebt und arbeitet Mary Wigman in der Stadt, die zum Ausgangspunkt ihrer Gastspiele in ganz Europa wie in den USA wird. Zuvor hatte sie der reformerischen Künstlerkolonie am Monte Verità im Tessin angehört, in der Schweiz hatte sie sich mit den Dadaisten angefreundet. Es war auch ein Künstler, der Mary Wigman bei einem Gastspiel in Berlin animierte, nach Dresden zu kommen: der Maler Lasar Segall, der darin von dem Kunsthistoriker Will Grohmann unterstützt wurde; beide gehören zum Umkreis der Dresdner Sezession. Über Grohmann hat auch Ernst Ludwig Kirchner, der einstige «Brücke»-Künstler, die Tänzerin persönlich in Dresden kennengelernt.[27] Aus seiner Begeisterung für Wigmans Ausdruckstanz heraus ist sein berühmtes Gemälde «Totentanz der Mary Wigman» (1926–1928) entstanden. Zwischen dem Expressionismus und der neuen Tanzkunst besteht eine tiefe Verbindung, in Malerei wie Bewegung, auf der Leinwand wie der Bühne erfahren existenzielle Lebensgefühle ihre unmittelbare, höchst expressive Formulierung. Wigman wie Grohmann verkehren im Salon von Ida Bienert. Gret Palucca, die bekannteste Schülerin Mary Wigmans, heiratet 1924 den Bienert-Sohn Fritz. Mit anderen Schülerinnen ist sie bei Festen in der Villa der Sammlerin in der Kaitzer Straße aufgetreten, unter ihnen vielleicht auch Helene Hanke, nur einen Katzensprung vom Haus der Gurlitts entfernt.

Helene Hanke, die Tochter eines Lokführers, von allen Bambula genannt, hat bei Wigman bereits Anfang 1920 ihren ersten Unterricht erhalten, als die prominente Tänzerin noch im vornehmen Dresdner Palast-Hotel Weber residiert. Helene beweist so viel Talent, dass Mary Wigman sie im Juni und Juli 1920 in ein Ferienhaus nach Brokdorf mitnimmt, um eine Choreographie zu Glucks «Orpheus und Eurydike» einzustudieren. Ein Foto von diesem Arbeitsaufenthalt zeigt Wigman mit drei ihrer Begleiterinnen: Dicht hintereinander gestaffelt, breitbeinig auf einer gepflasterten Landstraße stehend, machen sich die Tänzerinnen aus der Pose einen Spaß. Auf dem Bild sind von links Gret Palucca, Mary Wigman, die kokett das Kleid der Palucca anhebt, dann Berthe Trümpy und ganz rechts Helene Hanke zu sehen. Helene gehört in der Folgezeit fest zur Truppe und nimmt zusammen mit Berthe Trümpy, Hilde Daeves und Yvonne Georgi am 14. Dezember 1921 in der Frankfurter Oper an der Aufführung der «Sieben Tänze des Lebens» teil. Es ist Wigmans erstes längeres Gruppenwerk und gilt als ein Meilenstein der Tanzgeschichte. Auch Hildebrand Gurlitt hat die Inszenierung miterlebt, als Kritiker. In der «Deutschen Allgemeinen Zeitung» schreibt er eine euphorische Kritik.[28] Die Einladung an Wigman erging durch Hanns Niedecken-Gebhardt, den Freund Hildebrands, der 1920 und 1921 als Regieassistent an der Frankfur-

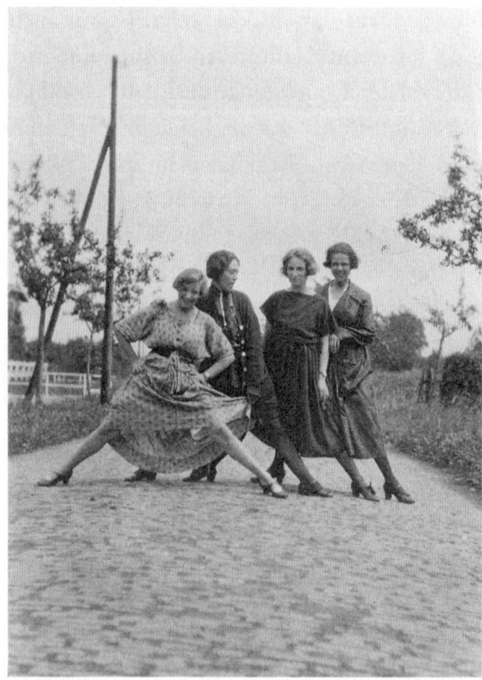

Erste Wigman-Tanzgruppe in Brokdorf an der Elbe (v. l. n. r.: Gret Palucca, Mary Wigman, Berthe Trümpy, Helene Hanke), Juni 1920

ter Oper arbeitet. Wigman und Niedecken-Gebhardt kennen sich noch vom Monte Verità, wo sie Gemeinsamkeiten entdeckt haben, denn der Regisseur will die Oper dem Tanz öffnen, und Wigman ist die perfekte Partnerin für seine Bühnenexperimente. Der «Freund aller Tänzer», wie Wigman ihn nennt, wird sie später auch zu Aufführungen nach Hannover einladen, wo er an der Staatsoper wirkt.

Vermutlich ist es auch Hanns Niedecken-Gebhardt, der Helene Hanke und Hildebrand zusammenbringt. Obwohl der junge Doktorand noch in Frankfurt studiert, weilt er immer wieder in Dresden bei den Eltern. Hildebrand erwähnt die junge Tänzerin erstmals im Frühjahr 1922 in einem Brief an seinen Bruder: «Außerdem gibt es noch eine Wigman-Schülerin, der ich ab und zu Musik zum Tanzen mache, die ist dann so schön anzusehen. Man empfindet etwas seltsam Fremdes und ich ein großes freudiges Staunen, vor einer so beherrschten und selbstverständlich betonten Körperlichkeit».[29] Schon zuvor hat Hildebrand öfter Tänzerinnen der Wigman-Schule nach Hause mitgebracht, nicht unbedingt zur

Freude seiner Mutter, die 1920 schrieb: «Er [Hildebrand] ist ärgerlich, dass uns sein Umgang nicht so gefällt, mir kommen die Mädchen (die Tänzerinnen) minderwertig vor, ihre ganze Ideenrichtung geht natürlich eine andre Richtung als damals Frl. Stresemann oder Mattersdorf oder E. Bienert».[30] Möglicherweise verbirgt sich schon Helene hinter jener «Wiegmannschülerin», von der Marie Gurlitt in ihrem Brief vom 25. Januar 1922 schreibt: «Sie scheint schon fertig zu sein und möchte auch eine berühmte werden.»[31] Helene Hanke mag durchaus von einer Karriere als Tänzerin geträumt haben. Mit ihrem Einzug in die Kaitzer Straße bei den Gurlitts begräbt sie diesen Plan jedoch, obwohl sie ein wichtiges Ensemble-Mitglied für Mary Wigman war und zumindest zwei Engagements belegt sind. Als es zwischen Hildebrand und der jungen Frau im Laufe des Jahres 1922 ernst wird, gibt Mutter Gurlitt ihre ursprüngliche Abneigung gegen Tänzerinnen auf. Ihr bleibt nicht viel anderes übrig: «Dass sie tanzt, freut mich natürlich nicht, aber sie wird wohl nur noch Stunden geben.»[32]

Im Sommer 1923, 15 Monate nach der ersten eindeutigen Erwähnung Helenes in einem Brief von Hildebrand, zieht Helene bei der Familie Gurlitt ein. Für das frisch verlobte Paar wird das Erdgeschoss eigens umgebaut, die beiden erhalten «die drei Stuben nach dem Garten», und sogar eine kleine Küche wird für sie eingerichtet. Das Mittagessen nehmen die jungen Leute jedoch gemeinsam mit Hildebrands Eltern ein.[33] Vier Wochen nach dem Einzug heiraten sie am 19. August in der zehn Minuten von der Kaitzer Straße entfernten Zionskirche. Die einzigen Gäste sind die Eltern der Brautleute, das Hochzeitsessen wird bescheiden zuhause eingenommen. Im Jahr 1923 befindet sich die Inflation auf ihrem Höhepunkt, und «schon der kleinste Braten kostet Millionen».[34] Marie Gurlitt ist trotz der widrigen Umstände zufrieden: «[…] alles sehr hübsch und harmonisch, unser Heim hat sich gut gezeigt, der Tisch sah mit dem alten Meißen usw. gut aus, und Vater mit seinen Orden schön aus. Hankes Eltern sind schlichte Leute, ruhig und angenehm, die meisten Hochzeiten sind wohl heitrer, es war still.»[35] Karl Schmidt-Rottluff und seine Frau Emy schicken eine Karte. Sie gratulieren «herzlichst und wünschen alles Schöne für den gemeinsamen Lebensbummel».[36] Einen eigenen Hausstand zu gründen, kommt für das Ehepaar mitten in der Inflation nicht in Frage, auch den Eltern fehlen die Mittel. Marie Gurlitts väterliches Erbe schmilzt sowieso schon dahin. Um an Geld zu kommen, verkauft Marie

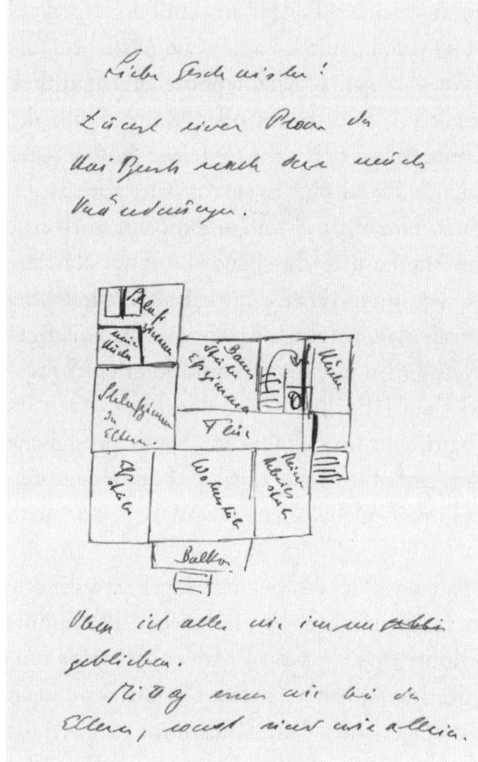

Umbau der Gurlitt-Villa in der Kaitzer Straße für Hildebrand und Helene, 1923 (aus einem Brief von Hildebrand und Helene an Wilibald und Gertrud Gurlitt)

Bücher aus Cornelius' Bibliothek, auch Hildebrand versucht, Bilder aus der Sammlung des Vaters abzustoßen.[37] Für zwei Steinskulpturen aus dem Garten findet Cornelius Gurlitt schließlich selbst Abnehmer.[38]

Zwei Jahre wohnt das junge Paar mit Hildebrands Eltern unter einem Dach, bis Hildebrand den Ruf nach Zwickau erhält. In der Zeit arbeitet Helene in Dresden als Tanzlehrerin, was sie später in Zwickau und Hamburg fortsetzen wird.[39] In Dresden unterrichtet sie die Damen der besseren Gesellschaft aus ihrer Nachbarschaft, darunter auch die Bankiers- und Sammlergattin Lisa Arnhold und deren Kinder, denen sie Gymnastikstunden erteilt.[40] Auch an der Mary-Wigman-Schule, die Mitte der 1920er Jahre 360 «junge Damen» besuchen, dürfte Helene den ein oder anderen Kurs übernommen haben. Doch bis 1933 ist sie vor allem die Frau an Hildebrands Seite, um zu repräsentieren, und die Mutter des gemeinsamen

Sohnes. Nachdem Hildebrand aber seinen Posten im Hamburger Kunstverein verloren hat, wachsen ihr mit der neuen Selbstständigkeit ihres Mannes als Kunsthändler neue Aufgaben zu. Im Laufe der Jahre begleitet sie immer stärker seine Geschäfte. Ja, sie organisiert sogar selbst kleine Ausstellungen mit Volkskunst aus dem Erzgebirge, um die Familie in der ersten Zeit nach der Entlassung Hildebrands finanziell zu unterstützen. Außerdem wird sie in den Geschäftsbüchern als Inhaberin der Kunsthandlung geführt, die ihr Mann zunächst in Hamburg und ab 1941 in Dresden leitet. Mit dem Umzug von Hamburg nach Dresden und Hildebrands zunehmender Tätigkeit im Ausland wird sie zur wichtigsten Kontaktperson der Kunsthandlung für Kunden. In zahlreichen Briefen heißt es, dass diese bei Zusage eines Bildes Helene Gurlitt Bescheid sagen mögen.

Ihre Tätigkeit als Tanzlehrerin hat sie nach der Rückkehr nach Dresden nicht mehr wieder aufgenommen. Trotzdem hat sie einen Namen. Im Sommer 1947 erreicht Helene Gurlitt im bayerischen Aschbach eine Anfrage von der Dresdner Kulturverwaltung, ob sie sich nicht an der Neugründung einer Tanzschule in Hellerau beteiligen oder zumindest als Beraterin helfen möge. Mary Wigman hat sie für dieses Projekt empfohlen. Eine Antwort ist nicht überliefert, das Ehepaar Gurlitt hat zu diesem Zeitpunkt längst andere Pläne. Vom fränkischen Aschbach aus wechselt die Familie 1948 nach Düsseldorf, wo Hildebrand Gurlitt eine Anstellung als Kunstvereinsdirektor gefunden hat. Dort kehrt auch Helene in das gesellschaftliche Leben zurück, das sie seit Hamburg vermisst hat. An den Geschäften ihres Mannes ist sie nun nicht mehr beteiligt. Erst nach seinem Tod wird sie wieder aktiv und verkauft diverse Stücke aus der geerbten Sammlung.

Kapitel 7

Vorerst am Ziel – vorerst am Ende (1925 bis 1930)

Das Zwickauer König-Albert-Museum im Auftrieb

Über zwei Jahre liegt Hildebrand Gurlitts Promotion zurück, als er im Dezember 1924 von der Ausschreibung einer Direktorenstelle für das König-Albert-Museum in Zwickau erfährt. Zwei Jahre, in denen er mit seiner jungen Frau im elterlichen Haus wohnen musste und sich als Assistent an der vom Vater eingerichteten Sammlung für Baukunst über Wasser hielt. Die Zeitungsanzeige muss ihm wie die Rettung erschienen sein, zumal hier die schon in seinen Kriegsbriefen skizzierte Industriestadt aufscheint, die mit ihrem Museum einen Neustart wagen will – ein Posten wie für Hildebrand Gurlitt geschaffen. «Die Stadt Zwickau beabsichtigt, die Stelle eines Museumsdirektors zu begründen und spätestens am 1. April 1925 zu besetzen», heißt es in der von Oberbürgermeister Richard Holz gezeichneten Annonce.[1] Vier Abteilungen seien vom neuen Direktor des König-Albert-Museums zu betreuen, eine Gemäldesammlung, eine historische Sammlung des Altertumsvereins der Stadt, eine mineralogisch-geologische Sammlung sowie das Anfang der 1920er Jahre neu gegründete Robert Schumann Museum. Neben einem breit gefächerten Wissen haben die Kandidaten Verhandlungsgeschick vorzuweisen, um einen Kreis potentieller Förderer aufzubauen. Die Stadt selbst sei nicht in der Lage, aus eigenen Töpfen die Mittel für den Aufbau eines ansprechenden Museums aufzubringen, heißt es. Wer eine passende Ausbildung vorweisen könne oder sich aus anderen Gründen für den Posten geeignet halte, möge sich mit den entsprechenden Unterlagen bis zum 31. Januar 1925 bei der Stadt bewerben. Allerdings – so der vorsorgliche Hinweis – dürfen die Bewerber nicht mit einer angemessenen Besoldung rechnen. Immerhin melden sich auf die anspruchsvolle Stellenausschreibung 14 Kunsthistoriker und vier Geologen. Vier davon kommen in die engere Wahl. Hildebrand Gurlitt setzt sich im März in Zwickau während des auf eine halbe Stunde bemessenen Vorstellungsgesprächs mit seiner Vision eines künftigen Museums gegenüber den Mitbewerbern durch. Er erhält

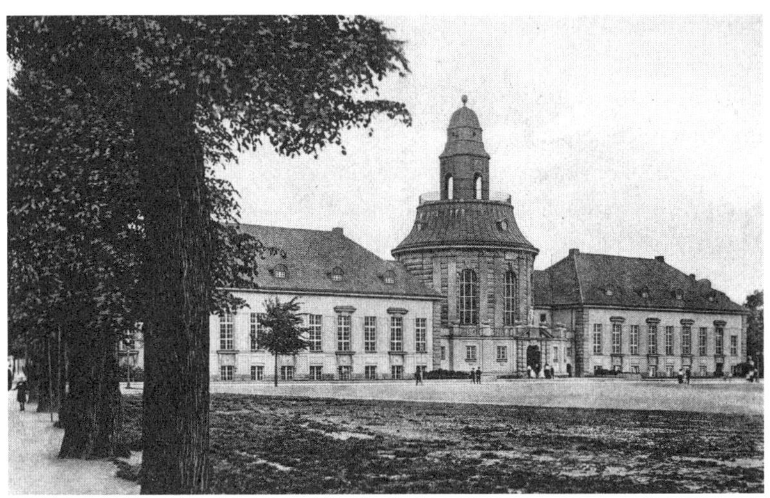

Das König-Albert-Museum in Zwickau, um 1920

glücklich den Ruf an das König-Albert-Museum. Als zweitjüngstem Kandidaten wird ihm neben der Expertise von seiner Tätigkeit an der Sammlung für Baukunst in Dresden der Name seines Vaters zugute gekommen sein. Auch das «Sächsische Volksblatt» zeigt sich in seiner Ausgabe vom 24. März 1925 von der Wahl des gerade einmal 29-Jährigen angetan und erhofft sich, dass auch seine Familien- und Verwandtschaftsverhältnisse dem Museum nützen werden.

Kurz vor dem Amtsantritt erwartet Hildebrand Gurlitt jedoch noch ein Abenteuer. Gemeinsam mit seinem Vater unternimmt er eine große Reise durch die USA. Als Präsident der Deutschen Akademie für Städtebau soll Cornelius Gurlitt auf der New Yorker Tagung der International Federation for Town Planning and Garden Cities die deutsche Delegation leiten. Anfang April soll es losgehen, für die Überfahrt mit dem Dampfer sind jeweils zehn Tage anberaumt, drei Wochen lang werden sie im Lande sein. «Damit fällt mir große Verantwortung zu», lässt Cornelius Gurlitt seinen ältesten Sohn stolz wissen. Nach dem verlorenen Ersten Weltkrieg und der anschließenden internationalen Isolierung Deutschlands ist es das erste Mal, dass «wir wieder als vollberechtigt im internationalen Verkehr auftreten».[2] Hildebrand begleitet den Vater als Korrespondent der «Frankfurter Zeitung». In ein Dutzend Städte ist die Delegation eingeladen. Gurlitt senior fühlt sich geschmeichelt: «Also bin ich Star und internationale Kapazität. Pfui Luder!»[3] Hildebrand erwähnt die Reise später in all seinen Lebensläufen, freilich etwas anmaßend als eine eigenständig unternommene Studienreise.

Die Passage ist stürmisch und verlängert sich deshalb um einen Tag. Dinner, Reden, Einladungen erwarten die Delegation sogleich am ersten Tag, am darauffolgenden geht das Programm mit einer elfstündigen Autofahrt in die Umgebung von New York weiter – zum freien Geleit «mit drei Polizisten voraus», wie Marie Gurlitt ihrer Schwägerin Mary in einem Brief berichtet. Allerdings: «Schönes für sein Gefühl hat er [Cornelius] weniger gesehen als Großartiges, Lärmendes, Aufdringliches.»[4] Gemeinsam mit der Schwiegertochter fiebert sie in der Kaitzer Straße den neuesten Nachrichten aus Amerika entgegen, die sie allerdings erst mit 14-tägigem Abstand erreichen. Hildebrand berichtet in Artikeln darüber, was er in den USA gesehen hat, beschreibt die Architektur des Landes, New Yorker Museen und Galerien. Sie erscheinen auch in der «Vossischen Zeitung» und im «Cicerone».[5] Seine kritischen Einschätzungen der aktuellen Kunstszene bringen es sogar bis in die französische Tageszeitung «L'Humanité». Im Vergleich zu Europa beklagt er den Mangel an Galerien, die geringe Originalität der Kunst, die sich eher in Nachahmungen der europäischen Malerei erschöpfe. Eine gewisse Anerkennung hat er für die Künstler Charles Sheeler, Charles Demuth, John Marin und Niles Spencer, die er namentlich nennt. Deren naive Herangehensweise stellt für ihn allerdings einen Ausweis für die Überlegenheit der in der Alten Welt entstehenden Kunst dar.[6]

Als der Artikel in «L'Humanité» erscheint, ist Gurlitt längst auf seinem neuen Posten in Zwickau, den er im Frühsommer 1925 angetreten hat. Eine feste Bleibe finden er und seine Frau vorerst nicht, zunächst müssen die beiden «von einem möblierten Zimmer ins andere» ziehen.[7] «Für nächstes Frühjahr ist ihnen so halb und halb eine Wohnung versprochen, in einem Hause, was gebaut werden soll», schreibt Marie Gurlitt ihrer Schwägerin.[8] Das Paar bekommt die Wohnungsnot in Zwickau am eigenen Leib zu spüren. Am Stichtag 31. März 1924 wurden in der Stadt 1969 Wohnungen gesucht.[9] Bei einer Bevölkerungszahl von 80 748 Einwohnern stellt diese Menge einen hohen Anteil dar. Doch Zwickau ist im Aufbau begriffen. Die vom Bergbau geprägte Stadt besitzt in dieser Zeit ihren Schwerpunkt in der Metallindustrie und Maschinenfabrikation. Daneben hat sich seit Jahrhundertbeginn als neuer Industriezweig der Automobilbau angesiedelt, in den 20er Jahren wird die Fließbandarbeit eingeführt: Zwickau war und ist eine Arbeiterstadt. Die Sozialdemokraten vereinigen deshalb bei der Kommunalwahl vom 13. Januar 1924 die meisten Stimmen (10 204) auf sich, die Kommunisten erringen 6407 Stimmen. Die Mehrheit im Stadtrat stellen allerdings die Deutschnationale Volkspartei und die Deutsche Volkspartei, da sie sich zur Rechtsfraktion zusammengeschlossen haben.

Bürgermeister Richard Holz, der sich schon Anfang der 1920er Jahre als Mann des Fortschritts für den Ausbau des Hauptbahnhofs eingesetzt hat, bekommt 1924 eine weitere Amtszeit. 1929 weiht er die Pestalozzischule ein, die einzige im Bauhausstil errichtete Schule Sachsens. Zunächst aufgeschlossen gegenüber den neuen Ideen Hildebrand Gurlitts, wird er später den engagierten Direktor unter dem Vorwand leerer Kassen fallen lassen. In der Kleinstadt genießen Kunst und Kultur einen eher geringen Stellenwert. Noch im Jahr 1924 heißt es in den Annalen der Stadt: «Da die Mittel zu einer großzügigen Vermehrung der Städtischen Gemäldesammlung an wertvollen Originalwerken in den nächsten Jahren kaum zur Verfügung gestellt werden, werden Wanderausstellungen veranstaltet.»[10] Auch das Theater führt ein Schattendasein, aus finanziellen Gründen kann es sich keine ganzjährige Spielzeit leisten. 1924 gründet sich deshalb ein Volksbühnenverein, der es allerdings ebenfalls schwer haben wird.

Mit Gurlitts Berufung soll das Kunstleben der Stadt neue Impulse erhalten. Seit der Eröffnung 1914 wurde das Museum ehrenamtlich geführt, eine professionelle Koordination der Aufgaben unter wissenschaftlicher Betreuung fehlte. So pompös das in eklektizistischem Repräsentationsstil zwischen 1912 und 1914 erbaute Museum dasteht, als gewaltiger städtebaulicher Abschluss des ehemaligen Schießangers, des heutigen Platzes der Völkerfreundschaft, so sehr fehlt ihm eine inhaltliche Ausrichtung. Seit seiner Eröffnung hat das Haus durch Krieg und Wirtschaftskrise keine besondere Ausstrahlung entfalten können. Für Hildebrand Gurlitt bietet es die perfekte Bühne.

Seine erste Herausforderung besteht darin, die Sammlungen neu zu ordnen, die bislang eher ein Potpourri sind aus seit Mitte des 19. Jahrhunderts zusammengetragenen Exponaten. Anstelle einer Anhäufung von Raritäten ordnet er die Werke chronologisch mit lokalhistorischen Akzenten. Sukzessive verändert er die Raumverteilung und verwandelt damit das Museum insgesamt, während er parallel auch schon erste Ausstellungen etwa von Max Pechstein zeigt. Im Bewusstsein dessen, wie wichtig die Präsentation der Werke für die Aufnahme beim Publikum ist, verordnet Gurlitt dem eigentlich noch jungen Haus eine komplette Modernisierung. «Um die wesentlichen Stücke des Museums so zur Geltung zu bringen, wie sie es verdienen, ist aller toter Ballast, alles Gleichgültige beiseite gestellt worden», heißt es im Verwaltungsbericht der Kreisstadt 1926.[11]

Die Gemälde hängen nun im Obergeschoss des Westflügels, wo sich zuvor die geologisch-mineralogischen Sammlungen befanden. Der größte Saal lässt sich fortan auch für Vorträge nutzen, die Gurlitt anbieten wird. Sein größter Stolz aber ist eine eigene Galerie mit expressionistischen Gemälden, an die sich graphische Kabinette zu den jüngsten Entwicklungen der Kunst anschließen: Hier werden Heckel, Mueller, Nolde, Barlach und Pechstein als Vertreter der Expressionisten gezeigt, Kandinsky, Muche, Moholy-Nagy und Klee als Vertreter der Abstrakten. Das Gebäude wird mit einem neuartigen Beleuchtungssystem ausgestattet, der Nordflügel durch Oberlichtglas großzügig dem Tageslicht geöffnet. In Zusammenarbeit mit Heinrich Koch, einem Dessauer Bauhaus-Schüler, entwirft Gurlitt ein Farbschema in Grautönen und Karminrot für die Ausmalung der Räume. Zum längeren Verweilen in den Galerien stehen den Besuchern Sitzmöbel von Marcel Breuer zur Verfügung. Noch Jahre später werden sich Besucher an die besondere Einrichtung erinnern. Zum 60. Geburtstag von Hildebrand Gurlitt am 15. September 1955 schreibt ihm Christian Lenz: «[…] das schöne Bauhaus-Grau. Das milde Blau. Zum ersten Male habe ich in Ihren Bauhaussesseln gesessen. Wie selbstverständlich ist das heute. Aber damals!»[12] Fast wäre es auch zu einer Zusammenarbeit mit dem Bauhaus-Lehrer László Moholy-Nagy bei Druckaufträgen des Museums gekommen. Sie unterbleibt, vermutlich aus Kostengründen. Die Einladungen und Plakate des König-Albert-Museums verraten durch ihr Erscheinungsbild und die Typographie trotzdem das Bauhaus als Vorbild. Um seinem Museum eine Wiedererkennbarkeit im öffentlichen Auftritt zu geben, lässt Gurlitt auch die Werbe- und Ausstellungsblätter im gleichen Stil entwerfen.

Am 10. Oktober 1926 findet schließlich die feierliche Wiedereröffnung des transformierten Museums statt, 13 Tage später folgt die Übergabe des Schumann-Museums an die Öffentlichkeit. Hildebrand Gurlitt erhält für die Neuordnung der Sammlung, die räumliche Umgestaltung, insgesamt

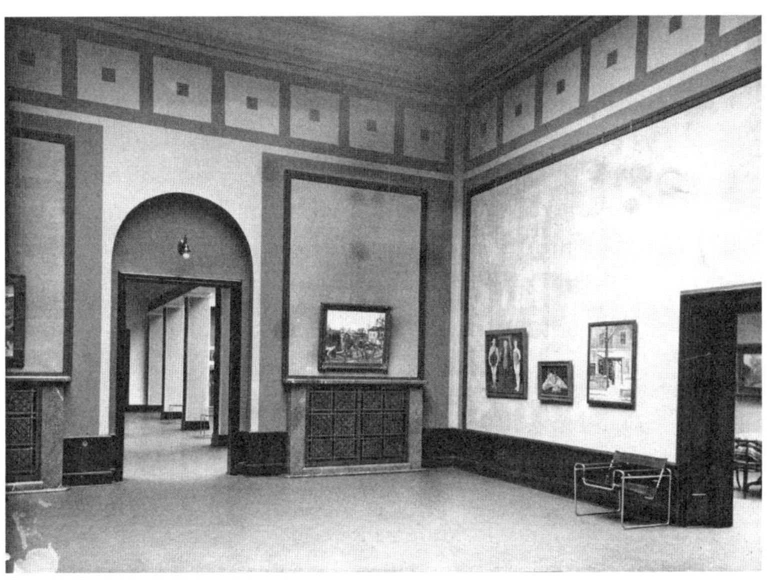

Ausstellungsraum im König-Albert-Museum nach der Umgestaltung, 1926

die klare Linie große Anerkennung. Die Zeitungen überschlagen sich. «Die sächsische Provinzialstadt ist unseren Grossstädten bahnbrechend zuvorgekommen, hat ihnen mit ihrer Museumsgestaltung ein Vorbild zeitgemässer Museumspflege aufgestellt, von dem sie allerhand lernen können», schreiben die «Leipziger Neuesten Nachrichten». Und die «Frankfurter Zeitung» lobt: «Dem Inhalt nach ist das König Albert Museum Zwickau ein Provinzialmuseum, seiner Aufstellung und Ausstattung nach jedoch ein Museum von Rang, ein wirklich modernes Museum.»

Während Gurlitt in den ihm fachfremden Abteilungen Experten auf Honorarbasis einsetzt, widmet er sich selbst seinem ureigenen Anliegen: den Ausstellungen und dem weiteren Ausbau einer Sammlung moderner Kunst. Seine teuerste Anschaffung wird das Gemälde «Frau in Blau am Tisch» (1926) von Max Pechstein für 700 Reichsmark sein. Max Pechstein widmet Gurlitt auch seine erste Einzelausstellung. Die Wahl ist programmatisch, denn Pechstein stammt aus Zwickau und hat hier bislang keine Anerkennung erfahren. «Im Grunde genommen ist es eine Schmach, dass erst Sie als Nicht-Zwickauer kommen müssen, mich den Leuten vorzusetzen, um nicht zu sagen, aufzuzwingen», schreibt der Maler am 25. Juli 1925 aus Berlin, nachdem Gurlitt bei ihm vorstellig geworden ist. Pechstein ahnt die aufkommenden Widerstände im «Zwickauer Kohlerevier»: «Also sende ich Ihnen ein Glückauf!»[13] Durch Pechstein bahnt sich auch eine Zusammenarbeit zwischen Hildebrand und Wolfgang Gurlitt an, der ihn zwischen 1913 und Anfang der 20er Jahre als alleiniger Galerist betreut hat. Pechstein empfiehlt dem Museumsdirektor, über dessen Vetter in Erfahrung zu bringen, bei welchen Sammlern sich seine wichtigsten Werke mittlerweile befinden, um sie nach Zwickau zu holen.

Weitere Ausstellungen widmet Gurlitt: Käthe Kollwitz (1926), Erich Heckel und Karl Schmidt-Rottluff (1927), Emil Nolde (1928) und Christian Rohlfs (1930). In seiner neuen Position kommen ihm seine persönlichen Kontakte zu Künstlern zugute: Karl Schmidt-Rottluff kennt er noch aus dem Krieg, sie sind seitdem Freunde geblieben. Außerdem steht er in Verbindung mit Otto Dix, Ernst Barlach und Conrad Felixmüller, dem Vater seines Patenkindes Justus. Der Dresdner Maler schickt Fotos von fünf Werken zur Auswahl für die Ausstellung «Der nackte Mensch», die 1929 stattfindet. Gurlitt entscheidet sich für die «Venus am Meer».[14] Felixmüllers «Collektivausstellung», die im gleichen Jahr durch das Rheinland tourt, kann er jedoch schon nicht mehr wie ursprünglich geplant nach Zwickau übernehmen, denn der Wind hat sich inzwischen gedreht. Ein von Gurlitt angeschafftes Selbstporträt Felixmüllers löst öffentliche Kritik aus, die schließlich in der Entlassung Gurlitts gipfelt.

Doch 1925 ist Hildebrand Gurlitt in seinem Enthusiasmus noch ungebremst. Nach Pechstein folgt eine Ausstellung mit Werken Zwickauer Künstler, die er in regelmäßigen Abständen wiederholen wird, um das Haus in seinem Umfeld zu verankern. Als Anerkennung wird ihm zum 1. Juli 1926 die Leitung des örtlichen Kunstvereins übertragen. Der bislang vor sich hindümpelnde Verein verspricht sich von dieser Personalunion verstärkten Zuspruch auch für seine eigenen Ausstellungen. Doch schon im Dezember muss Gurlitt erkennen, dass diese Vereinigung «ein hoffnungsloses Unternehmen» ist. 1928 trennen sich die Wege wieder, der Vorstand des Kunstvereins storniert die von Gurlitt geplanten Vorträge und Ausstellungen. In seinem Museum versteht Gurlitt geschickt, die Ausstellungen der Gegenwartskünstler mit Präsentationen alter Kunst zu mischen, mit Albrecht Dürer, religiöser Malerei, Hans Thoma, dazu Kunstgewerbe wie Goldschmiedearbeiten und Meißner Porzellan. Dem skeptischen Zwickauer Publikum soll die Moderne gerahmt von Etabliertem so behutsam wie möglich nahegebracht werden, quasi in harmonischer Herleitung aus der Vergangenheit. Dabei legt Gurlitt ungeheure Aktivität an den Tag. In schneller Folge organisiert er die unterschiedlichsten Sonderausstellungen, im Laufe seiner fünf Dienstjahre nicht weniger als 50.

Aus jeder Ausstellung zeitgenössischer Künstler versucht der Direktor, ein Werk für die Sammlung anzuschaffen. Gleichzeitig ist es damals anders als heute gang und gäbe, dass die Museen aus ihren Ausstellungen Bilder zum Verkauf anbieten. So gibt es auch zur Zwickauer Pechstein-Schau eine offizielle Preisliste, die Ausstellung wird für den Maler zum finanziellen Erfolg. Auch das Museum profitiert davon, denn es wird an allen vermittelten Verkäufen mit zehn Prozent beteiligt. Gurlitts händlerisches Talent zeichnet sich hier bereits ab. Es kommt nicht nur dem Museum, sondern auch den Künstlern zugute. So hilft er auch dem Maler Hans Christoph, als dieser ihn um Rat beim Umgang mit der Ankaufskommission der «Künstlervereinigung Dresden» bittet.[15] Der Dresdner Künstler wird es ihm später danken, indem er sich nach dem Krieg für Gurlitt verwendet und ihm 1947 ein gutes Leumundszeugnis als engagierter Museumsdirektor ausstellt, der sich «vorbehaltlos für alles neuzeitliche» eingesetzt habe: «Ein grosses Verdienst war es, dass er junge, unbekannte Kräfte zu entdecken wusste und grosszügig förderte.»[16]

Viele Maler, Händler und Galeristen treten nun an den neuen Museumsleiter heran und unterbreiten ihm ihre Angebote. Während seiner Amtszeit erwirbt Gurlitt Werke der impressionistischen Malerei, des figurativen und abstrakten Expressionismus, des Konstruktivismus sowie der Neuen Sachlichkeit. Er ist der Erste, der für eine Sammlung in der Provinz auch abstrakte Kunst erwirbt. Voller Stolz schreibt er El Lissitzky am 10. September 1926, dass es ihm gelungen sei, «in diesem Industriezentrum zum ersten Male abstrakte Kunst zu zeigen».[17] Aufgrund des knappen Budgets kann er allerdings nur wenige Gemälde ankaufen. Stattdessen konzentriert er sich auf die günstigere Druckgraphik, zu der er seine besondere Liebe entdeckt. Die Blätter kosten nur zwischen 5 und 90 Mark. Hin und wieder gönnt er dem Haus auch ein Aquarell oder eine Zeichnung bis zu 450 Mark. Einige Arbeiten gelangen als Jahresgaben des «Kreises graphischer Künstler und Sammler» oder des Sächsischen Kunstvereins in den Bestand des Museums. Manches schenkt Gurlitt selbst dem Museum in seiner Begeisterung für die Aufbauarbeit, darunter Jahresgaben verschiedener Kunstvereine, in denen er Mitglied ist. Anderes erhält das

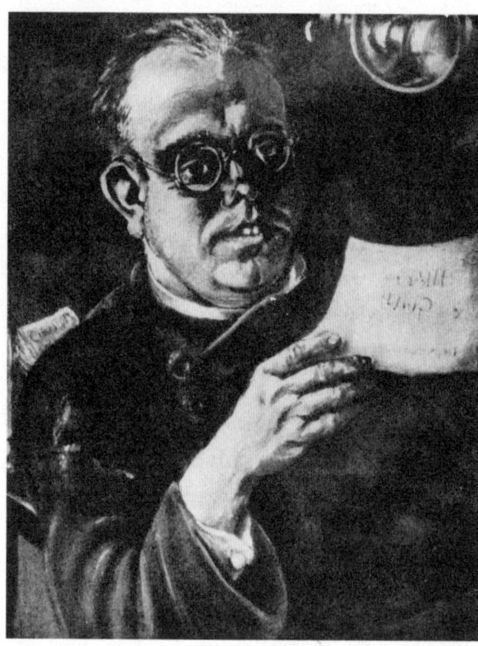

Hans Christoph, Ein Kunstliebhaber – Hildebrand Gurlitt, Öl auf Leinwand, um 1930

Haus als Leihgabe von den Künstlern. Für die höheren Preissegmente muss der Museumsdirektor Drittmittel einwerben. Seit Beginn seiner Tätigkeit pflegt Gurlitt Kontakte zu Sammlern und begründet wie von der Stadt gewünscht einen Kreis von Freunden, allerdings eher zur Förderung moderner Kunst als der historischen Sammlungen.

Einen Mäzen für das Museum gewinnt Gurlitt in dem Zwickauer Kaufmann Salman Schocken (1877 bis 1959), dem Mitbegründer des gleichnamigen Kaufhauskonzerns, einen anderen in dem Rechtsanwalt Fritz Salo Glaser (1876 bis 1956) aus Dresden. Beide sind Liebhaber der modernen Kunst, die sich schnell in die innovativen Pläne Gurlitts einbinden lassen. Schocken, der Wohlhabendere von beiden, hilft bei der Finanzierung von Ausstellungen und Ankäufen, Glaser leiht etwa ein Gemälde von Otto Dix aus seiner eigenen Kollektion für die erste Sammlungspräsentation.[18] Aber auch durch Sachleistungen lässt sich Gurlitt helfen. So unterstützt der Generaldirektor der Crossener Papierfabrik das Museum, indem er ihm mehrfach Passepartout-Papier spendet.

Mit Glaser teilt Gurlitt die Vorliebe für Aquarelle Dresdner Künstler wie Wilhelm Lachnit, Otto Griebel und Conrad Felixmüller. Für Zwickau stellt Gurlitt eine ganze Kollektion zusammen, mit der er eine der bedeutendsten Sammlungen von Aquarellen begründen will. Doch die Stadt verwehrt ihm den Ankauf. Gurlitt erwirbt daher die Blätter für sich persönlich und zeigt sie im Museum zumindest im Rahmen von Sonderausstellungen. Eines der Werke aus Glasers Sammlung, Wilhelm Lachnits Aquarell «Mädchen am Tisch» von 1923, ist mit dem «Schwabinger Kunstfund» wieder aufgetaucht. Wie und wann es zu Hildebrand Gurlitt gelangt ist, ob er es direkt von Glaser erwarb, ob vor oder nach 1933, ist bislang ungeklärt. Bis 1929 befindet es sich noch im Besitz des jüdischen Anwalts, der es in diesem Jahr für eine Ausstellung im Sächsischen Kunstverein unter dem Titel «Neuere Kunstwerke aus Dresdener Privatbesitz» leiht.[19] Bald danach ist Glaser gezwungen, Teile seiner Sammlung zu veräußern, da er in finanzielle Not geraten ist. Gleich 1933/34 wird ihm die Zulassung als Rechtsanwalt und Notar entzogen.

Mehrere weitere Werke aus dem «Schwabinger Kunstfund» passen in das Profil von Glasers Sammlung. Auch Otto Griebels Aquarell «Verschleierte» von 1926 gehört dazu. Wie bei dem Blatt von Wilhelm Lachnit steht auf der Rückseite des Passepartouts der Name «Dr. Glaser». Man darf annehmen, dass damit nicht der damalige Direktor der Berliner Kunstbibliothek, der Kunsthistoriker und Sammler Curt Glaser (1879 bis 1943), gemeint ist, sondern Fritz Glaser, denn er war mit Otto Griebel persönlich bekannt. Zum Kreis der Dresdner Künstler, denen Gurlitt nahesteht und von denen er Werke für seine private Sammlung erwirbt, gehören außerdem Ludwig Godenschweg, Christoph Voll, Bernhard Kretzschmar, Hans Christoph, Erich Fraaß und Fritz Maskos.

Gegenüber den amerikanischen Kunstschutz-Offizieren wird er später behaupten, die Bilder direkt von den Künstlern gekauft zu haben.[20] Tatsächlich organisiert Gurlitt nach seinem Amtsantritt in Zwickau einige Verkaufsausstellungen mit Werken der Dresdner Künstlerschar. Im Falle eines Verkaufs gehen fünf Prozent vom Preis an das König-Albert-Museum. Einige Titel der eingereichten Blätter decken sich mit den Werken, die heute noch in der Gurlitt-Sammlung vorhanden sind.[21] Sollte Gurlitt den Rest der Blätter von Glaser erworben haben und dies erst nach 1933, ist von einem Verkauf unter Zwang auszugehen, selbst wenn eine vertrauensvolle Verbindung zwischen beiden bestand. Denn der Sammler befand sich zu diesem Zeitpunkt in einer Notlage.

Neben den Ausstellungen und der Erweiterung des Sammlungsbestandes stellt die dritte Säule von Gurlitts Museumsarbeit die Kunstvermittlung dar. Als Ergänzung zu den Ausstellungen gibt es wöchentliche Führungen, die Gurlitt größtenteils selbst übernimmt, dazu ein umfangreiches Vortragsprogramm bekannter Händler, Kunstkritiker, Künstler und Wissenschaftler. Zu den Referenten gehören Wassily Kandinsky, der vom Dessauer Bauhaus angereist kommt, die beiden Berliner Kunstkritiker Max Deri und Paul Fechter, ferner der Dresdner Galerist Rudolf Probst sowie die beiden Kunsthistoriker Wilhelm Pinder und Alfred Stange. Selbstverständlich spricht auch Gurlitt zu seinem Publikum. Mit Sonderveranstaltungen versteht er die Besucher immer wieder neu für das Museum zu interessieren. So kombiniert er seinen Vortrag über «Mittelalterliche Plastik im Zwickauer Museum» geschickt mit einer Lesung der damals berühmten Dresdner Schauspielerin Midia Pines, die aus Dostojewskis Erzählung «Die Sanfte» vorträgt, und einem Auftritt des Frankfurter Amar-Quartetts.[22]

Gurlitt ist in Zwickau in seinem Element. Seine Mutter allerdings beobachtet seinen unermüdlichen Einsatz mit Besorgnis: «Der gute Hildebrand war auch so in Hetz, Telefon, telegrafieren usw., er war wie ein Wirbelwind», schreibt sie ihrer Schwägerin Mary.[23] Als begnadeter Kommunikator vermittelt er zu allen Seiten hin. So gibt er einerseits Sammlungsführer und Bestandskataloge heraus und kümmert sich andererseits um gute Kontakte zur Presse wie zu möglichen Kunstfreunden von Rang und Namen. Er löst damit ein, was er bei seinem Vorstellungsgespräch angekündigt hat: «Museumstechnisch sei es notwendig, auch einigermaßen Reklame zu treiben und mit der Presse Hand in Hand zu arbeiten durch kleine Notizen.» Und es gelingt ihm, Ausstellungen zu zeigen, «die mehr oder weniger zu kleinen gesellschaftlichen Ereignissen werden».[24]

Das Museum besitzt nach Gurlitts Ansicht eine sozialisierende Funktion. Er versucht deshalb, mit populären Themenausstellungen die Beliebtheit seines Hauses zu steigern. «Man muss versuchen, die Menschen dort zu erreichen, wo an sich schon starke Interessen wach sind. Alles was Wohnung heißt, z. B., gehört hierher oder Reklame oder die Angst, sich mit Kitsch zu blamieren oder versteckte erotische Wünsche usw. usw.», beschreibt er seine Strategie.[25] Die Besucherzahlen geben ihm recht: 4405 Besucher sehen 1926 die Ausstellung «Wohnung und Hausrat», im

Jahr darauf 3736 «Kitsch und Kunst» und wiederum ein Jahr später 7500 Besucher «Geschlechtskrankheiten (Hygienemuseum Dresden)». Jeder Museumsgast nimmt dabei zumindest im Vorübergehen auch die Abteilung moderner Kunst wahr – ein didaktischer Trick, denn die Sonderausstellungen mit Werken der Avantgarde allein verzeichnen jeweils kaum mehr als 1000 Interessierte. Mit Rücksicht auf sein überwiegend wenig vorgebildetes Publikum verzichtet Gurlitt zunehmend auf Fachreferate zugunsten populärwissenschaftlicher Vorträge.

Gegenwind von rechts: Gurlitt muss gehen

Auch wenn Gurlitts Konzept zunächst aufgeht, das Museum an Reputation und Zulauf gewinnt, erstarken mit der Zeit die Gegenstimmen. Die Ortsgruppe der NSDAP, die es in Zwickau bereits seit Oktober 1921 gibt, verschafft sich zunehmend Gehör. Drei Jahre nach seinem Amtsantritt sieht sich Gurlitt erstmals mit einer Rücktrittsforderung konfrontiert. Durch Fürsprache angesehener Kollegen kann die Entlassung jedoch noch einmal abgewendet werden. Gleichzeitig plant die in finanzielle Bedrängnis geratene Stadt starke Kürzungen im Kulturbereich, also auch am König-Albert-Museum. In einem Brief an Emil Nolde vom 22. Mai 1928 berichtet Gurlitt von einem «bitteren Kampf»: «Der Stadtrat will eine Straßenreinigungssteuer einsetzen, und hat Museum und Theater gekündigt bis die Steuer bewilligt wird. Es kann gut sein, dass die Bürger die Steuer nicht zahlen – dann wird das Museum am 1. Oktober zugemacht.»[26] Wenngleich Gurlitt diese Krise übersteht, ist er in der Folgezeit gesundheitlich angeschlagen. Im Herbst 1928 muss er nach einer zweifachen Blinddarm-Operation mehrere Wochen lang das Bett hüten. Noch schwerer wird das darauffolgende Jahr für ihn und seine Frau. Das Paar hat den ernsthaft erkrankten Bruder von Helene, einen Schiffsingenieur, nach Zwickau ins Krankenhaus überführen lassen. Von einer Lungenentzündung, die er sich nach dem Schiffbruch seines Dampfers zugezogen hat, erholt er sich nicht mehr. Er stirbt im Juli und wird in Dresden neben der Grabstätte von Hildebrands Schwester Cornelia beerdigt.[27]

Zum Eklat um das Museum kommt es endgültig im Herbst 1929, nachdem Gurlitts Rede zur Ausstellung der Neuerwerbungen der letzten

Jahre im «Zwickauer Anzeiger» vom 15. Oktober 1929 abgedruckt wurde. Der angestaute Zorn seiner Gegner entzündet sich daran, denn Gurlitt hat während seiner Amtszeit Werke nicht nur rigoros aussortiert und in städtische Behörden verbannt, sondern auch verkauft, um Mittel für Neuerwerbungen in die Hand zu bekommen – keineswegs zur Freude der Stifter. Der Museumsausschuss des Stadtrats hatte dies bereits 1926 kritisiert. Nun aber meldet sich Gurlitts Vorgänger Johannes Kayser, der die Sammlung zuvor ehrenamtlich betreut hatte, am 21. Oktober 1926 mit einem eigenen Artikel in der «Zwickauer Zeitung» zu Wort. Darin wirft er Gurlitt vor, die alte Sammlung für «Dutzenddingerchen» wie Conrad Felixmüllers Selbstporträt zu vernachlässigen. Gurlitt reagiert prompt und schreibt in der gleichen Zeitung zurück: «Die neue Sammlung, die ich in den letzten Jahren zusammenbrachte, umfaßt in der Hauptsache Arbeiten von Künstlern, deren Hauptwerke in der Nationalgalerie Berlin und in anderen großen Galerien Deutschlands zu sehen sind. Ich bin der festen Überzeugung, daß die Sammlung als Ganzes auch von den kommenden Generationen als das erkannt wird, was sie sein soll: Ein Ueberblick über das Schaffen der entscheidenden Künstler unserer Tage.»[28]

Über Gurlitt ist da bereits das Urteil gesprochen, der Stadtrat beschließt in seiner Oktober-Sitzung mit den Stimmen der bürgerlichen und kommunistischen Fraktionen, die Stelle des Museumsdirektors nicht weiter zu besetzen und Gurlitt bis zu seinem Vertragsende im März 1930 nur noch nebenamtlich und für eine Woche im Monat zu beschäftigen.[29] Der Kompromissvorschlag der Parteien der Mitte, den Museumsbetrieb nur eingeschränkt, dafür unter Beibehaltung des Direktors weiterzuführen, wird nicht angenommen. Für Gurlitt bedeutet das die Kündigung. Unter seinen Kollegen vom Deutschen Museumsbund spricht sich die Provinzposse schnell herum. Zahlreiche Zeitungen in ganz Deutschland berichten darüber, unter ihnen das «Hamburger Fremdenblatt», das sich am 12. Oktober 1929 über die Zwickauer Entscheidungen mokiert: «Nun ist man den teuren Mann endlich los. Das Budget atmet auf. Die Kunst geht pleite. – Nein, Ihr Herren Zwickauer, das ist nicht billig gehandelt.»

Der Noch-Direktor versucht sich jedoch zu wehren und gründet zu seiner Verteidigung den «Kreis der Zwickauer Museumsfreunde», auch um die drohende Schließung des Museums abzuwenden. Am 14. März 1930 überreicht der Förderverein Oberbürgermeister Holz und dem Museumsausschuss eine «Stellungnahme», unterzeichnet von den 608 Mitgliedern, darunter der Direktor der Berliner Gemäldegalerie Max Friedländer, der Direktor des Lübecker St. Annen-Museums Carl Georg Heise und der Generaldirektor der Dresdner Kunstsammlungen Hans Posse, der als Gutachter zuvor das Zwickauer Museum beraten hatte. Später wird Gurlitt ihm als erstem Leiter des Sonderauftrags «Führermuseum Linz» begegnen. Jetzt aber heißt es zunächst einmal unter Punkt 1 der Stellungnahme: «Wir wünschen eine Weiterführung des Museumsbetriebes in der bisherigen Weise, d. h. mit Ausstellungen und Vorträgen, die auch an den Problemen der heutigen Kunst nicht vorbeigehen».[30]

Doch die Intervention richtet nichts aus gegen die aggressive Strategie von Gurlitts Gegnern. Der «Kampfbund für deutsche Kultur» will an ihm ein Exempel statuieren. Unter der Überschrift «Der Kampf um das Zwickauer Museum» veröffentlicht Studienrat Dr. Karl Zimmermann, NSDAP-Mitglied und Kampfbundführer der Ortsgruppe Zwickau, einen hasserfüllten Artikel über die «kulturpolitischen Tendenzen, die in der Ära Gurlitt den Museumsbetrieb beherrscht haben». Sein in der «Zwickauer Zeitung» vom 21. Februar 1930 gedruckter Beitrag ist ein Fanal gegen die Moderne, hier artikuliert sich bereits die künftige Kulturpolitik der Nationalsozialisten: «Wir sehen Bolschewismus in den bislang durch das Museum protegierten Gegenwartsrichtungen.» Der Autor ereifert sich über die «technischen Stümper» Klee, Nolde, Schmidt-Rottluff und Chagall und glaubt, bei Dix, Hofer und Grosz «Freude am Gemeinen und ethisch Negativen» zu sehen.

Doch Gurlitt steht nicht allein. Er erfährt Unterstützung von herausragenden Museumsleitern wie Max Sauerlandt und Gustav Pauli in Hamburg. Auch Hans Posse setzt sich wiederholt für Gurlitt ein, und kein Geringerer als Ludwig Justi, der Direktor der Berliner Nationalgalerie, beschert dem «Zwickauer Museumsskandal» durch seinen Artikel in der Zeitschrift «Museum der Gegenwart» eine breite Öffentlichkeit. Der Deutsche Museumsbund, die Gesamtorganisation aller deutschen Museen der Kunst- und Kulturgeschichte, stärkt Gurlitt den Rücken. Er sieht hier eine publikumswirksame Gelegenheit zur öffentlichen Darstellung der ewigen Streitereien mit städtischen und kommunalen Behörden um die Einführung moderner Kunst in die Museen. Hildebrand Gurlitt bittet Werner Noack, Leiter der Kunstsammlungen der Stadt Freiburg und Vorstand des Museumsbundes, um Beistand. «Als Symptom ist die Sache wichtig», wendet er sich am 6. März 1930 mit einem Schreiben an ihn.

«Denn ich muss gehen, weil ich in sachlicher Weise, für das eingetreten bin was ich für gut halte [...] Man versteckt sich höchstens hinter die Finanznot, aber jeder gibt zu, dass das Entscheidende nicht sei.» Noack schickt mehrere Briefe an die Stadt, schließlich reist er am 25. März 1930 persönlich an, um mit Oberbürgermeister Holz über die «nationalsozialistischen Treibereien» in Zwickau ein Gespräch zu führen. Seine Intervention führt allerdings nicht zum Erfolg. Der Zwickauer Bürgermeister gibt in dem Gespräch unmissverständlich zu verstehen, dass er nicht mehr interessiert sei, den umstrittenen Direktor zu halten.[31]

Damit ist auch der letzte Vermittlungsversuch gescheitert. Wenige Tage später, zum 1. April, muss Gurlitt seinen Posten räumen, er verlässt Zwickau – aus Sicht der Bevölkerung mit Schimpf und Schande, aus Sicht der Museumsszene als Märtyrer und Held. Durch den sich über eineinhalb Jahre hinziehenden Kampf ist Gurlitt nun unter den Direktoren bekannt. «Sie sind der erste gewesen, der für seine Gesinnung mit dem Verlust seines Amtes hat zahlen müssen – das vergessen wir Ihnen nicht», schreibt Carl Georg Heise.[32] Das stimmt zwar nicht ganz, denn 1924 musste bereits Paul Ferdinand Schmidt als Direktor der Städtischen Sammlung in Dresden wegen seiner progressiven Ankaufspolitik auf Betreiben der rechtsradikalen Fraktion im Stadtrat gehen. Dennoch zeigt die Anteilnahme, wie stark man zueinanderhält, um für die gemeinsame Sache einzustehen. Auf die im Museumsbund geknüpften Netzwerke kann sich Gurlitt später immer wieder verlassen, auch beim Handel mit beschlagnahmten und entzogenen Kunstwerken im «Dritten Reich».

Um sich keine Blöße zu geben, argumentiert die Stadt Zwickau weiterhin damit, die Stelle aus Finanznot gestrichen zu haben. Mit Gurlitts Kündigung ändert sich jedoch die Stimmung an den Ausstellungshäusern in Deutschland. Die für die Moderne engagierten Direktoren werden fortan durch konservative Kräfte massiv unter Druck gesetzt und nach 1933 systematisch aus dem öffentlichen Dienst gedrängt. Nicht weit entfernt von Zwickau, in Thüringen, hat bereits im Januar 1930 der spätere Reichsminister des Innern, Wilhelm Frick, das Amt des Innen- und Volksbildungsministers übernommen. Er ist der erste NSDAP-Minister einer Landesregierung. Frick sorgt für die Gleichschaltung der Thüringischen Polizei und Beamtenschaft, gründet an der Universität in Jena einen Lehrstuhl für Rassenforschung und initiiert in Weimar den ersten Bildersturm gegen moderne Kunst: Auf Grundlage seines Erlasses «Wider die

Negerkultur, für deutsches Volkstum» lässt er in der Staatlichen Hochschule für Baukunst, Bildende Kunst und Handwerk ein Wandgemälde des Bauhaus-Meisters Oskar Schlemmer übermalen und im Schlossmuseum 70 Arbeiten der Avantgarde gegen Werke des 19. Jahrhunderts austauschen. Noch lösen diese Aktionen eine Welle von Protesten aus, vor allem die Künstler revoltieren, aber wie in Zwickau ist der Anfang einer restaurativen Kunstpolitik gemacht.

Hildebrand Gurlitt und seine Frau kehren vorerst nach Dresden zurück. Sie wohnen in der Stübelallee 29, direkt am Großen Garten. Vater Cornelius legt sich als eigene Erklärung für die Rückkehr seines Sohnes die offizielle Version zurecht, zumindest gegenüber seiner Schwägerin Mary: «Hildebrand, der, wie Du weißt, seine Stelle als Museumsdirektor in Zwickau aufgeben musste, da sein Gehalt aus Sparsamkeitsgründen gestrichen wurde, arbeitet fleißig als Schriftsteller, hält viel Vorträge, um sich und seine uns sehr liebe Frau zu erhalten. Wohnungsfragen, der Wunsch, nach Berlin zu übersiedeln, wo sich mehr Verdienstmöglichkeiten zeigen.»[33] Binnen Jahresfrist wird Hildebrand eine neue Anstellung finden, doch noch liefert er sich mit dem Zwickauer Oberbürgermeister Holz Rückzugsgefechte. Der will ihm aus Empörung über Ludwig Justis kurz zuvor erschienenen Artikel im «Museum der Gegenwart» keine Diapositive für die Vortragsreihe «1000 Jahre Kunst in Sachsen» ausleihen. Stattdessen fordert Holz Gurlitt auf, sich von dem Artikel zu distanzieren, was dieser mit einem Offenen Brief in der «Zwickauer Zeitung» quittiert. Darin verteidigt der entlassene Direktor noch einmal seine Arbeit: «Geschadet hat der Stadt die Haltung ‹gewisser› Kreise.»[34]

Das Museum schließt für die nächsten drei Jahre. Der Leiter der Stadtbibliothek muss sich in dieser Zeit nebenher um die Museumsangelegenheiten kümmern, bis mit Siegfried Asche ein neuer Direktor das Amt übernimmt. Gurlitts Erwerbungen sind bei der Wiedereröffnung am 19. März 1933 nicht mehr zu sehen. Stattdessen dominieren in den Sälen Heimatkunst und Stadtgeschichte, und in einer Sonderausstellung werden nicht von ungefähr Werke in Zwickau lebender Künstler gezeigt.

Kapitel 8

Vom Regen in die Traufe (1931 bis 1933)

Intermezzo in Dresden mit einem Großauftrag: Die Sammlung Kirchbach

Die Rückkehr nach Dresden muss Hildebrand Gurlitt wie eine zweite Niederlage erschienen sein. Nicht allein, dass er nun kein prestigeträchtiges Amt mehr bekleidet, er befindet sich auch wieder in der Einflusssphäre des Vaters, der für seinen Sohn nach wie vor die Hochschul-Laufbahn als am besten geeignet hält, entsprechend dem eigenen Vorbild und dem des älteren Bruders. Den Ratschlägen und Ermahnungen des Vaters, der mütterlichen Besorgtheit kann Hildebrand sich zumindest so weit entziehen, dass er mit seiner Frau im Haus eines reichen Gönners Wohnung nimmt. Es ist der Dresdner Industrielle Kurt Kirchbach, der den beiden für die nächsten 13 Monate in der vornehmen Stübelallee eine Bleibe gibt.

Der Kontakt zu dem Firmenbesitzer ist durch die beiden Ehefrauen zustande gekommen, die sich während Helene Hankes Dresdner Zeit als Tänzerin miteinander befreundet haben. Lore Kirchbach, die temperamentvolle, kultivierte Unternehmergattin, interessiert sich für die Avantgarde, fährt mit ihrem Cabriolet bei Ausstellungseröffnungen vor und knüpft auch früh Verbindungen zu Mary Wigman, bei der sie Helene Gurlitt kennenlernt.[1] Die beiden Paare befreunden sich. Gemeinsam verbringen sie 1923 die Silvesternacht, von der sie «sehr spät heimkamen», wie Cornelius Gurlitt am Neujahrsmorgen feststellt.[2] Über den modernen Tanz und die neue Kunst werden sie gesprochen haben, und vielleicht hat sich dabei auch schon die Idee einer Sammlung entwickelt, welche die Kirchbachs spätestens ab 1929 aufzubauen beginnen. Der Anstoß dazu aber kommt von Lore Kirchbach, die ihren ansonsten mehr dem Kaufmännischen zugeneigten Mann animiert, systematisch Kunst zu erwerben – an Mitteln mangelt es nicht. Der Unternehmer, dessen Firma Bremsbeläge für Kraftfahrzeuge produziert, hat es im Ersten Weltkrieg zu enormem Wohlstand gebracht, nachdem durch einen Ausfuhrstopp aus England keine Bremsbänder mehr importiert werden konnten und das

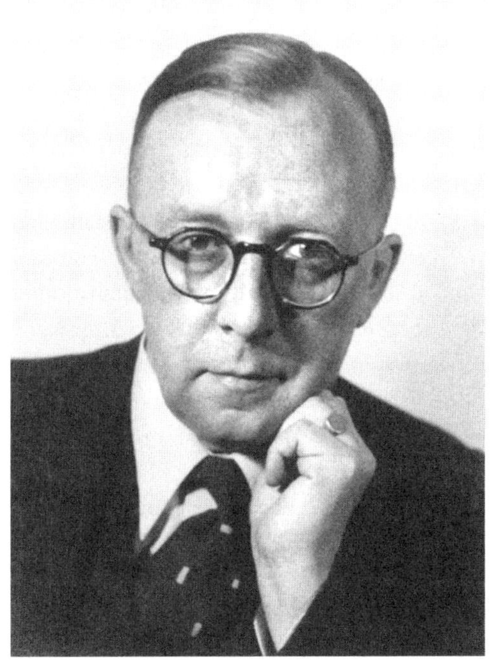

Der Dresdner Industrielle und Kunstsammler Kurt Kirchbach, um 1930

Kriegsministerium stattdessen die Dresdner Firma Kirchbach & Co. beauftragte. Das Unternehmen wurde damit zum Begründer der deutschen Reibbelag-Industrie. Nach dem überraschenden Tod seines Zwillingsbruders Ernst führt Kurt Kirchbach ab Ende 1920 den Betrieb alleine weiter. Das Unternehmen steigert seinen Umsatz durch die Neuentwicklung von Kupplungsbelägen, mit denen es fortan die gesamte deutsche Kfz-Industrie und auch das europäische Ausland beliefert.

Durch die gemeinsamen Kunstkäufe knüpft sich das bisher eher lockere Band zwischen Hildebrand Gurlitt und Kurt Kirchbach enger. Der Museumsmann hilft dem Unternehmer ab 1929 beim Aufbau einer Sammlung, die im Bereich der Fotografie eine der bedeutendsten ihrer Zeit werden soll. Mit Aufnahmen von Moholy-Nagy, Man Ray, Albert Renger-Patzsch, Umbo, Karl Blossfeldt, El Lissitzky, Rodtschenko, Andreas Feininger und anderen Inkunabeln der Vorkriegsmoderne entsteht eine Kollektion auf Museumsniveau, die damals ansonsten nur mit den Sammlungen des Lübecker St. Annen-Museums und der Berliner Kunstbibliothek zu vergleichen ist. Der Lübecker Museumsdirektor Carl Georg Heise und Gurlitt tauschen sich intensiv aus, wie sich an der Ähnlichkeit der zwei Sammlungen ablesen lässt. Beide haben ihren Schwerpunkt in der zeitgenössischen Fotografie, in beiden befinden sich nur einige ausgewählte Beispiele aus dem 19. Jahrhundert, beide besitzen großformatige Abzüge von Renger-Patzsch. Die Erwerbung von Tanz-Fotografien, die eine eigene Sektion in Kirchbachs Sammlung bilden, geht auf Lore Kirchbach zurück.

Den Auslöser zur Gründung der Fotosammlung hat 1929 die internationale Werkbund-Ausstellung «Film und Foto» in Stuttgart gegeben, auf der über 1000 Exponate der wichtigsten damaligen Fotokünstler zu sehen waren.[3] Der 38-jährige Dresdner Unternehmer und der wenige Jahre jüngere Museumsdirektor ließen sich sofort begeistern – mit Fotografie sind sie als Sammler Avantgarde. Sie ist die wichtigste neue Kunstform der Weimarer Republik. Damals beginnt sich gerade erst die Idee vom Kunstwert dieser neuen Gattung durchzusetzen, Kenner gibt es nur eine kleine Schar, die Abzüge sind bereits für wenige Reichsmark zu haben. Innerhalb von nur zwei Jahren stellen Gurlitt und Kirchbach eine über 600 Arbeiten umfassende Kollektion zusammen. Möglicherweise hat der Museumsmann den Industriellen auch beim Kauf von Werken von Nolde, Hodler, Marc und Corinth beraten, die Kirchbach ebenfalls besaß. Zu Gurlitts Expertise passt dieses Profil jedenfalls. Laut Geschäftsbüchern hat Gurlitt Kirchbach auch zahlreiche Werke von Künstlern des 19. Jahrhunderts verkauft, wie Ludwig Richter, Andreas Achenbach, Christian Clausen Dahl, Karl Blechen und anderen. Für seinen Einsatz wird Kirchbach umgekehrt das Museum seines Beraters unterstützt haben, so dürfte er auch zu den Zwickauer Förderern und Mäzenen gehört haben, die der junge Direktor um sich scharte, um seine Ausstellungspläne zu verwirklichen. Kirchbachs Name taucht allerdings nicht in der Liste der Museumsfreunde auf, die mit einer Petition beim Oberbürgermeister Gurlitts Bleiben zu erreichen suchten.

Gurlitt tätigt bereits in seiner Funktion als Museumsdirektor Erwerbungen für die Sammlung des Freundes. So korrespondiert er 1929 auf dem Briefpapier des Museums mit den Fotografen André Kertész und Edward Weston, um bei ihnen Werke zu akquirieren, ohne jedoch kenntlich zu machen, dass sie nicht für das Museum, sondern für eine Privatperson gedacht sind. Ganz offensichtlich trennt Gurlitt nicht immer scharf zwischen privaten Aufträgen und seinem öffentlichen Amt. Hier überschreitet er bereits eine Grenze zur persönlichen Bereicherung, auch wenn es zugunsten eines Freundes geschieht. Kertész hat später angegeben, dass die Museen von Lübeck und Zwickau als erste Institutionen von ihm Aufnahmen erwarben. Im Zwickauer Museum kamen sie allerdings nie an. Auch Weston wird über die eigentlichen Absichten im Unklaren gelassen. Am 22. Juli 1929 frohlockt der amerikanische Fotograf in seinem Tagebuch: «Dr. Gurlitt of the König Albert Museum seeing the exhibit in Stuttgart ordered three of my prints.» Für das Zwickauer Museum sind auch diese Abzüge nicht bestimmt.[4]

Hildebrand Gurlitt tätigt seine Erwerbungen mit einer erstaunlichen Zielstrebigkeit, vor allem mit einem hervorragenden Blick. Als 1997 ein Drittel der Kirchbach-Sammlung, 221 Aufnahmen insgesamt, bei der Herbstauktion von Christie's in London auftaucht, ist dies unter Fotokennern eine Sensation. Und zugleich ein Skandal, denn die Einlieferung ist unter falschem Namen als «Helene Anderson Collection» erfolgt, wie kurz vor der Versteigerung bekannt wird. Die Leiterin des Schweizer Altenheims, in dem Hildegard Kirchbach, die zweite Frau des Unternehmers, 1995 gestorben war, hatte sich die Sammlung erschlichen – als Zeichen der Dankbarkeit, so die Erklärung. Ein Fall von Raubkunst der anderen Art, die Versteigerung findet trotzdem statt und bringt sechs Millionen Euro ein. Bis heute ist das Erbe nicht geklärt.

Neubeginn in Hamburg beim Kunstverein

Neben seiner Ankaufstätigkeit für Kirchbach schreibt Hildebrand Gurlitt nach seiner Rückkehr nach Dresden wieder für Zeitungen und hält Vorlesungen an der Kunstgewerbeakademie. Doch genügt ihm das nicht, er strebt nach einem offiziellen Posten, nach mehr Wirkung. Die theoretische Auseinandersetzung mit Kunst allein ist nicht sein Ziel. Vielmehr fühlt er sich zur direkten Vermittlung zwischen Kunst und Publikum berufen und sehnt sich nach einem Amt mit Ausstellungsmöglichkeiten. Es ist nur eine Frage der Zeit, bis er auf die große Bühne zurückkehrt, denn seine Zwickauer Tätigkeit und der skandalumwitterte Abgang haben ihn in der Museumswelt bekannt gemacht. Seine zweite Chance bietet ihm im Mai 1931 der Hamburger Kunstverein. Der 1817 gegründete Verein ist einer der ältesten in Deutschland. 1925 zählt er knapp 1000 Mitglieder – allerdings mit absteigender Tendenz. In den folgenden zwei Jahren kommt es zu dramatischen Austritten im dreistelligen Bereich durch die wirtschaftlich angespannte Lage im Land. 1930 aber ist ein Jahr des Aufbruchs für den Kunstverein, der endlich sein eigenes Ausstellungsgebäude erhält. Außerdem wird die Spitze neu besetzt. Hofrat Theodor Brodersen, der bisher die Geschäfte führte, wechselt als neuer Ausstellungsleiter zum Verein Berliner Künstler in die Reichshauptstadt.

Der Kunstverein ist zwar kein Museum, wie es sich Gurlitt nach seinem Weggang aus Zwickau noch gewünscht haben mag, aber ein Forum mit überregionaler Ausstrahlung in der größten Stadt des Nordens. Neben Gurlitt bewirbt sich auch Richard Krumm, der Geschäftsführer des Kunstvereins in Kassel, der in dem Nürnberger Oberbürgermeister und Vorsitzenden des Verbandes Deutscher Kunstvereine einen starken Fürsprecher hat. Max Sauerlandt, der Direktor des Hamburger Museums für Kunst und Gewerbe, und der Hamburger Sammler Gustav Schiefler setzen sich dagegen für Edgar Lehmann vom Kunstverein Jena als zweiten Kandidaten ein. Hildebrand Gurlitt setzt sich trotzdem durch, nicht zuletzt durch die Unterstützung Fritz Schumachers, des ehemaligen Kollegen von Cornelius Gurlitt an der Technischen Hochschule in Dresden und Freunds der Familie. Der Architekt leitet mittlerweile das Hochbauwesen in Hamburg und gehört zum Vorstand des Kunstvereins. Außerdem verwendet sich der Lübecker Museumsdirektor Carl Georg Heise für Gurlitt. Die beiden verbindet neben dem Interesse an der Fotografie auch ihr Engagement für den Güstrower Bildhauer Ernst Barlach. Hildebrand Gurlitt gehört zu den Unterstützern von Heises Barlach-Projekt für die Lübecker Katharinenkirche, das er als Kunstkritiker mit Artikeln zu befördern versucht hat. Zum 1. Mai 1931 nimmt Gurlitt seine Arbeit als neuer Geschäftsführer und Ausstellungsleiter des Hamburger Kunstvereins auf. Das «Hamburger Fremdenblatt», das schon bei den Querelen in Zwickau auf seiner Seite stand, begrüßt in der Ausgabe vom 19. April 1931 die Wahl.

Fünf Tage später schreibt auch Mutter Marie Gurlitt beglückt an ihre Schwägerin: «Wir sind sehr froh, dass die Wahl auf Hildebrand gefallen, und die lieben jungen Menschen freuen sich so darauf, nun endlich wieder an eine Wohnung und ihre Sachen denken zu können. [...] Hamburg ist eine schöne, große, lebendige Stadt, er hat auch mehrere Bekannte dort (Prof. Schumacher usw.) außer den Verwandten, die [ihm] schon recht freundlich entgegengekommen sind.»[5] Der Name Gurlitt gilt in Hamburg etwas. Ende 1931 wird es eine regelrechte «Gurlittfeier» geben, als Hildebrand Gurlitt eine Ausstellung eröffnet und die von Cousin Manfred komponierte Oper «Soldaten» am Altonaer Stadttheater aufgeführt wird.[6] Helene Gurlitt genießt die endlich erlangte gesellschaftliche Anerkennung. An ihren Schwiegervater schreibt sie auf einer Postkarte vom 4. Mai 1931: «Überhaupt – in Hamburg lohnt es sich Gurlitt zu heißen.»[7] Das Paar hat in Hamburg-Winterhude auf der östlichen Alster-Seite, gleich um die Ecke des berühmten Johanneums in der Zesenstraße 13 eine Wohnung gefunden, wo es im darauffolgenden Jahr eine Familie gründen wird. Gurlitt wird noch zwei Mal in Hamburg umziehen: 1935 von der Zesen- in die Klopstockstraße und dann im Juli 1936 in die Alte Rabenstraße 6, wo die Familie eine Zwölf-Zimmer-Wohnung beziehen wird.

Für den 35-jährigen Hildebrand stellt der Wechsel nach Hamburg nach seinem Zwickauer Debakel einen Glücksfall dar, denn hier stößt die von ihm protegierte Kunst des Expressionismus auf Gegenliebe. In der Hansestadt ist die Moderne längst durchgesetzt dank Sammlern wie der Kunsthistorikerin Rosa Schapire oder dem ehemaligen Landgerichtsdirektor Gustav Schiefler. Am Museum für Kunst und Gewerbe, wo Max Sauerlandt seit 1919 wirkt, bilden Werke des Expressionismus einen Schwerpunkt und sind prominent im Eingangsbereich platziert.

Neben einer reichen, aufgeschlossenen Sammlerschaft besitzt Hamburg eine vitale Künstlerszene, allen voran die Hamburgische Sezession, für die sich Gurlitt als Kunstvereinsdirektor besonders einsetzen wird. Die 1919 gegründete Vereinigung, in der vor allem expressionistische Künstler vertreten sind, versteht sich ähnlich progressiv wie die «Brücke» und ist ebenfalls kulturpolitisch engagiert. Zu ihren rund 50 Mitgliedern gehören auch Literaten, Schauspieler, Kunsthistoriker und nicht zuletzt der Architekt Karl Schneider. Seine Beauftragung für den Umbau des Kunstvereinsgebäudes 1929 geht auf den Einfluss der Sezession zurück. In der 1920 gegründeten Hamburgischen Künstlerschaft hingegen sammeln sich die konservativen Kräfte. Ungleich größer als die exklusive Sezession, sieht sich die knapp 250 Mitglieder zählende Künstlerschaft als eigentliche Vertretung der bildenden Künstler in der Stadt. Der Bildhauer Ludolf Albrecht wird 1930 zum neuen Vorsitzenden gewählt, mit dem sich Hildebrand Gurlitt heftige Auseinandersetzungen liefern wird. Seit 1921 ist Albrecht außerdem Vorsitzender des 1832 begründeten Künstler-Vereins, des ältesten Fachverbands Hamburgs, der ebenfalls konservativ orientiert ist.

Die Moderne hat in Hamburg ihren wichtigsten Ort am Museum für Kunst und Gewerbe. Direktor Max Sauerlandt sucht in seinem Haus die bildenden und angewandten Künste zu vereinen und erwirbt systematisch Werke der Moderne. In der Kunsthalle verfolgt Direktor Gustav Pauli dagegen einen moderaten Kurs. Er fürchtet Irrtümer, kauft daher neueste Produktionen nur behutsam, eher Werke von bereits renommierten Namen. Mit dem Ankauf von Franz Marcs «Mandrill» im Jahr 1918 und Édouard Manets «Nana» im Jahr 1924 wagte er sich dennoch hervor und wurde prompt angefeindet. Gleichwohl versucht er, die zeitgenössische Moderne zu unterstützen. Er steht mit dem Kunstverein auf engem Fuß, der zwischen 1922 und 1930 bei ihm im Glockengießerwall einquartiert ist. Auch die Hamburgische Sezession darf in dieser Zeit die Kabinette des Museums mitbenutzen. Pauli erwirbt sogar Werke ihrer Mitglieder. Im April 1930 zieht der Kunstverein samt Hamburgischer Sezession in ein eigenes Ausstellungshaus um, was Pauli sehr begrüßt, denn er braucht den Platz für seine eigene Sammlung.

Um ein neues Quartier für den Kunstverein war lange gerungen worden, da sich die Pläne durch Krieg und Inflation immer wieder zerschlagen hatten. Mit dem Ankauf einer Villa 1929 in der Neuen Rabenstraße 25 nahe der Alster für 180 000 Reichsmark steht ein Gebäude in bester Lage zur Verfügung, das allerdings komplett umgestaltet werden muss. Im Mai 1930 wird das umgebaute Haus mit einer gemeinsamen Schau der Hamburger Künstler unter Beteiligung von Sezession, Künstlerschaft und Künstler-Verein eröffnet. Radikal modernisiert, ist es nunmehr entschieden ein Ort der Avantgarde inmitten einer bürgerlichen Nachbarschaft.

Die Entwürfe für den Umbau stammen von Karl Schneider (1892 bis 1945) als einem der avanciertesten Architekten der Stadt, der sich hier bereits 1923 mit der Villa Michaelsen einen Namen gemacht hat, einem der frühesten rein kubischen Privatbauten in Deutschland. Beim Umbau der Patriziervilla für den Kunstverein bedient er sich ebenfalls einer minimalistischen Formensprache und eliminiert komplett die historistische Fassade. Die Eingangszone wird vollständig durchfenstert, auch im ersten

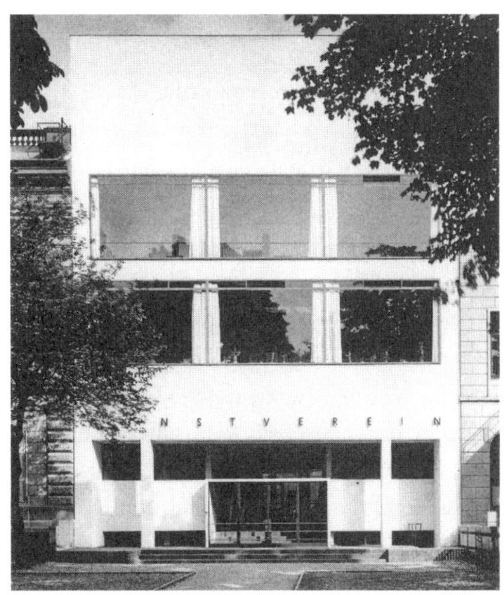

Der Hamburger Kunstverein, um 1930

und zweiten Geschoss dominieren Glasflächen die Front. Zum Garten hin wird das Haus um einen 370 Quadratmeter großen Oberlichtsaal mit variablen Ausstellungswänden erweitert. Im ersten Stock residiert nun der Deutsche Buchclub mit einer Buchhandlung und einem Antiquariat, im zweiten befindet sich ein weiterer Ausstellungsraum. Mit seiner Transformation eines konventionellen Wohnhauses in ein puristisches Ausstellungsgebäude erwirbt sich der Architekt internationales Renommee. Ein Modell der Neuen Rabenstraße 25 wird zwei Jahre später in der großen Ausstellung «The International Style» im New Yorker Museum of Modern Art zu sehen sein.[8] Der Hamburger Baurat Richard Tüngel lobt Schneiders Umbau in den höchsten Tönen: Hamburg besitze nun ein einzigartiges modernes Ausstellungsgebäude, das es so nicht einmal in der Reichshauptstadt gebe.[9]

Gurlitt in seinem Element, der Kunstverein als Forum

Das neue Haus belastet Hildebrand Gurlitt jedoch auch mit einer schweren Hypothek. Mit der Eröffnungsausstellung im Mai 1930 offenbaren sich sogleich die strukturellen Probleme der gemeinschaftlichen Nutzung durch Kunstverein, Sezession, Hamburgische Künstlerschaft und Hamburger Künstler-Verein. Hatten die Künstler zuvor geglaubt, das Gebäude paritätisch nutzen zu können, sehen sie sich nun nur noch als Gäste im Haus, die sich nach den Vorgaben der Kunstvereinsleitung zu richten haben. Hier soll der neue Direktor vermitteln – ein unmögliches Unterfangen, wie sich herausstellt. Jeder versucht, seine Interessen gegen den anderen durchzusetzen. Ein Jahr nach Eröffnung des neuen Gebäudes wenden sich die Künstler an den Hamburger Senat mit der Forderung, dass ihnen feste Räume zur Verfügung stehen müssten, doch sind sich die verschiedenen Vertretungen bereits untereinander nicht einig. Die Sezessionisten werfen der Hamburgischen Künstlerschaft vor, dass bei ihr nicht künstlerische Leistung als Kriterium für eine Ausstellungsteilnahme gilt, sondern bereits die Zugehörigkeit zum Verband genügt. Gurlitt dagegen beansprucht die Oberhoheit im Haus für sich, da der Verein das finanzielle Risiko für den Umbau übernommen hat und noch immer Defizite in Höhe von 10 000 Reichsmark abtragen muss. Aus diesem Grund können auch die erhöhten Eintrittspreise nicht wieder herabgesetzt werden, wie von der Künstlerschaft gefordert. Gurlitt bleibt bei seiner Position: Schließlich müssen Besucher in Berliner Einrichtungen ähnliche Preise zahlen.

Doch selbst die hohen Eintrittspreise helfen nicht. Wenig später spitzt sich die ökonomische Lage des Kunstvereins weiter zu. Eine dramatische Situation: Bereits im ersten Jahr seiner Tätigkeit muss der neue Direktor auch schon um sein Salär bangen. Am 24. September 1931 schickt der Verein ein warnendes Schreiben an Bürgermeister Carl Petersen, dass angesichts des zunehmenden Mitgliederschwunds und der dadurch ausbleibenden Beiträge die Gehälter schon bald nicht mehr gezahlt werden könnten. Gurlitt geht deshalb in die Offensive und lässt am 18. November 1931 im «Hamburger Fremdenblatt» unter der Überschrift «Kunstverein in Not» eine Anzeige schalten, mit der neue Mitglieder geworben werden sollen. Doch nicht nur der Kunstverein befindet sich in einer misslichen Lage und leidet unter der Finanzmisere der Stadt. Ein begleitender Artikel berichtet davon, dass auch das Philharmonische Orchester vom Abbau bedroht ist. Gurlitts Familie in Dresden verfolgt die Anstrengungen des Sohnes besorgt aus der Ferne. So berichtet Cornelius Gurlitt am 23. Dezember 1931 seiner Schwägerin Mary: «Aber der Verein ist in Gefahr zusammenzubrechen. Er muss Geld eintreiben, schnorren gehen. Ich habe ähnliche Arbeit auch zu leisten gehabt. Wenn man nicht für sich selber schnorrt, sondern für einen wertvollen Zweck, erträgt man die Arbeit leichter.»[10] Trotzdem reicht es nicht. Im darauffolgenden Sommer, im Juni 1932, startet Gurlitt eine weitere Kampagne, um Geld einzutreiben: Der Senat hat ihm einmalig erlaubt, eine Straßenlotterie zugunsten des Kunstvereins durchzuführen. Der Käufer erwirbt für 50 Pfennig eine Tafel Schokolade und, wenn er Glück hat, ein Freibillet für die nächste Ausstellung des Kunstvereins. Für den Verkauf und zuvor die Verpackung der Schokoladen werden Arbeitslose rekrutiert.[11]

Trotz der finanziellen Probleme und internen Auseinandersetzungen mit den anderen Nutzern des Gebäudes verfolgt Hildebrand Gurlitt seine Ziele als Direktor ungebremst. Nach wie vor setzt er sich für die Moderne ein, organisiert Ausstellungen mit der «Brücke», mit Max Beckmann, James Ensor, Lyonel Feininger, Walter Gramatté, Alfred Kubin, Gerhard Marcks und anderen. Wie zuvor arbeitet er direkt mit den Künstlern zusammen, bringt sie mit potentiellen Sammlern in Verbindung, veranstaltet Vortragsabende und macht persönlich Führungen. Wie in Zwickau agiert Gurlitt auch in Hamburg als großer Kommunikator, macht er seine Institution zum Bestandteil des gesellschaftlichen Lebens. «Mich freut es, dass Hildebrand und Helene in der als ‹steif› anerkannten Hamburger Gesellschaft sich einen guten Namen zu machen wussten, vielfach eingeladen und anständig behandelt wurden», schreibt Cornelius Gurlitt 1931 im Weihnachtsbrief an seine Schwägerin.[12] Hildebrands ambitioniertes Programm ist weiterhin auch kulturpolitisch orientiert. Kunst und Leben müssen sich verbünden, damit die Kunst ihr Publikum findet und im Alltag Spuren hinterlässt – das ist seit den Studientagen und den in Zwickau gemachten Erfahrungen seine Überzeugung geblieben. Pragmatisch richtet er deshalb eine «Beratungsstelle für alle Fragen der Wohnungsausstattung» in der Rabenstraße ein. Wie auf seinem vorherigen Posten mischt er wieder geschickt die Ausstellungsthemen, zeigt neben reiner Malerei und Skulptur auch Fotografie, modernes Gebrauchsgerät und Reklame, um das Publikum mitzunehmen. Gurlitt versucht, Interessierte aus den verschiedenen Sphären ans Haus zu binden: sei es aus dem Theaterbereich wie bei der Ausstellung «Das moderne Bühnenbild in Deutschland» in seinem ersten Jahr, sei es aus dem christlichen Milieu wie bei der «Modernen Kirchenkunst» im zweiten Jahr.

Hildebrand Gurlitt nutzt den Kunstverein zugleich als Forum, um sich in städtische Debatten einzumischen. Seine erste Ausstellung widmet er dem Bildhauer Ernst Barlach, dessen Entwurf für das Hamburger Ehrenmal am Rathausplatz gerade heftig diskutiert wird. Die Initiative für ein Denkmal zu Ehren der Opfer des Ersten Weltkriegs geht auf Fritz Schumacher zurück. Der Gesamtentwurf stammt von dem Architekten Klaus Hoffmann, Ernst Barlach versieht das Denkmal mit einem Relief. Mit einer Barlach-Ausstellung erweist Gurlitt nicht nur dem Stadtbaudirektor Schumacher seine Reverenz, sondern auch Carl Georg Heise, der ihn ebenfalls für sein Amt als Vereinsdirektor empfohlen hat. In der Ausstellung sind unter anderem Barlachs Vorarbeiten zur Gestaltung der Westfassade der Lübecker Katharinenkirche zu sehen, ein Projekt wiederum von Heise. Eine zweite Barlach-Ausstellung, die stärker auf das Hamburger Denkmal eingehen soll, kommt zwar wegen Transportschwierigkeiten nicht zustande, aber Gurlitt engagiert sich weiter für Barlach. Zusammen mit Schumacher animiert er prominente Vertreter des kulturellen Lebens wie Ludwig Justi, Paul Fechter, Georg Kolbe, Max Liebermann, Thomas Mann, Emil Nolde und Wilhelm Pinder, sich mit Textbeiträgen für den heftig attackierten Bildhauer zu verwenden. Unter dem Titel «Bekenntnis deutscher Kunstfreunde» werden sie später in einer kleinen Publikation zusammengestellt.

Im Herbst 1931 stellt Hildebrand Gurlitt sein erstes eigenständiges Jahresprogramm vor.[13] Die hochfliegenden Pläne sieht selbst das wohlmeinende «Hamburger Fremdenblatt» in seiner Ausgabe vom 11. September skeptisch: «Ob sich jedoch das Programm ganz so wird durchführen lassen, wie es den Absichten Dr. Gurlitts entspricht, hängt von der Teilnahme der Öffentlichkeit ab. Möglich wird es nur sein, wenn sich die Mitgliederzahl des Vereins hebt, und der Besuch seiner Veranstaltungen, der sich im neuen Hause entschieden sehr gehoben hat, noch steigert.» Gurlitt will jedoch nicht nur die Besucherzahl erhöhen, er will sein Publikum erziehen, ihm auch abstrakte Kunst nahebringen. So kombiniert er die Fotosammlung von Kurt Kirchbach mit Beispielen nicht gegenständlicher Malerei und Skulptur. Außerdem entwickelt er ungewöhnliche Themenausstellungen wie «Das soziale Problem in der Kunst» oder «Kult und Form». In der Augustausgabe der Zeitschrift «Der Kreis», die er als begleitende Publikation für seine Ausstellung nutzt und in der namhafte Autoren wie Le Corbusier, Max Beckmann und Max Sauerlandt schreiben, erklärt der ehrgeizige Kunstvereinsdirektor sein Konzept: «Der Sinn des Programms liegt darin, dass nicht mehr allein diese oder jene Künstlerpersönlichkeit dem Publikum vorgestellt wird, sondern dass der Versuch gemacht wird, den Kunstverein mehr und mehr in den Dienst vorhandener Ideen und Geistesströmungen zu stellen.»[14] Kunst bedeutet für ihn auch Kulturarbeit.

Und Hildebrand Gurlitt steckt den Rahmen nochmals weiter. So sieht er es als seine kulturpolitische Aufgabe an, die aktuellen Kunstbestrebungen in Deutschland auch im Ausland bekannt zu machen. Darin bestand bereits seine Aufgabe in der Propaganda-Abteilung in Wilna während des Ersten Weltkrieges. Gurlitt engagiert sich als Ausstellungsmacher bis zuletzt dafür, ob in Hamburg oder später als Direktor des Kunstvereins für die Rheinlande und Westfalen. In Hamburg ist ihm die Einladung aus Schweden, Werke Hamburger Künstler im Göteborger Museum auszustellen, deshalb ein willkommener Anlass, auf diesem Gebiet aktiv zu werden. Gurlitt befindet sich hier auf einer Linie mit der Weimarer Kunstpolitik, Deutschland als Kulturnation zu stärken. Zu lange ist die deutsche Kunst in Abhängigkeit vor allem von der französischen Moderne interpretiert worden – so zumindest sieht es Gurlitt, so auch eine große Zahl gleichgesinnter Kollegen. Gerade der Expressionismus wird von ihnen als eine eigenständig deutsche Entwicklung propagiert. «Während wir in Deutschland allzeit gern fremder Kunst Asylrecht eingeräumt haben, hat sich das Ausland unserer Kunst gegenüber lange Zeit sehr spröde verhalten. Das rührt nicht zum wenigsten daher, dass die neuere deutsche Kunst als zu sehr im Banne der französischen Kunst stehend galt, ein Vorurteil, das nun glücklicherweise immer mehr zerstreut wird. Ihr originaler Wert bricht sich jetzt auch im Ausland Bahn», schreibt im Oktober 1931 das «Hamburger Fremdenblatt» lobend über Gurlitts Ausstellung in Göteborg.[15]

Der Kunstvereinsdirektor setzt diese Linie fort. Gleich im Folgejahr schließt sich ein Ausstellungsdialog zwischen London und Hamburg an. Moderne englische Kunst wird in Deutschland gezeigt und umgekehrt moderne deutsche Kunst in England. Die Hamburger machen den Auf-

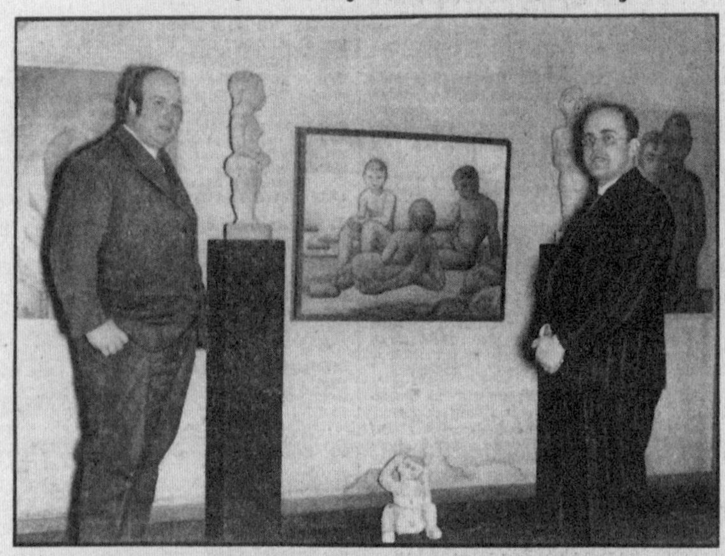

Ausstellung Hamburger Künstler in Göteborg.

Etwa dreißig Hamburger Künstler haben auf der Ausstellung „Junge Hamburger Kunst“, die am 30. Oktober in Göteborg eröffnet wurde, über 300 Gemälde, Aquarelle, Federzeichnungen und Skulpturen ausgestellt. Links Dr. Ph. Humbla (Göteborg), auf dessen Initiative die Ausstellung zustande gekommen ist, rechts Dr. Hildebrand Gurlitt, der für den Hamburger Kunstverein die Ausstellung geordnet hat. In der Mitte ein Gemälde „Badende Knaben auf Gotland“ von Emil Maetzel. Phot. Landells.

Hildebrand Gurlitt und Ph. Humbla in der Ausstellung «Junge Hamburger Kunst» in Göteborg, 1931

takt. Am 26. Juni 1932 wird in der Neuen Rabenstraße 25 die Ausstellung «New English Art» eröffnet. Einen Monat zuvor ist Gurlitt nach England gereist, um mit den Kollegen vor Ort Werke auszuwählen. Er entscheidet sich für Skulpturen von Henry Moore, Barbara Hepworth, John Skeaping, Leon Underwood, Henry Edward Bedford sowie Gemälde von Edward Wadsworth, Edward Burra, Christopher Wood, Stanley Spencer, Ben Nicholsen, William Roberts und anderen.[16] Das Unternehmen wird ein Erfolg, Hamburgs Bürgermeister Carl Petersen und der britische Botschafter Sir Horace Rumbold übernehmen die Schirmherrschaft. Sogar ein Ehrenausschuss wird gegründet, zu dem auch der honorige Landgerichtsrat Gustav Schiefler gehört.[17] Alle sind zufrieden – nur Max Sauerlandt reagiert ungehalten.

Eigentlich stammt die Idee zum deutsch-englischen Ausstellungsduo von ihm. Gemeinsam mit seinem Freund, dem britischen Kunst-Schriftsteller und Philosophen Herbert Read, hat Sauerlandt seit 1931 einen Austausch vor allem moderner Skulptur zwischen den beiden Ländern geplant. Das von ihm geleitete Museum für Kunst und Gewerbe hat seinen Schwerpunkt in der Bildhauerei vom Expressionismus bis in die jüngste Zeit. Das gefällt nicht allen: In der Stadt wird durchaus kritisch gesehen, dass sich sein eigentlich der angewandten Kunst gewidmetes Haus zunehmend in eines für bildende Kunst wandelt, für die es schließlich schon die Kunsthalle gibt. Deswegen schlägt Sauerlandt seinem neuen Kollegen vor, die Ausstellung moderner englischer Skulptur im Kunstverein zu veranstalten. Gurlitt ist sofort Feuer und Flamme, nur verändert sich mit dem neuen Ort auch der ursprüngliche Plan. Gurlitt selbst ist kein großer Freund der Bildhauerei, er bevorzugt die zweidimensionale Kunst. Zudem wird Sauerlandts englischer Partner Herbert Read nach Edinburgh berufen, in London springt dafür der Anglo-German Club ein. Die neuen Partner vor Ort lassen sich auf Gurlitts umgeschriebenes Konzept ein, das nun vornehmlich Malerei vorsieht. Gurlitts Gewichtung schlägt sich auch in seinen Beiträgen für die internationale Monatsschrift «Die neue Stadt» nieder, in der er auf vier Seiten ausgiebig und reich bebildert über «Die neue englische Malerei» berichtet, während sein Text zu den Bildhauerwerken unter dem Titel «Against the Praxitelean Tradition» gerade mal zwei Spalten einer Seite einnimmt.[18]

Um doch noch einige Aspekte seines ursprünglichen Plans zu retten und den Anteil der Skulptur zu erhöhen, leiht Sauerlandt für die Ausstellung in Hamburg jene Werke aus, die er im Februar 1931 bei seinem Besuch mit Herbert Read bei Henry Moore in Hampstead für das Museum für Kunst und Gewerbe erworben hat – eine Kopfskulptur aus Hämatit und sieben Studienblätter.[19] Für Henry Moore kann sich auch Gurlitt begeistern, und diese Leidenschaft hält an. Als Leiter des Kunstvereins für die Rheinlande und Westfalen wird er später Moores Werke in Düsseldorf zeigen. Die von Sauerlandt ursprünglich für das Museum für Kunst und Gewerbe gekauften Werke fallen 1937 der Beschlagnahmeaktion «Entartete Kunst» zum Opfer. Eines der Studienblätter von Moore, eine Aquarellskizze für eine Steinfigur, erwirbt Gurlitt aus dem beschlagnahmten Bestand. Bis heute befindet es sich in der Sammlung von Cornelius Gurlitt.

War schon die Ausstellung englischer Kunst in Hamburg ein Ärgernis für Sauerlandt, so wird es für ihn erst recht die Gegenausstellung deutscher Kunst in London. Gurlitt lässt die Londoner Partner auswählen, was sie an moderner deutscher Kunst ihrem Publikum zutrauen. Prompt wird eher das schon Bekannte mit Werken aus den Anfängen der Moderne von Liebermann, Slevogt, Corinth und Co. gewünscht. Sauerlandt ist hier nur zu wenigen Kompromissen bereit. Er will die Nachkriegsmoderne präsentieren, nicht Werke der impressionistischen Ära.[20] Gurlitt dagegen bevorzugt diplomatisch einen Überblick vom Impressionismus über den Expressionismus bis zur jüngsten Gegenwart. Da mischt sich Gustav Pauli, der Direktor der Hamburger Kunsthalle, auch noch ein. Er wünscht Menzel in der Ausstellung zu sehen, auf gar keinen Fall abstrakte Künstler. Die Angelegenheit führt zu vielen Streitgesprächen im Kunstverein und ist Hauptthema mancher Vorstandssitzung. Gurlitt geht als Sieger aus der Diskussion hervor, der Vorstand des Kunstvereins entscheidet sich im Juli 1932 mehrheitlich für sein Konzept.[21] Letztendlich kommt die Ausstellung nicht zustande, aber die Angelegenheit zeigt, welches Selbstbewusstsein Gurlitt aus Zwickau mitgebracht hat, um sich am neuen Ort gleich mit den beiden zentralen Persönlichkeiten der Hamburger Museumswelt, Sauerlandt und Pauli, anzulegen.

Der Konflikt spitzt sich zu: Das zweite Aus

Während die Auseinandersetzungen mit den beiden Museumsdirektoren intern beigelegt werden können, kommt es in der Öffentlichkeit zu gefährlichen Spannungen mit der Hamburgischen Künstlerschaft und ihrem Vorsitzenden Ludolf Albrecht. Von Anfang an fühlt sich der Verband vom neuen Kunstvereinsdirektor abgedrängt und in seinem Anspruch auf die Räumlichkeiten im neuen Ausstellungsgebäude nicht ernst genommen. Gurlitt bevorzugt in der Tat die Hamburgische Sezession gegenüber der konservativen Künstlerschaft. Bei den Mitgliedern der Sezession sieht er ein weitaus größeres künstlerisches Potenzial, ihre expressionistische Orientierung liegt ihm ohnehin näher. Entsprechend häufiger kommt die Sezession in seinem Programm vor. Wenige Monate nach seinem Amtsantritt gelingt es Gurlitt, die Ausstellung «Junge Hamburger Kunst» für

Göteborg zu organisieren, die zuvor noch in der Neuen Rabenstraße zu sehen ist. Bereits hier gibt es Kritik, wenn auch noch moderat. So moniert der «Hamburger Anzeiger» in seiner Besprechung vom 23. Oktober 1931 vor allem die Zusammenstellung: «die Sezessionsleute und was darüber hinausgeht, bis zum Abstrakten, etwas zu gewichtig betont. Kein Anspruch auf Vollständigkeit, insofern allerdings auch kein getreues Bild für Hamburger Kunst.» Bei der Planung einer Fortsetzung im darauffolgenden Jahr im Kölnischen Kunstverein kommt es dann zum Eklat. Ludolf Albrecht verlangt, dass diesmal mehr Mitglieder der Hamburgischen Künstlerschaft vertreten sein müssen und Gurlitt keine «diktatorische Vollmacht» mehr haben dürfe. Der Streit eskaliert, die Sezession weigert sich daraufhin, zusammen mit der Hamburgischen Künstlerschaft auszustellen. Die Kölner Ausstellung findet schließlich ohne die Traditionalisten statt.

Dieser Streit ist Auslöser für einen Machtkampf zwischen Gurlitt und Albrecht. Nachdem sich bereits in den Monaten zuvor das allgemeine Klima zunehmend gegen die von Gurlitt vertretenen Kunstrichtungen verschlechtert hat, bricht nach dem jüngsten Zwischenfall offene Feindschaft zwischen beiden aus. Am 2. Februar 1932 schreibt Albrecht an Staatsrat Alexander Zinn, den Leiter der 1927 eingerichteten «Senatskommission für Kunstpflege», und verlangt von ihm, dass ein Vertrag zwischen Kunstverein und Hamburgischer Künstlerschaft aufgesetzt werden müsse, damit diese zu ihrem Recht käme.[22] Die Hamburgische Künstlerschaft agiert nun zunehmend aggressiv gegen die Avantgarde im Haus und ihren Vermittler. Ludolf Albrecht, zugleich Vorsitzender der Ortsgruppe Hamburg des «Kampfbundes für deutsche Kultur», startet eine Pressekampagne. Unter der Überschrift «Wünscht Herr Dr. Gurlitt vom ‹Kunstverein› ein zweites Zwickau?» polemisiert das «Hamburger Tageblatt» am 29. November 1932 gegen Gurlitt: «Die Geschosse, die wir zurzeit gegen ihn und den Kunstverein versenden müssen, stammen aus derselben Gießerei wie diejenigen, mit denen ihn unsere Kampfgenossen in der Stadt Zwickau aus seiner Stellung als Direktor des dortigen Museums herausgeholt haben. Er wurde am 1. April 1930 entlassen und siedelte – o glückliches Zwickau! – nach Hamburg über, wo er jetzt im Schatten des Rotherbaums als Märtyrer der ‹modernen Kunst› ausruhen und sich weiterentfalten möchte. […] Aber wir sind nicht bescheidener als unsere Zwickauer Mitkämpfer und erwarten von Herrn Dr. Gurlitt […] die Freude, ihn auch in unserer Stadt sein kunstfeindliches Tun beendigen zu sehen. Wir werden jedenfalls mit nicht geringerem Kunstliebeseifer als die Zwickauer ein solches ‹happy end› herbeizuführen suchen.»

Gurlitt lässt sich wie in Zwickau von solchen Attacken nicht beirren, er will nicht nachgeben. Gesundheitlich hinterlässt der Druck allerdings Spuren. «Unser guter Hildebrand hat wieder oft Erbrechen, er ist immer in Hetz, so viel hat er zu tun in seinem Verein, Ausstellungen, Vorträge und Geselligkeit», schreibt die Mutter besorgt in einem Brief.[23] Im Dezember 1932 muss er zur Kur, um eine Operation am Zehnfingerdarm abzuwenden.[24] Aber eine gute Nachricht gibt es doch aus dem Hause Gurlitt in Hamburg: «Heut' Nacht kam eine Depesche von Hildebrand, dass Helene von einem gesunden, strammen Sohn entbunden sei», berichtet Cornelius am 29. Dezember 1932 seiner Schwester.[25] Das Kind soll den gleichen Namen tragen wie sein Großvater. Rolf Nikolaus Cornelius heißt der jüngste Gurlitt mit vollem Namen. Helene hat am 28. Dezember in einer Privatklinik in der Hagedornstraße 29 entbunden, nicht weit entfernt von der Wohnung der nunmehr dreiköpfigen Familie in der Zesenstraße 13, ebenfalls in Winterhude.[26] Hineingeboren in die Anfänge des «Dritten Reiches» wird der Sohn die Belastungen der Eltern und den Krieg zu spüren bekommen, als Kind in Hamburg und später Dresden die zweimalige Flucht vor den Bomben erleben, die jeweils das Heim der Familie zerstören.

Allen Widerständen zum Trotz kämpft Gurlitt als Kunstvereinsdirektor weiter für die Moderne, zumal in der NSDAP ein Richtungsstreit entbrannt ist, ob der Expressionismus mit den «hohen Idealen einer blut- und rassegebundenen Kunst», so die NS-Diktion, zu vereinbaren sei oder nicht. 1933 zeigt er zunächst Gerhard Marcks, dann Max Beckmann. Am 12. März, eine Woche nach der Machtübernahme der Nationalsozialisten bei der Senatswahl in Hamburg, eröffnet die 12. Ausstellung der Hamburgischen Sezessionisten. Sie wird zur Machtprobe für Ludolf Albrecht, der nunmehr als Beauftragter für den Gau Nordwestdeutschland beim Reichsverband Bildender Künstler Deutschlands eine gefährliche Ämterfülle in seiner Person vereinigt. Albrecht interveniert in Berlin, woraufhin die Sezessionisten-Schau durch den Hamburger Polizeipräsidenten geschlossen wird, «da die Ausstellung Objekte zeigt, die in ihrer überwältigenden Mehrheit zur Förderung von Kulturbolschewismus geeignet seien», wie der «Völkische Beobachter» in seiner Ausgabe vom 1. April 1933 berichtet. Der Terminus «Bolschewismus» ist Gurlitt auch schon in der gegen ihn gerichteten Attacke Karl Zimmermanns in der «Zwickauer Zeitung» vom 21. Februar 1930 begegnet. Der Begriff «Kulturbolschewismus» wird in der NS-Propaganda zum zentralen Kampfwort gegen alles Moderne in der Kunst. Im NS-Jargon meint er die angebliche Verschwörung jüdischer Künstler und Kulturschaffender, die die deutsche Kultur bewusst zersetzen und das Land damit schwächen wollten.

Die Schließung der Sezessionisten-Schau ist das erste Verbot einer ganzen Kunstausstellung im «Dritten Reich». Die Hamburgische Sezession löst sich nur wenig später auf, nachdem sie der Aufforderung zum Ausschluss ihrer jüdischen Mitglieder nicht nachkommen wollte. Gurlitt versucht, sich seinerseits vor weiteren Zugriffen zu schützen, indem er den im März von den Nationalsozialisten ins Amt gewählten Bürgermeister Carl Vincent Krogmann zum Eröffnungsredner seiner nächsten Ausstellung macht, die bereits zwei Wochen später, am 16. April, beginnt. In dieser Zeit, im ersten Jahr des «Dritten Reichs», bedeutet die Zugehörigkeit zur NSDAP nicht automatisch eine Gegnerschaft zur avantgardistischen Kunst. Krogmann, der schon vor 1933 mit der NSDAP sympathisierte, ist selbst Sammler und Förderer moderner Hamburger Künstler. Wie wenig sich der Bürgermeister in der Kunst auf eine Linie festlegen lässt, zeigt sich auch an seinem Verhältnis zu Fritz Schumacher, der als Stadtbaudirektor am 3. Mai 1933 aus unbekannten Gründen aus seinem Amt entlassen wird. Krogmann gratuliert ihm noch 1944 zum 75. Geburtstag und zeigt sich überzeugt, dass seine Verdienste später wieder anerkannt werden.[27] Am 16. April 1933 aber nutzt er die Ausstellungseröffnung als Gelegenheit zu einer programmatischen Rede. Der Kunstverein ist an diesem Abend so gut besucht wie nie zuvor. Mit Spannung wird die angekündigte Grundsatzrede erwartet, in der sich Krogmann aus taktischen Gründen gleichwohl nicht auf eine Haltung gegenüber dem Expressionismus festlegt. Ohne direkt auf die Schließung der Sezessionisten-Ausstellung einzugehen, gelingt es ihm trotzdem, sich als Mann der Partei zu positionieren: «Der Staat muss dafür sorgen, dass alles Zersetzende und alles, was das Volk nach unten zieht, vom Volke ferngehalten wird. Es ist deshalb seine Pflicht, dafür zu sorgen, dass derartige Kunst auf öffentlichen Ausstellungen nicht gezeigt wird.»[28]

Damit hat sich der Druck auf Hildebrand Gurlitt erhöht, seine bisherige Ausstellungspolitik wird er nicht mehr weiterverfolgen können. Am 10. Mai tagt in Hamburg der «Gau Nordwestdeutschland der Deutschen Kunstvereine», zu dem unter anderem Kiel, Rostock, Neubrandenburg,

Osnabrück und Göttingen gehören. Die Rede Krogmanns zwingt die Kunstvereine zur Reaktion. Eine Entschließung wird verfasst, in der man verspricht, «alles Zersetzende auszuscheiden und der bodenständigen deutschen Kunst in allen Ständen die ihr gebührende Stellung zurückzugewinnen». Das «Hamburger Tageblatt», das die vom Hamburger Kunstverein eingereichte Mitteilung des Gaus abdruckt, fügt allerdings kommentierend hinzu, dass die Kunstvereine – anders als darin behauptet – bisher kaum daran gearbeitet hätten, «die Kluft zwischen Kunst und Volk zu schließen. Gerade die Kunstvereine haben sich schwer am deutschen Volkstum versündigt».[29] Als Orte, an denen die Avantgarde ihre erste größere Öffentlichkeit findet, bevor sie ins Museum gelangt, sind die Kunstvereine damit endgültig ins Fadenkreuz der völkischen Kritik geraten. Es ist nur eine Frage der Zeit, bis sie wie alle anderen Bereiche der Kunst gleichgeschaltet werden. Ab November 1933 sind sie im Bund Deutscher Kunstvereine e. V. als einer der 16 Fachverbände der Reichskammer der bildenden Künste eingegliedert und damit der Kontrolle der Regierung endgültig ausgeliefert.

Für Hildebrand Gurlitt stellen die Äußerungen im «Hamburger Tageblatt» eine Verkehrung all seiner bisher geleisteten Bemühungen dar. Ausgerechnet ihm wird vorgeworfen, zwischen Kunst und Publikum, auch dem ungebildeten Besucher nicht vermittelt zu haben. Gurlitt muss erkennen, wie weit sich seine Arbeit von den realen politischen Verhältnissen entfernt hat, dass freies, unabhängiges Entscheiden über ein Ausstellungsprogramm unter diesen Bedingungen kaum noch möglich ist. Noch ein zweites Mal, nur wenig später, lädt er Vincent Krogmann als Redner in die Neue Rabenstraße ein. Am 23. Mai eröffnet er eine Ausstellung italienischer Kunst der letzten 20 Jahre aus dem Besitz der Berliner Nationalgalerie, darunter einstige Futuristen. Auch hier ist Krogmanns Auftritt programmatisch zu verstehen, denn die moderate Avantgarde gilt im faschistischen Italien unter Mussolini als Staatskunst. Gurlitt seinerseits versucht, sich mit der importierten Ausstellung einem neuen Trend anzuschließen, der schließlich von der führenden Kunstinstitution in der Reichshauptstadt ausgeht. Es ist ein geschickter Schachzug – auf dem Pressefoto im «Hamburger Fremdenblatt» vom 24. Mai 1933 ist er allerdings nicht mehr zu sehen. Vor dem Haus des Kunstvereins posieren allein die Delegierten der italienischen Botschaft in Berlin, der Hamburger Vizekonsul und Bürgermeister Krogmann. Gurlitts Stern ist bereits im Sinken begriffen.

Auch seine Eltern ahnen, dass es für ihn böse enden wird. Am 16. Juni schreibt seine Mutter: «Hildebrand hat viel Ärger mit seinem Kunstverein, viele sind schon abgesetzt, und er und wir fürchten uns vor der Neuwahl des Vorstands. Wirkliche Gemütsruhe kommt nicht mehr, jeder Brief, jede Zeitung ist eine Erregung.»[30] Trotz seines geschickten Agierens kann sich Hildebrand Gurlitt nicht länger der Angriffe durch den «Kampfbund für deutsche Kultur» und dessen Hamburger Vorsitzenden Ludolf Albrecht erwehren. Wenige Wochen später muss er sein Amt aufgeben. Um der unweigerlichen Kündigung zuvorzukommen, stellt er zum 14. Juli seinen Posten zur Verfügung.[31] Einen Monat später geht mit ihm der gesamte Vorstand. Im Jahresbericht für 1933 heißt es dazu lakonisch gleich zu Anfang: «Die politische Erneuerung des Reiches machte auch eine Neugestaltung des Kunstvereins in diesem Jahr notwendig.»[32]

Den letzten Ausschlag zu Gurlitts drohender Entlassung gibt die demonstrative Nichtbeflaggung des Kunstvereinsgebäudes. In einem Akt des Widerstands lässt Gurlitt den seit dem Frühjahr defekten Fahnenmast vom Dach des Hauses entfernen, um nicht die Hakenkreuz-Fahne hissen zu müssen. Damit trifft er die Nationalsozialisten an einem höchst empfindlichen Punkt. Fahnen sind ein fundamentaler Bestandteil der öffentlichen Selbstinszenierung, kein Foto, kein Film, in dem nicht das Hakenkreuz und andere Symbole der Partei zu sehen sind. Wer sich dem entzieht, gilt schnell als Gegner des Systems. Für Hildebrand Gurlitt hat die Fahnengeschichte jedenfalls Folgen. Bürgermeister Krogmann, der ihm bislang wohlgesinnt war, lässt ihn fallen, ja verübelt ihm die Tat noch Wochen später. Als der Maler Rolf Nesch den Bürgermeister im August 1933 besucht, um sich bei ihm als seinem Sammler Geld zu borgen, gerät dieser bereits bei der Erwähnung des Namens Gurlitt in Rage: «Ich hatte einen Zettel, auf dem Verschiedenes aufgezählt war, ich fing mit G = Gurlitt an, aber auf den hat er eine Wut wegen seiner Fahnenstange. So musste ich gleich wieder aufhören.»[33] Dass die Episode mit der Fahnenstange Gurlitts Schicksal besiegelt hat, bestätigt Jahre später auch das damalige Vorstandsmitglied des Kunstvereins Otto Blumenfeld in seiner Stellungnahme zum Entnazifizierungsverfahren von Hildebrand Gurlitt: «Die Ursache […] war sein Eintreten für die Kunst, die die Nazis als ‹entartet› beschimpften und die Veranstaltung betont antifaschistischer Ausstellungen. […] Als direkten Anlass zur Entlassung Dr. Gurlitts nahm man die

Tatsache, dass er den Fahnenmast auf dem Dach des Kunstvereins entfernte, um die Nazifahne nicht hissen zu müssen.»[34]

Mit diesem zweiten Verlust seines Postens nimmt Hildebrand Gurlitts Leben eine vollkommen neue Wendung. Er bleibt zwar seinem Engagement für die Moderne treu, beginnt sich aber in den neuen Verhältnissen einzurichten. Der arbeitslos gewordene Kunstvereinsdirektor wechselt die Seiten, er wird zum Händler und versucht auf diese Weise, seine Arbeit weiterzuverfolgen. Nicht von ungefähr wird er mit seinem Kunstkabinett in die Nähe seiner früheren Wirkungsstätte ziehen, um dort eine Art Pendant-Programm zu veranstalten. Seinen endgültigen Abschied vom Kunstverein nimmt er am 15. August 1933.[35] Dort läuft das Programm zunächst scheinbar kaum verändert weiter: Vincent van Gogh, Munch, Schmidt-Rottluff, Hofer, Beckmann werden gezeigt. Diese vermeintlich liberale Zwischenphase endet drei Jahre später abrupt. Es kommt nochmals zum Eklat, als die Ausstellung «Malerei und Plastik in Deutschland 1936» mit Künstlern wie Barlach, Beckmann, Dix, Feininger, Glöckner, Heckel, Jawlensky, Kirchner, Munch, Nay, Nolde, Schlemmer und Schmidt-Rottluff auf Veranlassung des Präsidenten der Reichskammer der bildenden Künste geschlossen und das Haus in der Neuen Rabenstraße beschlagnahmt wird. Es ist das endgültige Ende einer unabhängigen Arbeit. Im darauffolgenden Jahr zieht der Verein in die Kunsthalle zurück, sein eigenes Ausstellungsgebäude wird zwangsversteigert und im Krieg schließlich zerstört.

Kapitel 9

Zwischen Geradlinigkeit und taktischen Manövern (1933 bis 1937)

Unter dem Radar: Aufbau einer neuen Existenz

Im Juli 1933 steht Hildebrand Gurlitt ein zweites Mal vor den Scherben seiner Existenz, ohne Anspruch auf Pension und mit einem Publikationsverbot belegt, wie er später behauptet.[1] Seine Amtsniederlegung folgt dem zunehmenden politischen Druck, der auf ihn ausgeübt wird. Die Gründe hierfür liegen jedoch nicht allein in Gurlitts Eintreten für die moderne Kunst. Schon im Frühjahr 1933, zweieinhalb Jahre bevor die «Nürnberger Rassengesetze» erlassen werden, müssen die Gurlitts ihre Abstammung nachweisen. «Die Zeit bringt viel Ärger», schreibt Vater Cornelius im Mai 1933 an seine Schwester Else in Berlin, «meine Söhne, wie ich, haben Erklärungen abzugeben, ob wir Arier sind». Cornelius ist empört, schließlich ist er seit 40 Jahren Mitglied der Nationalliberalen Partei und seit kurzer Zeit Wähler der Deutschen Volkspartei. In seinen Augen kann man nicht deutscher sein. Warum, bitte schön, soll er Belege seiner Abstammung erbringen, fragt er verständnislos die Schwester. Zudem versteht er nicht, was er nachweisen soll, «denn niemand weiß, was ein Arier sei». Eigentlich ist seine Wertschätzung für Hitler kontinuierlich gewachsen, aber angesichts des Ärgers verspürt er nun «keine Neigung, Nazi zu werden».[2]

Hinter der frühen Forderung eines Abstammungsbelegs steht das «Gesetz zur Wiederherstellung des Berufsbeamtentums» vom 7. April 1933, eines der ersten Gesetze zur Gleichschaltung, die von Adolf Hitler erlassen werden. Demnach sind Beamte in den Ruhestand zu versetzen bzw. zu entlassen, die «von nicht arischen, insbesondere jüdischen Eltern oder Großeltern» abstammen. Nicht arischer Abstammung ist man, «wenn ein Elternteil oder ein Großelternteil nicht arisch ist», insbesondere dann, «wenn ein Elternteil oder ein Großelternteil der jüdischen Religion angehört hat».[3] Das betrifft auch die Familie Gurlitt. Dass Elisabeth Lewald,

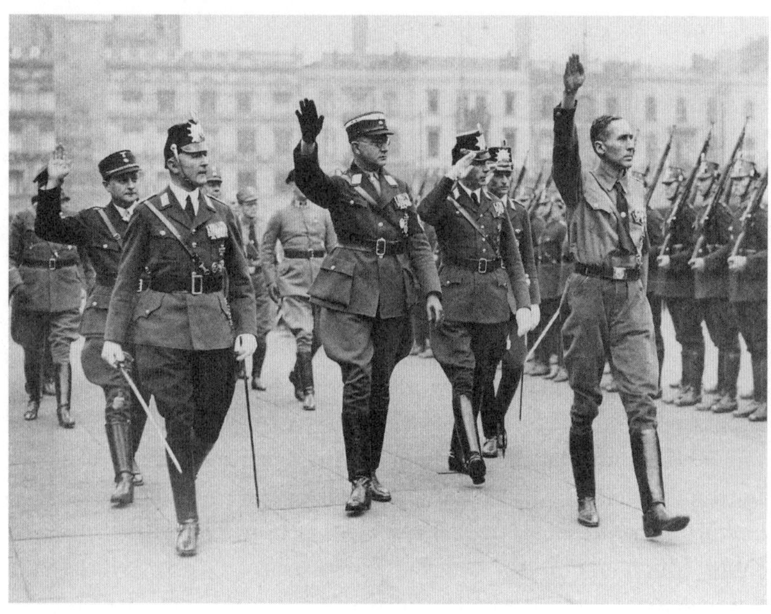

Der regierende Bürgermeister Carl Vincent Krogmann (vorne rechts) bei einer Parade der Städtischen Polizei auf dem Rathausmarkt in Hamburg, hinten links Gauleiter Karl Kaufmann, 1933

die Mutter von Cornelius, Mitte des 19. Jahrhunderts zum Protestantismus konvertierte, wird nach dem neuen Gesetz nicht anerkannt. Träger des Namens Lewald werden 1933 aus ihren Ämtern entlassen. Auf Wilibald, Hildebrands Bruder, trifft als Beamten das Gesetz direkt zu. Seit 1929 ist er ordentlicher und damit verbeamteter Professor für Musikgeschichte an der Universität in Freiburg im Breisgau. Cornelius jedoch (mit seinen 83 Jahren immer noch als Ehrenpräsident im Bund Deutscher Architekten tätig) sowie Hildebrand als geschäftsführender Direktor des Hamburger Kunstvereins sind keine Beamte. Dennoch werden auch sie durch Unterparagraphen erfasst, in denen formuliert ist, dass das Gesetz auch auf Angestellte und Mitglieder von Körperschaften des öffentlichen Rechts anzuwenden ist.

Allerdings ist in das Reglement als Hintertüre das «Frontkämpfer-Privileg» eingebaut, um treue Gefolgsleute wie Cornelius Gurlitt der NS-Bewegung zunächst gewogen zu halten. Wer für das Deutsche Reich gekämpft hat, wer im Ersten Weltkrieg an der Front eingesetzt war, darf im Dienst bleiben bzw. behält seinen Anspruch auf Pension. Alle drei Gurlitts berufen sich auf die Sonderregelung und bleiben deswegen vorerst unbehelligt.[4] Wilibald behält sein Amt, und Cornelius gewinnt seinen Glauben an die NSDAP zurück. Bei der Reichstagswahl am 12. November 1933, bei der man im Prinzip nur für oder gegen die NSDAP stimmen kann, da alle politischen Gegner vorher ausgeschaltet wurden, wählt Cornelius Gurlitt Hitler. «Er ist ein großer Mensch», glaubt der alte Gurlitt, und die «vollständige Umkrempelung» der «politischen Ansichten» sei der richtige Weg. Schließlich gehe es «nicht um Freiheit, sondern um das Anerkennen einer höheren Macht». Sie dürfe «nicht durch Parteien geschwächt werden», denn «Christi Wort der Liebe gegen alle» gelte nicht mehr, nur noch die Liebe «für das Volk, die Rasse».[5] Anders als sein Vater, der erst sehr viel später erkennt, wem er da seine Stimme gegeben hat, wählt Hildebrand Gurlitt bereits bei der Reichstagswahl am 6. November 1932 die SPD.[6]

Für Hildebrand löst das «Frontkämpfer-Privileg» nicht alle seine Probleme mit den neuen Machthabern. Das hat ihn seine erzwungene Amtsniederlegung in Hamburg gelehrt. Trotzdem verspürt er nach wie vor einen starken Geltungstrieb und will weiter in der Öffentlichkeit wirken. Angesichts der veränderten Verhältnisse muss er sehr viel vorsichtiger agieren – nicht zuletzt weil sich seine private Situation mit der Geburt des ersten Kindes verändert hat. Der junge Vater trägt jetzt eine ganz andere Verantwortung. Er bleibt in Hamburg, wo sollte er auch sonst hin, denn die Lage ist anderswo in Deutschland ebenso schwierig. An eine Emigration ins Ausland hat Gurlitt nie ernsthaft gedacht, auch später nicht, obwohl er Aufnahme in London bei seinem Onkel Otto oder in der Schweiz bei dem Freund Karl Ballmer gefunden hätte. Seine Situation ist trotz allem nicht hoffnungslos. Wie schon vor seiner Berufung nach Hamburg begibt er sich wieder auf Vortragsreisen, nach Gera und andernorts. Und wieder steht sein Gönner bereit, der Dresdner Industrielle Kurt Kirchbach, der ihm beim beruflichen Neustart helfen wird.

Als Berater zu Diensten: Gurlitt kauft für Kirchbach ein

Die Verbindung zwischen den beiden ist nie abgebrochen, ja sie hat sich noch intensiviert seit der Ausstellung von Kirchbachs Fotosammlung Anfang 1932 im Hamburger Kunstverein. Zur Vorbereitung hat das Ehepaar Kirchbach im November 1931 als «Hausgast» für eine Woche bei Helene und Hildebrand Gurlitt residiert; sie wohnen in diesen Tagen einer Ausstellungseröffnung im Kunstverein und der Opernaufführung von Cousin Manfred in Altona bei. Sogar an der «Gurlittfeier» in Altona nehmen die Kirchbachs teil und gehören damit zum erweiterten Familienkreis. Nach Dresden heimgekehrt, besucht Lore Kirchbach die Eltern Gurlitt in der Kaitzer Straße und berichtet ihnen, wie es bei Sohn und Schwiegertochter zuhause in Hamburg aussieht.[7] Nicht nur Hildebrand und Helene stehen mit dem Ehepaar Kirchbach auf vertrautem Fuß, auch seine Eltern. Das führt so weit, dass Kurt Kirchbach bei Cornelius Gurlitt sein Herz ausschüttet und von Eheproblemen berichtet, schließlich kennt dieser Lore und ihr Temperament.

Wie eng die Beziehung zwischen Hildebrand Gurlitt und dem Sammler ist, daraus macht der Kunstvereinsdirektor auch in der Öffentlichkeit keinen Hehl. In dem Textbeitrag, den er für das Magazin «Der Kreis» aus Anlass der Foto-Ausstellung schreibt, nennt er Kirchbach «meinen Freund» und bekennt damit freimütig, dass beide mehr als Geschäftliches und ein Interesse für Fotografie verbindet. Ganz offensichtlich sucht Kirchbach in Gurlitt jenen Vertrauten, den er durch den Tod seines Zwillingsbruders 1920 verloren hat. Er bindet den nur vier Jahre jüngeren Kunsthistoriker zunehmend an sich, hat ihn sich «als Schutzengel gewählt, da seine Nerven kaputt sind».[8] Für Vater Cornelius bleibt diese Beziehung rätselhaft. «Hildebrand führt ein sonderbares Leben. Ein sehr reicher Fabrikbesitzer, der in sehr schwierigen Eheverhältnissen lebt, hat entdeckt, dass er [Hildebrand] der einzige nicht egoistische Mensch ist, den er kenne, und nimmt ihn daher stark in Anspruch, zahlt aber die ihm daraus erwachsenden Unkosten», schreibt er seiner Schwester Else im November 1933.[9] Kirchbach steckt in einer schweren Krise. Um die Jahreswende 1933/34 beantragt er in Dresden die Scheidung von seiner Frau, die soeben eine Tochter von einem anderen Mann zur Welt gebracht hat. Um der heimischen Situation zu entgehen, verlässt Kirchbach Ende 1933 Dresden und reist nach Hamburg zu Gurlitt.[10] Der betrogene Ehemann begibt sich auf die

Flucht und plant mit Hildebrand als seinem Begleiter eine längere Italienreise.

Ende Dezember 1933 reist das Gespann nach Neapel, wo es Weihnachten verbringt, während Helene den kleinen Sohn in Hamburg versorgt. Kirchbach und Gurlitt dürften auf ihrer Bildungsreise, die vor allem der Erholung des angeschlagenen Fabrikanten dient, auch auf Einkaufstour für dessen Kollektion gegangen sein. Gurlitt hilft seinem Freund außerdem bei der Erwerbung eines neuen Wohnsitzes, einer Villa in Dresden-Loschwitz. Für den Umbau des Prachthauses in bester Lage empfiehlt er ihm Hans Gerlach, seinen Onkel mütterlicherseits, der kurz vor Silvester nach Neapel beordert wird – «eingeladen von Kirchbach, um die Sache zu besprechen», wie Cornelius Gurlitt staunend weitergibt.[11] Ein gewaltiger Auftrag, denn es geht um ein Anwesen auf dem Weißen Hirschen, die heutige Villa Paulus in der Preußstraße 8, die zuvor als Sanatorium genutzt wurde. Kirchbach lässt 1934 den parkähnlichen Garten neu gestalten und im Haus ein holzgetäfeltes Sammlungszimmer einrichten mit zwei Betrachterpulten für Graphik und Fotografie.[12] Die Italienreise bringt jedoch nicht die erhoffte Stabilisierung Kirchbachs, der in Neapel zumeist bettlägerig ist. Nach ihrer gemeinsamen Rückkehr nach Hamburg logiert Gurlitt vorübergehend bei dem Unternehmer in Hamburg-Blankenese, um sich weiter um ihn zu kümmern. «Es ist so schön dort, aber er kann doch Helene und das Kind manchmal sehen», kommentiert Marie Gurlitt in einem Brief an ihre Schwägerin vom 9. April 1934 das ungewöhnliche Arrangement.[13]

Häutungen: Offiziell Kunsthändler

Doch Gurlitt will mehr sein als ein «Schutzengel» und der Chefeinkäufer eines reichen Mannes, er will selber wirken. Trotz aller Probleme am Museum in Zwickau und danach am Kunstverein fühlte er sich dort im Zentrum des Geschehens, einer für die Zukunft relevanten Bewegung. Die Rolle, die er jetzt spielt, gleicht eher der eines privaten Assistenten. Als Option für eine Berufstätigkeit sieht er nur noch den Handel, nachdem unter den Nationalsozialisten die Türen der Institutionen zugeschlagen sind. Gurlitt plant, eine Galerie zu gründen, unterstützt von Kurt Kirchbach, der ihm die Ausstattung und den späteren Umzug in die Alte Rabenstraße finanziert. Seit den frühen 1920er Jahren hat Gurlitt immer wieder mit Kunst gehandelt. So organisierte er schon vor seiner Berufung an das Zwickauer König-Albert-Museum Verkaufsausstellungen, unter anderem für den Dresdner Maler Karl Kröner Anfang 1924 in Erfurt.[14] Seinem Vater half er während der Inflation, Werke aus dessen Sammlung abzustoßen: «zwei italienische Prachtstücke, die im Hausflur hingen, für 20 Millionen».[15] Am unterfinanzierten König-Albert-Museum schließlich wusste er geschickt zu kaufen und verkaufen: für seine Institution, aber auch für sich. Die Grenzen zwischen öffentlichen und privaten Interessen beim Kauf von Kunst verschwammen endgültig in Verbindung mit Kurt Kirchbach, für dessen Sammlung Gurlitt in seiner Funktion als Museumsdirektor Werke akquirierte. Und auch im Hamburger Kunstverein bewegte er sich in dieser Grauzone. 1932, in seinem zweiten Jahr als Direktor, eröffnete er eine Dependance in den Räumen der Hamburger Bühne in der Bergstraße 26, um Graphik Hamburger Künstler und kunstgewerbliche Arbeiten anbieten zu können. Für den Kunstverein war der Verkauf eine wichtige Einnahmequelle, aber auch Gurlitt profitierte davon. Er erhielt jeweils Provision und konnte damit sein bescheidenes Gehalt von monatlich 600 Reichsmark aufbessern. Seinen Rückzug aus dem institutionellen Umfeld sieht Gurlitt selbst nur als vorläufig an, die Rückkehr irgendwann an ein renommiertes Haus bleibt sein Ziel. Den Wechsel in den Handel, wird er später erklären, habe er «nicht freiwillig getan», ohne dabei zu erwähnen, dass er sich auf diesem Terrain längst betätigt hatte.[16]

Nun aber steigt Hildebrand Gurlitt offiziell ein, seine dritte Karriere beginnt, nach seiner Laufbahn an der Technischen Hochschule in Dresden und seinem Wirken als Direktor zweier öffentlicher Institutionen. Um seine Familie zu ernähren, gründet er ein Geschäft. Ihm bleibt damit die Kunst der Moderne erhalten, sogar im gleichen Personenkreis wie zuvor bewegt er sich. Gurlitt kommen hier seine erworbenen Kenntnisse und Kontakte zugute. In Hamburg kann er auf die bereits bestehenden Verbindungen zu Sammlern und Förderern der Moderne aufbauen. Auch wenn es um ihn als Kunstvereinsdirektor Auseinandersetzungen gab, so hat der Name Gurlitt in der Stadt doch weiterhin einen guten Klang. Die Tatsache, dass Hildebrand aus einer alteingesessenen Hamburger Familie stammt, stellt ein wichtiges Zugangskriterium zu bestimmten gesellschaftlichen Kreisen und damit möglichen Kunden dar.

Auch die einstigen Kollegen aus dem Museumsbund stehen weiterhin in Verbindung mit Gurlitt, jetzt als potentielle Käufer. Hier kann sich der begnadete Netzwerker ebenfalls der einmal geknüpften Beziehungen bedienen. Nachdem er sich bereits am 14. November 1933 bei der Gewerbepolizei in Hamburg als Kunsthändler angemeldet hat, wächst zunehmend der Wunsch, eine eigene Galerie zu gründen. 1935 steht der Entschluss fest: Das «Kunstkabinett Dr. H. Gurlitt» wird eröffnet.[17] Die vier Jahre zuvor bezogene Wohnung in der Zesenstraße 13 ist dafür nicht geeignet. Auch benötigt die inzwischen vierköpfige Familie mehr Platz. Am 1. März des Jahres ist die Tochter Renate Nicoline Benita zur Welt gekommen. Im Sommer 1935 zieht die Familie zunächst in die Klopstockstraße (heute: Warburgstraße), die parallel zur Neuen Rabenstraße verläuft und damit nur einen Katzensprung vom Kunstverein entfernt liegt. Hier tritt Hildebrand Gurlitt als Kunsthändler auch öffentlich in Erscheinung.[18] Marie Gurlitt beobachtet die neuesten Entwicklungen aus der Ferne wie immer in Sorge: «Sie müssen recht kämpfen und sind in steter Unruhe und Hast. Ohne bestimmte Einnahmen und Stelle eine Familie in der großen Stadt zu erhalten, erfordert sehr viel Kraft. Helene ist auch nicht mehr so jung und elastisch, um Kinder mit Leichtigkeit zur Welt zu bringen, und natürlich fehlt es an genügender Hilfe, wie wir sie bei kleinen Kindern hatten.»[19]

Noch bevor das Kunstkabinett Anfang November regulär seine Arbeit aufnimmt, bekommt Gurlitt im Juni einen gewichtigen Auftrag an die Hand: Er soll acht Menzel-Werke aus dem Erbe des Hamburger Bankiers Eduard Ludwig Behrens verkaufen. Die Sammlung gilt neben der des Sohnes Theodor E. Behrens als eine der bedeutendsten Privatkollektionen der Hansestadt. Der Bankier hatte Mitte des 19. Jahrhunderts mit dem Aufbau seiner Sammlung begonnen, deren Schwerpunkt bei deutscher und französischer Genremalerei des 19. Jahrhunderts sowie Landschaftsgemälden der Schule von Barbizon lag. Nach seinem Tod 1895 erbte sein ältester Sohn Eduard L. Behrens jun. die Gemäldesammlung, während der zweitgeborene Sohn Theodor E. Behrens die Kollektion von 200 Porzellanen erhielt. Als Eduard L. Behrens jun. 1925 stirbt, geht seine Sammlung für zehn Jahre als Leihgabe an die Hamburger Kunsthalle. Nach Ablauf der Leihfrist 1935 will sie sein Sohn George Eduard Behrens verkaufen und bietet Teile auch der Kunsthalle an. Das Museum würde gerne Menzels «Hochaltar der Damenstiftskirche zu München» erwerben, doch der Antrag wird von dem neuen Kultursenator Wilhelm von Allwörden mit der Begründung abgelehnt: «Der Staat kann nicht beim Juden kaufen.»[20]

George Eduard Behrens wendet sich daraufhin an private Händler, darunter Hildebrand Gurlitt. Er mag ihn noch vom Kunstverein kennen, denn der 1934 verkaufte Familiensitz, die Villa Behrens in der Harvestehuder Straße 14/15, liegt nicht weit entfernt sowohl von Gurlitts altem Arbeitsplatz als auch von seiner neuen Geschäftsadresse. Hierhin kommt der Enkel und bittet ihn um Hilfe beim Verkauf des Menzel-Konvoluts. Gleich im Juni bietet Gurlitt die Bilder dem Tabakfabrikanten Hermann F. Reemtsma an, der zu der Zeit noch als Kassenführer im Kunstverein wirkt. Im Juli wendet sich Gurlitt mit seiner Offerte an Eberhard Hanfstaengl, der 1933 den Direktorenposten des entlassenen Ludwig Justi an der Berliner Nationalgalerie übernommen hat. Er ist zwar interessiert, aber das Museum besitzt bereits eine ganze Anzahl Menzel-Werke. Weitere Ankäufe bekäme er bei der Ankaufskommission nicht durchgesetzt, begründet Hanfstaengl seine Absage gegenüber Gurlitt.[21] Als Nächstes wendet sich der frischgebackene Kunsthändler mit seinem Angebot an Walter Passarge, den Direktor der Mannheimer Kunsthalle. Doch schon fünf Tage später, am 8. Juli 1935, erhält er von dort ebenfalls eine Absage: «Wir können diese Preise nicht bezahlen. So schwer es uns fällt – wir müssen auf Menzel vorläufig verzichten.»[22] Auch das Kölner Wallraf-Richartz-Museum lehnt ab.

Am Ende geht Gurlitt das Geschäft verloren, andere Kommissionäre, die ebenfalls beauftragt sind, agieren erfolgreicher. Im August, spätestens Anfang September vermittelt die Galerie Paffrath Menzels «Pariser Wochentag» von 1869 an die Kunstsammlungen der Stadt Düsseldorf, ein Gemälde, das vor dem Bankier Behrens Max Liebermann gehört hatte. Im Februar 2015 sorgt der Fall für Schlagzeilen, denn die Nachfahren von Behrens fordern eine Restitution des Bildes. Die gemeinsam von Museum und Erben angerufene Limbach-Kommission lehnt diese jedoch mit der Begründung ab, dass es zum Zeitpunkt des Verkaufs – wenige Wochen vor Erlass der «Nürnberger Rassengesetze» am 15. September – noch keine systematische Verfolgung von Juden gab, der Preis in Höhe von 30 000 Reichsmark angemessen war und auch entsprechend ausgezahlt wurde.[23]

Der Auftrag von Behrens hat für Hildebrand Gurlitt zwar nicht zu dem erhofften Erfolg geführt, aber ein Anfang ist gemacht. Der Neu-Galerist weiß nun, dass die Hamburger Gesellschaft ihm seit dem erzwungenen Abschied vom Kunstverein nicht das Vertrauen entzogen hat, im Gegenteil. Am 1. November 1935 eröffnet er offiziell das Kunstkabinett Dr. H. Gurlitt und damit auch seine erste Ausstellung. Und er annonciert zum ersten Mal in der «Weltkunst»: «Kaufe nur allerbeste Aquarelle deutscher Maler von Marc, Corinth bis zu den Abstrakten: bedeutende Bilder des 19. und 20. Jahrh.»[24] Auch als Händler setzt sich Gurlitt insbesondere für die deutsche Kunst des Expressionismus ein. Außerdem bleibt er spezialisiert auf Papierarbeiten, vor allem Aquarelle, um die er sich seit seiner Zeit in Zwickau besonders bemüht hat. Nur wenige Tage nach Ausstellungsbeginn kontaktiert Gurlitt einflussreiche Sammler, um sie für ein ungewöhnliches Projekt zu gewinnen. Er möchte sie dazu animieren, ihm dabei zu helfen, seine bereits begonnene Spezialsammlung expressionistischer Aquarelle weiter auszubauen. Den Grundstock bilden jene Werke, die er auf eigene Kosten in Zwickau erwarb, deren Ankauf für das Museum dann jedoch von der Stadt abgelehnt wurde. Mithilfe der Sammler hofft er, seine alten Pläne doch noch verwirklichen zu können. Gerade diese Werke gelten ihm als stärkster Ausdruck ihrer Zeit, mit ihnen kann die Kulturnation Deutschland die ihr eigene Kunst vorweisen. Die Sammlung soll unbedingt vervollständigt werden, da sie «in irgendeiner geeigneten Form der Öffentlichkeit zugänglich gemacht werden sollte, als Wanderausstellung oder ähnliches».[25] Damit knüpft Gurlitt an schon zu Wilnaer Zeiten entwickelte Ideen an.

Zunächst aber ergeht an die Sammler die unverbindliche Einladung, in seinem «kleinen Kunstkabinett» vorbeizuschauen, wo gerade eine Ausstellung mit Werken lebender Künstler zu sehen ist. Bezirzend schreibt der Händler: «Es kommt mir dabei wirklich nicht zuerst darauf an zu verkaufen – sondern ich möchte so einflussreichen Persönlichkeiten, wie Sie es sind, immer wieder neu vorführen, wie bedeutend und großartig das oft missverstandene Kunstschaffen ist – und wie interessant die Arbeiten sind, die von jüngeren Hamburger Künstlern geschaffen werden.» Gurlitt versteht es, die Sammler für seine Sache zu interessieren, denn er schreibt nur solche an, die er schon länger kennt, darunter auch Hermann Reemtsma. Der Hamburger Tabakfabrikant begeistert sich für moderne Skulptur, seit er den Bildhauer Ernst Barlach in seinem Güstrower Atelier besucht hat. 1935 hat Reemtsma den von einem mittlerweile insolventen

Sammler in Auftrag gegebenen «Fries der Lauschenden» übernommen, bestehend aus neun Skulpturen, Barlachs letztes großes Werk. Gurlitt hat davon erfahren, denn er gehört ebenfalls zu den Unterstützern des Künstlers. Für den ambitionierten Neu-Galeristen erscheint Reemtsma als der richtige Mann: wohlhabend durch sein expandierendes Unternehmen und der Moderne gegenüber aufgeschlossen. Zu den weiteren zeitgenössischen Künstlern, die der Sammler fördert, gehören Käthe Kollwitz, Richard Scheibe und Georg Kolbe.

Trotzdem wird auch aus dem Plan mit der Aquarellsammlung nichts, Reemtsma erteilt dem Kunsthändler eine Absage. Der Kontakt zwischen den beiden bleibt dennoch bestehen, er soll sich schon wenig später als äußerst lukrativ für Gurlitt erweisen. Der Galerist wird dem Fabrikanten aus der Hamburger Kunsthalle stammende Bilder verkaufen, nachdem sie dort aus politischen Gründen entfernt worden sind. Den Plan einer Aquarellsammlung, die auf Reisen geht, gibt Gurlitt trotzdem nicht auf. Er greift ihn nach dem Ende des Zweiten Weltkrieges wieder auf, seine Bestände haben sich seitdem kolossal erweitert durch umfangreiche Ankäufe aus dem ihm zugänglichen Kontingent «Entarteter Kunst». Die von der Bundesregierung unterstützte Ausstellung «German Watercolors, Drawings and Prints», die 1956 in New York, San Francisco und Cambridge Station macht, besteht in wesentlichen Teilen aus Leihgaben der Sammlung Hildebrand Gurlitt.

Mit «Werken lebender Künstler», missliebig gewordenen Vertretern der Avantgarde, seinen Einstand als Galerist zu geben, ist ein gewagter Auftakt. Seit seinem Rücktritt als Kunstvereinsdirektor zwei Jahre zuvor ist der Eklat um Gurlitts Person nicht vergessen. Seit September 1933 wacht die von Goebbels gegründete Reichskulturkammer über das Kunstgeschehen in ganz Deutschland. Ihr Ziel ist die Gleichschaltung des Kulturlebens, eine Mitgliedschaft ist zwingend für jeden, der in diesem Bereich tätig ist. Aufgenommen wird zunächst jeder, teilweise sogar automatisch durch eine Mitgliedschaft in einem Fachverband. Viele wiegen sich durch die Aufnahme in Sicherheit, doch das täuscht. Präsident der Reichskulturkammer ist Goebbels, ihm unterstehen sieben Einzelkammern – für Literatur, Film, Musik, Theater, Presse, Rundfunk und Kunst. 1933 wird Eugen Hönig zum Präsidenten der Reichskammer der bildenden Künste ernannt, die auch für Kunsthändler zuständig ist, ihm folgt 1936 Adolf Ziegler.

In Hamburg logiert die Landesleitung 1935 in der Mönckebergstraße 9 im zweiten Stock. Der Architekt Gerhard Langmaack führt hier die Geschäfte. Zu seinem Einzugsbereich gehört das ganze Gebiet nördlich der Elbe: neben Hamburg auch Lübeck, Schleswig-Holstein und Mecklenburg. Die Personenakten der Landesleitung Hamburg/Norddeutschland existieren heute nicht mehr, aber laut Aussage von Hildebrand Gurlitt meldet er sich 1934 in der Reichskammer der bildenden Künste als zahlendes Mitglied unter der Nummer KA 0734 an.[26] Als Begründung für diesen Schritt nennt er Punkt II Paragraph 4 der Ersten Verordnung zur Durchführung des Reichskulturkammergesetzes vom 1. November 1933. Darin heißt es, dass jeder, der «bei der Erzeugung, der Wiedergabe, der geistigen oder technischen Verarbeitung, der Verbreitung, der Erhaltung, dem Absatz oder der Vermittlung des Absatzes von Kulturgut mitwirkt, [...] Mitglied der Einzelkammer sein [muss], die für seine Tätigkeit zuständig ist». Gurlitt hat schnell herausgefunden, dass man ihm eine Mitgliedschaft nicht direkt verwehren kann: weder aufgrund seiner Herkunft noch aufgrund seines Kunstgeschmacks. In der Frühphase des nationalsozialistischen Regimes gibt es noch keine Handhabe dafür. Ein Arier-Paragraph, wie ihn das «Gesetz zur Wiederherstellung des Berufsbeamtentums» aufweist, ist in das Reichskulturkammergesetz nicht integriert, auch keine Regelung, die explizit die Förderung oder den Vertrieb moderner Kunst untersagt. Es gibt lediglich den Paragraphen 10 der Durchführungsverordnung, der eher nebulös ermöglicht, die Aufnahme in eine Einzelkammer abzulehnen oder ein Mitglied auszuschließen, «wenn Tatsachen vorliegen, aus denen sich ergibt, daß die in Frage kommende Person die für die Ausübung ihrer Tätigkeit erforderliche Zuverlässigkeit und Eignung nicht besitzt».[27]

Doch Gurlitts Erstanmeldung zieht noch keine Konsequenzen nach sich, obwohl er das ganze Procedere mit Abstammungsnachweis absolviert. In der Landesstelle Norddeutschland der Reichskammer der bildenden Künste verläuft die Anlaufphase eher chaotisch. 1935 hat sie bereits einen Umzug hinter sich, und Langmaack ist bereits ihr dritter Leiter. Auch die Verwaltungsabläufe sind noch nicht strukturiert. Für Gurlitt ist das günstig, denn er bewegt sich in einer Grauzone. Außerdem antichambriert Gurlitt bei Langmaack und darüber hinaus sowohl beim Geschäftsführer als auch beim Präsidenten der Reichskammer der bildenden Künste in Berlin, Walter Hoffmann und Eugen Hönig. Von allen dreien wird ihm zu dieser Zeit noch ihr Wohlwollen ausgesprochen. Eugen Hönig ist Architekt und mit Hildebrands Vater Cornelius lose befreundet. Die beiden kennen sich durch ihre Tätigkeit beim Bund Deutscher Architekten. In den 1920er Jahren hat Hönig die Präsidentschaft des Bundes von Gurlitt übernommen, der weiterhin Ehrenpräsident bleibt. Als Hönig neben seiner Tätigkeit als Präsident der Reichskammer der bildenden Künste im November 1933 auch noch den Vorsitz des Fachverbandes der Architekten übernimmt, lässt er Cornelius Gurlitt öffentlich ehren. Die beiden Männer nehmen wieder direkten Kontakt auf.[28] Cornelius Gurlitt wird durch seine Mitgliedschaft im Fachverband automatisch in die Kammer aufgenommen, auch wenn er 1933 bereits 83 Jahre alt ist.[29]

Hönig selbst entscheidet über die Ablehnungen. Die Landesleitungen müssen lediglich die Anmeldeanträge entgegennehmen, überprüfen und Empfehlungen für die Annahme oder den Ausschluss schreiben. Das ist für Hildebrand Gurlitt wichtig, denn mit der Gründung seiner Galerie, des Kunstkabinetts, muss er sich Anfang November 1935 ummelden. Gut ein halbes Jahr früher wurde der in die Reichskammer eingegliederte Fachverband der Kunst- und Antiquitätenhändler aufgelöst. Durch eine Ergänzung zum Reichskulturkammergesetz vom 10. April 1935 ist außerdem eine Einzelanmeldung der Mitglieder verfügt worden. Eine schärfere Kontrolle zeichnet sich ab. Hildebrand Gurlitt sucht seine Lage durch Mitgliedschaft in deutsch-national gesinnten Verbindungen zu verbessern und tritt 1935 in den Nationalsozialistischen Deutschen Frontkämpferbund (Stahlhelm) ein, eine Organisation, die schon 1918 für Frontsoldaten des Ersten Weltkriegs gegründet wurde. Nach 1933 nimmt der Stahlhelm noch zahlreiche ehemalige Mitglieder der SPD und KPD auf, weswegen er Ende 1935 aufgelöst werden wird. Trotz seiner nur kurzen Mitgliedschaft sieht Gurlitt seine Vaterlandsliebe unter Beweis gestellt. Zusätzlich mit Eugen Hönig als Fürsprecher im Hintergrund kann er die Ummeldung in der Reichskammer der bildenden Künste und bei der Hamburger Gewerbepolizei wagen.

Gerhard Langmaack ist jedoch schwer einschätzbar. Trotz seines Wohlwollens gegenüber Gurlitt agiert der neue Leiter der Landesstelle Norddeutschland undurchsichtig. Gurlitt kennt den Architekten aus dem Umkreis von Fritz Schumacher. Zwar ist Langmaack in progressiven Künstlerkreisen gern gesehen, aber offiziell legt er vorauseilenden Gehorsam an den Tag. Ein halbes Jahr bevor am 10. April 1935 eine «Erste

Verordnung für die Veranstaltung von Kunstausstellungen und Kunstmessen» erlassen wird, nach der für jede Ausstellung eine Erlaubnis eingeholt werden muss und die Gesuche beim jeweiligen Landesleiter einzureichen sind, lässt Langmaack über die Staatliche Pressestelle in den Hamburger Tageszeitungen mitteilen, dass für keine Ausstellung öffentlich geworben werden darf, die nicht bei ihm als Landesleiter angemeldet worden ist.[30] Der Kunsthandel bleibt von solchen Maßnahmen zunächst verschont, um die Volkswirtschaft nicht durch Einschränkung des Kleingewerbes zu schwächen. Hildebrand Gurlitt wähnt sich darum in Sicherheit und knüpft mit seinen Ausstellungen im Kunstkabinett an sein früheres Kunstvereinsprogramm an.

Seine ersten Ausstellungen präsentiert er noch bei sich zuhause in der Klopstockstraße. Die Atmosphäre wirkt privat, wie eine Wohnungsgalerie.[31] Als Einstand führt er Zeichnungen aus dem Nachlass von Anita Rée vor, der Tochter einer alteingesessenen jüdischen Kaufmannsfamilie, die sich im Dezember 1933 das Leben genommen hat.[32] Im Dezember 1935 zeigt Gurlitt Karl Ballmer, und nun gibt es doch Schwierigkeiten. Ballmer ist bislang kein Mitglied der Reichskammer und will es eigentlich auch nicht werden, da er als Rudolf-Steiner-Schüler «die staatliche Bevormundung des künstlerischen Schaffens nicht für eine segensreiche Einrichtung hält». Er leistet sich eine kurze Auseinandersetzung mit Gerhard Langmaack und lässt sich schließlich als «Ausländer» in die Reichskammer der bildenden Künste aufnehmen, damit Gurlitt seine Werke weiterhin ausstellen und verkaufen kann.[33] Im Laufe der nächsten Zeit wird Gurlitt immer wieder Hamburger Künstler zeigen, deren Arbeiten nicht zur staatlich dekretierten Auffassung passen, vornehmlich Vertreter der aufgelösten Hamburgischen Sezession. Gurlitt präsentiert selbstbewusst etwa Karl Kluth, dessen Gemälde «Akt auf rotem Sofa» 1933 zur Schließung der Sezessionisten-Ausstellung im Kunstverein führte. Als weitere ehemalige Mitglieder der Künstlervereinigung lädt er Eduard Bergheer, Arnold Fiedler, Ivo Hauptmann und Erich Hartmann ein, bei ihm ihre Werke zu zeigen. Noch im Frühjahr 1937 stellt er den einstigen Vorsitzenden Emil Maetzel anlässlich seines 60. Geburtstages aus, ein gewagtes Unterfangen, denn Maetzel ist nicht mehr Mitglied der Reichskammer der bildenden Künste, was eigentlich eine Voraussetzung für die öffentliche Präsentation seiner Werke darstellt, auch im Rahmen des Kunsthandels.

Gurlitt versteht es sich durchzulavieren. Um die von ihm favorisierten Künstler der Avantgarde zeigen zu können, hat er von Anfang an das Programm seines Kunstkabinetts mit Vertretern der gemäßigten Moderne durchmischt, etwa Carl Schneiders, der am Bauhaus in Weimar studiert hat und Landschaften in klaren tektonischen Formen und freundlichen Farben malt. Oder er zeigt Skulpturen von Martin Ruwoldt, der 1933 zum Leiter des Fachverbandes für Bildhauerei in der Reichskammer der bildenden Künste bestimmt worden ist und in den folgenden Jahren für den öffentlichen Raum zahlreiche Werke schafft, darunter das Relief eines aufsteigenden Adlers als Ersatz für das entfernte Barlach-Relief am Hamburger Ehrenmal. Außerdem zeigt Gurlitt Kunst des 19. Jahrhunderts, hauptsächlich zur Verschleierung seiner anderen Ausstellungsaktivitäten und um zu verdienen, denn alte Malerei ist unstrittig und bei den Käufern beliebt. Dazu gehören auch Gemälde seines Großvaters Louis Gurlitt, der in Hamburg hoch angesehen ist und von dem Werke in der Kunsthalle hängen. Der Architekt Albert Speer, der spätere Rüstungsminister, sammelt Gurlitts Landschaftsbilder und bietet Gurlitt sogar an, bei einer Publikation über das Œuvre des Malers behilflich zu sein.[34] Ebenso unverdächtig, ja sogar erwünscht, ist der Handel mit Volkskunst. Im Museum für Kunst und Gewerbe wird seit der Zwangsbeurlaubung von Max Sauerlandt 1933 historische und zeitgenössische Handwerkskunst gezeigt – als Grundlage neuer Volkskultur. Helene Gurlitt beginnt genau in dieser Zeit, nach dem zweiten Stellenverlust ihres Mannes, von zuhause aus Spielzeug aus dem Erzgebirge zu verkaufen, um der Familie ein kleines Einkommen zu sichern. Anscheinend ist sie dabei erfolgreich, zwei Ausstellungen richtet sie in ihren privaten Räumlichkeiten aus. «Sie hat guten Verkauf mit erzgebirgischen Spielsachen», berichtet Marie im Dezember 1933.[35] Daran knüpft am 25. November 1935 die zweite offizielle Ausstellung des Kunstkabinetts an, in der «Volkskunst, erzgebirgische Holzarbeiten, Thüringische Glasbläsereien, Zinn usw.» feilgeboten werden. Es ist die «3. Adventsausstellung», wie es in der Einladungskarte heißt, ein fast betuliches Angebot für eine Galerie, die mit großen Ambitionen startet, womöglich auch ein Ablenkungsmanöver für die offiziellen Stellen, unter deren Augen Gurlitt arbeitet.

Gurlitts Konzept geht auf, das Geschäft läuft besser als erhofft. Während er bei späteren Überprüfungen durch die Alliierten für 1934 noch 8000 Reichsmark als Jahreseinkommen angibt, steigt dieses bis zum Jahr 1938 auf 23 000 Reichsmark.[36] Die wahren Zahlen dürften darüber liegen, aber das Verhältnis wird ungefähr stimmen. Im Juli 1936 zieht Gurlitt mit seiner Familie in die Alte Rabenstraße 6. Das großbürgerliche Villenviertel westlich der Außenalster gilt neben der Elbchaussee als zweite feine Adresse der Hansestadt, die wohlhabenden Hamburger Familien residieren hier – Vincent Krogmann ebenso wie der frühere Kunstvereinspräsident und Sammler Johannes Meyer. Die Gurlitts ziehen zwar in keine Villa, aber in ein gepflegtes Mietshaus mit Vorgarten. Ein Schaufenster gibt es nicht, auf das «Kunstkabinett Dr. H. Gurlitt» weist nur ein gediegenes Messingschild hin. Wer die Räumlichkeiten betreten will, muss klingeln und wird dann in die großzügigen Galerieräume vorgelassen, in denen die Kunst an den Wänden hängt oder auf eigens für die Graphik angefertigten Gestellen präsentiert wird.[37]

1936 arbeitet hier Mercedes Gurlitt für einige Monate als Volontärin. Mit Beginn ihrer Tätigkeit im Mai hat sie noch das Geschäft in der Klopstockstraße erlebt und beim Umzug in die Alte Rabenstraße geholfen.[38] Sie hat sich in Stuttgart gerade von ihrem Mann getrennt, dem Anthroposophen Winfried Gurlitt, der ein Cousin von Hildebrand ist. Sein Vater, der Pädagoge Ludwig Gurlitt, hat in zweiter Ehe die Mutter von Mercedes geheiratet. Nun hat sie selbst Kinder, zwei Töchter, und ist als alleinerziehende Mutter auf die Hilfe von Familienangehörigen angewiesen. Hildebrand Gurlitt nimmt sie gerne auf, sie kennt das Geschäft, da Winfried ebenfalls als Kunsthändler tätig ist. Auch mit Helene versteht sie sich, Mercedes ist ursprünglich als Tänzerin ausgebildet. In ihren Lebenserinnerungen beschreibt sie die gemeinsame Zeit in der Alten Rabenstraße, wo ihr ein eigenes kleines Büro in einer Nische eingerichtet wird. Zeitweise wohnt sie sogar dort, wenn die Familie auswärts in Wedel weilt, um sich von der Großstadt zu erholen: «Dann habe ich mir Blätter von Rolffs [sic!] und Anderen, herausgestellt und mich daran erfreut. Sie wurden mein Erlebnis. Ich wurde von meinem Vetter auch in sein Geheimnis eingeweiht. In seinem Schreibtisch hatte er ein Fach in dem erspartes Geld war, mit dem er bedürftige Künstler unterstützte.»[39] Mercedes ist das erste von mehreren Familienmitgliedern, die Hildebrand in sein Kunsthandelsgeschäft einbezieht.

Nur ein paar Schritte vom Kunstkabinett entfernt, in der Alten Rabenstraße 11a, befindet sich seit Dezember 1933 eine Dependance der Mary-Wigman-Schule, für die eine Anzeige in der Kulturzeitschrift «Der Kreis» wirbt. Die Ausdruckstänzerin hat ihre größten Erfolge neben Dres-

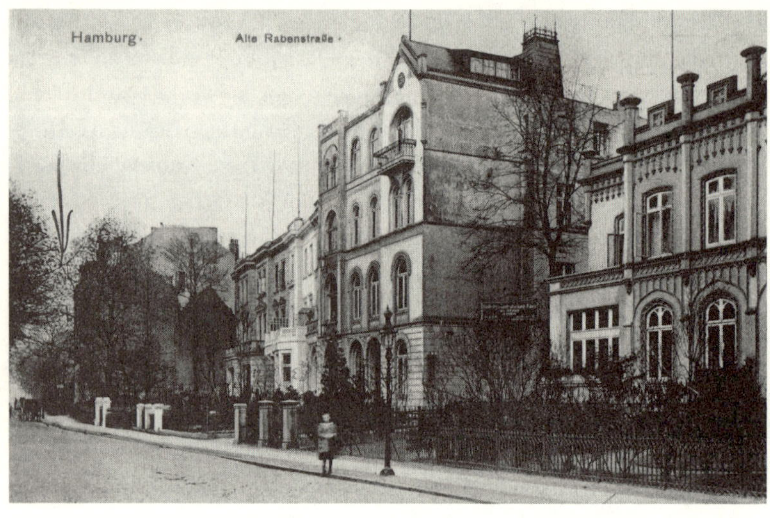

Alte Rabenstraße in Hamburg-Rotherbaum, 1910

den in Hamburg gefeiert, höhere Töchter suchen daher ihre Schule gerne auf. Möglicherweise gibt Helene auch hier wie schon zuvor in Dresden und Zwickau wieder Stunden.

In der Alten Rabenstraße gelingt es Gurlitt, sich als Galerist endgültig einen Namen zu machen. Als Kunsthändler ist er gut informiert, verbindlich, flexibel. Mit seinem Auto der Marke DKW mit Kennzeichen HH 20 858 eilt er zu seinen Kunden, holt Bilder ab oder bringt sie ihnen.[40] Er erwirbt sich rasch die Achtung seiner Kollegen und den Zuspruch der Käufer. Und er traut sich was. Neben Gurlitt gibt es in Hamburg nur wenige Galeristen, die offiziell nicht genehme Kunst zeigen. Eine weitere Ausnahme ist der Werkbundladen in der Rothenbaumchaussee, wo Rudolf Grabbe ebenfalls Künstler der Sezession ausstellt. 1940 zieht er allerdings nach Posen, um dort wieder ein Kunst- und Einrichtungsgeschäft zu eröffnen. Auch die Commeter'sche Kunsthandlung bleibt lange couragiert und bietet ihren angestammten Kunden verfemte Künstler an. Die Galerie kompromittiert sich jedoch, als sie beginnt, Werke jüdischer Einlieferer mit einem Stern zu kennzeichnen, um den Kunden günstige Preise zu signalisieren.[41]

So mutig wie Gurlitt stellt nur noch ein anderer in Hamburg Avantgarde-Kunst aus: Peter Lüders, der ebenfalls mit später konfiszierten Werken handelt. Zwischen den beiden besteht ein enger Kontakt, Ausstellungen und Veranstaltungen finden häufig in Absprache untereinander statt, zum Teil sogar in Abstimmung mit dem Kunstverein, der nun von Fritz Muthmann als politisch sicherem Kandidaten unter der Aufsicht des Hamburger Bürgermeisters geleitet wird. Unter Muthmann wird auch wieder «auf dem Hause des Kunstvereins die Hakenkreuzflagge gehißt», was dazu führt, dass der Antiquar Dr. Ernst Hauswedell seine seit Mai 1930 im Gebäude untergebrachte Dependance schließt.[42] In dieser Zeit greifen die Maßnahmen gegen die moderne Kunst noch nicht allzu stark, der Staat gibt sich im Vorfeld der Olympischen Spiele in Berlin im August 1936 vermeintlich liberal. Noch versucht sich das Land als friedliebend und weltoffen darzustellen, das internationale Publikum soll eine positive Meinung gewinnen. Der Umgang mit den Künstlern der Avantgarde und ihren Ausstellungen ist deshalb uneinheitlich, mal mehr, mal weniger tolerant.

Als ein Höhepunkt der Ausstellungen des Kunstkabinetts in der Alten Rabenstraße gilt eine Präsentation von Werken Max Beckmanns im November 1936. Samuel Beckett weilt zu dieser Zeit in Hamburg und besucht auch Gurlitts Kunstkabinett. Der irische Schriftsteller befindet sich in den Wintermonaten 1936/37 auf einer Deutschlandreise, um die wichtigsten Sammlungen deutscher Avantgarde-Kunst kennenzulernen, die noch zugänglich sind. Nach einer Besichtigung bei Gurlitt notiert er unter dem 13. November in seinem Tagebuch: «Beckmann strong & interesting, with excellent colour sense. Some admirable seascapes & a hilly wooded road.»[43] Es ist die vorerst letzte Ausstellung mit Beckmann-Werken in Deutschland. Gut ein halbes Jahr später emigriert der Künstler angesichts der verschärften Maßnahmen gegen die moderne Kunst nach Amsterdam. In der Alten Rabenstraße aber bleibt es noch ruhig, Beckmann erregt kein Aufsehen. Im April 1936 war der Künstler auch noch mit Graphiken im Hamburger Kunstverein vertreten.[44] Gurlitt arbeitet quasi im Schutz der Stadtregierung, denn wenn Beckmann bei Bürgermeister Krogmann Gnade findet, dürfte er auch bei ihm akzeptabel sein, wird der Galerist gehofft haben.

Neben Beckmanns Arbeiten sieht Beckett im Kunstkabinett Graphiken von Otto Dix und Emil Nolde sowie Skulpturen von Hans Martin Ruwoldt und Hans Gessner. Und er kommt noch ein zweites Mal zwei Wochen später vorbei. Am 25. November besucht er die abendliche Eröffnung einer Ausstellung von Karl Kluth und Friedrich Ahlers-Hestermann und erlebt, wie sich die einschlägige Hamburger Szene in den Räumen trifft.[45] Hier mag der Schriftsteller auch Margrit Durrieu begegnet sein, der Frau des Kautschuk-Importeurs Theodor Durrieu. Das Paar sammelt moderne Kunst, vorwiegend Werke der Hamburger Sezessionisten, und lädt regelmäßig zu Porträtsitzungen ein: Bekannte Persönlichkeiten lassen sich bei ihnen von Vertretern der Künstlervereinigung malen – eine so ungewöhnliche wie zugkräftige Maßnahme, um junge Künstler zu fördern. Im November 1936 sitzt bei ihnen Samuel Beckett Modell. Für Beckett wird die Begegnung mit Gemälden von Kluth ein einschneidendes Erlebnis, er besucht den Künstler in seinem Atelier und erwirbt Werke von ihm. «Kluthest du noch oder ballmerst du schon», heißt es laut Hildebrand Gurlitt bei Insidern, um den Grad der Radikalität herauszufinden.[46]

Gefahr zieht herauf: Die Verschärfung der NS-Gesetze

Als Gurlitt gerade wieder die Aufmerksamkeit in der Kunstszene genießt und seinen Platz gefunden zu haben glaubt, verschärft sich für ihn die Lage erneut. Außenpolitisch anerkannt und ökonomisch stabilisiert, greift das Nazi-Regime nun stärker im Inneren durch. Im September 1935 sind die «Nürnberger Rassengesetze» in Kraft getreten. Ab jetzt wird die Verfolgung der Juden systematisch betrieben. Das «Frontkämpfer-Privileg» gilt nicht mehr. Wer sich darauf berufen hat, muss sich einer neuen Überprüfung seiner Abstammung unterziehen. Mit der Durchführungsverordnung vom November 1935 wird eine genaue Definition der Mischlinge vorgegeben. Während der Arier-Paragraph des «Gesetzes zur Wiederherstellung des Berufsbeamtentums» nur zwischen «Ariern» und «Nichtariern» unterschied, gelten nach den neuen Rassengesetzen Personen mit einem «jüdischen Elternteil» als «Halbjuden» («Mischlinge I. Grades»), Personen mit einem «jüdischen Großelternteil» als «Vierteljuden» («Mischlinge II. Grades»), Personen mit einem «jüdischen Ehepartner» als «jüdisch versippt».[47] Für die Familie Gurlitt hat das schwere Konsequenzen. Im Fokus der rassischen Verfolgung stehen «Juden» und «Halbjuden». Als «Halbjude» klassifiziert, reicht Vater Cornelius im Dezember 1935 bitter enttäuscht von der Politik, die er die ganze Zeit unterstützt hat, ein Austrittsgesuch bei der Reichskammer der bildenden Künste ein. Seine Mitgliedschaft wird rückwirkend bis in das Jahr 1933 gelöscht.[48] Wilibald Gurlitt trifft es ungleich härter, da er eine sechsköpfige Familie versorgen muss. Bei ihm kommt «Versippung» hinzu, denn seine Frau Gertrud Darmstaedter (1894 bis 1992) ist jüdischer Herkunft. Nach dem neuen Gesetz haben sich die beiden der «Rassenschande» schuldig gemacht. Der hoch angesehene Musikwissenschaftler verliert 1937 seinen Lehrstuhl und wird seines Amtes «entpflichtet», wie es in den Zeitungsmeldungen heißt. Seinen vier Kindern wird der weitere Schulbesuch verboten.[49] Ähnlich ergeht es Karl Ballmer, der ebenfalls mit einer jüdischen Frau verheiratet ist und 1937 mit sofortiger Wirkung aus der Reichskammer der bildenden Künste ausgeschlossen wird, da er angeblich «nicht die erforderliche Eignung und Zuverlässigkeit» besitzt, «an der Förderung deutscher Kultur in Verantwortung gegenüber Volk und Reich mitzuwirken», wie Kammer-Geschäftsführer Walter Hoffmann ihm schreibt.[50]

Hildebrand muss im Laufe des Jahres 1936 als Mitglied der Reichskammer der bildenden Künste ebenfalls einen Herkunftsnachweis erbringen. Er hat jedoch aufgrund der Rassengesetze keine unmittelbaren Sanktionen zu befürchten. Zwar fällt auch für ihn das «Frontkämpfer-Privileg» weg, aber als «Vierteljude» bleibt er von der systematischen Verfolgung verschont, was vorher ungewiss war. So paradox es klingt: Für ihn stellen die Rassengesetze mit ihrer Differenzierung der «Mischlinge» eine Erleichterung dar. Dennoch ist er gewarnt. Sein Cousin, der Komponist Manfred Gurlitt, den er in Hamburg während seiner Zeit am Kunstverein zu verschiedenen Veranstaltungen herangezogen hat, wähnt sich in der gleichen «rassischen» Situation wie Hildebrand. Er verspricht sich Schonung durch seine Mitgliedschaft in der NSDAP, in die er 1933 eingetreten ist. Beim Zusammentragen der notwendigen Papiere erfährt er allerdings von seiner Mutter Annarella, dass nicht Fritz Gurlitt sein leiblicher Vater ist, sondern Willi Waldecker, sein vermeintlicher Stiefvater. Er selbst wäre damit «Arier», doch fehlt ein amtlicher Nachweis dafür. Annarella hat die Urkunden vernichtet, damit die Familie nicht davon erfährt. Der Sohn muss jetzt für diese Kabale büßen. Er wird aus der Partei ausgeschlossen und emigriert später nach Japan.

In diesen ungewissen Zeiten meldet Hildebrand Gurlitt zum 8. Juli 1937 das Kunstkabinett beim Gewerbeamt auf den Namen seiner Frau Helene um.[51] Im Januar 1937 ist ihr Nachweis einer rein arischen Herkunft anerkannt worden. Im Hamburger Adressbuch erscheint sie ab 1938 als Firmeninhaberin, Hildebrand Gurlitt nunmehr als Geschäftsführer. Möglicherweise hat ihm sein Cousin Wolfgang aus Berlin diesen Rat gegeben. Auch dessen Galerie läuft nicht mehr unter seinem eigenen Namen. Allerdings hat Wolfgang die Überschreibung auf seine Geliebte Lilly Agoston in den 1920er Jahren aus finanztechnischen Gründen vorgenommen, um seine Gläubiger fernzuhalten. Jetzt im «Dritten Reich» rächt sich der Trick. Agoston gilt nach den «Rassengesetzen» als «Volljüdin». Sie ist nicht mehr berechtigt, ein Geschäft zu führen, und wird aufgefordert, an einen Arier zu verkaufen. Aber es gibt Sondergenehmigungen, über die Hitler selbst entscheidet. Wer dem Reich genügend Devisen verschafft, darf vorerst weiter mit Kunst handeln. In Berlin hält sich auf diese Weise noch ein paar Jahre der glänzend verdienende Paul Graupe mit seinem Auktionshaus im Zentrum des Berliner Kunsthändlerviertels, wo er die Sammlungen seiner jüdischen Landsleute versteigert, die unter Druck geraten sind. Ende 1935 wird er zunächst aus der Reichskammer der bildenden Künste als «Volljude» ausgeschlossen, aufgrund seiner wichtigen Kontakte als Devisenbringer aber wieder aufgenommen.[52] 1939 geht er nach Paris und flieht von dort aus weiter nach New York.

Agoston bzw. die Galerie von Wolfgang Gurlitt rangieren kaum in der gleichen Liga. Ohne Fürsprecher hätten sie keine Aussicht auf eine Sondergenehmigung gehabt, zumal die Galerie seit den 1920er Jahren ständig in Finanzproblemen steckt. Aber der Berliner Landesleiter der Reichskammer der bildenden Künste, Artur Schmidt, legt ein gutes Wort für sie ein, und Agoston gelangt auf die Liste jener «in der Kammer tätigen Voll-, Dreiviertel- u. Halbjuden», die mit Verfügung vom 26. Februar 1937 eine Sondergenehmigung erhalten. Im Folgejahr zieht sie sich nach Dänemark zurück und kehrt wiederum ein Jahr später mit neuer Identität als Lillie Christiansen nach Berlin zurück, jetzt mit «arischer» Abstammung. Eine Sicherheitsvorkehrung, denn Hitlers Sondergenehmigungen können jederzeit widerrufen werden und sind nur auf Antrag verlängerbar. Helene Gurlitt muss nichts derartiges unternehmen, denn für die Nazis ist ihre Herkunft einwandfrei. Anstandslos wird sie in die Reichskammer der bildenden Künste aufgenommen und erhält die Mitgliedsnummer KA 2871.[53]

Das Kunstkabinett selbst ist also gerettet. Dennoch droht weiterhin Gefahr. Aus Berlin kann Gurlitt keinen Rückhalt mehr erwarten, seit

Eugen Hönig Ende 1936 als Präsident der Reichskunstkammer durch Adolf Ziegler abgelöst worden ist. Ziegler, der als Künstler mit seinem bieder-realistischen Malstil bislang kaum bekannt war, macht unter den Nationalsozialisten rasant Karriere und greift schon bald energisch bei der «Säuberung» deutscher Museen durch. Einen Anfang macht er in Hamburg, wohin er 1936 persönlich reist, um die Ausstellung des Deutschen Künstlerbundes verbieten zu lassen. Er statuiert damit ein Exempel, wieder mal im Kunstverein. Unter dem eigentlich harmlosen Titel «Malerei und Plastik in Deutschland» sind hier Werke von Barlach, Beckmann, Dix, Feininger, Kirchner, Munch, Nolde und Schmidt-Rottluff zu sehen. Wenig später müssen der Kunstvereinsvorsitzende Hans-Harder Biermann-Ratjen und mit ihm Direktor Fritz Muthmann gehen, das Haus in der Neuen Rabenstraße wird beschlagnahmt. Die verordnete Schließung der Künstlerbund-Ausstellung hat weitreichende Folgen für die Künstlerschaft: Mit ihr gilt die Bekämpfung der «Verfallskunst» auf regionaler Ebene als abgeschlossen, am 30. November 1936 wird dem Dachverband, dem Deutschen Künstlerbund, die Selbstauflösung verordnet.[54]

Notgedrungen stellt Gurlitt sein Ausstellungsprogramm noch einmal um. Er rückt die Kunst des vergangenen Jahrhunderts, die wegen ihrer Unverfänglichkeit jetzt so beliebt geworden ist, noch stärker in den Vordergrund. 1938 präsentiert er eine Ausstellung mit 50 Gemälden und zahlreichen Zeichnungen von Louis Gurlitt. Im darauffolgenden Jahr ist im Januar eine Ausstellung mit Handzeichnungen Adolph Menzels im Kunstkabinett zu sehen, im April gefolgt von einer Übersichtsausstellung deutscher Malerei des 19. Jahrhunderts, über die Hugo Sieker enthusiastisch im «Hamburger Anzeiger» vom 21. April 1939 berichtet: «Nicht allzu oft sieht man außerhalb der staatlichen Galerien eine solche Reihe erlesener Kunstwerke beieinander.» Um der Aufmerksamkeit des staatlichen Überwachungsapparates zu entgehen, zieht sich Gurlitt auch aus den Medien zurück. Von ihm erscheinen keine Anzeigen mehr in der «Weltkunst», dem Forum, in dem alle Händler, Auktionatoren und Galeristen annoncieren. Gurlitt hat hier seit Ende 1935 regelmäßig seine Ausstellungen angekündigt. Ab Ende 1936 beginnen sich Anzeigen mit antisemitischen Untertönen zu häufen, in denen die Händler unverhohlen auf ihre «arische» Abstammung verweisen oder «Jüdische Karikaturen» und «Deutsche Masken, die Juden darstellen», zu kaufen suchen.[55]

Für Gurlitt wird es zunehmend eng. 1937 ist das letzte Jahr, in dem er «anstößige» Kunst zeigt. In der von ihm organisierten Ausstellung von Franz Radziwill sind auch dessen Kriegsgemälde zu sehen. Die Ausstellung ist ein Balanceakt, denn der Künstler ist einerseits Anhänger der Partei, in die er 1933 eingetreten ist; deshalb wurde er für den entlassenen Paul Klee als Nachfolger an die Düsseldorfer Akademie berufen. Andererseits gelten seine Bilder als umstritten, zumal das expressionistische Frühwerk, von dem sich wenig später Beispiele in der Ausstellung «Entartete Kunst» wiederfinden. Seine Schau im Kunstkabinett erfährt in der Presse zunächst positive Resonanz. Als aber am 15. Februar 1937 der Kunsthistoriker Wilhelm Niemeyer einen Vortrag in Anwesenheit des Künstlers hält, löst dies einen Eklat aus. Die NS-Studentenschaft ruft zum Boykott von Niemeyers kunsthistorischen Vorlesungen an der Hansischen Hochschule auf, denn als Förderer des Expressionismus ist ihnen der Vortragende ein Dorn im Auge. Doch nicht nur Radziwill und Niemeyer werden mit dieser Aktion attackiert, auch Gurlitt ist gemeint. Seine «Bude» steht in Gefahr, geschlossen zu werden.[56] Und das bei gleichzeitiger Verschärfung der rassischen Verfolgung. Bis 1938 soll der Kunstmarkt «entjudet» sein. Hildebrand Gurlitt wird erneut aufgefordert, einen Herkunftsnachweis bei der Reichskammer der bildenden Künste einzureichen. Der Schutz durch seine Einstufung als «Vierteljude» schwindet. Die Bedrohung rückt näher.

Kapitel 10

Der Pakt mit den Schergen (1937 bis 1941)

Ein Feldzug gegen die Moderne: Beginn der Beschlagnahmungen

1937, das Jahr, in dem Hildebrand Gurlitt anlässlich seiner Radziwill-Ausstellung mit völkischen Eiferern aneinandergerät, wird zur Zäsur für die Kunst in Hamburg, überhaupt für das ganze Land. Mit dem Ende der Olympischen Spiele als propagandistischer Demonstration von Weltoffenheit beginnt das NS-Regime sein wahres Gesicht zu zeigen. Schien die NS-Kulturpolitik bislang vergleichsweise moderat zu sein und wurden Ausstellungen von Künstlern der Moderne noch hingenommen, so ist die Phase vermeintlicher Liberalität nun endgültig vorüber. Vier Jahre sind seit der Machtergreifung vergangen, vier Jahre liegt auch Hitlers programmatische Rede im Februar 1933 zurück, in der er seinen Zeitplan entwarf: «Die Parteien des Marxismus und seiner Mitläufer haben 14 Jahre lang Zeit gehabt, ihr Können zu beweisen. Das Ergebnis ist ein Trümmerfeld. Nun, deutsches Volk, gib uns die Zeit von vier Jahren und dann urteile und richte uns!»[1] Nachdem diese Frist verstrichen ist, will Hitler Rechenschaft ablegen. In Form einer gigantischen Reichsausstellung soll dies geschehen. Hitlers Motto «Gebt mir vier Jahre Zeit» lautet ihr Titel. Auf dem Plakat prangt dreimal das Hakenkreuz vor rotem Grund. Der «Führer» steht einsam davor, unerreichbar auf einem hohen Podest, machtvoll überhöht. «Die erste umfassende Leistungsschau des Nationalsozialismus» findet von April bis Juni 1937 auf dem Ausstellungsgelände am Berliner Funkturm statt, auf einem 113 000 Quadratmeter großen Freigelände und in neun Hallen mit weiteren 38 000 Quadratmetern Fläche. 119 Unternehmen dürfen sich hier präsentieren, original große Modelle von Flugzeugen, Panzern, Schiffen, auch Militär-Flugzeuge und U-Boote sind zu sehen. Der französische Botschafter André François-Poncet erkennt darin weitsichtig ein erstes Säbelrasseln.

Während am Berliner Funkturm wirtschaftlicher Aufschwung und technischer Fortschritt auch mit über 3000 Fotografien, Statistiken und

Graphiken vorgeführt wird, hat wenig später die Kunst ihren Auftritt in München. Vier Jahre lang haben die Nationalsozialisten durch Gleichschaltung der Ausbildungs- und Vermittlungsstätten sowie staatliche Förderung nur genehmer Künstler versucht, eine genuin «deutsche Kunst» heranzubilden. Diese soll nun vorgeführt werden. Mit Ausblick auf die glorreiche Zukunft der Kunst hat Hitler schon am 15. Oktober 1933 am Südrand des Englischen Gartens den Grundstein für ein neues Ausstellungsgebäude gelegt – der erste repräsentative Monumentalbau des «Dritten Reiches». Im April 1937 ist das «Haus der Deutschen Kunst» endlich fertiggestellt. Der Architekt Paul Ludwig Troost hat dem Gebäude mittels antiker Bauelemente wie Portikus und Kolonnade den Charakter eines monumentalen Tempels verliehen. Das 175 Meter lange und 50 Meter tiefe Gebäude überwältigt nicht nur durch seine ungewöhnlichen Maßverhältnisse und seine schiere Größe, es beeindruckt auch durch das Zusammenspiel der architektonischen Elemente. Den Längsseiten sind jeweils 21 Säulen vorgelagert, die vom Sockel bis zum Architrav reichen. An der Schauseite zur Prinzregentenstraße befindet sich über die volle Länge eine Freitreppe, in deren Mitte sich der Haupteingang befindet. Ein Heiligtum für die Kunst hatte Hitler gewünscht, um mit dem Ehrfurcht gebietenden Erscheinungsbild und der Anknüpfung an jahrtausendealte Traditionen die Überlegenheit der neuen, von ihm genehmen Kunst zu demonstrieren.

Die Eröffnung im Blick, ergeht im Januar 1937 ein «Aufruf an alle deutschen Künstler im Reiche und im Ausland», Werke für die erste «Große Deutsche Kunstausstellung» einzureichen. 15 000 werden eingesendet. Als Hitler und Goebbels Anfang Juni die Vorauswahl der Jury besichtigen, kommt es zum Eklat. Angesichts der miserablen Qualität beginnt Hitler die Werke von der Wand zu nehmen, 20, 30, 40, er wird immer wütender. Über 80 Werke entfernt er schlussendlich. Auch der Rest entspricht nicht dem, was er sich vorgestellt hat. Die Jury – darunter Adolf Ziegler, der Präsident der Reichskammer der bildenden Künste – wird kurzerhand abgesetzt und Hitlers Bildberichterstatter Heinrich Hoffmann zum einzigen Juror der «Großen Deutschen Kunstausstellung» erklärt.

Hitler gerät in Hektik. Sein Plan ist nicht aufgegangen: Er besitzt zwar nun einen Tempel, aber das heilige Innere fehlt. Um eine neue Kunstrichtung zu begründen, bedarf es mehr als einer Verordnung von oben, einer aufgepfropften Ideologie. Da die neue «Deutsche Kunst» allein kaum überzeugt, muss zu ihr das Gegenstück geliefert werden, um sie vor dem negativen Hintergrund besser dastehen zu lassen. Die Idee einer öffentlichen Diffamierung der Kunst aus der verhassten «Systemzeit», wie die Nationalsozialisten die Spanne zwischen 1918 und 1933 nennen, nimmt erneut Form an. Schon auf der Reichsausstellung in Berlin sollte es eine Abteilung «Entarteter Kunst» geben. Beauftragt waren damit Walter Hansen und Wolfgang Willrich, zwei Künstler, die sich bereits als Hetzer gegen die Moderne hervorgetan hatten. Da man sich innerhalb der Reichskammer der bildenden Künste und des Propagandaministeriums nicht über die Form der Präsentation einigen konnte, wurde der Plan wieder aufgegeben. Zur öffentlichen Abrechnung mit dem «Kulturbolschewismus» kommt es in Berlin noch nicht.

Trotzdem spielen Hansen und Willrich weiter eine Rolle, nun bei der Vorbereitung der Ausstellung «Entartete Kunst» in München, für die sie in ihrem Eifer schon Vorarbeit geleistet haben: Der Hamburger Hansen – voll Rachsucht auf die Künstler der Moderne, die er dafür verantwortlich macht, dass er an der Hansischen Hochschule keine Aufnahme als Lehrer gefunden hat – führt schon seit einiger Zeit Listen, unter anderem im Hamburger Museum für Kunst und Gewerbe, die jetzt bei der Auswahl für die Ausstellung «Entartete Kunst» nützlich sind. Auf seine Intervention dürfte auch die Schließung der Sezessionisten-Ausstellung 1933 im Hamburger Kunstverein zurückzuführen sein. 1935 ist Hansen in Berlin dem ebenso fanatischen Maler Wolfgang Willrich begegnet, dessen im Januar 1937 veröffentlichtes Pamphlet «Säuberung des Kunsttempels – Eine kunstpolitische Kampfschrift zur Gesundung deutscher Kunst im Geiste nordischer Art» als Vorlage für die Münchner Ausstellung dient.

Nach der gescheiterten Vorauswahl für die «Große Deutsche Kunstausstellung» macht sich Joseph Goebbels die Angelegenheit der «Entarteten Kunst» zu eigen. Noch im Herbst 1933 hatte der Propagandaminister und Präsident der Reichskulturkammer dem Maler Edvard Munch ein offizielles Glückwunschtelegramm zum 70. Geburtstag mit dem Ausdruck seiner Hochachtung gesendet. Auch wenn er selbst Werke von Ernst Barlach besitzt und eine Zeit lang Aquarelle von Emil Nolde in seinen Berliner Wohnräumen hängen hat, schwenkt Goebbels jetzt endgültig ins Lager der Moderne-Gegner um. Er kann sich seine Expressionismus-freundliche Haltung, die ein letztes Mal in der Einladung an die

Ausdruckstänzerin Gret Palucca als Darstellerin bei der Eröffnung der Olympischen Sommerspiele 1936 in Berlin sichtbar wird, nicht mehr leisten. Seit Hitler mit seiner Parteitagsrede im September 1935 die moderne Kunst massiv attackiert hat, gibt Goebbels klein bei. Die 1933/34 öffentlich geführte Debatte, ob die Werke der Expressionisten als Vorbild für die kommende «deutsche, nordische Kunst» zu akzeptieren seien, ist damit vorüber. Goebbels muss jetzt klare Linie zeigen, auch gegenüber seinen Konkurrenten – vor allem gegenüber Alfred Rosenberg, dem Begründer des «Kampfbundes für Deutsche Kultur», Verfechter einer realistisch-idealistischen Heimatkunst und Autor der Schrift «Der Mythus des zwanzigsten Jahrhunderts», die gleich nach Hitlers «Mein Kampf» als Grundlagenwerk für die NS-Ideologie dient. Auch gegenüber Bernhard Rust muss Goebbels sich behaupten. Der Reichsminister für Erziehung, Wissenschaft und Volksbildung hat im November 1936 während eines Vortrags in der Berliner Akademie der Künste die «Säuberung» der Museumsbestände angekündigt, wobei er auf die Durchsetzungskraft Hermann Görings setzt, der ihn unterstützt.

Goebbels aber will sich diese Aufgabe nicht aus der Hand nehmen lassen, selbst wenn er damit seine Kompetenzen überschreitet. Die Zeit steht günstig für eine Machtausdehnung seinerseits. Die Leistungsschau am Berliner Funkturm, für die er verantwortlich zeichnet, feiert große Erfolge. Obwohl die von Willrich und Hansen geplante Abteilung gescheitert ist, verfolgt er die Idee zunächst für Berlin weiter. Am 5. Juni 1937 notiert er in sein Tagebuch: «Trostlose Beispiele von Kunstbolschewismus werden mir vorgelegt. Jetzt schreite ich aber ein. […] Und ich will in Berlin eine Ausstellung der Kunst der Verfallszeit veranstalten. Damit das Volk sehen und erkennen lernt.» Auch Hitler lässt sich für den Plan eines «klaren Gegensatzes (schwarz-weiß)» gewinnen.[2] Die Schau wird nach München verlegt, als Antithese zur «Großen Deutschen Kunstausstellung». Da der Eröffnungstermin im Haus der Kunst bereits feststeht, ist Eile geboten.

Das ist der Anfang eines beispiellosen Feldzuges gegen die moderne Kunst. Ende Juni beginnt die Kampagne. Per Führererlass ordnet Goebbels die Beschlagnahme moderner Kunst aus deutschen Museen an: «Aufgrund einer ausdrücklichen Vollmacht des Führers ermächtige ich hiermit den Präsidenten der Reichskammer der bildenden Künste, Herrn Professor Ziegler, München, die im deutschen Reichs-, Länder- und Kommunalbesitz befindlichen Werke deutscher Verfallskunst seit 1910 auf dem Gebiete der Malerei und Bildhauerei zum Zwecke einer Ausstellung auszuwählen und sicherzustellen.»[3] Ziegler, der aufgrund seiner akribischen Malweise weiblicher Akte spöttisch als «Reichsschamhaarmaler» tituliert wird, erhält den Auftrag trotz seines Versagens als Juror für die «Große Deutsche Kunstausstellung». Mit einer eigens gebildeten Kommission zieht er von einer Stadt zur anderen, lässt sich in einer «Blitzaktion» von den Museumsleitern Listen mit den Beständen moderner Kunst vorlegen und entscheidet vor Ort über die einzuziehenden Stücke, er hat bei Hitler etwas gutzumachen.

In Hamburg betritt er am 5. Juli 1937 kurz nach 9 Uhr mit sieben Begleitern die Kunsthalle und legt den überrumpelten Museumsmitarbeitern seine Genehmigung vor. Innerhalb von anderthalb Stunden wählt er zwölf expressionistische Gemälde aus, Hofer, Kirchner, Kokoschka, Pechstein, Nolde und Schmidt-Rottluff, sowie 38 weitere Arbeiten auf Papier. Im Museum für Kunst und Gewerbe lässt Ziegler als Nächstes fünf Skulpturen beschlagnahmen, darunter Otto Freundlichs Plastik «Der neue Mensch», die später als Katalog- und Plakatmotiv der Wanderausstellung «Entartete Kunst» dient. Wie überraschend und auch missverständlich der Übergriff auf die Sammlungsbestände zunächst wirkt, verrät ein Schreiben des seit 1934 amtierenden Kunsthallen-Direktors Wilhelm Freiherr Kleinschmit von Lengefeld, in dem er von «Leihgaben» spricht. Andere Museen wie das in Halle versuchen nachträglich, Leihverträge auszuhandeln und Versicherungswerte anzugeben, um ihre Arbeiten zu schützen oder gar zurückzubekommen, allerdings vergeblich. Die am 5. Juli konfiszierten Werke werden zwei Tage später von Hamburg aus nach München verschickt; eine Woche darauf verlangt Ziegler weitere Stücke, die per Eilfracht nachgesandt werden sollen. Die Werke werden in der Hansestadt noch einmal im Zuge der Tournee der Ausstellung «Entartete Kunst» zu sehen sein – nun verfemt und zu Propagandazwecken missbraucht.

Die Münchner Ausstellung «Entartete Kunst» als Fanal

Wie ein Lauffeuer verbreitet sich die Nachricht von der Konfiszierung in der Stadt und erreicht auch Hildebrand Gurlitt. Ohnehin gewarnt durch die jüngsten Auseinandersetzungen um seine Radziwill-Ausstellung und die Androhung, dass sein Kunstkabinett geschlossen werden könnte, ist er endgültig in Alarmbereitschaft versetzt. Vor seinen Augen in Hamburg sieht er bereits, wie eine Kunsthandlung nach der anderen schließen muss. Insgesamt 27 als «Voll- und Halbjuden» klassifizierte Inhaber werden zur Aufgabe gezwungen.[4] «Vierteljuden» sollen eigentlich noch verschont werden. Goebbels bekräftigt gar in den Richtlinien der Reichskammer der bildenden Künste, dass «Mischlinge II. Grades» zur Ausübung ihres Berufes Mitglied der Kammer bleiben können.[5] All die Richtlinien und Gesetze bieten aber keine echte Sicherheit, sie können von einem Tag auf den anderen auch rückwirkend geändert werden.

Die Bedrohung der letzten vier Jahre seit der Machtübernahme durch die Nationalsozialisten prägt das Klima in der deutschen Kunst- und Museumsszene, die Stimmung ist aufgeheizt, die Galeristen, Kuratoren, Künstler sind verunsichert. Was darf noch gezeigt, was verkauft werden? Genaue Vorgaben gibt es nicht. Im Juli werden schließlich die schlimmsten Befürchtungen Gewissheit. In der Münchner Ausstellung «Entartete Kunst» steht am Pranger, was im «Dritten Reich» fortan unerwünscht ist. Die «Deutsche Allgemeine Zeitung» vom 25. Juli 1937 listet alle Künstler auf, die mit Werken darin vertreten sind. Hier sind die Namen auch all jener versammelt, die Gurlitt vorher gefördert hat.

Zum dritten Mal will er sich von den «Völkischen» allerdings nicht in die Knie zwingen lassen. Wenn er schon nicht gegen die Nationalsozialisten ankommt, dann will er sie sich zunutze machen. Diese opportunistische Einstellung entwickeln viele im Land. Gurlitt findet für sich eine Strategie, indem er die Aktion «Entartete Kunst» zu seiner Geschäftsgrundlage macht – als Verkäufer des konfiszierten Guts und Devisenbeschaffer für das «Dritte Reich». Mag er damit auch den verfolgten Künstlern helfen und deren gefährdete Kunst im schlimmsten Fall retten, als Kunsthändler der Nazis profitiert er vor allem von den Geschäften. 1937 beobachtet er das Geschehen jedoch noch aus der Ferne. Erst ein Jahr später, im Oktober 1938, dient er sich dem Propagandaministerium an. Im Laufe dieses Jahres wandelt sich Gurlitts Haltung zu der eines Opportunisten.

Bis Mitte Juli 1937 bringen Ziegler und seine Kollegen rund 700 Werke aus etwa 32 Museen nach München. In nur wenigen Tagen müssen die Räumlichkeiten in den nördlichen Hofgartenarkaden, in denen bis dahin die Gipsabguss-Sammlung der Münchner Universität untergebracht war, als Ausstellungsort hergerichtet werden. Das Konzept stammt von Willrich, dessen Pamphlet Goebbels zur Ausstellung animiert hat, wie aus seinen Tagebuchnotizen vom 11. Juni 1937 hervorgeht: «Lektüre: Willrich ‹Säuberung des Kunsttempels›. Die ist auch nötig, und ich werde sie vornehmen.»[6] Einige Wandsprüche in der Ausstellung «Entartete Kunst» scheinen direkt dem Buch entnommen. Die erste Schwierigkeit besteht darin, die Gipse der Abguss-Sammlung in der Kürze der Zeit auszuräumen. Die nur schwer beweglichen, großen Figuren bleiben deshalb stehen, um sie herum werden dünne Sichtschutzwände gebaut. Zusammen mit Walter Hansen und unter der Aufsicht von Goebbels entwickelt Willrich Themenräume. Er lässt die Sprüche an die Wände malen, Hinweisschilder für die Werke und Plakate drucken. Bis zum 19. Juli muss alles fertig sein, denn einen Tag nach Eröffnung der ersten «Großen Deutschen Kunstausstellung» im neu erbauten «Haus der Deutschen Kunst» soll die Feme-Ausstellung der Öffentlichkeit zugänglich sein, um den Kontrast deutlich zu machen und sogleich den gewünschten «Schwarz-Weiß-Effekt» zu erzielen. Ganz reicht die Zeit nicht. Nicht alle Räume können wie die ersten durchgestaltet werden. Zum Schluss wird nur noch wahllos an die Wände gehängt, was zuvor «sichergestellt» wurde. Die letzten beiden Räume im Erdgeschoss werden sogar erst drei Tage später für das Publikum geöffnet.[7]

Am 16. Juli 1937 beginnen die Eröffnungsfeierlichkeiten für das Haus der Deutschen Kunst. Das pompöse Festprogramm mit Fachtagungen, zahlreichen Reden und der Verleihung von Ehrenmedaillen an verdienstvolle Parteifunktionäre, Architekten, Bildhauer, Maler und Akademieprofessoren, gerahmt von Opern- und Theateraufführungen, Konzerten und volkstümlichen Veranstaltungen, dauert bis zum 18. Juli. Zur ideologischen Einstimmung bewegt sich zunächst ein drei Kilometer langer Festumzug durch die Straßen der Münchner Innenstadt unter dem Motto «Zweitausend Jahre Deutsche Kultur». Angeführt vom Militär mit wogenden Hakenkreuzfahnen, rollen an der jubelnden Menge 30 geschmückte Wagen mit symbolischen Darstellungen verschiedener Kulturepochen vorbei – begleitet von 5000 Statisten in historischen Gewändern.

Nach diesem bombastischen Auftakt öffnen sich die Tore des neuen Kunsttempels an der Prinzregentenstraße mit Beispielen jener «Neuen Deutschen Kunst», wie sie Hitler der Bevölkerung bei seinem Regierungsantritt angekündigt hat. Die Inszenierung ist bis ins Letzte choreographiert, um eine weihevolle Atmosphäre zu kreieren. In den hohen marmorverkleideten, durchlichteten Räumen sind auf insgesamt 5080 Quadratmetern Ausstellungsfläche neben Porträts des «Führers» und anderer Parteigrößen vor allem heldische Darstellungen von Soldaten und Sportlern sowie Allegorien und Genreszenen, Landschaften und Stillleben zu sehen. Der gewünschte Effekt stellt sich bei den Besuchern allerdings nicht ein, die Bewunderung für die Kunst hält sich in Grenzen. Mehr als die ausgestellten Werke beeindrucken die Räumlichkeiten. Die Berichterstatter ergehen sich deshalb lieber in Beschreibungen des Ortes: «die Größe der Anlage, die Zweckdienlichkeit und die Schönheit des verwendeten Materials. Jedes Bild, jede Plastik [hat] hier den idealen Platz [gefunden].»[8]

Wie geplant eröffnet einen Tag später nahe dem Haus der Deutschen Kunst in den Hofgartenarkaden die Ausstellung «Entartete Kunst». Gezeigt werden Gemälde, Plastiken und Graphiken des Impressionismus, Expressionismus, Dadaismus, Konstruktivismus, der Bauhaus-Künstler, der Neuen Sachlichkeit und der Abstraktion, wobei die Zahl expressionistischer Werke – insbesondere von den «Brücke»-Künstlern – überwiegt. Anders als in der «Großen Deutschen Kunstausstellung» hängen in der Galeriestraße 4 die Bilder dicht gedrängt, über- und nebeneinander platziert, so dass ein chaotischer Eindruck entsteht und das Einzelwerk untergeht. Hunderte Stücke drängen sich in den neun schmalen Räumen bei spärlichem Seitenlicht. Für Freunde der Moderne wie Felix Hartlaub, den Sohn des 1933 von den Nationalsozialisten entlassenen Mannheimer Kunsthallenleiters Gustav Hartlaub, ist die Inszenierung ein Schock. In einem Brief an seinen Vater schreibt er davon, dass die Präsentation, «namentlich in dieser Häufung, eine richtige Hölle» sei.[9] Räume und Wandteile sind mit Leitsätzen beschrieben wie «Verrückt um jeden Preis» oder «So schauten kranke Geister die Natur». Unter fast jedem Werk klebt ein roter Zettel mit der Aufschrift «Bezahlt von den Steuergroschen des arbeitenden deutschen Volkes». Um die Empörung anzuheizen, sind häufig die Summen genannt, die ein Werk während der Inflationszeit gekostet hat, also astronomisch hohe Preise ohne Umrechnung auf den aktuellen Kurs. Dazu sind Schauspieler engagiert, die in

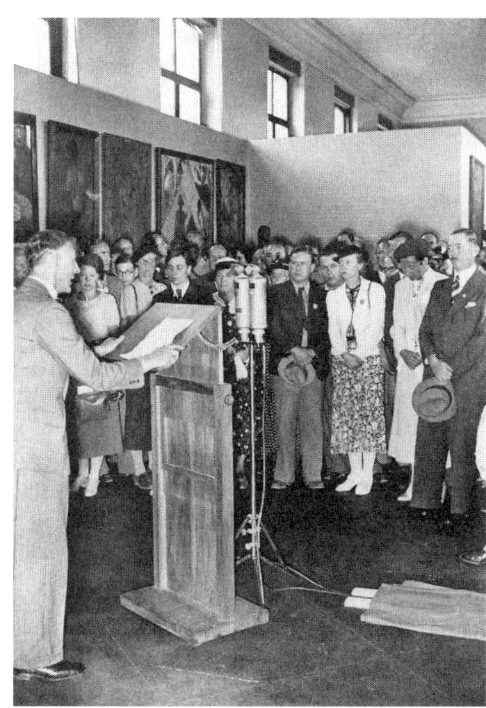

Eröffnung der Ausstellung «Entartete Kunst» in den Münchner Hofgartenarkaden durch Adolf Ziegler, 19. Juli 1937

den Räumen Wutanfälle oder Lachkrämpfe mimen, um die Besucher dazu zu animieren, es ihnen gleichzutun. Mit der Ausstellung werden die Berührungsängste gegenüber dem Fremden, Unbekannten aufgegriffen und mit den Wahnvorstellungen der Nazis von Rassenreinheit und Volksgemeinschaft verwoben.

Über zwei Millionen Menschen besuchen die Femeschau, sofern die offiziellen Zahlen stimmen, die bis dahin weitaus erfolgreichste Ausstellung in Deutschland. Das sind vier Mal so viele Besucher wie in der «Großen Deutschen Kunstausstellung». Darum auch soll die «Entartete Kunst» weiterziehen, Berlin wird auf Wunsch von Goebbels die nächste Station, danach folgen Leipzig, Düsseldorf, Salzburg, Hamburg, Stettin, Weimar, Frankfurt am Main, Chemnitz, Halle, Waldenburg, Görlitz, Oppeln, Liegnitz und Beuthen.[10] Während der Tournee ändert sich nochmals das Profil der Ausstellung durch Austausch von Exponaten. Die nächsten Präsentationen zielen auf eine noch stärkere Verdeutlichung der rassischen, antikommunistischen und gesellschaftlichen Feindbilder. Der im November 1937 nachgereichte Ausstellungsführer präzisiert für das Publikum, was unter «entarteter» Kunst zu verstehen sei: 1. «Zersetzung des Form- und Farbempfindens», 2. «Hohn auf jede religiöse Vorstellung», 3. «politische Anarchie», 4. «Kriegsgreuelpropaganda», 5. «Bordell, Dirnen und Zuhälter als sittliches Ideal», 6. «Neger und Südseeinsulaner als rassisches Ideal», 7. moderne Kunst auf dem Niveau «des Idioten, Kretins und der Paralytiker», 8. «plastische und gemalte Wüstenträume» jüdischer Künstler sowie 9. abstrakte Kunst als «vollendeter Wahnsinn».[11]

Noch während die Ausstellung in München zu sehen ist, rollt im August 1937 eine zweite Beschlagnahmewelle an, welche die erste bei weitem übertrifft und den größten Kunstverlust in den Museen zur Folge hat. In seiner Eröffnungsrede im Haus der Deutschen Kunst hat Hitler die Kampagne bereits angekündigt: «Wir werden von jetzt ab einen unerbittlichen Säuberungskrieg führen gegen die letzten Elemente der Kunstzersetzung.» Kurz danach ordnet Goebbels die Konfiszierung aller Werke der Moderne in öffentlichen Sammlungen an. Wieder reist Adolf Ziegler mit seiner Kommission durch das Land. Diesmal beschlagnahmt er um die 20 000 Werke von rund 1400 Künstlern, darunter weitere Arbeiten von Ernst Barlach, Max Beckmann, Marc Chagall, Otto Dix, Ernst Ludwig Kirchner, Paul Klee, Emil Nolde und Oskar Schlemmer, aber auch Werke von noch unbekannten Künstlern, die erst am Anfang ihrer Laufbahn stehen. Damit ist die Moderne nahezu komplett aus den deutschen Museen geräumt und für die nächsten acht Jahre den öffentlichen Blicken entzogen. Die Werke werden zunächst nach Berlin-Kreuzberg in einen Getreidespeicher in der Köpenicker Straße 24a geschafft. Am 13. Januar 1938 besichtigt Hitler zwei Stunden lang das Depot in Begleitung von Goebbels. «Das Resultat ist vernichtend», schreibt der Propagandaminister triumphierend am nächsten Tag in sein Tagebuch. «Kein Bild findet Gnade. Führer auch für entschädigungslose Enteignung.»[12]

Geschäftsmann für die Nationalsozialisten

Im Frühjahr 1938 wird über die «Verwertung» der eingezogenen Werke entschieden. Eine eigens gegründete Kommission mit Goebbels an der Spitze teilt die Werke in Gruppen ein: Ein Teil umfasst die Ausstellungsexponate, ein anderer Teil soll Schulungszwecken dienen, ein weiteres Konvolut geht ohne genauere Deklaration an das Reichsministerium für Volksaufklärung und Propaganda, eine kleine Gruppe ist aus diplomatischen Gründen zur Rückgabe vorgesehen. Das macht ungefähr ein Drittel der Werke. Das zweite Drittel soll vernichtet werden. Das dritte Drittel der Werke wird als «international verwertbar» eingestuft und soll gegen Devisen ins Ausland verkauft werden. Um den Verkauf formaljuristisch vorzubereiten, wird im Mai 1938 das «Gesetz über Einziehung von Erzeugnissen entarteter Kunst» erlassen.[13] Entsprechend den Durchführungsparagraphen können die Werke «entarteter Kunst, die vor dem Inkrafttreten dieses Gesetzes in Museen oder der Öffentlichkeit zugänglichen Sammlungen sichergestellt» wurden, «ohne Entschädigung zu Gunsten des Reichs eingezogen werden, soweit sie bei der Sicherstellung im Eigentum von Reichsangehörigen oder inländischen juristischen Personen standen». Das Gesetz wird auch in der Nachkriegszeit nicht revidiert, so dass die Eigentümerwechsel der Werke bis heute Gültigkeit besitzen. Da öffentliche Sammlungen und nicht Privatbesitzer von der Beschlagnahmeaktion «Entartete Kunst» betroffen sind, sieht der Kontrollrat der Alliierten nach 1945 von einer Rückabwicklung ab. Die junge Bundesrepublik scheut später die komplizierte Rückabwicklung der Geschäfte mit den internationalen Sammlungen, in welche die Werke während des «Dritten Reichs» verkauft wurden. Bis heute bildet sich der von den Nationalsozialisten verursachte Verlust, das an der Kunst begangene Unrecht, in den deutschen Museen ab.

Im Mai 1938 kommt erstmals die «Kommission zur Verwertung der Produkte entarteter Kunst» zusammen. Deren Geschäftsführer Franz Hofmann bittet schon bald darum, dass die «als international verwertbar zusammengestellten Werke aus dem Gesamtdepot herausgezogen und in zur Vorführung für Käufer geeigneten Räumen untergebracht werden».[14] Am Ende gelangen nach offizieller Zählung 779 Gemälde und Plastiken sowie 3500 Papierarbeiten nach Schloss Schönhausen im Norden Berlins. Ab August 1938 stehen sie in den Sälen des Barockschlosses zur Ansicht und zum Verkauf bereit. Mit der Sachbearbeitung wird Rolf Hetsch be-

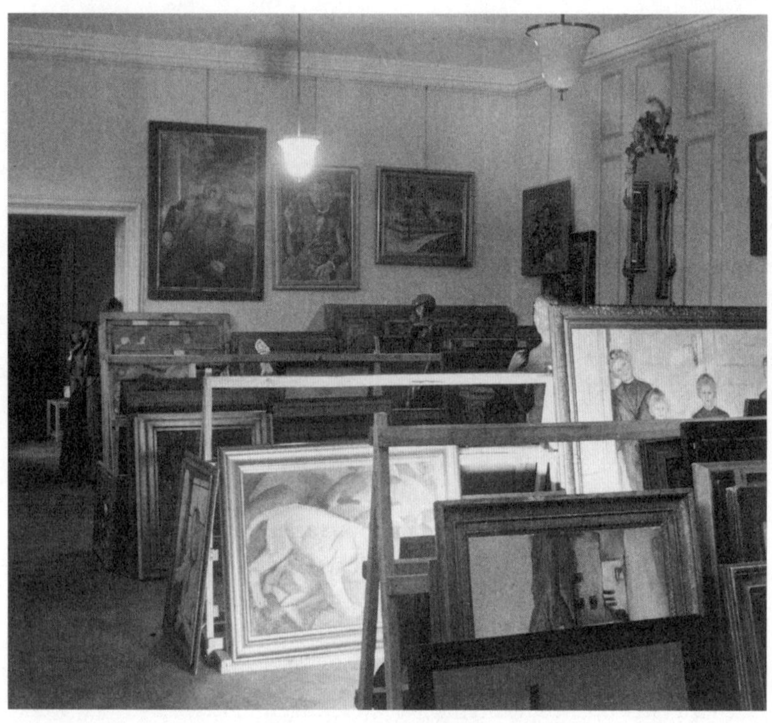

Depot der als «international verwertbar» klassifizierten Werke «Entarteter Kunst» im Schloss Schönhausen in Berlin-Pankow, 1938/39

traut, der bereits für die Reichskammer der bildenden Künste alle beschlagnahmten Werke inventarisiert hat und damit den besten Überblick besitzt. Die Koordinierung der «Verwertung» der Kunst zwecks Devisenbeschaffung obliegt der Abteilung IX (Bildende Kunst) des Propagandaministeriums, für die der promovierte Jurist und Kunsthistoriker nun tätig ist. Der junge Mann ist ein Cousin Adolf Zieglers und steht am Anfang einer vielversprechenden Karriere im NS-System. Während seines Studiums hat er am Staatlichen Kunstgewerbemuseum in Dresden volontiert und ist seit April 1938 Kustos bei den Porzellansammlungen, bevor er wieder nach Berlin zurückbeordert wird. Möglicherweise kennen sich Hildebrand Gurlitt und der acht Jahre jüngere Hetsch schon aus Dresden, denn die beiden verkehren bald nach Beginn von Gurlitts Tätigkeit für das Ministerium vertraulich miteinander.

Sie könnten sich aber auch bereits während Gurlitts Amtszeit im Hamburger Kunstverein begegnet sein. Von Mitte September bis Mitte Oktober 1931 hatte Gurlitt dort die Ausstellung «Architektur und Werkkunst» in Kooperation mit dem Evangelischen Kunstdienst gezeigt, für den Hetsch als Referent tätig war.[15] Auch der Evangelische Kunstdienst spielt eine entscheidende Rolle beim Verkauf der «Entarteten Kunst». Er ist eine Initiative des Chemnitzer Buchhändlers Gotthold Schneider, der den Verein 1928 in Dresden gegründet hat. Sein Ziel ist zunächst eine Reform der Kirchenkunst. Im Zuge der staatlichen Gleichschaltung wird der 1933 nach Berlin übergesiedelte Kunstdienst ein Jahr später zu einer Amtsstelle des Propagandaministeriums, und Gotthold Schneider als ihr Leiter steigt zum «Kunstreferenten der Reichsregierung» auf. Die dem Kunstdienst für Ausstellungen und Konzerte im Schloss Schönhausen zugeteilten Säle werden ab August 1938 als Schauräume für die beschlagnahmten Werke genutzt. Die frühere Bekanntschaft sowohl mit Schneider als möglicherweise auch mit Hetsch erklärt den guten Stand, den Gurlitt später bei der Zuteilung «Entarteter Kunst» zum Weiterverkauf hat.

Für Hildebrand Gurlitt wird 1938 zum entscheidenden Jahr, persönlich wie beruflich. Sein Vater stirbt am 25. März 1938 im Alter von 88 Jahren. Enttäuscht über seine Zurücksetzung aufgrund seiner jüdischen Herkunft, hatte er sich in den letzten Jahren zurückgezogen und nicht einmal mehr seine Autobiographie beendet. Sein Begräbnis ist ein trauriger letzter Akt. Otto Schubert, der bei ihm studierte und nun Bauformenlehre an der Technischen Hochschule unterrichtet, besucht als einziger aus der Professorenschaft die Beerdigung. Als einziger Kondolenzbrief ist ein Schreiben von Hasan Cemil Çambel, Präsident der Türkischen Geschichtskommission, erhalten. Es kommt erst Mitte Mai aus Ankara an, da der Schreiber mit Verspätung vom Tod des Architekturhistorikers erfahren hat.[16]

Es mag eine bloße Koinzidenz sein, dass Hildebrand Gurlitt, der sich bislang vom nationalsozialistischen Machtapparat ferngehalten hatte, in dem Moment, in dem sein Vater stirbt und dessen Autorität endgültig wegfällt, ins Schwanken gerät und seine moralische Integrität aufgibt. Ausschlaggebend für den letzten Schritt ins System ist im Herbst 1938 eine erneute Aufforderung der Reichskammer der bildenden Künste an Gurlitt, seine Abstammung nachzuweisen. Er gerät zusehends in Erklärungsnot. Bisher wähnte er sich als «Vierteljude» geschützt, nach der

Reichsprogromnacht vom 8. auf den 9. November 1938 und der von den Nazis ausgeübten Gewalt gegen Juden im gesamten Deutschen Reich fürchtet er Schlimmeres. Am 12. November 1938 erlässt Hermann Göring die «Verordnung zur Ausschaltung der Juden aus dem deutschen Wirtschaftsleben».[17] Jetzt beeilt Gurlitt sich, der Aufforderung der Kammer nachzukommen, am Tag der Verordnung, am 12. November, sendet er lange Erklärungen über die Mitglieder seiner Familie und deren Verdienste fürs Vaterland, bis hin zu der Begründung, «2 blonde, blauäugige, langschädelige Kinder» zu haben.[18] Er traut sich jetzt auch darauf hinzuweisen, dass er «bei sonst rein arischen Vorfahren über die Mutter [s]eines Vaters mit der nicht rein arischen Familie Lewaldt verwandt» ist, denn mittlerweile ist er in den Dienst des Regimes eingetreten. Es ist der Pakt mit den Schergen, als sich Hildebrand Gurlitt am 14. Oktober 1938 an Franz Hofmann wendet, den Leiter der Abteilung IX (Bildende Kunst) im Propagandaministerium, um sich als offizieller Verkäufer «Entarteter Kunst» zu bewerben. Der Berliner Galerist und Buchhändler Karl Buchholz hat als Erster bereits am 8. August erfolgreich Kontakt mit den Zuständigen aufgenommen. Gemeinsam mit Bernhard A. Böhmer aus Güstrow und Ferdinand Möller aus Berlin bilden die beiden das Quartett der staatlich für den Verkauf «Entarteter Kunst» autorisierten Händler. Jeder von ihnen entwickelt sein eigenes Profil, das neben ihren speziellen Interessen stark vom Verhältnis zu Rolf Hetsch als zuständigem Referenten abhängt. Auch wenn Hetsch nicht wirklich entscheidungsbefugt ist, bedarf vieles seines Wohlwollens. An ihn richten die Händler ihre konkreten Bitten um Werke, die sie dann ausschließlich gegen clearingfreie Devisen ans Ausland weitervermitteln dürfen, das heißt: ohne Verrechnung. Gurlitt gewinnt Hetsch sogleich für sich, indem er ihm eilfertig bekundet, dass er hoffe, «das Vertrauen, das das Ministerium» in ihn setzt, «durch Diskretion und eifrige Arbeit» in Hetschs «Sinne erwidern zu können». Hetsch wird gefallen haben, dass ein angesehener Kollege ihn als Berufsanfänger darum bat, ihn «auch einmal persönlich in Ruhe sprechen zu können».[19]

Eine Woche nach seiner offiziellen Anfrage wird Gurlitt auch schon von Hetsch durch das Depot im Schloss Schönhausen geführt und kann zu diesem Zeitpunkt noch das komplette Angebot in Augenschein nehmen. Umgehend reicht er eine lange Liste mit Werken von Munch, van Gogh, Delaunay, Picasso, Derain, Chagall, Modigliani, Pissarro, Rouault,

Matisse, Braque und de Vlaminck ein.[20] Zielsicher hat Gurlitt hier die Spitzenwerke ausgewählt. Eigentlich entsprechen sie nicht seinem Händlerprofil, denn sie stammen von Künstlern aus dem Ausland. Aber sie sind allesamt gemalt von Vertretern der international anerkannten Moderne und damit begehrte Ware, die im Ausland besser verkäuflich ist als die Kunst der deutschen Moderne. Die ausgesuchten Stücke sind allerdings schon für eine Versteigerung in Luzern vorgesehen bzw. im Falle von Munch mit einer Offerte von Buchholz belegt. Am 30. Juni 1939 findet in Luzern die heute legendäre Auktion in der Galerie Fischer mit 125 Meisterwerken aus dem Schloss Schönhausen statt. Erst nach diesem Auftakt beginnt der eigentliche Freihandverkauf von Einzelstücken, den im Wesentlichen die vier Kunsthändler Gurlitt, Böhmer, Möller und Buchholz abwickeln. Neben ihnen dürfen sich allerdings auch andere Galeristen betätigen, darunter Gurlitts Vetter Wolfgang, der in Berlin weiterhin seine Räume in der Potsdamer Straße unterhält. Ihre Wege werden sich immer wieder kreuzen, selten jedoch arbeiten die Vettern Hand in Hand. Sie verstehen sich als Konkurrenten. 1941 kommt es wegen eines ruinierten Bildes sogar zum Gerichtsstreit, den Hildebrand gewinnt. Im Laufe der Jahre nähern sich die beiden Vettern jedoch wieder einander an.[21]

Hildebrand Gurlitt reist selbst in die Schweiz, um die Versteigerung zu verfolgen. Auf dem Weg nach Luzern trifft er im Zug zufällig auf Gertrud Werneburg, genannt Gert, die auf Schloss Schönhausen die Einlagerung der «Entarteten Kunst» besorgt und den nur auf Anmeldung zugelassenen Besuchern die Bilder vorführt.[22] Die junge Frau arbeitet für den schon vorher im Schloss untergebrachten Evangelischen Kunstdienst. Für Gert Werneburg ist diese Reise auf Einladung des Schweizer Galeristen Theodor Fischer, dem sie nach eigener Aussage in Schönhausen bei der Auswahl der Bilder half, ihr letzter Kontakt mit den aus den Museen konfiszierten Bildern. Für Gurlitt fängt das Geschäft erst an, sogar noch bevor mit der Schweizer Auktion der große Ausverkauf der Kunst eröffnet ist.

Im November 1938 macht Hildebrand Gurlitt ein Angebot für sechs Gemälde von Kandinsky und eines von Delaunay: Von Kandinsky stammen «Landschaft mit bewegten Bergen» (1910) aus dem Provinzialmuseum in Hannover, «Der blaue Berg» (1908/09) und «Einige Kreise» (1926), beide aus der Staatlichen Gemäldegalerie seiner Heimatstadt, «Landschaft mit Fabrikschornstein» (1910) aus dem Schlossmuseum Weimar, «Stilles» (1926) aus dem Erfurter Museum für Kunst und Heimatgeschichte sowie «Drei Klänge» (1926) aus der Anhaltinischen Galerie Dessau, von Delaunay «St. Severin Nr. 3» (1909/10) aus der Mannheimer Kunsthalle. Dieses Mal hat Gurlitt mehr Glück. Im Februar 1939 erhält er den Zuschlag und erwirbt die Gemälde für einen Gegenwert von 10 000 Schweizer Franken.[23] Erstaunlich ist, dass er die Werke so früh käuflich erwerben kann, denn eigentlich ist von der «Verwertungskommission» vorerst nur eine Abgabe als Kommissionsware an die Händler vorgesehen.

Bei einer erfolgreichen Vermittlung auf Kommissionsbasis ins Ausland müssen die Devisen von dem Erwerber des Kunstwerkes auf das Sonderkonto «EK» bei ausgewählten Banken in Berlin, Brüssel, Amsterdam, London, Paris und Zürich eingezahlt werden. Der Händler erhält vom Propagandaministerium daraufhin eine Provision in Höhe von 5 bis 25 Prozent in Reichsmark ausgezahlt. Eigentlich wird der direkte Verkauf an die Händler erst gestattet, als sich nach Kriegsbeginn die Vermittlung von Einzelwerken mehr und mehr verkompliziert. Um weiterhin eine gewisse Kontrolle darüber zu behalten, dass die ungeliebte Kunst tatsächlich im Ausland landet, müssen die Händler beim Kauf ebenfalls fremde Währungen aufbringen. Gurlitt, der von Anfang an kauft, gelingt auch das. Die Gemälde von Kandinsky und Delaunay aus seinem ersten Vertrag mit dem Ministerium verkauft er laut seiner Geschäftsbücher noch am gleichen Tag, dem 20. Februar 1939, an die Galerie Gutekunst und Klipstein in Bern für 11 000 Schweizer Franken.[24] Die Geschäfte werden vor Vertragsabschluss abgesprochen gewesen sein. Nur so konnten ohne Verzögerung die Devisen fließen, die Werke in die Schweiz gelangen und von dort unmittelbar nach New York an das Guggenheim Museum weiterverkauft werden, wo sie sich noch heute befinden.

Gurlitt verdient bei dem Geschäft 1000 Schweizer Franken, umgerechnet knapp 600 Reichsmark, was ungefähr seinem früheren Monatsverdienst im Kunstverein entspricht. Er bleibt weiterhin mit Gutekunst und Klipstein in Verbindung. Das Berner Auktionshaus ist eine der ersten Adressen für Graphik in der Schweiz. 1935 hat es den in Deutschland nicht mehr genehmen Teil der Kollektion des preußischen Regierungsrates und Kunstsammlers Heinrich Stinnes versteigert: Heckel, Kirchner, Klee, Kandinsky, Kollwitz, Liebermann, Munch und Marc. Möglicherweise wurde Gurlitt durch diese Auktion auf das Berner Unternehmen aufmerksam. Eine der Druckgraphiken von Edvard Munch, die sich noch heute in der Gurlitt-Sammlung befinden, trägt den Sammlerstempel von Heinrich Stinnes, eine in leuchtend roter Farbe aufgedruckte Ligatur der beiden Anfangsbuchstaben H und S. Nach dem Krieg nimmt Gurlitt wieder Kontakt mit August Klipstein auf, der ihn zuvorkommend von der Schweiz aus mit Lebensmitteln versorgen will, zugleich aber zu verstehen gibt, dass er gerne mit Gurlitt wieder ins Geschäft kommen möchte. 1951 übernimmt Eberhard W. Kornfeld nach dem überraschenden Tod von August Klipstein das Berner Auktionshaus, mit dem Gurlitt den Kontakt ebenfalls hält. In der Nachkriegszeit erlebt die Firma einen großen Aufschwung, denn insbesondere in den 50ern kommen vermehrt Werke des deutschen Expressionismus auf den Markt. Manches Stück der Sammlung Gurlitt landet hier, auch Cornelius Gurlitt liefert nach dem Tod des Vaters weiterhin ein.

Die Schweiz wird für Hildebrand Gurlitt in den 40er Jahren ein wichtiger Handelsort. Das Land stellt nicht nur für jüdische Sammler, die auf der Flucht ihre Kunst verkaufen müssen, eine bedeutende Drehscheibe dar, sondern auch für Händler – und natürlich für die Käufer. Kurz nach dem erfolgreichen Geschäftsabschluss mit Gutekunst und Klipstein im Februar 1939 bahnt sich ein weiterer Deal für Gurlitt in der Schweiz an. Der Maler Karl Ballmer informiert seinen früheren Galeristen über einen potentiellen Abnehmer «Entarteter Kunst». Der Schweizer Künstler lebt seit 1938 mit seiner jüdischen Frau Katharina van Cleef wieder in seiner Heimat. In Hamburg gehörte er zu den angesehensten Künstlern der Sezession, damals besonders gefördert von Max Sauerlandt. Gurlitt hat ihn im Kunstverein, aber auch im Kunstkabinett immer wieder ausgestellt. Nachdem Ballmer 1936 eine Aufnahme in die Reichskammer der bildenden Künste beantragt hatte, wurde er jedoch schon 1937 aufgrund seiner Heirat mit Katharina van Cleef wieder ausgeschlossen. Ballmer berichtet Gurlitt nun vom neu berufenen Direktor des Basler Kunstmuseums, Georg Schmidt, einem Spezialisten für deutsche Malerei der Moderne. Der Kunsthändler schreibt dem Kustos Anfang April und bietet ihm seine Vermittlungsdienste an, Schmidt interessiert sich sogleich für Franz Marcs «Tierschicksale» von 1913 und sichert sich Sponsorengelder. Gurlitt kauft daraufhin das Gemälde vom Propagandaministerium für 5000 Schweizer Franken und reicht es an Schmidt für 6000 Franken weiter. Wiederum hat er 1000 Schweizer Franken verdient, dieses Mal sogar für nur ein Werk. Obendrein erhält er von Schmidt eine Provision von 900 Schweizer Franken.[25]

Anfang Mai 1939 fährt Gurlitt nach Basel, um weitere Geschäfte mit Schmidt zu besprechen, der fasziniert ist von den ungeahnten Möglichkeiten, die sich ihm eröffnen. Der rührige Museumsmann lässt sich daraufhin von der Stadtverwaltung einen Sonderkredit für den Aufbau einer Sammlung moderner Kunst gewähren und plant, sowohl auf der Luzerner Auktion im Juni als auch direkt in Schloss Schönhausen Kunst zu erwerben. Schmidt gehört in der Schweiz zu den Ersten, die die Bedeutung der deutschen modernen Malerei erkannt haben. Nach einer Sitzung mit der Basler Ankaufskommission am 8. Juli 1939 muss er allerdings feststellen: «Es ist eine groteske Situation, diese Herren [der Basler Kunstkommission] betrachten in ihrer Mehrheit die sogenannte entartete Kunst als eine spezifisch deutsche, ja norddeutsche Kunst, die uns Schweizer nichts angeht. Für uns sei die französische Moderne wichtiger.»[26] Schmidt gelingt es jedoch am Ende, die Kommissionsmitglieder zu überzeugen, und kann die gewünschten Werke für sein Museum gewinnen. So bitter es ist: Der Ausverkauf der deutschen Moderne ins Ausland sollte die internationale Rezeption und schließlich auch deren Anerkennung befördern.

In Basel erfährt Gurlitt, dass parallel zu ihm auch Karl Buchholz dem jungen Museumsdirektor seine Dienste angeboten hat. Die Händler einigen sich auf eine gemeinsame Vermittlung und führen Schmidt bei seinem Aufenthalt in Berlin am 28. und 29. Mai zusammen durch die im Schloss Schönhausen lagernden Bestände. Die beiden teilen sich die Provision in Höhe von 15 Prozent der Erwerbssumme. Schmidt lässt sich Derain, Corinth, Kokoschka, Barlach, Beckmann, Schlemmer und Schrimpf reservieren. Zu den insgesamt 13 Werken kommen später noch acht aus der Luzerner Auktion hinzu. Mitte Juli schreibt Schmidt immer noch überwältigt und zugleich fassungslos an den seit 1933 im Pariser Exil lebenden Kunstkritiker Paul Westheim über seinen Besuch im Bilderlager: «an pfingsten war ich in Berlin – und was ich dort fand, war über die massen herrlich. Nähere details, wie ich an die originale kam, kann ich natürlich nicht schreiben. Es waren wahrhaft begeisternde tage. [...] man hat mir preise gemacht, die zum teil lächerlich sind. [...] es kommt mir wie ein märchen vor – wenn die umstände, die dazu geführt haben, nicht so grauenhaft real und brutal wären.»[27] Gurlitt und sein Kompagnon Buchholz haben zu diesem Zeitpunkt für sich die «Umstände» längst ausgeblendet. Und doch: Beide Seiten, Verkäufer und Käufer, gehören zum System, beide lassen sich auf die Bedingungen des Geschäfts ein. Sie nehmen billigend in Kauf, dass es sich bei der Ware um enteignete Kunst handelt und die Umstände des Handels mehr als fragwürdig sind. Während der Händler den Verdienst macht, profitiert der Kunde von den günstigen Konditionen. Die «Rettung» der Kunst kommt beiden zupass.

Nach dem vielversprechenden Auftakt schließt Gurlitt bis zum offiziellen Ende der «Verwertungsaktion» im Sommer 1941 zahlreiche weitere Verträge mit dem Ministerium ab, von denen bis heute immerhin acht erhalten sind.[28] Anders als Buchholz hat Gurlitt in seiner verbindlichen Art ein gutes Verhältnis zu Rolf Hetsch aufbauen können, eventuell begünstigt durch ihre frühere Bekanntschaft. Kaum eines seiner Gebote wird abgelehnt – vorausgesetzt, die Werke stehen noch zur Verfügung. Nur einmal muss Gurlitt den von ihm vorgeschlagenen Betrag nach oben korrigieren. Insgesamt übernimmt er an «Entarteter Kunst» 78 Gemälde, 278 Aquarelle, 52 Zeichnungen, keine Plastiken, dafür aber entsprechend seiner in Zwickau entwickelten Vorliebe für Papierarbeiten 3471 Druckgraphiken. Mit 3879 Werken übertrifft Gurlitt bei weitem die Übernahmen seiner Kollegen Ferdinand Möller (848 Werke, vorwiegend Gemälde und Skulpturen), Karl Buchholz (1312 Werke, von denen 429 als unverkaufte Kommissionsware wieder an das Ministerium zurückgehen) und Bernhard Böhmer (2903 Werke, von denen 1716 durch Rolf Hetsch 1943/44 als Kriegsauslagerung nach Güstrow gelangen).[29] In diesen Jahren legt Gurlitt eine fieberhafte Aktivität an den Tag, immer unterwegs mit seinem DKW, dem «wie einem Wunderknäuel die Bilder von Munch, Corinth und Franz Marc entsteigen, wobei man nie recht wusste, wie dies alles in dem winzigen Wagen Platz gefunden hatte», wie sich Leopold Reidemeister später in seiner Gedenkrede nach Gurlitts Unfalltod 1956 erinnern wird.[30]

Im Vordergrund von Gurlitts Geschäften mit «Entarteter Kunst» steht zu Beginn der Erwerb nur weniger, dafür hochpreisiger Gemälde, mit denen er seinen Status als Devisenbeschaffer für das «Dritte Reich» festigt. Ab Mitte 1940 aber übernimmt er große Konvolute an Papierarbeiten. In zwei Kaufverträgen sichert er sich für 4800 Schweizer Franken mehr als 2600 Aquarelle, Zeichnungen und Druckgraphiken. Der strikten Vorgabe des Propagandaministeriums, «Entartete Kunst» nur an ausländische

Sammler zu veräußern, um sie für immer den Blicken der deutschen Bevölkerung zu entziehen, widersetzt sich Gurlitt stoisch. Wie seine Kollegen Buchholz, Böhmer und Möller nutzt er die Gelegenheit und verkauft auch an inländische Kunden. In seiner Galerie in der Alten Rabenstraße lagern ganze Stapel von Kirchner- und Schmidt-Rottluff-Blättern, die für eine Reichsmark über den Ladentisch gehen, Nolde-Aquarelle gibt er zu Spottpreisen ab.[31]

Zu seinen festen Abnehmern in Deutschland gehört der Hamburger Fabrikant Hermann F. Reemtsma, dem er in Hamburg seine Villa an der Elbe mit Kunst ausgestattet hat.[32] Außerdem der Industrielle Bernhard Sprengel aus Hannover, der Kölner Anwalt Josef Haubrich und der Hamburger Arzt Christian Kroetz. Der mit Gurlitt befreundete Hamburger Arzt und Sammler Reinhard des Arts erwirbt bei ihm zahlreiche Blätter von Rolf Nesch. Das Ehepaar Margrit und Bernhard Sprengel besucht den Händler erstmals im September 1940 direkt in seinem Kabinett und erwirbt sogleich Papierarbeiten von Nolde und Kollwitz, die aus dem Essener Folkwang-Museum stammen. Wenig später kann Gurlitt ihnen ein Nolde-Gemälde aus der Expressionisten-Kollektion des Hamburger Sammlerpaares Martha und Paul Rauert vermitteln, da die Witwe nach dem Tod ihres Mannes im Jahr 1938 auf den Verkauf von Werken aus der Sammlung für ihren Lebensunterhalt angewiesen ist. Im Mai 1941 folgt ein gewaltiges Konvolut von 409 Blättern für 8000 Reichsmark, das sich aus konfiszierter Kunst deutscher Museen wie eines ungenannt gebliebenen Sammlers zusammensetzt, alles Werke, die nicht in Gurlitts Geschäftsbüchern auftauchen.[33] Unklare Quellen werden sowohl von Verkäufer wie auch Käufer hingenommen, um die Transaktion nicht zu gefährden.

Gurlitt vermittelt die «Entartete Kunst» auch an langjährige Geschäftspartner wie den Düsseldorfer Galeristen Alex Vömel, Günther Franke in München und Paul Roemer in Berlin. Gleichzeitig wickeln die Händler auch untereinander Geschäfte ab: Buchholz, Böhmer und Cousin Wolfgang erwerben Werke bei Hildebrand bzw. er von ihnen, so dass die Wege in diesen Fällen heute kaum noch nachzuvollziehen sind. Die äußerst lukrativen Verträge, die Gurlitt vor allem gegen Ende der «Verwertungsaktion Entarteter Kunst» mit Käufern im Inland abschließt, bergen ein hohes Risiko. Zwar werden die Händler nach Eingang der Devisen auf den Sonderkonten durch die «Verwertungskommission» kaum weiter kontrolliert, die Gefahr einer Denunziation schwebt trotzdem über ihren Abwicklungen, die sich außerhalb der gebilligten Geschäftspraktiken bewegen. So mischt sich Reinhard Heydrich ein, Leiter des Reichssicherheitshauptamts, als er die Transaktionen beschlagnahmter Werke zwischen Böhmer und Vömel entdeckt. Mit deutlichen Worten kritisiert er die «außerordentlich schwerwiegende Sabotage der Kunstpolitik des Führers» beim Reichsministerium für Volksaufklärung und Propaganda und fordert von Goebbels eine strengere Überwachung. Prompt werden alle Händler unter Androhung eines Ausschlusses aus der Reichskammer der bildenden Künste ermahnt, dass sie nicht zu einer inländischen Weiterveräußerung berechtigt sind.[34]

Als «Mischling» geht Gurlitt mit seinen Extratouren ein noch größeres Risiko als seine Kollegen ein. Zwischendurch muss er dem Propagandaministerium versichern, dass die ihm «übergebenen Kunstwerke im Inland und von Inländern nicht gesehen werden», lediglich «einigen Freunden und Bekannten», die ihm «beim Export helfen», habe er «das Material gezeigt».[35] So hält Gurlitt sich bis zuletzt in der Gunst der Machthaber. Nachdem die Aktion «Entartete Kunst» im Sommer 1941 offiziell als abgeschlossen gilt, übernimmt er für die NS-Behörden weitere Dienste. Bereits im Juni 1941 hat er seine Regierungskontakte und seinen Handelsradius nochmals ausgedehnt. In der folgenden Zeit wird er vom Propagandaministerium immer wieder nach Paris ans Deutsche Institut beordert, die Kulturabteilung der Deutschen Botschaft, um den französischen Kunstmarkt zu beobachten und für deutsche Museen geeignete Werke anzukaufen. Seit August 1940 waltet hier Otto Abetz als deutscher Botschafter, unter ihm leitet Karl Epting das Deutsche Institut, mit dem Abetz gemeinsam in Frankreich systematisch Kunstraub betreibt. Gurlitt beteiligt sich nicht daran, doch durch seine weitere Tätigkeit für das NS-Regime verstrickt er sich immer tiefer.

Aber noch läuft die «Verwertungsaktion», und im Frühjahr 1941 landet Gurlitt seinen größten Coup. Am 12. März 1941 schließt er mit dem Propagandaministerium einen Tauschvertrag ab, bei dem er für drei Gemälde des 19. Jahrhunderts zusammen mit drei Druckgraphiken des 16. Jahrhunderts insgesamt sage und schreibe 42 Gemälde von deutschen Meistern der Klassischen Moderne erhält. Solche Tauschverträge erlaubt das Reichsministerium nur, weil mit Fortschreiten des Krieges die Devisenbeschaffung für die Kunsthändler immer schwerer wird. Die Schätzwerte der von Gurlitt getauschten Bilder driften extrem auseinander: Für je ein Gemälde von Johann Faber, Moritz Retzsch und seinem Großvater Louis Gurlitt sowie drei Graphiken von Albrecht Dürer und J. Corneliß von Amsterdam zu einem festgesetzten Wert von 12 700 Reichsmark erhält Gurlitt Gemälde von Corinth, Kokoschka, Heckel, Schmidt-Rottluff, Nolde, Schlichter, Dix, Mueller, Feininger, Beckmann, Campendonk, Rohlfs und anderen.[36]

Gurlitt hat sein Tauschgeschäft klug eingefädelt. Die Werke, die er der «Verwertungskommission» zum Tausch anbietet, hat er schon vorher den Staatlichen Kunstsammlungen Dresden, der Hamburger Kunsthalle und dem Wallraf-Richartz-Museum in Köln zur Ansicht überlassen. Alle drei Museen beklagen aufgrund der Beschlagnahmungsaktion «Entartete Kunst» große Einbußen in ihren Sammlungen und warten auf eine Rückvergütung. Dieser Hoffnung kommt Gurlitt mit seinem Tauschvorschlag entgegen. Der Händler eröffnet ihnen die Möglichkeit, die von ihm angebotenen Werke des 16. und 19. Jahrhunderts zu übernehmen und sie sich vom Propagandaministerium bezahlen zu lassen, indem die darauf festgelegten Preise als Vorschuss auf die Entschädigungsgelder angerechnet werden. Die Tauschvorschläge erhalten auf diese Weise einen gewissen Nachdruck und werden von der «Verwertungskommission» anstandslos angenommen. Im Gegenzug erhält Gurlitt hochrangige Werke der von ihm bevorzugten Künstler. Für die Museen wie auch für Gurlitt ist es eine Win-win-Situation. Die in seiner Zwickauer Zeit und seit seiner Mitgliedschaft im deutschen Museumsbund geknüpften Kontakte bewähren sich auch hier. Seine eingetauschten Werke befinden sich noch heute in den Museen von Dresden, Köln und Hamburg.

Aufgrund seiner guten Beziehungen zu den Museumsdirektoren ist Gurlitt auch vorher schon initiativ geworden. Bereits zu Beginn der Beschlagnahmungsaktion hat er von sich aus die Gelegenheit ergriffen und bei den Museen nach Werken gefragt, die jetzt ohnehin magaziniert werden müssen und nicht länger ausgestellt werden dürfen. Bei Walter Passarge von der Kunsthalle Mannheim klopft er am 2. Oktober 1937 an, «ob Sie daran denken das eine oder andere Werk von Liebermann oder Munch oder sonst jetzt unerwünschter Richtung zu verkaufen oder zu tauschen». Als Gegenangebot offeriert er Werke von Caspar David Friedrich, Carus, Hasenpflug, Dahl und Hackert. Entgegenkommend schließt er mit den Worten: «Aber ich bestehe ganz und gar nicht auf Tausch, bin auch gern bereit bar zu zahlen.»[37]

Doch Passarge gibt aus seinen Beständen nichts heraus, er hat bei der Beschlagnahmung nur wenige Wochen zuvor im Juli und August 949 Werke eingebüßt. Obwohl er nicht ausschließen kann, dass die gefürchtete Kommission sein Haus erneut aufsucht und er die letzten Werke der Moderne auch noch verliert, ist er höchstens an einem Kauf der von Gurlitt angebotenen Romantiker interessiert. Gurlitt versucht sein Glück auch bei anderen Museen. Er richtet die gleiche Anfrage an Paul Ortwin Rave, den kommissarischen Leiter der Nationalgalerie in Berlin. Konkret möchte Gurlitt Gemälde, Aquarelle und Zeichnungen von Liebermann kaufen. Auch hier bietet er Barzahlung an oder alternativ einen Tausch gegen Werke anderer Künstler. Aber auch Rave lehnt ab.[38] Am 11. Juni 1941 wendet sich Gurlitt an Walter Müller-Wulckow vom Landesmuseum Oldenburg, der einen Monat später beim Minister der Kirchen und Schulen beantragt, Liebermanns «Reiter am Strand» (1909) verkaufen bzw. gegen Wolfgang Heimbachs «Rückkehr der Heiligen Familie aus Ägypten» (1657) tauschen zu dürfen. Am Ende kauft Gurlitt für 5400 Reichsmark das Liebermann-Bild. Es befindet sich heute in der Sammlung von Lothar-Günther Buchheim in Bernried am Starnberger See.

Max Liebermanns Werke gelten zwar nicht als «entartet», aber sie werden von den Museen trotzdem aussortiert, weil der Künstler jüdischer Herkunft ist. Auf einer Museumsleiter-Tagung am 2. August 1937 hat Erziehungsminister Rust angeordnet: «Liebermann weghängen».[39] In der Folge haben auch andere Händler versucht, Bilder des Künstlers aus den Museen zu erwerben; umgekehrt bemühen sich die Direktoren, seine Werke abzustoßen. Auch in Halle hat Gurlitt deshalb mit seinem Angebot Glück. Hier fragt er am 11. Juni 1941 zum ersten Mal an. Er erwirbt mehrere Zeichnungen von Liebermann, darunter «Strandbild mit Landungsbrücke», das sich heute noch in der Sammlung Gurlitt befindet, sowie die Ölstudie zur «Tuchweberei», die der Händler an den Hamburger Sammler Georg Glaubitz weiterverkauft. Im folgenden Jahr erwirbt Gurlitt sieben Zeichnungen des Künstlers, für die die Stadt Halle ursprünglich 600 Reichsmark gezahlt hatte, der Händler kann den Preis auf 400 Reichsmark drücken. Der Museumsleiter rät seinem Bürgermeister zum Verkauf: «Ich empfehle, das Angebot anzunehmen, da wir diese bedeutungslose Skizzen eines jüdischen Malers niemals für unser Museum verwerten können und eine günstigere Verkaufsmöglichkeit jetzt und in Zukunft nicht besteht.»[40]

Am 9. Juni 1941 schickt Hildebrand Gurlitt seine Standardanfrage auch nach Breslau.[41] Der Direktor des dortigen Schlesischen Museums für bildende Künste, Cornelius Müller-Hofstede, später Direktor der Berliner Gemäldegalerie, hat sich besonders mit der Auskundschaftung jüdischer Kunstsammlungen hervorgetan, die dann in Teilen entweder in den eigenen Bestand übergingen oder weiterveräußert wurden. Ein Jahr später hat er für Gurlitt das passende Angebot, zwei Liebermann-Werke: das Gemälde «Zwei Reiter am Strand» und das Pastell «Korbflechter», von 1901 und 1900. Sie stammen aus dem Besitz des jüdischen Breslauer Fabrikanten und Kunstsammlers David Friedmann. Am 5. Dezember 1939 hat Oberregierungsrat Ernst Westram in einem Schreiben an den Reichswirtschaftsminister über die erfolgte Taxierung der Kollektion Friedmann und das dem Fabrikanten auferlegte Verfügungsverbot über seine Sammlung berichtet. Außerdem hat er um Auskunft gebeten, wie den vermögenden Juden in seinem Bezirk ihr Kunstbesitz «rechtmäßig» zu entziehen sei.[42] Laut der Lagerbücher des Schlesischen Museums hat Müller-Hofstede die beiden Liebermann-Bilder zusammen mit drei anderen Werken von dem staatlich vereidigten Versteigerer Hermann Petschel in Breslau im Juli 1942 erworben.[43] Für die «Zwei Reiter am Strand» zahlt Müller-Hofstede 1600 Reichsmark. Zu dem Zeitpunkt ist David Friedmann bereits verstorben, seine Tochter Charlotte ins Konzentrationslager Ravensbrück deportiert; sieben Monate später kommt sie in Auschwitz um. Wann genau das Gemälde aus Breslau in Gurlitts Besitz überging, lässt sich seinen Geschäftsbüchern nicht entnehmen. Im Zusammenhang mit dem «Schwabinger Kunstfund» aber erlangt es erneute Berühmtheit. Da die Umstände, unter denen es aus der Sammlung Friedmann zu Gurlitt kam, geklärt sind, kann das Bild am 12. Mai 2015 restituiert werden. Kurz nach seiner Rückgabe an die Nachfahren der Familie Friedmann wird das Gemälde am 25. Juni 2015 in London bei Sotheby's für 2,6 Millionen Euro versteigert.

Selbstverständlich versucht Gurlitt, auch in Hamburg mit den Museen ins Geschäft zu kommen. Im April 1938 wendet er sich ein erstes Mal an den seit 1936 amtierenden Kunsthallen-Direktor Werner Kloos mit dem Angebot, das von seinem Großvater Louis stammende Bild «Ansicht von Rom» gegen ein von Liebermann gemaltes Porträt des Bürgermeisters Carl Petersen zu tauschen. Bei seiner Erwerbung im Jahre 1891 hat das Bild scharfe Kritik ausgelöst, weil es als nicht würdevoll genug galt. «Es ist kein

Zweifel, dass Sie auf diese Weise ein wirklich bedeutendes Bild gegen ein Bild vertauschen, dass auch Liebermann-Freunde als unbedeutend und misslungen ablehnen», versucht Gurlitt dem Museumsdirektor den Handel schmackhaft zu machen. «Außerdem können Sie auf diese Weise ein Bild aus der Kunsthalle entfernen, dass sowohl wegen des Dargestellten, wie wegen des Künstlers im Dritten Reich niemals wieder aufgehängt werden kann.»[44] Im gleichen Brief wird Gurlitt auch für seinen Freund Kurt Kirchbach vorstellig, der an einem Dehmel-Porträt von Liebermann interessiert ist. Der Tausch kommt nicht zustande, auch wenn Gurlitt immer wieder hartnäckig nachfragt: am 21. Juni 1938, am 22. Oktober 1940 und am 14. Januar 1941.

Im März 1941 führt sein Drängen dennoch zu einem Erfolg. Kloos reicht Gurlitts Angebot am 1. Februar 1941 an den zuständigen Senator Dr. Becker von der Kulturbehörde weiter, denn für das Liebermann-Bild würde er «wertvolle deutsche» Kunst bekommen: «Andere Museen haben mit Freuden Liebermann verkauft, der für die Museen ja völlig unverwertbar ist.»[45] Gurlitt bekommt schließlich vier Gemälde von Max Liebermann – «Ostfriesische Bauern beim Tischgebet» (1890), «Der zwölfjährige Jesus im Tempel» (1879), «Wagen in den Dünen» (1889) und «Polospieler im Jenischpark» (1903) – sowie Oskar Kokoschkas «Blick auf Florenz» (1924). Gurlitt setzt für die drei ersten Liebermann-Bilder je 4000 Reichsmark als Buchwert an, für den «Polospieler» 2400 Reichsmark.[46] Ursprünglich waren 4500 Reichsmark pro Bild gefordert. Im Tausch erhält die Kunsthalle dafür Leopold von Kalckreuths «Landschaft mit Heuschober» (4000 Reichsmark), ferner Hans Thomas «Landschaft mit Regenbogen» (16 000 Reichsmark), die die Kunsthalle allerdings 1956 wieder abstoßen wird – für nur 5800 DM, ein schlechter Schnitt für das Museum. Für Gurlitt aber ist es ein profitables Geschäft. Er verkauft im Mai 1941 die «Ostfriesischen Bauern beim Tischgebet» an Hermann F. Reemtsma für 5750 Reichsmark, den «Polospieler» für 3000 Reichsmark an den Kaufmann Otto Hübener und den «Zwölfjährigen Christus» für 6000 Reichsmark an den Hamburger Liebermann-Sammler Georg Glaubitz, von dessen Töchtern die Kunsthalle das Gemälde 1989 zurückkaufen kann. Den «Wagen in den Dünen» aber behält Gurlitt. Mit dem späteren Kunsthallen-Direktor Carl Georg Heise, der nach dem Krieg von dem Kunsthändler die Rückgabe fordert, wird es um diesen Deal einen heftigen Streit geben. Gurlitt verteidigt sich: «Daß vier Bilder von Liebermann aus Staatsbesitz in Hamburger Privatbesitz kamen? War das damals wirklich falsch? Wer konnte wissen, wohin die Entwicklung ging und was die Regierung noch vorhatte? In guter Privathand waren die Bilder sicherer als im Museum.»[47] Um weiteren Auseinandersetzungen aus dem Weg zu gehen, gibt Gurlitt sein Gemälde «Wagen in den Dünen» schließlich nach Hamburg zurück, nachdem er es 1951 von den Amerikanern zurückerhalten hat.

Kapitel 11

Im Auftrag des «Führers» (1941 bis 1944)

Gelegenheit macht Profiteure

Am 30. Juni 1941 endet offiziell die «Verwertungsaktion» der beschlagnahmten Werke. Sie hat dem Reich längst nicht den erhofften Profit erbracht. Zumal es nach Kriegsbeginn zunehmend schwieriger geworden ist, Devisen zu beschaffen. Ab Frühjahr 1941 sind es lächerlich niedrige Preise, die Gurlitt an das Propagandaministerium zahlt, das Geschäft ist für die Nationalsozialisten ausgereizt. 1940 muss Gurlitt für Aquarelle von den Meistern des Expressionismus immerhin noch durchschnittlich 40 Schweizer Franken bezahlen, wie zum Beispiel für das sonnendurchstrahlte Blatt «Im Schlossgarten von Oberhofen» von August Macke aus dem Jahr 1914, das in der Hamburger Kunsthalle beschlagnahmt wurde und sich noch heute in der Sammlung Gurlitt befindet. Ein Jahr später liegt der Mittelwert bei nurmehr fünf Schweizer Franken, die Gurlitt etwa für Emil Noldes Landschaftsaquarell «Mühle mit Steg» zahlen muss. Es stammt aus dem Städel in Frankfurt am Main und wird 2014 im Salzburger Haus von Cornelius Gurlitt aufgefunden. Druckgraphiken sind bereits 1940 für 0,2 Schweizer Franken pro Blatt zu haben. Gurlitt erwirbt für diesen geringen Betrag umfangreiche Graphikkonvolute seiner Lieblingskünstler, darunter Erich Heckels Erste-Weltkriegs-Trilogie «Der barmherzige Samariter» aus dem Museum Folkwang in Essen. Der Künstler hat die drei Holzschnitte 1915 an seinem Einsatzort in Ostende von Hand abgezogen und mit Aquarellfarben koloriert. Auch diese Unikate befinden sich noch heute in der Sammlung Gurlitt. Wie die meisten Blätter der Kollektion wurden sie jahrzehntelang in Paketen, Kisten und Graphikschränken aufbewahrt, kaum einmal dem Tageslicht ausgesetzt. Die Werke besitzen bis heute strahlende Farben und leuchten in ihren Kontrasten wie zu den Zeiten, als die Künstler sie schufen. Gurlitts größter Coup in dieser Phase aber, die Erwerbung von 42 Meisterwerken der Klassischen Moderne, ist ein Tauschgeschäft, das dem Reich keine Devisen bringt. Der Kunsthändler kann seinen Status als wichtiger Devisenbringer kaum noch länger rechtfertigen, der ihm nicht nur ein Einkommen sicherte, sondern ihn auch vor Nachstellungen durch die Nationalsozialisten schützte.

Neben seinen Geschäften mit dem Propagandaministerium erwirbt Gurlitt in diesen Jahren vieles von Kunsthändlern in Hamburg, Dresden, Berlin, Düsseldorf. In Hamburg ist es die Galerie Commeter, die ein ähnliches Profil hat wie Gurlitts Kunstkabinett, in Dresden die von Heinrich Kühl 1924 gegründete Galerie Kunstausstellung Kühl. In seiner Heimatstadt pflegt Gurlitt ferner geschäftliche Verbindungen mit Rudolf Probst, der die Galerie Neue Kunst Fides führt, sowie der Kunsthandlung Paul Rusch. In Berlin gehören zu Gurlitts Geschäftspartnern außerdem Arnold Blumenreich, Victor Rheins, Justin Thannhauser, Paul Roemer, die Galerie Matthiesen und Friedrich August Lutz, der einst für Eduard Plietzsch in der Galerie van Diemen arbeitete. Ein anderer Kontakt in Berlin ist das Auktionshaus Hans W. Lange, das in den Jahren 1937 bis 1943 insgesamt 35 Versteigerungen durchführt und dabei insbesondere von den Verkäufen jüdischer Sammler profitiert, die emigrieren wollen und für die erforderlichen Zwangsabgaben zu Geld kommen müssen. In Düsseldorf unterhält Gurlitt geschäftliche Beziehungen mit den Galerien Vömel und Paffrath, in Köln mit der Galerie Aenne Abel und dem Kunstsalon Heinrich Abels. In München arbeitet er mit Julius Böhler junior zusammen, der in engem Kontakt auch mit Karl Haberstock steht. Haberstock steigt 1939 zum Hauptkunsthändler für den sogenannten Sonderauftrag Linz zur Einrichtung des geplanten «Führermuseums» auf. Die beiden Münchner Händler reisen für ihre Erwerbungen gemeinsam durch Holland und Italien.

Ende der 1930er, Anfang der 1940er Jahre lassen die Einträge in Gurlitts Geschäftsbüchern viele Erwerbungen von Privatpersonen erkennen, von Künstlern wie Sammlern. Da tauchen Frl. Simon, Frl. M. Neuerst, Frau Mahnke, W. Kneissner, Frau Rabner, L. Schmidhuber und viele mehr auf. Anhand der Einträge ist kaum nachzuvollziehen, unter welchen Umständen die Geschäfte abgewickelt wurden. Zu den unbedenklichen Transaktionen gehören jedenfalls die Erwerbungen aus den Sammlungen von Martha und Paul Rauert sowie von Ottilie Schiefler, der Tochter des 1935 verstorbenen Hamburger Kunstsammlers Gustav Schiefler, oder auch von Anna Buchenau, der Witwe des Bremer Sammlers Siegfried Buchenau.

Verdächtig sind Einträge, die zeigen, dass innerhalb kürzester Zeit, zumeist an ein oder zwei Tagen, umfangreiche Sammlungsbestände an Gurlitt abgegeben wurden, etwa von einer Martha Wuerst, von der Gurlitt im November 1938 insgesamt 15 Werke des 18. Jahrhunderts, außerdem ein Gemälde von Andrea del Sarto, eines von Gerhard von Kügelgen und mehrere Bilder von Johann Christian Vollerdt für insgesamt 2120 Reichsmark erworben hat.[1] Hier ist davon auszugehen, dass die Verkäufe unter Druck stattfanden, weil die Besitzer das Land verlassen mussten. So erwirbt Gurlitt im Dezember 1938 und im Februar 1939 Kunstwerke von Mitgliedern der in Hamburg ansässigen jüdischen Bankiersfamilie Warburg. Der Großteil der Familie kann nach Großbritannien und in die USA emigrieren, einige Mitglieder bleiben jedoch in Altona. Sie werden 1940 verhaftet und ins Vernichtungslager Sobibor deportiert, wo sie umkommen.

In prekärer Lage befindet sich auch der Sammler Henri Hinrichsen, Inhaber des Leipziger Musikverlags C. F. Peters, eines der bedeutendsten Musikverlage in Deutschland zu Beginn des 20. Jahrhunderts. Die Umstände seines Verkaufs an Gurlitt werfen ein grelles Licht auf dessen damalige Geschäftspraktiken. Die aus der Sammlung Hinrichsen stammende Zeichnung «Das Klavierspiel» von Carl Spitzweg wird deshalb zu einem der prominentesten Stücke des «Schwabinger Kunstfunds». Das Werk taucht in den Geschäftsbüchern Gurlitts unter dem Datum 7. Januar 1940 auf, Kostenpunkt: «300 Mark». An diesem Beispiel zeigt sich, dass Gurlitt, der sich unter den Nationalsozialisten nie befleckt haben will, durchaus die günstigen Gelegenheiten und die Bedrängnis verfolgter Kunstbesitzer zu nutzen wusste. Die Familie des Musikverlegers sieht sich schon bald nach der Machtübernahme durch die Nationalsozialisten einer zunehmenden Diskriminierung ausgesetzt, bis hin zu handgreiflichen Auseinandersetzungen und der Verwüstung ihrer Geschäfts- und Wohnräume. 1938 erfolgt die Arisierung des Unternehmens, im Dezember eine «Sicherung» des Vermögens. Ein Jahr später, im Zuge einer reichsweiten Sonderaktion nach dem Attentat auf Hitler am 8. November 1939, wird Henri Hinrichsen vorübergehend inhaftiert und ein Teil seiner Kunst- und Autographensammlung ins Museum der bildenden Künste in Leipzig verbracht.

Das Ehepaar entschließt sich mit den noch in Deutschland lebenden Kindern zur Emigration, muss aber für die sogenannte Reichsfluchtsteuer, die «Judenvermögensabgabe» und weitere Sonderzahlungen weit mehr Geld aufbringen, als der Erlös aus dem Unternehmensverkauf hergibt. Da die Mitnahme der Kunstsammlung ohnehin verboten ist, erklärt sich Henri Hinrichsen 1939 noch in Haft mit dem Verkauf einverstanden. Nachdem er Ende Januar 1940 entlassen wird, begibt er sich völlig mittellos mit seiner Frau Martha nach Brüssel, ihr Sohn Hans-Joachim folgt kurz darauf. Die Söhne Walter und Max sind schon vorher in die USA emigriert. Den drei anderen Hinrichsen-Kindern gelingt es jedoch nicht mehr, ihnen nachzureisen. Hans-Joachim Hinrichsen stirbt 1940 im französischen Konzentrationslager Perpignan, sein Bruder Paul und der Vater werden in Auschwitz ermordet. Seine Mutter Martha kommt 1941 in Brüssel um, da ihr als Jüdin das lebensnotwendige Insulin verweigert wird. Zu den überlebenden Kindern gehört Walter Hinrichsen, der 1936 in New York eine Dependance des Musikverlages gegründet hat und später bei Gurlitt vergeblich nach den einst verkauften Kunstwerken sucht.

Der Kunstverkauf an Hildebrand Gurlitt kommt kurz vor Hinrichsens Haftentlassung zustande, die Werke befinden sich zu dem Zeitpunkt in sogenannter Sicherungsverwahrung im Museum der bildenden Künste. Neben dem Spitzweg-Blatt kauft Gurlitt eine weitere Zeichnung, die sogenannte Lachner-Rolle von Moritz von Schwind, die Stationen aus dem Leben des Komponisten Franz Lachner zeigt, sowie das Gemälde «Säender Bauer» von Camille Pissarro und das Händel-Porträt eines unbekannten Meisters aus dem 17. Jahrhundert. Gurlitt wird später gegenüber Walter Hinrichsen erklären, die Werke direkt von dessen Vater erworben zu haben, zu Preisen, mit denen die Familie damals einverstanden gewesen sei. Der Kunsthändler kannte den Verleger durch seinen Bruder Wilibald, der 1935 an dem von Hinrichsen herausgegebenen «Jahrbuch Peters» mitgearbeitet und darin einen Aufsatz zum 350. Geburtstag des Komponisten Heinrich Schütz veröffentlicht hat. Gurlitts Angaben stimmen insofern, als er tatsächlich die Preise mit Hinrichsen verhandelt hat, wenn auch vielleicht nicht direkt. Laut Unterlagen bezahlt er zusammen 10 000 Reichsmark für die beiden Gemälde, für die beiden Zeichnungen zusammen 1300 Reichsmark – Preise, die damals gut über dem Durchschnitt liegen. Weil die Stücke durch die NS-Behörden im Museum eingelagert sind, muss Hinrichsen die Oberfinanzdirektion Leipzigs über seine Verhandlungen informieren und um Erlaubnis für den Verkauf bitten. Am 11. und 16. Januar 1940 wird den Verkäufen an Gurlitt stattgegeben.[2] Über das Geld, das auf ein Sperrkonto bei der Leipziger Filiale der Deutschen

Bank eingezahlt wird, kann der Sammler dennoch nicht verfügen. Gurlitt bekommt die Werke vom Museum ausgehändigt, während sich Hinrichsen noch in Haft befindet. Eine direkte Verhandlung kann – wenn überhaupt – nur vor seiner Inhaftierung stattgefunden haben. Durch das Procedere mit der Oberfinanzdirektion, die Gurlitt schriftlich über die Verkaufserlaubnis informiert, weiß er sehr genau, dass es sich um keinen freiwilligen Akt handelt.

Auch der Verkauf von neun Menzel-Zeichnungen durch den Hamburger Arzt Ernst Julius Wolffson zeigt, dass Gurlitt dessen Zwangslage zu nutzen weiß. Nachdem der Sammler bereits seine Approbation verloren hat und aus der Ärztekammer ausgeschlossen ist, bietet er dem Händler Anfang Dezember 1938 die neun Zeichnungen an, die er 1913 von seinem Vater Albert Martin Wolffson geerbt hat. Am 31. Dezember folgen zwei weitere Lieferungen aus der Wolffson-Sammlung, dieses Mal verhandelt Gurlitt über zehn Menzel-Blätter mit Elsa Helene Cohen, der Tochter von Albert Martin Wolffson, sowie am gleichen Tag über vier Menzel-Zeichnungen mit Elsas Schwiegertochter Elisabeth Martens. Kurz danach emigriert die Familie in die USA.[3]

Ins Auge fällt die geringe an die Erben Albert Martin Wolffsons gezahlte Summe. Laut seiner Geschäftsbücher zahlt Gurlitt an Ernst Julius 2000 Reichsmark, an Elsa Helene die gleiche Summe und an Elisabeth Martens 1000 Reichsmark, insgesamt also für 23 Werke 5000 Reichsmark. Bei allen Blättern handelt es sich um hochrangige Handzeichnungen, die 1905 in der Berliner Nationalgalerie ausgestellt waren. Albert Martin Wolffson hatte 1903 für 32 Menzel-Zeichnungen noch 50 000 Reichsmark ausgegeben. Um 1938 liegen die Preise für Zeichnungen von Menzel zwischen 200 Reichsmark für kleine Studien und 5000 Reichsmark für größere ausgearbeitete Blätter.[4] Glaubt man Gurlitts Geschäftsbüchern, erzielt er beim Weiterverkauf allerdings selbst nur einen Gewinn von 2500 Reichsmark.

Handel im Ausland: Gurlitt erweitert seinen Radius

Gurlitt erwirbt also von jüdischen Sammlern, auch von jüdischen Künstlern in prekärer Lage. Er hilft ihnen, indem er die angebotene Ware übernimmt, doch die niedrigen Preise deuten an, dass er zugleich von der ausweglosen Situation seiner Kunden profitiert. In seinem eigenen Kunstkabinett spürt er am Verhalten der Kunden, wie der Druck auf sie steigt, die Emigrationen zunehmen und dass es bald auch für ihn wieder eng werden könnte. Gurlitt operiert hier in einer Grauzone, in der er selbst moralisch die Orientierung verliert. Für ihn als Händler bedeuten die Verkäufe vor allem Konjunktur, er nutzt die Welle – und beginnt zugleich, sein Terrain ins Ausland auszudehnen. Der Handel im Schutze der Regierung, die Kontakte mit Rolf Hetsch und dem Kunstdienst haben sich zwar als äußerst lukrativ erwiesen, aber das Ende der «Verwertungsaktion» ist absehbar. Der Galerist streckt deshalb schon vorher seine Fühler aus. Am 12. November 1940 informiert er Rolf Hetsch, «in Holland und Belgien einige alte Kunden zu besuchen, die noch immer für gewisse Bilder sich interessieren». Gurlitt bittet den Referenten für «Entartete Kunst» im Propagandaministerium um ein offizielles Schreiben, dass seine «Arbeit im Interesse des Reiches liegt».[5] Im Schutz dieses Schriebs kann er unbedenklich in die seit Mai 1940 von den Deutschen besetzten Länder einreisen.

Welche Kunden mögen es gewesen sein, die Gurlitt in seinem Brief so kryptisch erwähnt? Wer könnte Interesse gehabt haben am Kauf «Entarteter Kunst», für den Hetsch hier schließlich seine Unterstützung gibt? Laut seinem Im- und Export-Geschäftsbuch pflegt Gurlitt vor November 1940 zwar Handelskontakte mit der Schweiz, mit England und Norwegen, aber nicht mit Belgien und Holland. Das wäre auch verwunderlich, denn in den Niederlanden gibt es bislang wenig Interesse an der deutschen Moderne, in den Museen und privaten Sammlungen ist sie kaum präsent. Erst mit der Emigration verfolgter Sammler, Händler und Künstler, die häufig ihre Werke holländischen Museen zur Verwahrung geben, wird die moderne deutsche Kunst von den dortigen Kuratoren zur Kenntnis genommen und langsam auch erworben. Manch ursprünglich bloß untergestelltes Werk bleibt nach dem Krieg an seinem holländischen Aufbewahrungsort als Schenkung der damaligen Besitzer und zum Dank für die geleistete Hilfe.

Mit dem obskuren «alten Kunden» aber meint Gurlitt einen Be-

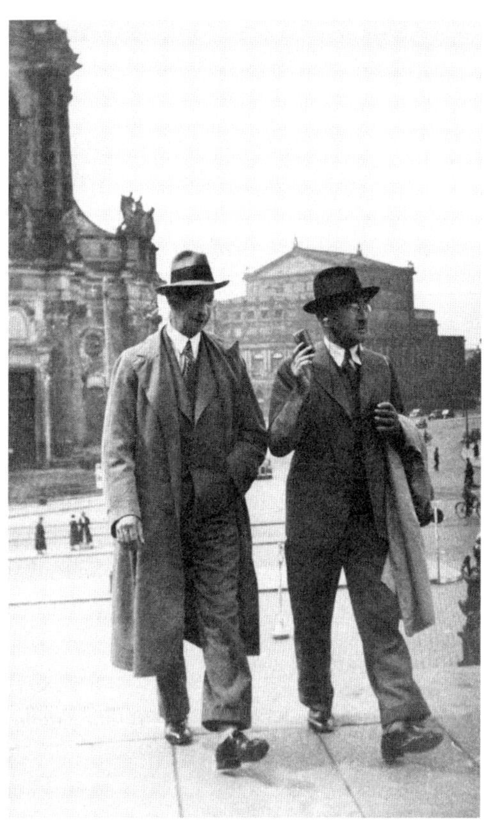

Hans Posse und Eduard Plietzsch in Dresden, um 1939

kannten aus Berliner Studientagen, den Kunsthändler Eduard Plietzsch, bei dem er Anfang der 1920er Jahre beinahe als Werkstudent in der Galerie van Diemen angefangen hätte. Über all die Jahre haben die beiden miteinander Verbindung gehalten und sogar Geschäfte gemacht. 1938 erwirbt Plietzsch im Hamburger Kunstkabinett ein Gemälde des niederländischen Künstlers Adriaen van Ostade für 400 Reichsmark. Als Hans Posse 1939 zum Sonderbeauftragten für das geplante «Führermuseum» in Linz ernannt wird, bietet Plietzsch ihm seine Dienste an. Auch Gurlitt trifft sich nun vermehrt mit Posse.[6] Zwei Monate vor Gurlitts Brief an Hetsch hat Plietzsch im September 1940 im besetzten Den Haag seine Tätigkeit als Kunstsachverständiger bei der Dienststelle Mühlmann aufgenommen. Die Dienststelle ist nach dem österreichischen Kunsthistoriker und gefürchteten SS-Mann Kajetan Mühlmann benannt. Von Hermann Göring zum «Sonderbeauftragten für den Schutz und die Sicherung von Kunstwerken in den besetzten Ostgebieten» ernannt, hatte er in Polen auf brutalste Weise öffentliche Museen und private Sammlungen beraubt. In Den Haag hat die Dienststelle Mühlmann in der Stuyvesantstraat 300 ihren Sitz und spürt von hier aus Kunstgut in den besetzten Niederlanden und Belgien auf, das dann nach Deutschland an Nazi-Größen sowie Museen und Auktionshäuser weitergeleitet wird. Obwohl kein Mitglied der NSDAP, rückt Plietzsch als Experte für niederländische Malerei alsbald zum stellvertretenden Leiter der Dienststelle auf. Als Kenner auf seinem Gebiet kann er es sich leisten. Er erhält eine Provision von 15 Prozent für jedes Bild, ein monatliches Gehalt von 10 000 Reichsmark und die Erstattung aller Reisekosten.[7] Im Laufe seiner Tätigkeit gehen über 1000 Gemälde alter und neuer Meister zur Begutachtung durch seine Hände. Neben seiner Spezialisierung auf holländische Kunst des 17. Jahrhunderts ist Plietzsch genau wie Gurlitt ein Freund der modernen Malerei, insbesondere der «Brücke»-Künstler und der Neuen Sachlichkeit. Es ist also sehr wahrscheinlich, dass Gurlitt seinem Kollegen Plietzsch 1940 Werke aus seinen Beständen «Entarteter Kunst» anbieten wollte.

Auch nach dem Krieg bleiben die beiden einander wohlgesonnen. Als Hildebrand Gurlitt kurz nach seiner Berufung zum Direktor des Düsseldorfer Kunstvereins Eduard Plietzsch im Dezember 1947 um Kontakt zu den Erben von Georg Kolbe bittet, weil er eine Gedenkausstellung für den Bildhauer plant, erhält er zuvorkommend Auskunft.[8] Nach dem Krieg hat sich Plietzsch wieder in Berlin niedergelassen und verfasst nun seine Memoiren unter dem Titel «... heiter ist die Kunst».[9] Auf seiner Reise in die Niederlande aber erlebt Gurlitt erstmals die Geschäftsgepflogenheiten der Raubkunst-Organisationen in den besetzten Westgebieten. Er ist zwar nicht direkt in ihre Machenschaften involviert, aber als cleverer Händler hat er den Kunstmarkt in den neu eroberten Gebieten ins Visier genommen.

Sein Geschick und händlerisches Talent machen ihn derweil beim Propagandaministerium auch für einen Einsatz im Ausland interessant. Als wenige Wochen nach der Besetzung Frankreichs das Deutsche Institut zum 1. September 1940 seine Arbeit aufnimmt, sind Experten wie Gurlitt gefragt. Die Hauptaufgabe dieser Unterabteilung der Deutschen Botschaft besteht darin, propagandistisch tätig zu werden und den Franzosen deutsche Kultur in Form von Ausstellungen, Vorträgen, Sprachkursen nahezubringen. Das Institut befindet sich im Hotel de Sagan, ursprünglich dem Palais der polnischen Botschaft, dessen Bewohner bereits die Flucht vor den Nationalsozialisten ergriffen haben. Von hier aus wird auch der Raub ganzer Kunstsammlungen und Bibliotheken organisiert.

Gurlitt soll in Frankreich «mit französischen Künstlerkreisen im weitesten Umfang» Kontakt aufnehmen. Karl Epting, der Leiter des Deutschen Instituts, beantragt zu diesem Zweck für ihn bei der Pass-Stelle der Deutschen Botschaft ein sechsmonatiges Reisevisum. Wie schon im Ersten Weltkrieg ist Gurlitt damit wieder in einer Abteilung für Kulturpropaganda gelandet, nur ist er kein magerer Student mehr, sondern ein gewiefter Geschäftsmann, der geschickt seine Handelsinteressen mit der Idee von Deutschland als Kulturnation verbindet, die es im Ausland zu propagieren gilt. Gurlitt erlebt hier ähnliche Aktivitäten wie einst in Wilna: Wieder werden Zeitungen herausgegeben, Filme gezeigt – darunter nun die gekürzte, übersetzte Fassung von «Der ewige Jude» –, Konzerte organisiert mit namhaften Dirigenten wie Wilhelm Furtwängler oder Karl Böhm, werden Ausstellungen vorbereitet etwa des Bildhauers Arno Breker, wird zu Rezitationsabenden mit Werken von Goethe, Kleist und Hölderlin sowie Vorträgen von bedeutenden Kunsthistorikern eingeladen, darunter auch Wilhelm Waetzoldt, dem Generaldirektor der Staatlichen Museen zu Berlin. Gurlitts Aufgaben am Deutschen Institut lassen sich heute nur schwer rekonstruieren. Und doch wird er derjenige gewesen sein, der Epting für Frühjahr 1943 die Ausstellung «Aquarelle und Graphik deutscher Künstler» vorgeschlagen und die Werke dafür hergeliehen hat. Diese Idee hat Gurlitt von Beginn an verfolgt und wird sie auch in späterer Zeit wieder aufgreifen. Nach Paris tourt die Ausstellung durch größere Städte des besetzten und unbesetzten Frankreich.[10] Außerdem ist nachweisbar, dass er Epting weitere Vorschläge für das Pariser Kulturprogramm macht. So legt er ihm am 20. Mai 1943 in einem Brief den Schauspieler Herbert Dirmoser für Vorträge ans Herz. Gurlitt hat ihn in Dresden kennengelernt, wo er gerade die Hauptrolle in der Tragödie «Kaiser Konstantins Taufe» von Ernst Bacmeister spielt.[11]

In Paris ist Gurlitt am richtigen Ort, die Stadt ist in diesen Jahren für Kunst der bedeutendste Handelsplatz Europas. Hier kann er als Geschäftsmann aus dem Vollen schöpfen. Dem immensen Angebot aus den von den Nationalsozialisten geplünderten Sammlungen steht ein Heer an Interessenten gegenüber, ein Eldorado für die aus Deutschland entsandten Händler, die über schier unerschöpfliche Geldmittel zu verfügen scheinen. Für sie sind die Einkaufsbedingungen äußerst günstig: Einen Umtauschkurs von 20 Francs zu einer Reichsmark hat die Besatzungsmacht festgesetzt, so dass bei Weiterverkauf in Deutschland teilweise Gewinne bis 100 Prozent eingefahren werden können.

Bis Ende 1944 reist Gurlitt regelmäßig geschäftlich nach Paris, wo er sich jeweils für mehrere Tage aufhält. Dort wohnt er entweder in der Rue du Four bei Olga Chauvet, seiner 18 Jahre jüngeren Geliebten, einer gebürtigen Russin, die getrennt von ihrem Mann lebt, einem Schweizer Diplomaten und Mitglied der Bankiersfamilie Chauvet in Genf. Oder er steigt im Hotel Saint Simon ab, einem gepflegten Haus aus dem 18. Jahrhundert.[12] Die Rechnung bezahlt ihm ein Pariser Geschäftsfreund, «mit dem ich Geschäfte über sehr große Summen abschließe, und der dies deshalb gerne tut», wie er 1943 auf Anfrage der Devisenstelle erklärt, die wissen will, warum er keine Reisedevisen beantragt. Das Hotel befindet sich in einer ruhigen Straße mitten im eleganten Viertel St.-Germain-des-Près, nur wenige Gehminuten vom Louvre entfernt. Von hier aus macht Gurlitt seine Streifzüge durch die Stadt – von «verschiedensten amtlichen Stellen insbesondere dem Reichsministerium für Volksaufklärung und Propaganda» damit beauftragt, «den hiesigen Kunstmarkt zu beobachten und für deutsche Museen geeignete Werke anzukaufen», wie es Karl Epting 1943 in einem Brief formuliert.[13]

In Paris trifft Gurlitt auch Hans Domizlaff wieder, den er durch Hermann Reemtsma aus Hamburg kennt. Der Produktgestalter hat in den 1920er Jahren für dessen Unternehmen die wichtigsten Zigarettenmarken entwickelt, darunter die «R6», und ist zum Teilhaber des Unternehmens aufgestiegen. Im «Dritten Reich» bringt er es zur Berühmtheit, denn sein 1932 erschienenes Buch «Die Propagandamittel der Staatsidee», das sich mit der «Beeinflussung großer Volksmassen» beschäftigt, dient den nationalsozialistischen Strategen als wichtige Vorlage. Die Firma Siemens, deren komplett neues Erscheinungsbild er gestaltet hat, schickt ihn 1941 in die französische Kapitale, «um die Volksstimmung zu untersuchen, um Unterlagen für die Absatzlage deutscher Markenwaren in künftigen Zeiten zu gewinnen».[14] Gurlitt und den Werbemann verbindet das gemeinsame Interesse für die Kunst, so soll auch Domizlaff als Zwischenhändler in Paris unterwegs gewesen sein. Der Sammler hat seit 1939 in Gurlitts Hamburger Kunstkabinett etliche Gemälde erworben, deutsche Künstler des 19. Jahrhunderts, aber auch Werke der Impressionisten und Expressionisten sowie von Paul Klee.

In Paris besorgt ihm der Hamburger Galerist nun ein Gemälde von Marie Laurencin, deren Malerei Domizlaff besonders schätzt. Gurlitt kennt die Künstlerin persönlich und organisiert für ihn einen Besuch in ihrem Atelier. Domizlaff beschreibt in seinen Memoiren lebhaft die Pariser Tage im Herbst 1941: Besuche in Cafés, nächtliche Spaziergänge durch die Parks, Begegnungen mit Tänzerinnen, Soupers in Palais, bei denen der deutsche Gast nonchalant als «notre vainqueur» vorgestellt wird. Möglich, dass die beiden Männer manchen Ausflug zusammen gemacht, vielleicht auch gemeinsam die Vorstellung von Maurice Chevalier im Casino de Paris besucht haben. Gewiss haben sie sich über Paris als Mekka des Kunsthandels ausgetauscht, denn Domizlaff bekommt während seines Aufenthalts immer wieder Sammlungen angeboten, astronomische Uhren des 17. und 18. Jahrhunderts oder Zeichnungen des 18. Jahrhunderts, für die er sich allerdings nicht interessiert, schon gar nicht für deren Herkunft.

Nicht nur Hildebrand Gurlitt ist vom Propagandaministerium nach Paris entsandt, auch Bernhard Alois Böhmer trifft ein, mit dem er einst zum offiziellen Händler-Quartett für die «Entartete Kunst» gehörte. Ihm gegenüber hegt Gurlitt eine gewisse Sympathie, mit ihm knüpft er im Gegensatz zu Ferdinand Möller und Karl Buchholz enge Geschäftsverbindungen, auch wenn beide von höchst unterschiedlichem Temperament sind: Hildebrand Gurlitt ist der Zurückhaltendere, diskret, fast bürokratisch, während Böhmer von seinen Zeitgenossen als leutselig, barock, gönnerhaft geschildert wird.[15] Ihre Wege kreuzen sich in Frankreich immer wieder. Auch Stephan Hirzel vom Kunstdienst reist an, der bis 1939 in Berlin im Schloss Schönhausen die eingelagerte «Entartete Kunst» Kunden aus dem Ausland vorgeführt hat. Hirzel agiert in Paris als Vermittler für interessierte Käufer, die in Deutschland ansässig sind. So empfiehlt der Kunstkritiker Will Grohmann dem Münchner Galeristen Arnold Gutbier, sich für frische Ware an Hirzel zu wenden, der schließlich jede Woche nach Paris fährt.[16]

Es scheint, als habe Goebbels über den Mittelsmann Rolf Hetsch seine eingespielte Truppe aus Zeiten der «Verwertungsaktion Entarteter Kunst» nun westwärts geschickt, um sich ebenfalls am großen Kunstraub zu beteiligen. Denn der Propagandaminister will nicht tatenlos zusehen, wie sich die von Hitler und Göring geschickten Raubkunst-Organisationen in Frankreich installieren, sondern ebenfalls mitmischen. Zu den Akteuren, die sich ab Sommer 1940 einstellen, gehören der «Kunstschutz», das Devisenschutzkommando, der «Sonderauftrag Künsberg», der «Sonderauftrag Linz» und der «Einsatzstab Reichsleiter Rosenberg». Der «Kunstschutz» rückt als Teil der deutschen Wehrmacht sogleich beim Einmarsch in Frankreich mit an, um öffentliche und private Sammlungen, insbesondere von jüdischen Mitbürgern, sicherzustellen. Das Deutsche Devisenschutzkommando, das auch bei Deportationen mitwirkt, marschiert ebenfalls ein; seine Aufgabe besteht darin, Devisen, Aktien, Gold und Diamanten aus Privatbesitz zu beschlagnahmen. Der «Sonderauftrag Künsberg», benannt nach dem SS-Obersturmbannführer Eberhard von Künsberg, ist ursprünglich von Ribbentrop beauftragt, in den besetzten Gebieten politisch relevantes Material zu konfiszieren, verleibt sich aber ebenfalls Kunstgegenstände ein. Der «Sonderauftrag Linz» arbeitet direkt für Adolf Hitler und akquiriert durch Ankauf und Beschlagnahmung für das in Linz geplante «Führermuseum» Werke europäischer Malerei, mit Vorliebe auch von deutschen Künstlern des 19. Jahrhunderts. 1943 steigt Gurlitt offiziell zu dessen Haupteinkäufer auf. Der «Einsatzstab Reichsleiter Rosenberg» schließlich unterhält seit Juli 1940 in Paris seine Dienststelle Westen, die im Museum Jeu de Paume Ausstellungen mit Werken aus «herrenlosem jüdischen Besitz» organisiert, ein euphemistischer Begriff für Raubgut. Hermann Göring reist mehrfach an, um sich direkt für seine Privatsammlung in Carinhall zu bedienen, und schleppt waggonweise Bilder ab.

Als Hildebrand Gurlitt 1941 nach Paris kommt, ist der Kunstraub bereits im vollen Gange, und auch der deutsche Botschafter Otto Abetz mischt mit. Am 5. August 1940 hat ihn Adolf Hitler zum Bevollmächtigten des Auswärtigen Amtes beim Militärbefehlshaber in Frankreich ernannt. In seinem Amtssitz im Palais Beauharnais und weiteren Nebengebäuden lagert der Botschafter den Kunstbesitz emigrierter Sammler. Abetz hat zwecks Inventarisierung seiner Plünderungen bereits Museumsleute aus Berlin nach Paris beordert. Seinen größten Coup, den geplanten Raub der vom Louvre auf Schloss Chambord ausgelagerten Gemälde, 1500 Werke insgesamt, verhindert im letzten Moment die Wehrmachtsführung aus Angst vor offenem Protest der Franzosen gegen die Deutschen.[17]

Bisher kann nicht nachgewiesen werden, ob Gurlitt zu dieser Zeit Werke aus der Botschaft zum Weiterverkauf übernommen hat. Durch seine Verbindung zum Deutschen Institut muss er jedoch von dem Kunstraub der Botschaft gewusst haben. Als späterer Einkäufer für Linz wird er auf die besonderen Speditionsmöglichkeiten der Botschaft zurückgreifen und von dort aus Kunst im Kuriergepäck nach Dresden entsenden. Obwohl er sich nicht aus den Reservoirs der Raubkunst bedient, hat auch er seine Methoden, an Kunst heranzukommen, die von französischer Seite aus nicht das Land verlassen soll. Dem beim Zoll für Export-Genehmigungen zuständigen Louvre-Kurator Michel Martin erklärt er bei Konfliktfällen, dass er nur Angestellter des Staates und gezwungen sei, die Werke zu exportieren. Selbstbewusst setzt er sich über die Anordnungen hinweg und führt auf diese Weise eine Vielzahl bedeutender Gemälde gegen den Willen der französischen Behörden aus. Insgesamt soll Gurlitt laut Martin Kunstwerke für «400 à 500 millions de francs» in Paris eingekauft haben.[18] Sehr viel einvernehmlicher arbeitet er erwartungsgemäß mit Felix Kuetgens zusammen, der seit 1940 in Paris als Oberkriegsverwaltungsrat beim Referat Kunstschutz tätig ist und hier das Kunstgut vor unerlaubtem Zugriff bewahren soll. Kuetgens hat an der Universität Bonn bei Paul Clemen, einem alten Freund von Gurlitts Vater Cornelius, promoviert; man kennt und schätzt sich. Mit ihm hat Gurlitt in Paris intensiv zusammengearbeitet. Kein Wunder, denn der Oberkriegsverwaltungsrat scheint Gurlitt immer zuvorkommend behandelt zu haben. Am 9. November 1943 schreibt Gurlitt an Kuetgens, dieser möge doch bitte den entsprechenden Stellen bestätigen, warum er öfters nach Frankreich und Holland telegraphieren muss. Dies liege im «Deutschen Kultur-Politischen und Devisen-technischen Interesse», formuliert es der Händler – die Zustimmung voraussetzend – schon einmal vor.[19]

Während Gurlitt in Frankreich und in Holland geschäftlich unterwegs ist, muss er parallel im Winter 1941/42 einen Umzug für die Familie organisieren. Im Dezember 1941 und Anfang des folgenden Jahres wird die Alte Rabenstraße in Hamburg zweimal von Luftminen der Alliierten getroffen, und mehrere Häuser – darunter auch die Nummer 6 – werden zerstört. Von der Hansestadt Hamburg wird Gurlitt für den Sachschaden, der am 1. Dezember 1941 entsteht, die Summe von 6242,08 Reichsmark bezahlt. In der Schadensliste werden die Stichworte «Gebäude, Hausrat, Arbeitsgerät, Inventar, Vorräte» aufgeführt, von Kunstgegenständen ist keine Rede.[20] Für die Familie muss die Situation schon vorher unerträglich gewesen sein. Seit Mai 1940 werden Luftangriffe auf Hamburg geflogen, in den Wochen zuvor haben die Piloten der Royal Air Force Flugblätter auf die Stadt niedergehen lassen. Sirenen, Flakfeuer, Luftschutzkeller gehören zum Alltag. Als ihr eigenes Heim beschädigt wird, verlässt Hildebrand Gurlitt mit der Familie die Stadt.

Sie ziehen zurück nach Dresden ins elterliche Wohnhaus in der Kaitzer Straße 26, wo Gurlitts Mutter seit dem Tod des Vaters 1938 alleine wohnt. Der Familie bleiben nur wenige Jahre, bevor sie vor den näherrückenden russischen Alliierten nach Bayern fliehen. Viel ist Hildebrand nicht zuhause, immer wieder reist er nach Paris und Amsterdam, um Bilder in Augenschein zu nehmen und den Museen in Deutschland anzubieten. In einem Schreiben an das Dresdner Ernährungsamt bittet Gurlitt deshalb darum, ihm seine «Lebensmittelmarken (auch Fleischmarken) in Reisemarken umzutauschen», er sei nur wenige Tage im Monat in Dresden.[21]

Trotzdem betreibt er auch vom neuen Standort aus seinen Kunsthandel weiter. Seine Frau Helene – seit 1938 die offizielle Geschäftsinhaberin des Kunstkabinetts – wird zunehmend einbezogen. Sie nimmt die Telefonate entgegen, wenn Abschlüsse zustande gekommen sind, und schreibt entsprechende Telegramme. Die Kaitzer Straße wird nun zum Ausgangspunkt aller geschäftlichen Aktivitäten des Kunstkabinetts. Wann immer es geht, lässt Gurlitt andere wissen, was für ein gefragter, wichtiger Mann er ist. So erklärt er 1943 der Oberin des Erholungsheims vom Deutschen Roten Kreuz im schlesischen Glatz, warum er sich für den Aufenthalt vom 11. bis 31. Juli mit der Familie hübsche Zimmer wünsche, die «still gelegen» sind: «Ich bin fast das ganze Jahr für hohe Dienststellen im Auslande tätig und sehr überarbeitet.» Als sich seine Mutter Marie im Juni 1943 auf eine Reise zu Wilibald nach Freiburg im Breisgau begibt, macht sie Zwischenstation in Berlin im Hotel Exzelsior, das inzwischen von der Nationalsozialistischen Volkswohlfahrt übernommen ist, bei der auch Hildebrand Mitglied ist. Gurlitt kontaktiert eigens den Portier Krüger, damit die 84-jährige «Frau Geheim Rat» in Begleitung «ihrer sehr alten Hausangestellten» am nächsten Tag den Zug im gegenüber gelegenen Anhalter Bahnhof pünktlich erreicht. Ausgerechnet Gurlitt, der zu den großen Geldjongleuren des Kunstmarktes gehört, instruiert den Hotelangestellten allerdings auch, den beiden alten Damen ein «Zimmer ohne

Bad mit zwei Betten (wenn möglich ein Bett und eine bezogene Couch)» zu geben.[22] Privat gönnt er sich und seiner Familie nur bescheidene Quartiere.

Die Geschäfte laufen in Dresden gut für ihn, sogar so gut, dass er sich im Mai 1943 erweiterte Unterstellmöglichkeiten für seine Bilder beim Leiter der Dresdner Geschäftsstelle der Albingia besorgt, einer Versicherungsgesellschaft. Allerdings soll das Depot unerkannt bleiben. Der Versicherungsagent bietet Gurlitt eine «unauffällige Unterbringungsmöglichkeit» in seiner Privatwohnung an. Möglicherweise sorgt Gurlitt wegen der vorrückenden Truppen der Alliierten vor und will seine Besitztümer in Sicherheit bringen. Als Geschäftsmann meldet sich Gurlitt zunächst nicht um, in seiner Korrespondenz bleibt es bei der Bezeichnung Kunstkabinett, die neue Adresse steht in Klammern hinter der alten Anschrift. Später gibt Gurlitt als Sitz seiner Galerie die gleich um die Ecke der Alten Rabenstraße 6 gelegene Anschrift «Hamburg 13, Mittelweg 147» an.[23]

Chefeinkäufer für das «Führermuseum»

Seine größte Zeit als Kunsthändler aber kommt, als der Wiesbadener Museumsleiter Hermann Voss im März 1943 Sonderbeauftragter für den Aufbau des «Führermuseums» in Linz wird. Er tritt die Nachfolge des im Dezember 1942 an Mundkrebs verstorbenen Hans Posse an. Voss übernimmt nicht nur den «Sonderauftrag», sondern auch Posses Direktorenstelle an der Gemäldegalerie der Staatlichen Kunstsammlungen in Dresden. Wenn auch nicht Parteimitglied, so hat sich der Wiesbadener Museumsdirektor für den Posten doch mit seiner eilfertig von «entarteter» Kunst bereinigten Sammlung als zuverlässiger Mann empfohlen. Zugleich hat er sich als Sachverständiger für jüdische Sammlungen bei der städtischen Polizei angedient und durch bevorzugte Preise seine Sammlung beträchtlich erweitert. Anders als sein Vorgänger reist Voss nicht selbst in die besetzten Gebiete, sondern verlässt sich auf die Expertise der von ihm beauftragten Einkäufer.

Seine erste Wahl fällt auf Hildebrand Gurlitt. Beide kennen sich durch ihre Museumsarbeit. Möglicherweise hat Voss den Hinweis auf Gurlitt noch von Posse selbst erhalten, der den Werdegang des jüngeren

Kollegen verfolgt hat. Auf der Grundlage eines Gutachtens von Posse hatte Gurlitt 1926 die neue Gemäldeausstellung in Zwickau konzipiert. Als Gurlitt dafür später zunehmend gescholten wurde, trat Posse erneut für ihn ein, ohne damit die Entlassung aufhalten zu können.[24] Danach blieben die Kontakte locker bestehen, bis sie durch Gurlitts Eintritt ins Kunsthandelsgeschäft wieder intensiviert wurden. Die Verbindung zwischen Gurlitt und dem Posse-Nachfolger Voss ist eng und vertrauensvoll. Gurlitt gibt später an, seit dem 16. Februar 1943 für den «Sonderauftrag» tätig gewesen zu sein – nachdem ihm gegen Ende 1942 keine Devisen mehr für den Privatkunsthandel zur Verfügung standen.[25] Gesichert ist, dass Gurlitt bereits Hans Posse 1939 Werke für den «Sonderauftrag» verkauft hat und im September 1941 für Goebbels ein Bild erwirbt.[26]

Zwar tritt Voss erst Mitte März 1943 offiziell seinen Posten an. Das entscheidende Gespräch zwischen Hitler und ihm, bei dem Voss seine Zusage gibt, findet jedoch bereits am 16. Februar statt, nur wenige wissen davon. Gurlitt wird von Voss noch am gleichen Tag eingeweiht und als sein künftig wichtigster Händler engagiert. Dem gelingt es zum Schluss sogar, Kontakte zum konkurrierenden «Einsatzstab Reichsleiter Rosenberg» aufzubauen. So läuft über den Göring-Chefeinkäufer Gustav Rochlitz die Erwerbung eines Damenbildnisses von Palma Vecchio für 40 000 Reichsmark, das für das «Führermuseum» in Linz bestimmt ist.[27] Als Gurlitt ab 1943 regelmäßig für den «Sonderauftrag» tätig wird, haben jedoch die Raubkunst-Organisationen die wertvollsten Sammlungen und Kunstwerke längst außer Landes gebracht. Gurlitt kauft nach wie vor hauptsächlich vom französischen Kunstmarkt, von Auktionshäusern, Galerien und Zwischenhändlern. Sein taktisches Geschick öffnet ihm nicht nur die Türen, sondern verhindert auch weitere Nachfragen zu seiner Herkunft.

Kurz bevor Gurlitt für Voss die Rolle des Einkäufers übernimmt, ist er schon für Erhard Göpel tätig. Göpel, Mitarbeiter im Referat Sonderfragen für die besetzten niederländischen Gebiete, informiert ihn über den französischen Kunstmarkt außerhalb von Paris. Südfrankreich erscheint ihm noch lohnend: «die Einkaufpreise sind u. U. recht niedrig», lässt er Gurlitt am 15. Januar 1943 wissen, «ein schönes Portrait von Trübner» sei dort aufgetaucht, «das von Berliner Emigranten mit nach Frankreich genommen worden war». Wenige Tage später übernimmt Gurlitt eine Zahlung aus seinem Devisenkontingent für ein Geschäft, das Göpel für den «Sonderauftrag» eingefädelt hat.[28] Der Leipziger Kunsthistoriker hält viel von Gurlitts Kennerschaft und setzt sich nachdrücklich für dessen Tätigkeit auf dem holländischen Kunstmarkt ein. Über ihn bekommt Gurlitt erweiterte Pass-Papiere ausgestellt.[29] Die Männer kennen sich von der «Vossischen» und der «Frankfurter Zeitung», für die sie beide Artikel geschrieben haben. Und noch etwas verbindet sie: Auch Göpel ist ein Anhänger moderner Kunst. Seit langem schätzt er Max Beckmann und fördert ihn, wo er kann. Nach dem Ende des Zweiten Weltkriegs wird Göpel zahlreiche Bücher über den Künstler publizieren und das erste Werkverzeichnis von Beckmanns Gemälden beginnen, das nach Göpels Tod von seiner Ehefrau Barbara 1976 in zwei Bänden herausgegeben wird. Im September 1944 besucht Göpel in Begleitung von Gurlitt Max Beckmann in dessen Amsterdamer Exil. Der Künstler ist zusammen mit seiner Frau Mathilde («Quappi») einen Tag vor Eröffnung der Münchner Ausstellung «Entartete Kunst» emigriert, wissend, dass er in Deutschland nicht mehr frei arbeiten kann, dass ein Bleiben für ihn gefährlich wäre.

Göpel und Gurlitt nutzen die für den «Sonderauftrag Führermuseum» organisierten Kunsttransporte, um heimlich Gemälde von Beckmann nach München zu expedieren. Dort wartet der Kunsthändler Günter Franke auf die Ware zur Weitervermittlung und somit finanziellen Unterstützung des Künstlers. In seinem holländischen Exil benötigt Beckmann dringend das Geld. Göpel und Gurlitt kaufen bei der Gelegenheit auch für sich selbst Bilder ein. Unter den Werken, die sie am 13. und 14. September 1944 von Beckmann erwerben, befindet sich auch das im gleichen Jahr entstandene Bild «Bar, Braun», das Gurlitt bekommt.[30] Quappi bestätigt ihm später, dass er das Werk von Beckmann persönlich erhalten hat. Nach Kriegsende kann er es endlich auch öffentlich präsentieren, unter anderem 1950 an seiner neuen Wirkungsstätte, dem Düsseldorfer Kunstverein, wo er dem Künstler eine Einzelausstellung widmet.[31] Der Krieg hat ihr Verhältnis offensichtlich nicht getrübt. In einem Brief an seine erste Frau Minna Beckmann vom 1. Januar 1950 schreibt der Künstler: «For the sale of my recent paintings I believe that H. Gurlitt is the most appropriate person. He is clever and has a fine feeling for art and is fair.»[32] Bereits vier Jahre zuvor hat Beckmann dem Galeristen ein gutes Leumundszeugnis ausgestellt: «Auf Ihren Wunsch bezeuge ich Ihnen gern, dass sie tatsächlich der letzte waren der im Nazireich unter recht persönlichen Gefahren meine letzte Ausstellung in Hamburg gemacht haben, dass Sie während des Krieges mich unter Gefahren besucht – Bilder von mir gekauft und sich dabei in abfälliger Weise über das Regime geäußert haben.»[33]

Der Direktkauf bei Beckmann in Amsterdam ist eine Ausnahme. Die meisten Einkäufe Gurlitts in den besetzten Westgebieten laufen über ortsansässige Kunsthändler, in erster Linie über Theo Hermsen Jr., der seinen Sitz in Den Haag und Paris hat. Der Holländer ist gut vernetzt, weshalb seine Dienste auch gern vom Wiener Dorotheum in Anspruch genommen werden, einem der wichtigsten Auktionshäuser im mitteleuropäischen Raum, das nach dem «Anschluss» Österreichs ans Deutsche Reich im März 1938 als staatliche Einrichtung von den Nationalsozialisten übernommen wurde. Mit Beginn der 1940er Jahre finden hier Versteigerungen beschlagnahmter Güter statt, zugleich arbeitet das Auktionshaus auch als Kommissionär. Das Dorotheum gehört in Österreich zu den großen Profiteuren des staatlich sanktionierten Kunstraubs. Durch die Versteigerung ehemals jüdischen Guts maximiert das Unternehmen nicht nur seinen eigenen Gewinn, sondern sorgt auch für eine Verschleierung der ursprünglichen Herkunft der jeweiligen Einlieferung.

Hermsen ist nicht nur als Agent für das Dorotheum unterwegs, sondern vermittelt auch Kunst aus Frankreich an deutsche Museen, was ihn für Hildebrand Gurlitt interessant macht. Hermsen bietet neben seinen Vermittlerdiensten an, auch die notwendigen Exportgenehmigungen zu besorgen. Er ist sogar bereit, ein Werk wieder zurückzunehmen, wenn es der Kunde nach Betrachtung im Original doch nicht haben will.[34] Gurlitt schätzt diesen Service außerordentlich. Zwar handelt er mit behördlichem Auftrag, doch muss er die bürokratischen Hürden selbst überwinden, da er auf eigene Rechnung agiert. Schätzungsweise 75 Prozent der von ihm in den besetzten Westgebieten erworbenen Gemälde werden über den holländischen Zwischenhändler abgewickelt.

Neben Hermsen ist Raphael Gérard in der französischen Metropole Gurlitts wichtigster Kontakt. Der belgische Galerist handelt mit konfiszierten Gemälden und avanciert zum Hauptlieferanten für deutsche Käufer. Von ihm erwirbt Gurlitt 1953 das ursprünglich vom jüdischen Kunsthändler Paul Rosenberg stammende Matisse-Gemälde «In einem Sessel sitzende Frau», das über ein halbes Jahrhundert später zu den Schlüsselwerken des «Schwabinger Kunstfunds» gehört und als eines der ersten Werke an die Nachfahren restituiert wird. Ein weiterer Geschäftskontakt Gurlitts in den 1940er Jahren ist der Österreicher Hugo Engel, der in Paris gleich zwei Dependancen unterhält und zuvor eng mit dem vom Sonderbeauftragten Hans Posse favorisierten Berliner Händler Karl Haberstock zusammengearbeitet hat. Verbindung hält Gurlitt ferner zu Philipp Adrion, einem Freund seines deutschen Kollegen Bernhard A. Böhmer.[35]

Es fällt auf, dass Gurlitt in Paris häufig mit emigrierten jüdischen Händlern zusammenarbeitet: Jean (Hans) Lenthal, Hugo Engel und Victor Mandl, die allerdings zum Teil gezielt von den Nationalsozialisten als Zwischenhändler in der französischen Hauptstadt installiert wurden. Auch Theo Hermsen gehört in diese Kategorie, dessen Lebensgefährtin jüdischer Herkunft ist. Sie wird deportiert und verstirbt. Hans Lenthal wird noch Anfang 1945 verhaftet und kommt ins Konzentrationslager Mauthausen, das er überlebt.[36] Nach dem Krieg nimmt Gurlitt den Kontakt wieder auf. Die Bedrohung für die in Frankreich zunächst noch tolerierten jüdischen Händler gehört in Paris zum Alltag. Als der Berliner Kunsthändler Paul Roemer Gurlitt im März 1944 um eine Expertise für ein Werk von Delacroix bittet, antwortet dieser lakonisch: «Ich weiss nicht mehr, bei wem ich das Blatt gekauft habe, wahrscheinlich bei einem nichtarischen Händler, der im Augenblick untergetaucht ist, so dass ich ihn nicht mehr finden kann.»[37] Das genauere Schicksal interessiert Gurlitt nicht weiter, nur sein geschäftliches Fortkommen.

Gurlitt ist für Paul Roemer ein wichtiger Lieferant vor allem französischer Impressionisten. Der Galerist residiert in dieser Zeit mit seinem Unternehmen am Lützowplatz in Berlin-Tiergarten. Die Bekanntschaft mit ihm ist durch Hermann Voss zustande gekommen. Zunächst hatte Roemer in München in der Galerie von Heinrich Thannhauser mitgearbeitet. Als der Sohn Justin K. Thannhauser 1928 nach Berlin umzieht, geht er mit und arbeitet fortan für ihn. Nach der Arisierung der Galerie im Dezember 1937 und Justin Thannhausers Emigration nach Paris übernimmt er die Geschäfte in Berlin, während der Galerist von Frankreich aus weiterhandelt bis zu seiner Ausreise 1940. Mit einem Teil seiner Sammlung kann er nach New York fliehen, den Pariser Bestand der Galerie beschlagnahmt die Wehrmacht. Nach Wegfall dieser Verbindung wird Gurlitt für Roemer in Frankreich zum wichtigsten Mittelsmann, der ihm Nachschub an Waren verschafft. Als die Berliner Galerie durch Bomben der Alliierten getroffen wird, nehmen auch Bilder von Gurlitt Schaden, die sich dort offensichtlich als Kommissionsware befinden. Am 1. Februar 1944 beauftragt er deshalb seinen Anwalt, Schadensersatz bei den zuständigen Ämtern in Höhe von 37 000 Reichsmark zu beantragen. Ein Dreivierteljahr zuvor war ihm bereits ebenfalls vom Bezirk Tiergarten ein Schaden in Höhe von 25 000 Reichsmark beglichen worden.

In Gurlitts Geschäftsbüchern tauchen außerdem die Amsterdamer Händler Mensing & Zoon und Ward Holzapfel auf, ein deutsch-amerikanischer Spezialist für niederländische Gemälde des 17. Jahrhunderts. Ein bemerkenswertes Geschäft wickelt Gurlitt im September 1941 mit Dr. A. Bosch in Amsterdam ab, so steht es in seinen Geschäftsbüchern. Bei ihm erwirbt er für 350 000 Reichsmark Werke von Degas, Rohlfs, Signac, Maillol, Monet und Modigliani.[38] Wahrscheinlich ist hier die wahre Adresse der Kunsthandlung Dr. A. Brack / Hoogendijk in Amsterdam verschleiert, die in enger Verbindung mit Eduard Plietzsch arbeitet. Gurlitt muss in dieser Phase geradezu rauschhaft gekauft haben, die Quellen sprudeln in Paris und Amsterdam.

Einen Kristallisationspunkt des Kunsthandels in Paris bildet das Auktionshaus Hotel Drouot. Das 1852 gegründete Unternehmen besitzt das staatliche Monopol für Versteigerungen in Frankreich. Im Dezember 1942 findet dort die spektakuläre Auktion der Impressionisten-Sammlung des 1939 verstorbenen Zahnarztes Georges Viau statt, 120 Werke insgesamt, die Drouot ein Rekordergebnis von 46,796 Millionen Francs bescheren. Gurlitt erwirbt zahlreiche Werke von Courbet, Degas, Cézanne, Corot und Daumier für Privatsammler in Deutschland, unter anderem für Hermann Reemtsma und Carl Neumann.[39] Es sind die letzten Einkäufe, die Gurlitt für seine Privatkunden tätigen darf, danach gibt es nur noch Devisen für Geschäfte mit staatlichen Institutionen. An Gurlitt geht auch für fünf Millionen Francs das Hauptlos der Auktion, Cézannes «Valée l'Arc et Mont St. Victoire». Er hat das hochkarätige Gemälde für seinen Zittauer Stammkunden Carl Neumann ersteigert, einen Großunternehmer, der in den 1920er Jahren in der Textilindustrie reüssiert hat.[40] Der Cézanne ist auch für Gurlitt sein bisher teuerster Kauf. Fünf Millionen Francs, für diese atemberaubende Summe könnte man ein Schloss erstehen, berichtet beeindruckt eine Zeitung.[41] Pech nur, dass Gurlitts größter Fang und ebenso ein Gemälde von Daumier Fälschungen sind, was Neumann erst sehr viel später erfährt.

Während seiner Pariser Zeit kauft Gurlitt also fast ausschließlich über Zwischenhändler, kaum direkt von Sammlern. Auch seine Ersteigerungen im Auktionshaus Drouot im Dezember 1942 bleiben eine Ausnahme.

Später dient ihm dieser Umstand als Beleg dafür, dass er in Zwangsverkäufe nicht verwickelt gewesen sei. Allerdings kann Gurlitt für seine Geschäfte in Paris kaum gutgläubigen Erwerb geltend machen, denn als erfahrener Händler weiß er um die Brisanz der Werke, die in den besetzten Gebieten angeboten werden, selbst wenn es auf indirektem Wege geschieht. Im «Linz-Report», wie die ersten Nachforschungen der Alliierten bei der Suche nach rechtmäßigen Eigentümern der für das «Führermuseum» bestimmten Werke genannt werden, gilt Gurlitt als einer der «Chief Dealer».[42] Allein in den Monaten März bis Juni 1944 erwirbt er für den «Sonderauftrag» 69 Gemälde, 10 Gobelins und 82 Zeichnungen im Wert von umgerechnet 3 612 000 Reichsmark. Im darauffolgenden Monat kann er ein Spitzengeschäft mit sechs Teppichen und drei Gemälden für eine annähernd gleich große Summe von 3 130 000 Reichsmark abschließen. Noch im August – kurz bevor die Alliierten Paris befreien – kauft er für 610 000 Reichsmark ein, muss aber die Werke über Brüssel nach Deutschland überführen lassen. Nachdem ihm der französische Kunstmarkt versperrt ist, verlegt er seine Handelsreisen in das mit Deutschland verbündete Ungarn.[43]

Als Unterhändler unterwegs für deutsche Museen

Lange Zeit galt der Umfang von Gurlitts Erwerbungen für das «Führermuseum» im Vergleich mit denen anderer «Chief Dealer» als eher gering. Bislang waren für ihn nur 168 Werke verbucht, doch muss die Zahl deutlich erhöht werden, wie sich auch an den Devisenpapieren im Bundesarchiv ablesen lässt. Im Vergleich dazu verkaufte die Münchner Kunsthändlerin Maria Dietrichs 930 Stücke an das geplante «Führermuseum», das Wiener Auktionshaus Dorotheum insgesamt 315 Werke und Karl Haberstock 204 Exponate.[44] Allerdings täuschen diese Zahlen, denn sie decken nur die Käufe direkt für das Linzer Museumsprojekt ab. Im Rahmen des «Sonderauftrags» wird weit mehr erworben, da neben Hitlers Sonderposten auch eine «Verteilermenge» für andere Institutionen angelegt wird. Hierin sieht Gurlitt sein eigentliches Aufgabengebiet: der Vermittlung von Kunstwerken aus den besetzten Gebieten an deutsche Museen. Seit ihm offiziell Einkäufe für Privatsammler durch die im Dezember 1942 erlassene Verordnung über den Warenverkehr verwehrt sind, intensiviert er seine Museumskontakte und kompensiert dadurch seine Einbußen.[45] Ständig ist er unterwegs. «Ich fahre heute schon wieder nach Paris» – so oder ähnlich beginnen fast alle seine Briefe, die er 1943/44 an Kunden schreibt.[46] Dazu gehören alle größeren Häuser in Deutschland sowie einige in Österreich. Die meisten Geschäfte schließt Gurlitt mit Köln ab. Ans Wallraf-Richartz-Museum vermittelt er insgesamt 29 Gemälde und vier Skulpturen.[47] Der Kölnische Kunstverein bekommt über ihn aus Frankreich mindestens 34 Gemälde und Papierarbeiten geliefert. Allerdings ist der Kunstverein nur eine Zwischenstation für Gurlitts Ware, denn die Kölner Institution besitzt keine eigene Sammlung. Auf diesem Wege gelangen die Werke zu den eigentlichen Empfängern, Händlern wie Privatsammlern, die Gurlitt heimlich weiterhin beliefert. Ein weiterer Kunde in Köln ist das Römisch-Germanische Museum, das eine größere Zahl an Vasen und kunstgewerblichen Objekten übernimmt. Zum Vergleich: Über Karl Haberstock gelangen zwischen 1941 und 1944 nur 18 Kunstwerke aus den besetzten Westgebieten in deutsche Museen.[48] Insofern ist die Einschätzung Gurlitts als Chefhändler im «Dritten Reich» angemessen.

Die permanenten Bitten der Museumsleiter, ob er ihnen nicht neue Kunst besorgen könne, werden dem Galeristen geschmeichelt haben. Auch wenn er Handel treibt, fühlt er sich als einer von ihnen. Schließlich machen es die Museen auch umgekehrt und bieten ihm Stücke aus ihren Sammlungen zum Verkauf an. So erklärt der Direktor der Hamburger Kunsthalle Werner Kloos in einem Schreiben vom 4. April 1944, dass «der Verzicht auf den hübschen Hundecoeter [ihn] kein Herzblut gekostet» habe.[49] Kloos gehört zu den Museumsdirektoren im «Dritten Reich», die mit leichter Hand Werke aus ihrem Bestand aussondern, die nicht der nationalsozialistischen Linie entsprechen, darunter zahlreiche Bilder von Liebermann. Gurlitt legt Wert darauf, dass die Museumskuratoren ihn nicht «von Amts wegen» heranziehen, sondern als Kenner. Die einstigen Kollegen und Mitglieder des Deutschen Museumsbunds bestätigen ihm ihre Wertschätzung weiterhin – vor wie nach Ende des Zweiten Weltkriegs, besonders aber während der Phase der Besetzungen.

Eine Besonderheit bei Gurlitt ist die Abwicklung seiner Einkäufe stets auf eigene Rechnung – sowohl für das geplante «Führermuseum» als auch für die existierenden Museen. Gurlitt fährt ins Ausland, begutachtet das Angebot und berichtet dann den Museumskuratoren sowie Hermann

Voss von Werken, die in das jeweilige Sammelprofil passen könnten. Sobald er einen Auftrag erhält, erwirbt er das entsprechende Werk auf eigene Kosten. Gurlitt verzichtet darauf, sich die Devisen vom Auftraggeber beschaffen zu lassen, was für ihn selbst die Abwicklung vereinfachen würde. Statt dessen tritt er im Ausland als Käufer auf, im Inland wiederum als Verkäufer. Die Devisengenehmigung dafür muss er sich in Deutschland bei der Reichsstelle für Papier auf den Namen seiner Hamburger Galerie beschaffen. Auf diese Weise zahlt er dem Verkäufer vor Ort die erforderliche Summe zunächst aus eigener Tasche, verschafft sich dann eine Exportgenehmigung, um sein Eigentum nach Deutschland zu transportieren, und verkauft es dort erst an Voss oder die Museen.[50]

Die Geldflüsse laufen sowohl über das Bankhaus Wilhelm Rée in Hamburg, das ihm einen Barkredit in Höhe von 200 000 Reichsmark einräumt, als auch über die Dresdner Bank, bei der er ein Darlehenskonto besitzt. Die nötigen Devisen erhält Gurlitt dann in der Pariser Vertretung der Dresdner Bank in der Avenue de l'Opera. In dieser Konstellation hat Gurlitt vier Möglichkeiten der Abwicklung, die er alle nutzt: 1. Der Abnehmer des Kunstwerkes überweist ihm den Betrag noch vor dem eigentlichen Kauf auf sein Konto. 2. Gurlitt nimmt für den Einkauf im Ausland ein Darlehen in Anspruch, der Kunde zahlt den Betrag nach Erhalt und gleicht damit das Konto aus. 3. Der Galerist tritt seine Forderungen gegenüber dem Abnehmer an die Dresdener Bank ab. 4. Gurlitt besorgt sich einen Barkredit und lässt diesen auf sein Dresdner Bankkonto einzahlen. Reicht die vom Bankhaus Wilhelm Rée zur Verfügung gestellte Summe nicht aus, lässt er sich die restlichen Gelder von seinen Kunden vorstrecken. Letztere Variante findet mehrfach Anwendung bei dem potenten Sammler Carl Neumann, dem Textilfabrikanten aus Zittau, der ihm häufiger mit einem Kredit aushilft.

Gurlitts Vorgehen hat seinen Grund, ebenso die Übernahme des Risikos bei den Transporten, auch wenn dies für den Kunsthändler heikel werden kann, selbst wenn er Versicherungen abschließt. Das bekommt Gurlitt im Oktober 1943 zu spüren, als ihn ein beunruhigender Brief von der Staatlichen Gemäldegalerie Dresden erreicht, die seine am Frankfurter Hauptbahnhof aufgegebene Fracht immer noch nicht erhalten hat: «Es wäre traurig, wenn diese wertvollen Bilder in den Tagen des schweren Luftangriffes auf Frankfurt etwa der Zerstörung zum Opfer gefallen wären», schreibt ihm der Kustos Gottfried Preimer. Ein reines Agentur-

oder Kommissionsgeschäft wäre weniger riskant, doch Gurlitt ist gewieft. Seine bereits beim Verkauf «Entarteter Kunst» angewandte Strategie ist für ihn profitabler. Schon damals hat er die Ware nicht nur in Kommission genommen, wie eigentlich vorgesehen, sondern immer per Kauf oder Tausch erstanden, um die Verdienstspanne einstreichen zu können. Auf diese Weise kann er auch jetzt die Provision von den Verkäufern einstreichen.

Eine Form der Provision stellen Kunstwerke dar. Aus Gurlitts Geschäftsbüchern geht hervor, dass einige Kunsthändler in Paris ihn auf diese Weise entschädigten. Das ist geschickt eingefädelt, denn Gurlitt kann dadurch die hohe Umsatzsteuer für geldliche Provisionen umgehen. In seiner Steuererklärung gibt er bis 1944 nur die bar ausgezahlten Provisionen an. Dieser Trick aber kommt ihn teuer zu stehen: Das Hamburger Finanzamt – bei dem Gurlitt auch nach dem Umzug nach Dresden gemeldet bleibt – erklärt am 14. Januar 1944, dass es sich bei seiner Art und Weise der Abwicklung nicht um ein Agenturgeschäft handelt. Nur wenn die Kunstwerke aus dem Ausland direkt an den Abnehmer geliefert werden, entfällt die Umsatzsteuer auf den Gesamtwert.[51] So muss Gurlitt nachzahlen. Trotzdem macht er in den Jahren 1943/44 ein kleines Vermögen. Die Provision in Form von Kunstwerken bleibt von den Steuerbehörden unangetastet. Gurlitt hat vorsorglich eine ganze Reihe Bilder bei seinen Händlern in Paris eingelagert, die er abzuholen gedenkt, wenn keiner mehr danach fragt. Allerdings wird dies fast zehn Jahre dauern. Erst nach Ende des Zweiten Weltkriegs, nach seiner Festsetzung in Aschbach und dem Abschluss des Spruchkammerverfahrens gegen ihn in Bamberg kann Gurlitt abermals nach Paris zu seinen Schätzen reisen. 1953 fährt er in die Avenue de Messine zu Raphael Gérard und holt neben Neueinkäufen, wie dem Matisse-Gemälde «In einem Sessel sitzende Frau», einige der in Form von Bildern verdienten Provisionen ab.

Kapitel 12

Ein Lastauto voller Kunst (1944 bis 1947)

Das Ende in Dresden

Weihnachten 1944, ein letzter Heiligabend in der Kaitzer Straße. Knapp zwei Jahre zuvor, am 18. Februar 1943, hat Joseph Goebbels bei der Massenkundgebung im Berliner Sportpalast in die Menge geschrien: «Wollt Ihr den totalen Krieg?», um die Vereinnahmung aller personellen und materiellen Ressourcen für den Kriegseinsatz wie einen Volksentscheid aussehen zu lassen. Damals dachte noch keiner an eine Niederlage, der «totale Krieg» war ein Synonym für den «totalen Sieg», für die «totale Vernichtung des Gegners». Jetzt, Ende 1944, sieht es anders aus. Das einstmals deklarierte «Tausendjährige Reich» steht kurz vor seinem Ende. Mit der Ardennenoffensive Mitte Dezember 1944 beginnt der letzte, vergebliche Angriff der deutschen Wehrmacht.

Dass der Heilige Abend 1944 ihr letzter in Dresden sein soll, ahnt die Familie Gurlitt vielleicht schon, denn auch in ihrer Stadt wird die aufziehende Katastrophe zunehmend sichtbar. Der Krieg dauert nun schon über fünf Jahre, aus dem Osten strömen Tausende Flüchtlinge herein. Bis August 1944 ist das Zentrum von Luftangriffen verschont geblieben, neben Breslau bildet Dresden den letzten noch intakten größeren Verkehrsknotenpunkt, Wirtschafts- und Verwaltungsstandort im Deutschen Reich. Die Bedrohung aus der Luft durch die Royal Air Force aber wächst, die russische Armee rückt von Osten näher. Seit Herbst 1944 erlebt Dresden erste Fliegerangriffe, nach den Nachrichten über die verheerenden Zerstörungen in anderen Städten geht die Angst um. Jeder hofft, dass die Angriffe bald vorüber sind, und fragt sich bang, was aus ihm wird, wenn das System erst vollkommen zusammengebrochen ist.

Diese Frage bewegt auch Hildebrand Gurlitt. Bis zum Sommer 1944 kann er noch reisen. Während die Alliierten in der Normandie landen, wickelt er in Paris seine letzten Geschäfte ab. Im Juli 1944 begibt er sich erneut dorthin, auch wenn für ihn die Lage zunehmend unsicher geworden ist. Bei seinem vorherigen Besuch wäre er beinahe zum Kriegsdienst eingezogen und als Soldat an die Front beordert worden, was er bislang verhindern konnte durch seine offizielle Mission für den Staat. Ihm wird in Paris ein Einberufungsbefehl zugestellt, er wird sogar in Uniform gesteckt, kommt aber «nach acht Stunden wieder frei» und darf wieder «Zivil tragen», wie er später anekdotenhaft berichtet – ganz offensichtlich haben seine guten Beziehungen wieder mal geholfen.[1] Erst kurz vor der Befreiung der französischen Hauptstadt im August 1944 kehrt er endgültig nach Dresden zurück.

In den Briefen, die in diesen Wochen hin- und hergehen, lässt man einander wissen, dass man noch lebt und gedenkt, dies auch noch lange zu tun, wie der Hamburger Sammler Johannes Sienknecht mit einem gewissen Sarkasmus in seinem Schreiben an Gurlitt versichert. «Was die Zukunft Ihnen und mir bringen wird, weiß niemand. Warten wir das dunkle Geschehen ab und hoffen auf gute Sterne», schreibt der Rechtsanwalt.[2] Auch an Erich und Arno Krause, die Söhne des Dresdner Mathematikers und Geheimen Hofrats Martin Johann Krause, der als Kollege von Hildebrands Vater an der Technischen Hochschule in Dresden lehrte, schickt Gurlitt einen Brief. «Wie mag es Euch gehen Ihr beiden Polizisten, seit ihr auch strenge Augen des Gesetzes oder milde freundliche, die den armen Mitmenschen freundlich lächeln?» Gurlitt formuliert hier indirekt seine Zweifel darüber, was das richtige Verhalten in dieser Phase des Übergangs sei. Und so endet der Brief zagend: «Was wird das nächste Jahr uns und Euch im besonderen bringen. Pläne machen kann man so gar nicht, sondern man muss warten was das Schicksal uns bringt, hoffentlich nicht so Schweres.»[3]

In Dresden wird die geschäftliche Lage für Gurlitt zunehmend ungewiss. Ende August 1944 erhält Helene, nach wie vor Geschäftsinhaberin des Kunstkabinetts, von der Reichskammer der bildenden Künste in Berlin die Aufforderung, den Betrieb innerhalb von knapp zwei Wochen «für den totalen Kriegseinsatz» stillzulegen. Der Inhalt des Schreibens ist im Befehlston verfasst, sämtliche Kräfte sollen nun für den «Endsieg» mobilisiert werden: «Sie sind verpflichtet, sich mit allen in Ihrem Betrieb beschäftigten Personen bis zum 10.9.44 bei dem für sie zuständigen Arbeitsamt zur Erfassung für den Kriegseinsatz zu melden. Das in ihrem Betrieb vorhandene Geschäftsinventar ist zur Ablieferung an noch zu bestimmende Zentralstellen bereitzuhalten.»[4] Das komplette Leben auch zuhause wird auf Krieg umgestellt. Die Frauen übernehmen die Arbeit der als Soldaten einberufenen Männer, häufig werden sie in der Rüstungsindustrie eingesetzt. Die gesamte industrielle Produktion ist vornehmlich auf die Herstellung von Waffen und Munition ausgerichtet; diesem Interesse müssen sich auch alle anderen Wirtschaftszweige unterordnen, ansonsten ruhen. Doch das Kunstkabinett kommt noch einmal davon. Zwei Wochen später erreicht Helene Gurlitt ein neuerlicher Brief, in dem es heißt, dass «von der Schliessung aller Betriebe von Kunstverlegern und -händlern abgesehen» wird: «Sie sind also berechtigt Ihren Betrieb in der bisherigen Form fortzuführen.» Allerdings müssen sich sämtliche Mitarbeiter «zum Einsatz in der Rüstungsindustrie melden».[5]

Im November schließlich wird es ernst. In Dresden werden zehn «Volkssturm»-Bataillone für den erwarteten Kampf gegen den sowjetischen Einmarsch gebildet, alle «waffenfähigen Männer im Alter von 16 bis 60 Jahren» werden eingezogen. In der Stadt herrscht der Ausnahmezustand, nachts Fliegeralarm, tagsüber Chaos. Ende des Jahres wird für Flüchtlinge ein Zuzugsverbot erteilt, die Aufnahmekapazitäten sind erschöpft. Die Schulen sind zu Lazaretts oder Kasernen umfunktioniert, in denen die hastig rekrutierten Hilfssoldaten ausgebildet werden. Auch die Gurlitt-Kinder bekommen kaum noch geregelten Unterricht. Im Herbst 1943 war Cornelius in das Vitzthum-Gymnasium eingeschult worden, ein Jahr später hat man es für militärische Zwecke konfisziert. Das Gymnasium wird mit der Annenschule zusammengelegt, so dass der Zehnjährige nun auf die gleiche Schule wie einst sein Vater geht. Viele der aus ihren Klassenräumen verdrängten Kinder Dresdens müssen in der Innenstadt zum Unterricht. Um den Hals tragen sie Erkennungsmarken, ovale Anhänger mit einer Nummer darauf, um im schlimmsten Fall identifiziert werden zu können.

In der Kaitzer Straße lässt sich Ende 1944 der reguläre Geschäftsbetrieb nicht mehr aufrechterhalten. Die Angestellten bleiben fern. Helene Gurlitt hat den von der Reichskammer der bildenden Künste eingesandten Fragebogen gar nicht erst ausgefüllt, in dem sie «aus kriegswirtschaftlichen Gründen» die bei ihr Beschäftigten «zur Kräftebilanz 1944» hätte anführen müssen. Es wären eine Sekretärin und ein Buchhalter gewesen. Seit dem 1. Januar 1942, nachdem die Gurlitts von Hamburg übergesiedelt waren, hatte zunächst die Wiener Gesangs- und Klavierlehrerin Maya Gotthelf als Sekretärin für das Kunstkabinett gearbeitet. Ende Januar 1944 musste sie gehen – aufgrund ihrer halbjüdischen Herkunft, wie sie später den Alliierten gegenüber erklärt.[6] Danach wird sie zur Fabrikarbeit beordert. Gurlitt sucht sich sogleich eine neue Sekretärin, denn zu dem Zeitpunkt läuft das Geschäft mit den Kunsteinkäufen in den besetzten Gebieten noch prächtig, und er braucht die Unterstützung im Büro. Bis in den November 1944 ist die neue Hilfskraft in der Geschäftskorrespondenz nachweisbar, allerdings namenlos: «Heil Hitler! Sekretärin», unterschreibt sie die von ihr selbstständig verfassten Briefe. Als weiterer Mitarbeiter ist 1944 für das Kunstkabinett der Buchhalter Fritz Walther aus Meißen tätig. Er führt die Journale und stellt die «Rohbilanz» auf.[7] Seine unregelmäßige Schrift unterscheidet sich deutlich von den akkuraten Buchstaben Helene Gurlitts, die all die Jahre davor die Geschäftsbücher und das Konto-Korrent geführt hat. Gurlitt kann sich als Händler des «Sonderauftrags Führermuseum Linz» offenbar eine Sondergenehmigung besorgen, indem er seine Geschäfte als kriegswichtig erklären lässt.

Im Januar 1945 verstärken sich die Luftangriffe auf Dresden. Seit über einem Jahr bereiten sich die Bewohner der Stadt auf die Fliegerattacken vor. Das Ende 1943 neu gegründete Dresdner Bauamt für Luftschutz lässt in Reihenhäusern Mauerdurchbrüche zu Nachbarkellern machen und Straßentunnel mit Aufgängen als Fluchtwege anlegen. Im Garten des Nachbargrundstücks der Gurlitts befindet sich der Eingang eines solchen Rettungsgrabens, der jedoch unvollendet bleibt. Minna Lauckner aus der Kaitzer Straße Nummer 24 wendet sich darüber verärgert an Hildebrand Gurlitt, mit dessen Grundstück sie nun verbunden ist. Er verspricht ihr, alles zu tun, um diesen «Schandfleck» entfernen zu lassen. Der Kunsthändler hat durch Hans Gerlach, seinen Onkel mütterlicherseits, der auch schon den Umbau von Kurt Kirchbachs Villa besorgt hat, einen Luftschutzbunker für zehn Personen anlegen lassen, in dem außerdem Kunstschätze untergebracht werden. Trotz dieser privaten wie öffentlichen Vorkehrungen allenthalben kann die Stadt nicht vorbereitet sein auf das, was sie im Februar 1945 erwartet: den schwersten Luftangriff auf eine deutsche Stadt im Zweiten Weltkrieg. In der Nacht vom 13. auf den 14. Februar werfen 773 britische Flieger Sprengbomben ab, gefolgt von 650 000 Brandbomben, die einen Feuersturm auslösen, der die Stadt in Schutt und Asche legt. Das legendäre Elbflorenz ist nur noch eine Ruine. 25 000 Menschen kommen zu Tode, 80 000 Wohnungen werden zerstört. Betroffen ist auch das Gebiet nördlich des Bahnhofs, darunter die Kaitzer Straße. Auch auf das Haus Nummer 26 geht eine Luftmine

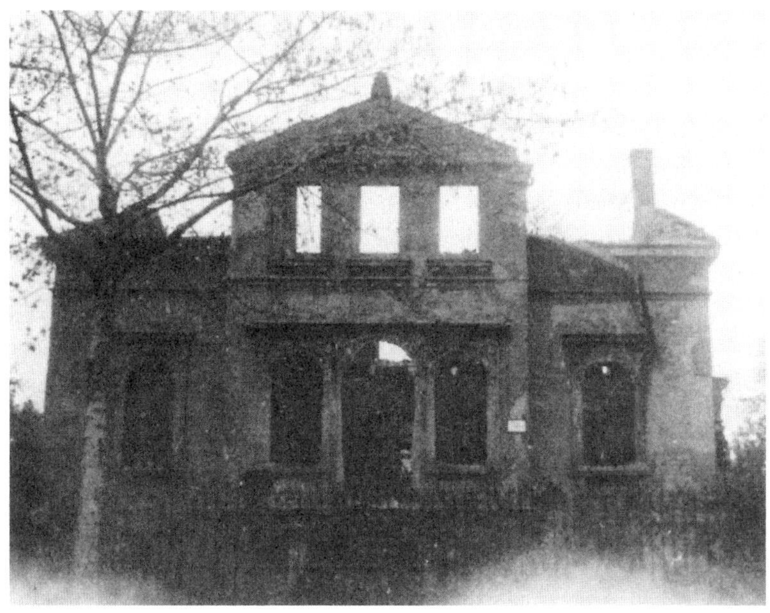

Die zerstörte Villa der Gurlitts in der Kaitzer Straße 26 nach den Bombenangriffen auf Dresden am 12. und 13. Februar 1945

nieder. Die Grundmauern der kleinen Villa bleiben zwar stehen, aber ansonsten ist sie völlig ausgebrannt: Das elterliche Haus gleicht einem hohlen Zahn.

Unterschlupf im fränkischen Aschbach

Hildebrand Gurlitt hat seine Familie einschließlich der 86-jährigen Mutter jedoch noch rechtzeitig in Sicherheit gebracht. Obdachlos geworden, begeben sie sich zu fünft aufs Land ins knapp zehn Kilometer entfernte Possendorf südlich von Dresden, wo auch das für Gurlitt arbeitende Fuhrunternehmen Preusche seinen Sitz hat. Bei Ewald Oswin Preusche können sie für einige Tage unterkommen, bevor es weiter in den Süden geht, um eine dauerhafte Unterkunft zu finden. Mit Hilfe des Fuhrunternehmers hat der Galerist schon lange vor dem großen Angriff seine wichtigsten Besitztümer – Möbel, Teppiche und seine Kunstsammlung – aus der Stadt geschafft. In den ersten Monaten des Jahres 1944 wurden über 40 Kisten von Preusche in der Kaitzer Straße abgeholt. Darunter mischten sich die Versendungen von Kunstwerken an die Kunden, die das Fuhrunternehmen ebenfalls übernommen hatte. Zwischen dem 8. Januar und dem 18. April 1944 erhielt die Spedition immer wieder Aufforderungen, diese oder jene Kiste abzuholen. Mal sollte ein starker Mann mitkommen, wenn sie schwerer war, mal handelte es sich nur um ein «kleines Kistchen» für den Speicher. Die knapp formulierten Aufträge klangen immer drängender: «Es eilt hier ziemlich.» Oder: «Bitte tun sie es recht bald.» Auch die Dresdner Transport- und Lagerhaus-Aktiengesellschaft wurde in der ersten Jahreshälfte 1944 beauftragt, sie übernahm für Gurlitt insgesamt 557 Kilogramm schweres Lagergut.[8]

Auf diese Weise hat Gurlitt Monate vor der Zerstörung Dresdens einen Großteil seines Hab und Guts aus der Gefahrenzone gebracht, vorausschauend wie schon in Hamburg. Doch nun gibt es kein Ausweichquartier mehr wie damals im Elternhaus. Ihn erreicht noch das Rundschreiben der Reichskammer der bildenden Künste an alle Kunst- und Antiquitätenhändler mit der Aufforderung, eine Liste zu erstellen, «welche kulturell bedeutenden Kunstgegenstände bei ihnen zerstört oder so schwer beschädigt wurden, dass ihre Wiederherstellung nicht möglich ist».[9] In der unmittelbaren Nachbarschaft sind ebenfalls Bomben niedergegangen, nichts steht mehr. Fortan wird Gurlitt glaubhaft gegenüber Dritten versichern können, dass seine eigene Sammlung sowie die seines Vaters samt allen Geschäftsunterlagen beim Dresdner Feuersturm vernichtet wurden.

In dem kleinen Erzgebirgsort Possendorf entscheidet sich für die Familie der weitere Verlauf der Reise. In dieser Zeit trifft Hildebrand noch einmal seinen einstigen Auftraggeber Hermann Voss auf Schloss Weesenstein in Müglitztal, das 14 Kilometer von Possendorf entfernt liegt. Voss hat ebenfalls seine Wohnung in Dresden verloren. Er ist krank und hat sich auf Schloss Weesenstein zurückgezogen, seinen Amtssitz als «Sonderbeauftragter des Führermuseums Linz». Voss hat hierhin die Bestände aus dem Landesmuseum in Wiesbaden auslagern lassen, ebenso die kostbaren Sammlungen der Dresdner Museen: des Kupferstichkabinetts, der Gemäldegalerie und der Porzellansammlung, 450 000 Objekte insgesamt.[10] Auch zahlreiche Privatbesitzer haben ihr Gut untergestellt, darunter Gurlitt selbst, ferner Robert Oertel, der als Assistent von Posse und

Voss an der Dresdner Gemäldegalerie Alte Meister ebenfalls am «Sonderauftrag Führermuseum Linz» beteiligt war, sowie Erhard Göpel, Voss' Chefagent für den Kunsterwerb in den besetzten niederländischen Gebieten. Alle sind sie miteinander gut bekannt, wenn nicht befreundet.[11] Dass die Kunstwerke auf Schloss Weesenstein das Kriegsende unbeschadet überstehen werden, können Voss und Gurlitt bei ihrem Treffen im Februar 1945 noch nicht wissen. Sie befürchten das Schlimmste. Deshalb überlegen sie jetzt fieberhaft, wo sie ihren Besitz vor den vorrückenden Truppen schützen können.

Voss rät Gurlitt, nach Mainfranken zu gehen. Auch die englischen Radiosender erklären das Gebiet von Bamberg über Würzburg bis Aschaffenburg für weniger gefährdet. Nach langem Suchen gelingt es Gurlitt schließlich, zusammen mit anderen Reisenden eine Mitfahrgelegenheit zu finden. Die Familie darf in einem Lastauto der Spedition Posselt zusteigen, das nach Nürnberg überführt werden soll. Vorher nimmt es noch Gurlitts auf Weesenstein eingelagerte Bilderkisten auf. Gurlitts hoch betagte Mutter kommt nicht weiter mit. Ihr wird die Reise zu beschwerlich, sie will sich von ihrer Heimat nicht trennen. Die 86-Jährige kehrt nach Dresden zurück, wo sie sich im erhaltenen Kellergeschoss in der Kaitzer Straße vorübergehend wohnlich einzurichten versucht. Eine endgültige Bleibe findet sie schließlich in Dresden-Strehlen in der Lenbachstraße 12, keine Villa mehr mit eigenem Garten wie einst, sondern ein schlichtes Mietshaus in einem Siedlungsblock, der über vier Hausnummern reicht. Es ist die Wohnung von Hildebrands Schwiegereltern, die nun Marie Gurlitt und ihrer 72-jährigen Haushaltshilfe Obdach geben. Richard Hanke hat bis zu seiner Pensionierung als Lokführer gearbeitet, seine Zweieinhalb-Zimmer-Wohnung gehört der Eisenbahnerbaugenossenschaft. Marie Gurlitt wird bleiben können, auch nachdem das Ehepaar verstorben ist. Allerdings bekommt sie nun als Mitbewohnerin eine kommunistische Arbeiterin zugeteilt, Frau Neuherz, die sie schließlich als Hauptmieterin verdrängt, wie Hildebrand Gurlitt im Dezember 1947 an Freunde schreibt. Die alte Frau lebe in Dresden völlig verarmt, klagt der Sohn. Dem Vater hat die Stadt zwar schon 1946 als Wiedergutmachung einen Straßennamen gewidmet, der Mutter aber bleibt die Witwenrente gestrichen.

Für Hildebrand und die Seinen geht die Reise am 22. März 1945 weiter. Helene und die Kinder werden im Ladebereich des Lastwagens zwischen einigen Kisten auf Matratzen untergebracht. In den Anhänger des Lkw kommen die meisten der insgesamt 47 Bilderkisten und 10 Pakete mit Teppichen und Büchern, dazu ein Berg Feuerholz, der als Treibstoff für den Laster dient. Nach 48 Stunden Fahrt auf unwegsamen Straßen erreichen sie ihr erstes Ziel – die Stadt Bamberg. Dort steigen die Mitreisenden aus. Gurlitt will eigentlich weiter ins 50 Kilometer entfernt liegende Wiesentheid. Doch dann ändert er seinen Plan und lässt bereits im oberfränkischen Aschbach anhalten, wo ein Bekannter von ihm noch aus Paris lebt: Gerhard Freiherr von Pölnitz, der auf Schloss Aschbach residiert. Er gibt der Familie auf dem Adelssitz vorübergehend ein Quartier, schließlich kennt man sich aus besseren Zeiten und muss nun zusammenhalten. Von Pölnitz war als Luftwaffenoffizier in Paris stationiert und als enger Freund Karl Haberstocks ebenfalls in den Kunsthandel involviert. Mit dessen Sekretärin Jane Weyll unterhielt er eine Beziehung. Er organisierte Lastwagen für den Transport von Bildern und half Haberstock, die Galerie Wildenstein zu «arisieren». Der Besitzer Georges Wildenstein musste 1941 wegen seiner jüdischen Abstammung in die USA auswandern. Die Galerie ging an seinen Angestellten Roger Dequoy, mit dem er weiter in Verbindung blieb. Der Galerist akquirierte nun mit Hilfe von Haberstock Kunstwerke in den besetzten Gebieten und importierte über diese Schiene Raubkunst in die Vereinigten Staaten.[12]

Für Gurlitt ist es die Rettung, dass er mit Sack und Pack in Aschbach bleiben kann, auch wenn er hier auf Karl Haberstock trifft, seinen ärgsten Konkurrenten. Mit der Berufung von Hermann Voss als Sonderbeauftragten für das «Führermuseum» in Linz hatte Haberstocks Stern als wichtigster Kunsteinkäufer Hitlers zu sinken begonnen. An seine Position war Gurlitt gerückt, dem Voss den Vorzug gab. Haberstock war in der Folgezeit zwar kaum noch für das «Führermuseum» tätig, aber er blieb als Händler in Paris aktiv. Die beiden Männer standen ab 1941 in unmittelbarem Wettbewerb, beide von höchst unterschiedlichem Temperament und Kunstgeschmack: Haberstock ein Machtmensch, der auch schon mal drohen konnte, um ein Geschäft abzuschließen, wie Eberhard Hanfstaengl später bei einer Befragung der Alliierten zu Protokoll gibt, als Händler an der Moderne nicht interessiert; auf der anderen Seite Gurlitt, konziliant, einvernehmlich, aber nicht weniger geschäftstüchtig, jedoch mit einer Vorliebe gerade für die Avantgarde. Bei der Begegnung dieser beiden NS-Profiteure, die nun nur noch ihre Haut zu retten suchen und

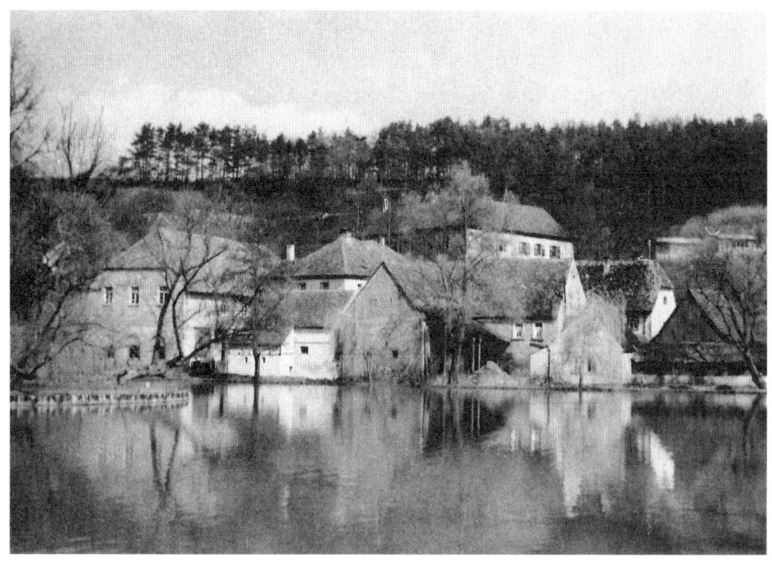

Schloss Aschbach des Baron von Pölnitz in Oberfranken

die nächsten Jahre in Aschbach bleiben werden, kommt es bald zu Spannungen. Jeder beobachtet den anderen mit Argwohn. Man schwärzt sich gegenseitig bei den Alliierten an.[13] Haberstock hat mit seiner Frau Magdalene und dem aus seiner Berliner Galerie geretteten Besitz bereits Ende Mai 1944 in Aschbach Unterschlupf gefunden, nachdem sein Haus in der Berliner Kurfürstenstraße durch einen Bombenangriff zerstört wurde. Das Paar lebt auf dem Schloss bis November 1945. Als die Amerikaner darin ein Camp für «Displaced Persons» – Überlebende aus Konzentrationslagern – einrichten, zieht es in ein Nebengebäude des Pölnitzschen Anwesens um, wo es die nächsten fünf Jahre wohnen wird.

Auch Familie Pölnitz muss ihren Wohnsitz für das Camp verlassen. Sie bezieht in einer Lehrerwohnung Quartier und beobachtet von dort aus empört die «jüdische Schlossbesetzung», wie es der Freiherr in einem Beschwerdebrief an die Behörden nennt. In den herrschaftlichen Räumen wird ab 20. November 1945 eine «Ackerbauschule», eine Art Kibbuz zur Probe, eingerichtet, um die vornehmlich polnischen Juden vor ihrer Emigration nach Palästina auf ihr neues Leben vorzubereiten. Hier lernen sie alles über Landwirtschaft, außerdem Englisch und Hebräisch. Die Situation besitzt eine besonders tragische Dimension, denn bis 1942 existierte in Aschbach noch eine jüdische Gemeinde, für deren Auslöschung womöglich auch von Pölnitz als damaliger NSDAP-Ortsgruppenleiter Verantwortung trug. Bis März 1948 besteht das Camp, das im Laufe der Zeit 140 Menschen aufnimmt, im Januar des letzten Jahres leben hier noch 107 Juden. Zwei Monate später sind alle weitergezogen, und das Schloss geht an die Pölnitzens zurück.

Hildebrand Gurlitt und die Seinen kommen zunächst für acht Tage auf Schloss Aschbach unter, danach richtet sich die Familie in einem kleinen Nachbarhaus ein. Hauptstraße Nr. 13 a wird für knapp drei Jahre ihre Adresse lauten. Essen haben sie zwar genug, aber sie entbehren jeglichen Komfort. «Glauben Sie mir, dass wir hier nicht im Paradiese wohnen, wir haben hier satt Kartoffeln, Brot und Mehl, aber alles andere ist knapp und es gibt die Sonderzuteilungen wie Fisch usw. nicht! Dazu kein Anschluss im Haus und das Wasser muss am Brunnen geholt werden. Holz im Wald usw.», beschreibt Hildebrand Gurlitt die Lage.[14] In Aschbach herrscht Mangelwirtschaft, es fehlt an fast allem. Eine irrwitzige Situation: Gurlitt hat Geld genug, um sich fürstlich einzurichten, nur sind weder Möbel noch Kleidung noch Hausgerät zu bekommen. Alles muss in der Nachkriegszeit mühsam organisiert werden. Die Handwerker des Ortes sind mit Aufträgen überhäuft, haben aber kein Material zum Arbeiten. In dieser Situation kann Gurlitt die Hilfe von Freunden im Ausland, vor allem in den USA, gut gebrauchen. Alte Kontakte werden wieder aktiviert. Helene schreibt etwa an Lisa Arnhold, die einst Nachbarin der Gurlitts in Dresden war. Der Witwe des Bankiers und Moderne-Sammlers Heinrich Arnhold gelang es, nach dem Tod ihres Mannes im Jahre 1935 mit den Kindern über die Schweiz, Portugal und Brasilien nach Beverly Hills in Kalifornien zu emigrieren. Helene offenbart sich ihr: «Wenn es möglich wäre, dass Sie irgendwelche gebrauchte Unterwäsche, Schuhe oder sonstwas zum Anziehen für Cornelius, 14 Jahre, und Renate, 12 Jahre, und dazu Zwirn und Nähgarn zum Umarbeiten auftreiben könnten, so wäre dies natürlich wunderbar.»[15]

Die Not schürt in Aschbach das gegenseitige Misstrauen. So berichtet Gurlitt Pfarrer Schnell vom Evangelisch-Lutherischen Pfarramt Aschbach-Hohn am Berg, mit dem er sich angefreundet hat, von Dorfintrigen und Denunziationen, die gedeihen. Bei Landrat Grimm hat Gurlitt Möbel aus dem Schloss entdeckt, unter anderem einen Röntgen-Schreibtisch. Hierbei handelt es sich nach Gurlitts Einschätzung um den Barock-Schreibtisch aus der Sammlung Edmond Rothschild, der im Zuge der Beschlagnahmungen durch den deutschen Botschafter in Paris, Otto Abetz, in die Deutsche Botschaft gelangte. Hildebrand Gurlitt will den Schreibtisch in Paris in Gebrauch gesehen und Jahre später bei seiner Ankunft in Aschbach wiedererkannt haben.[16] Im Verzeichnis der durch die Deutsche Botschaft «sichergestellten» Bilder und Kunstgegenstände ist er unter der Rubrik «Sammlung Edmond Rothschild» genauestens beschrieben – bis hin zur bekrönenden Bronzegruppe, die Venus in der Schmiede des Vulkan zeigt.[17] Gurlitt wird sich bei der Wiederentdeckung des Prunkmöbels in der fränkischen Provinz also kaum geirrt haben.

Unmittelbar nach dem Krieg lagern kostbare Möbel, Teppiche, Bilder en masse auf dem Schloss. Nicht nur die Fracht der Händler Gurlitt und Haberstock ist darin untergebracht, auch die Bestände der Bamberger Museen und der Gemäldegalerie in Kassel lagern hier, darüber hinaus das Fluchtgut prominenter Militärs wie General Kuno-Heribert Fütterer, Luftwaffenattaché an der deutschen Botschaft in Budapest, zuletzt Befehlshaber des Luftgaus Böhmen und Mähren, Ewald von Kleist, einst Befehlshaber der Heeresgruppe A der Wehrmacht, und Prinz Reuß zur Lippe. Im Schloss ist Platz genug. In allen Geschossen bietet sich das gleiche Bild: Kisten, Kästen, Kartons mit Gemälden, Skulpturen, Papierarbeiten, Büchern, kunstgewerblichen Objekten. Gurlitt hat sich in zwei Sälen ausgebreitet, ebenso Haberstock. Zwei weitere Räume sind von den 250 Bildern aus dem Bamberger Bestand okkupiert. Acht Säle insgesamt sind komplett mit Kunst gefüllt, dazu die Schlosskapelle. Die Dorfbewohnerschaft beobachtet mit Staunen, was da an Fracht ankommt. Es dauert Tage, bis alles von den Ankömmlingen im Schloss eingeräumt ist, gibt später der Förster den Alliierten zu Protokoll.

Die Amerikaner kommen: Fragen an «Chiefdealer» Gurlitt

Am 2. Mai 1945 treffen amerikanische Kunstschutz-Offiziere in Aschbach ein. Captain Robert Kelley Posey von der Third U. S. Army besichtigt mit seinem Assistenten Lincoln Kirstein das Schloss und markiert es mit dem «Off Limits»-Zeichen zum Schutz vor Zerstörung und Besetzung durch alliierte Truppen. Bei der Entdeckung, dass hier die beiden Kunsthändler Haberstock und Gurlitt mit ihren Besitztümern Unterschlupf gefunden haben, sind sie sogleich alarmiert: «Mr. Karl Haberstock aus Berlin ist der berüchtigtste Kunstsammler in Europa. Er war Hitlers privater Kunstsammler und riss jahrelang Kunstschätze in Frankreich, Holland, Belgien und sogar in der Schweiz und Italien an sich, mit illegalen, skrupellosen und sogar brutalen Methoden. Sein Name ist bei allen ehrlichen Sammlern in Europa verrufen», lautet die Einschätzung von Captain Thomas Giuli, MFA&A Officer des Regiments Würzburg der Third U. S. Army. Auch Gurlitt steht unter Verdacht: «Ein Kunstsammler aus Hamburg mit Verbindungen in hohe Nazi-Kreise. Er handelte im Auftrag von anderen Nazi-Funktionären und unternahm zahlreiche Reisen nach Frankreich, von denen er Kunstsammlungen mitbrachte. Es besteht Grund zu der Annahme, dass es sich bei diesen privaten Kunstsammlungen um Raubkunst aus anderen Ländern handelt.»[18] Die beiden Händler werden erst einmal unter Hausarrest gestellt, sie dürfen Schloss Aschbach nicht verlassen. In den nächsten Jahren müssen sie sich immer wieder den Fragen der alliierten Behörden stellen. Anders als Gurlitt wird der verdächtigere Haberstock ab Mai 1945 wiederholt und über Monate in Haft genommen, ebenso von Pölnitz. Beide werden schließlich freigesprochen.

Captain Posey aber wird kurz nach seinem Aschbach-Besuch die Salzmine in Altaussee, in der die zusammengerafften Kunstbestände für das «Führermuseum» in Linz lagern, entdecken und als einer der berühmtesten «Monuments Men» in die Geschichte eingehen. Die Aufgabe der 1943 gegründeten Kunsttruppe der US-Army bestand während der Kriegshandlungen darin, in der Nähe des Frontverlaufs Schäden an Kulturgütern zu dokumentieren und diese zu sichern oder besonders schützenswerte Gebäude zu benennen, die nicht als Soldatenquartiere genutzt werden sollten. Nach Kriegsende kümmern sie sich darum, die auf Schlössern, in Scheunen und Salzbergwerken ausgelagerten Sammlungen mit Raubkunst aufzuspüren, in Central Collecting Points zu sammeln und die gestohlenen Werke in ihr Ursprungsland zurückzuführen.

In Aschbach beginnen die Offiziere der Monuments, Fine Arts and Archives Section (MFA&A) sofort, die im Schloss gelagerten Bestände zu inspizieren, sie stehen jetzt unter ihrer Aufsicht. Während Karl Haberstock nach Würzburg in Untersuchungshaft mitgenommen und dort bis zum 6. Juni verhört wird, darf Hildebrand Gurlitt für seine Befragung auf

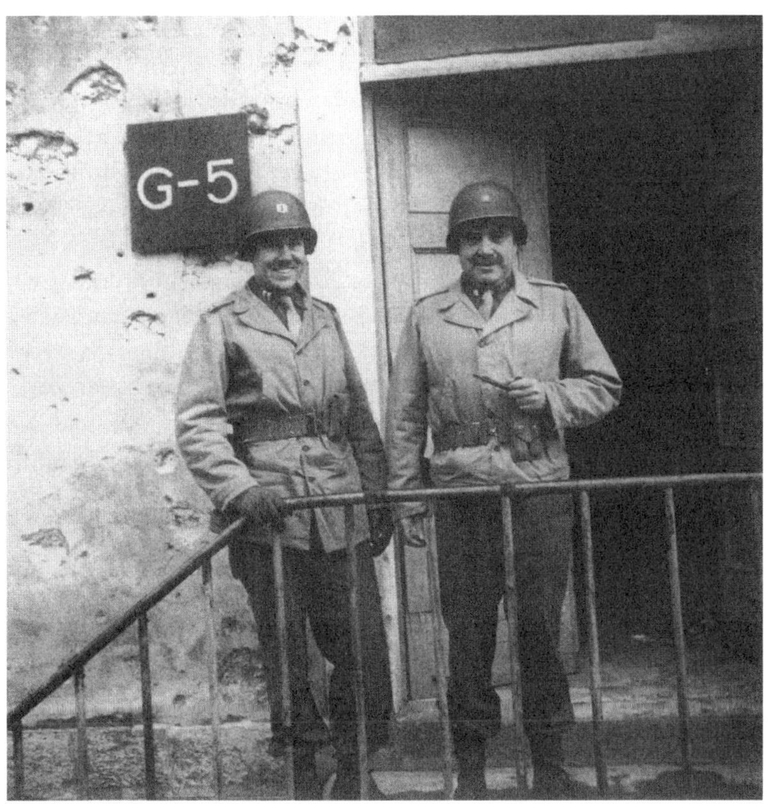

Captain Robert Posey (links), U. S. Third Army, um 1946

Schloss Aschbach bleiben. Er steht zunächst vom 8. bis zum 10. Juni 1945 Oberleutnant Dwight McKay von der Judge Advocate Section, Third U. S. Army, Rede und Antwort. Der Berliner Kunsthistoriker Erik Berger, einst Geschäftsführer von Wolfgang Gurlitts Würzburger Galerie, assistiert als Übersetzer. Er wird auch die Liste von Gurlitts Besitztümern im Auftrag von Captain Thomas Giuli erstellen und am 12. Juni 1945 an die G 5 Section der Third U. S. Army schicken.[19] Für Gurlitt ist es ein Glück, dass er hier auf einen einstigen Angestellten seines Cousins trifft. Offensichtlich kann er auf diese Weise während des Verhörs ein gewisses Einvernehmen herstellen, anders als bei den Begegnungen mit deutschen Behörden, die noch folgen. Zumindest wird er später behaupten, mit den Amerikanern besser ausgekommen zu sein als mit den Deutschen.[20] Doch auch Bergers Stand scheint nicht ganz einfach, was angesichts seiner vorherigen Tätigkeit für den ebenfalls in den Nazi-Kunsthandel verstrickten Wolfgang Gurlitt nicht erstaunt. Berger gerät kurzfristig selbst unter Verdacht, allerdings deshalb, weil er zeitweise als Agent für den holländischen Kunsthändler Walter Paech gearbeitet hat. Den genaueren Nachforschungen zu seiner Person kann er sich trotzdem entziehen.[21]

Beim Verhör durch Oberleutnant McKay wird Gurlitt zu seiner Familie, seinem Lebenslauf, zu seiner politischen Einstellung und seinen Erwerbungen für das «Führermuseum» in Paris befragt. Er muss Auskunft erteilen, wie die Einkäufe, die Übernahmen aus jüdischen Privatsammlungen abliefen, in welchem Kontakt er zu bestimmten Nazi-Größen stand, wie hoch sein Einkommen war, wie er nach Aschbach gekommen ist und in welcher Verbindung er zu Freiherr von Pölnitz steht. Unter Eid schildert Gurlitt in groben Zügen den Hergang der Dinge und das geschäftliche Procedere, allerdings in stark verharmlosender Form. Vor allem rückt er seine honorige Familie in den Vordergrund, den berühmten Vater und den nicht weniger bekannten Bruder, nennt die Zurücksetzungen, die sie durch die Nationalsozialisten erlitten haben. Außerdem erwähnt er den großmütterlichen Zweig der Familie, die Großtante und Schriftstellerin Fanny Lewald sowie den Onkel Theodor Lewald, der 1936 Vorsitzender des Organisationsteams der Olympischen Spiele war. Gurlitt streicht insbesondere heraus, dass er zweimal seinen Posten verloren hat aufgrund seines Eintretens für die moderne Kunst. Als «Mischling II. Grades» habe er vor der Wahl gestanden, entweder nach Paris zu gehen oder für die berüchtigte «Organisation Todt» eingezogen zu werden, die als Bautruppe zur Errichtung von Wällen und Raketenabschussrampen für das Militär eingesetzt wurde.[22]

Auf diese Bedrohung kommt Gurlitt später immer wieder zu sprechen, etwa gegenüber Rose Valland, der er erstmals als Konservatorin am Jeu de Paume begegnet ist und die er im Oktober 1946 als Mitglied der «Kommission zur Rückführung der Kunst» in München wiedertrifft, wo er sich ihren Fragen stellen muss. Wenige Monate später bittet er sie mit schmeichelnden Worten darum, ihm ein Leumundszeugnis für seine Bewerbung als Museumsdirektor in Krefeld zu schreiben. «Sie würden damit einem aufrichtigen Freund Frankreichs und einem echten Gegner des Nazi-Regimes helfen! […] Nur sonderbare Zufälle machten es möglich, dass ich mich als Kunsthändler nach Frankreich retten konnte, wodurch ich der Zwangsarbeit in der Rüstungsindustrie oder gar den Mischlingsbataillonen der OT [Organisation Todt] entging.»[23] Gurlitt wird diese Bedrohung empfunden haben, tatsächlich aber wurden in diese Bataillone nicht «Vierteljuden» wie er gezwungen, sondern «Halbjuden» und «Versippte».

Obwohl Gurlitt sich im Verhör mit Dwight McKay bestmöglich darzustellen versucht, lässt der Kunstschutz-Offizier nicht locker. Ihm fällt die Nervosität des Befragten auf. Gurlitt hat offensichtlich einiges zu verbergen. McKay weiß vom tagelangen Räumen auf dem Schloss und fragt nach weiteren Verstecken, in denen womöglich noch andere Wertsachen als nur Kunstgegenstände verborgen sind. Nicht zu Unrecht. Laut der späteren Aussage des Aschbacher Försters Karl Gruell soll Gurlitt mehrere Kilo Goldbarren im Gepäck gehabt haben. So will es jedenfalls der Zeuge vom «jungen Baron Wolfgang von Pölnitz» erfahren haben, der Gurlitt dabei half, den Großteil seines französischen Kunstbesitzes vor dem Zugriff der Militärregierung zu verstecken. «Es dürfte festzustellen sein, wo der Inhalt von cirka 100 Kisten kleineren und größeren Formats verblieben ist», so Gruell.[24] Auch Haberstock schürt den Verdacht gegen Gurlitt, indem er zu Protokoll gibt, dass sich unter dessen mitgeführten Paketen Reste von Nazi-Schrifttum befänden, mit dem er während des «Dritten Reichs» ein «Riesenvermögen erworben» habe.

Doch Gurlitt kann alle Zweifel zerstreuen. Bei den Kisten, die er mit dem Sohn des Freiherrn, Wolfgang von Pölnitz, umgeräumt habe, handele es sich nur um kunsthistorische Bücher und Schriftgut seiner Kunsthandlung, die ins Schulhaus gebracht worden seien, um im Schloss Platz für kostbarere Güter zu schaffen. Beim nächsten Verhör gibt Gurlitt an, keine weiteren Lagerorte in Aschbach zu besitzen. Seine Kisten hätten aufgrund von Feuchtigkeit im Keller, wo sie zunächst untergebracht waren, umgelagert werden müssen, letztendlich sei alles im Schloss geblieben.[25] Die Allierten glauben ihm, später wird sich Gurlitt manch Verborgenes noch holen können. Es ist zu vermuten, dass die mit Wolfgang von Pölnitz ausgelagerten Kisten womöglich tatsächlich zunächst ins Schulgebäude kamen, später jedoch in die rund zehn Kilometer entfernte Mühle in Heuchelheim bei Schlüsselfeld gelangten.

Und es gibt noch eine Merkwürdigeit, die Oberleutnant McKay in seinem Verhör zu klären versucht. Er will wissen, warum auf den Kisten

«Gemäldegalerie Dresden» geschrieben steht, ob die Werke darin Eigentum des Museums sind. Gurlitt klärt dieses Missverständnis auf, indem er angibt, die Kisten seien ihm zur Verfügung gestellt worden, weil keine anderen zu bekommen waren. In den Kisten befinde sich ausschließlich sein Eigentum. Dann folgt die Inventarisierung der Kisten. Für jede einzelne muss Gurlitt die Herkunft der Bilder erklären. Zu diesem frühen Zeitpunkt nennt er als Quelle vor allem der französischen und niederländischen Werke noch namentlich die Händler aus Paris, Brüssel und Amsterdam. Die deutschen Werke kommen nach Gurlitts Aussage hauptsächlich aus Hamburg und Berlin oder sind direkte Erwerbungen von den Künstlern. Von den Paketen mit «moderner Graphik» behauptet Gurlitt, er habe sie 1938 «aus dem deutschen Kunsthandel für etwa 2000,– RM» erworben, damals seien «diese Dinge fast umsonst» gewesen.[26] Dabei verschweigt er geflissentlich, dass es sich um Werke aus der Beschlagnahmungsaktion «Entartete Kunst» handelt, die er zwischen 1939 und 1941 vom Propagandaministerium gegen Devisen erworben hat. Ein Gemälde von Picasso, zu dem man ihn später noch genauer befragen wird, will er vom Künstler direkt im Jahr 1942 für 60 000 Francs erworben haben. Eine Gouache, angeblich von Chagall, die «Allegorische Szene», die sich noch heute in der Gurlitt-Sammlung befindet, soll aus dem Besitz seiner Schwester stammen, die Schülerin von Chagall gewesen sei – alles Angaben, die er später so nicht wiederholen wird.

Dwight McKay verlässt sich nicht auf Aussagen Gurlitts zur Herkunft der Bilder. Einzelne Werke und die Graphikkonvolute dürfen in Aschbach bleiben, sie gelten jedoch vorerst als sichergestellt. Die restlichen Kisten werden zur Überprüfung in die Neue Residenz nach Bamberg überführt und dann am 5. Dezember 1945 ins Landesmuseum Wiesbaden gebracht, wo mittlerweile von den Alliierten ein Central Collecting Point eingerichtet ist. Der Wiesbadener Standort ist neben München und Marburg eine der drei zentralen Sammelstellen für Kunst, er bleibt bis 1952 bestehen und existiert damit am längsten.

Während seine Werke überprüft werden, steht der Kunsthändler samt seiner Familie in Aschbach weiterhin unter Arrest. Über den am Ort gelassenen Besitz darf er nicht verfügen, seine Bankkonten und Außenstände sind gesperrt. Am 3. Oktober 1945 erfolgt das nächste Verhör, diesmal durch Mitarbeiter der Art Looting Investigation Unit (ALIU). Nun geht es um Gurlitts Rolle beim «Sonderauftrag Führermuseum».

Gurlitt muss außerdem Auskunft geben zu seinen Handelskontakten, zur Herkunft der Werke und den bezahlten Preisen, um die Repatriierung der von ihm für Linz erworbenen Werke vorzubereiten, die im Central Collecting Point in München lagern. Da alle seine Unterlagen verbrannt seien, wie er angibt, nennt Gurlitt aus dem Kopf, welche Werke er im Rahmen des «Sonderauftrags» für deutsche Museen erworben hat: Maillol, Renoir, Rodin für das Wallraf-Richartz-Museum in Köln, Monet und Courbet für die Kunsthalle Hamburg, Fragonard und Puvis de Chavannes für die Staatlichen Museen in München, um nur einige zu erwähnen. Ferner nennt er jene Werke, die er an Privatsammler vermittelt hat.[27] Zu diesem Zeitpunkt, im Herbst 1945, kann Gurlitt davon ausgehen, dass seine privaten Geschäftsabschlüsse vermeintlich gültig sind. Das ändert sich wenig später. Laut einem Gesetz der Alliierten vom 18. April 1946 ist auch Vermögen, «das nach dem 31. Dezember 1937 aus Gebieten erworben worden ist, die von Deutschland oder deutschen Streitkräften besetzt, regiert oder kontrolliert worden sind», in die Herkunftsländer zurückzugeben. Es geht dabei nicht nur um Werke, die Privatsammlern geraubt oder abgepresst wurden, sondern jedes Geschäft soll revidiert werden, das von Deutschen in den okkupierten Gebieten abgeschlossen wurde.

Hildebrand Gurlitt bleibt in den Monaten nach dem Krieg nichts anderes übrig als abzuwarten. Das fällt dem großen Macher schwer, diesem geschickten Drahtzieher, dem so viele Deals gelangen. Wenige Wochen nach seiner Ankunft in Aschbach schreibt er an seinen Cousin Wolfgang und beklagt sich über die Einsamkeit auf dem Lande: «Hier ist es nahrhaft und still, das ist aber auch alles, es ist ländlich schändlich primitiv und man ist in einer Weise allein, wie man es überhaupt nicht beschreiben kann. Aber was soll man verlangen, wenn man kein Bett, kein Stuhl nichts mehr hat, als Geld und Bilder, mit denen man nichts anfangen kann.» Gurlitt pflegt sein Selbstmitleid und die Rolle des Opfers: «Was will man schreiben, wozu jammern? Neuanfangen müsste man, aber das darf man nicht, weil man tat was man durchs Schicksal zu tun aufbekam.» Dem getippten Brief fügt er handschriftlich hinzu: «Wie sehr hasse ich das alles was war und wünsche mich zurück in die Welt aus der mich die Nazis vertrieben haben.»[28] Dass er sich sehr gut in der Welt der Nazis einzurichten verstand, verdrängt Gurlitt geschickt. Nur zwischendurch blitzt Schuldbewusstsein auf wie 1946 in seiner Korrespondenz mit dem Pariser Kunsthändler Hugo Engel, in der er eingesteht, dass er zu wenig widerstanden hat.[29] Doch das ist die Ausnahme, meist stilisiert er sich als Opfer. Je nach Briefpartner trägt Gurlitt schamlos auf. An den Kunsthändler Jean Lenthal, der ins Konzentrationslager gekommen war, schreibt er am 25. September 1947 allen Ernstes: «Auch ich war immer in Gefahr und auf der Flucht.»[30]

Selbstwahrnehmung und Realität klaffen eklatant auseinander. In dieser Situation wachsen auch die Spannungen zwischen Gurlitt und Haberstock, die einander argwöhnisch beobachten: Wie wird der jeweils andere wohl über einen reden, wenn die Kunstoffiziere bei ihrer Vernehmung danach fragen? Auch bei den Angehörigen liegen die Nerven blank, es kommt zu hässlichen Szenen. Haberstocks Schwiegermutter beschimpft Helene Gurlitt öffentlich auf der Straße, da Hildebrand Gurlitt angeblich Material gegen Karl Haberstock sammle. Gurlitt hält ihn für «eine der treibenden Figuren im dritten Reich und dessen Kunstpolitik», will dies aber nicht selbst der Spruchkammer zutragen und bittet daher Kollegen um Aussagen, wie zum Beispiel Alois Schardt, den ehemaligen Museumsdirektor aus Halle, der 1939 mit seiner Ehefrau und der behinderten Tochter nach Los Angeles flüchten musste.[31] Gurlitt weiß auch, dass der Berliner Kunsthistoriker Ludwig Thormaehlen, Kurator an der Nationalgalerie in Berlin unter Ludwig Justi und später am Hessischen Landesmuseum in Kassel, einiges gegen Haberstock vorzubringen hat. Aber das Scharmützel ist für Gurlitt kaum steuerbar. Haberstock verfügt über die besseren Beziehungen vor Ort. So wird Helene Gurlitt unter fadenscheinigen Gründen vom Landrat ab April 1946 für ein halbes Jahr der Führerschein verweigert. Ihr Mann ist empört, denn zu diesem Zeitpunkt haben Haberstocks bereits einen Telefonanschluss für ihr Haus erhalten. Und es geht weiter: Im Januar 1947 wird Gurlitts Bibliothek samt Unterlagen, die im Schulhaus eingelagert ist, vom gleichen missgünstigen Landrat für ein halbes Jahr ohne weitere Erklärung beschlagnahmt. Erst anderthalb Jahre später, während er längst in Düsseldorf für den Kunstverein tätig ist, erfährt Gurlitt durch den Pfarrer aus Bamberg, dass Haberstock hinter dieser Intrige steckte, weil er weiterhin behauptete, dass sich «Nazischrifttum» in den Kisten befinde.

Eine Nachkriegskindheit: Cornelius und Benita Gurlitt

Während sich die Eltern Sorgen um die Zukunft machen, erleben Cornelius und Benita ungeahnte Freiheiten. Sie können draußen in der freien Natur spielen, wie sie es vorher in der Stadt nicht kennengelernt haben: «Die Kinder werden braun aber auch nicht sehr viel gescheiter, obgleich wir einen sehr netten Lehrer haben, der sogar Schule halten darf», schreibt Hildebrand Gurlitt an seinen Vetter Wolfgang im Sommer 1945.[32] Zunächst gehen sie zur Dorfschule, ab Frühjahr 1946 erhalten sie Privatunterricht. Ein heiteres Idyll ist Aschbach trotzdem auch für sie nicht. Aus einem Brief an Pfarrer Emmerich, der an der Dorfschule unterrichtet, geht hervor, dass die dramatischen Erlebnisse der Vergangenheit ihre Spuren insbesondere bei Cornelius hinterlassen haben: dass «der Krieg, die Zerstörung Hamburgs und Dresdens und manche andere Erlebnisse ihn wirklich bis ins Innerste getroffen haben».[33] Cornelius ist traumatisiert. Hildebrand Gurlitt bittet deshalb Pfarrer Emmerich, den Jungen, der sich zum religiösen Eiferer entwickelt hat, unter seinen besonderen Schutz zu nehmen – «damit er nicht als ein Abgesonderter dasteht». Hier zeichnet sich bereits die Entwicklung zum Sonderling ab, als den ihn Jahrzehnte später die Weltöffentlichkeit kennenlernen wird.

Der Vater sucht für die Kinder in dieser Zeit einen Platz in einem Landerziehungsheim und meldet sie schließlich in der Odenwaldschule an. Am 20. September 1946 sollen Cornelius und Benita eingeschult werden, nur einen Tag nachdem der Vater nach München in die Arcisstraße einbestellt ist, um sich durch Captain Ray erneut befragen zu lassen. Hildebrand Gurlitt bittet deshalb um Aufschub für sein Verhör. Ray kommt ihm entgegen, so dass er zusammen mit seiner Frau Helene die Kinder zur Einschulung begleiten kann. Die Befragung findet in der darauffolgenden Woche statt, vom 24. bis 30. September steigt Gurlitt im Hotel Feldhütter gleich gegenüber dem Bahnhof ab, um morgens pünktlich bereitzustehen.

Cornelius und Benita bleiben nur bis Juli 1948 an der Odenwaldschule, sie schließen noch das Schuljahr am Internat ab, denn seit Januar leitet Hildebrand Gurlitt in Düsseldorf den Kunstverein für die Rheinlande und Westfalen. Im Sommer ziehen die beiden zu ihren Eltern. Cornelius besucht in Düsseldorf fortan das Max-Planck-Gymnasium, wo er 1953 das Abitur macht. Das erste Jahr an der Odenwaldschule aber wird für die Kinder schwer. Der Winter 1946/47 ist hart, bald schon erreicht Hildebrand Gurlitt ebenso wie alle anderen Eltern von Odenwald-Schülern die Bitte, Koks, Kartoffeln, Hülsenfrüchte und Hafer zu schicken. Es fehlt am Nötigsten.

Cornelius magert in dieser Zeit so weit ab, dass er Zusatznahrung bekommen muss. Das weckt in Hildebrand Gurlitt die Idee, seine Kinder im Sommer 1947 in die Schweiz zu seinem alten Freund Karl Ballmer zu schicken. Ballmer und seine Frau Katharina van Cleef verließen Deutschland am 16. September 1938 für immer und zogen über eine Station in Basel 1941 nach Lamone bei Lugano. «Emigration ins Vaterland», bezeichnete Ballmer selbst diesen Schritt.[34] Gurlitt hat mit Ballmer längst wieder Kontakt aufgenommen: um Ausstellungen für ihn zu organisieren, aber auch um Lebensmittelpakete geschickt zu bekommen. Nun schreibt er ihm: «Ich glaube nicht, dass sie sich vorstellen können, was es für die Kinder bedeuten würde, einmal Schweizer Luft zu atmen. Seit sie denken können, ist Krieg und war Bombengefahr.»[35] Am liebsten sollen die Kinder die gesamte Ferienzeit bleiben, ganze sechs Wochen. Doch das Einholen der diversen Genehmigungen und ärztlichen Atteste, die Erteilung eines Visums beim Schweizer Konsulat in München erweisen sich als komplizierter als gedacht. Nachdem Cornelius und Benita ursprünglich Ende Juli mit dem Schuljahresende in den Zug steigen sollten, verzögert sich die Reise immer weiter, bis schließlich die Ferien zu Ende und die Kinder in Bayern geblieben sind. Der zweite Anlauf im Sommer 1948 gelingt, und die Gurlitt-Kinder gelangen zu den Ballmers nach Lamone, wo sie im Tessin «traumhaft schöne Tage» verbringen mit Wandern, Baden, Radfahren und Diskutieren, vor allem aber an Gewicht zunehmen. In einem Zwischenbericht an die Eltern Anfang August schreibt Ballmer allerdings auch: «Es erwies sich als nicht zweckmässig, hier den Namen Benita zu verwenden, weil die Eingeborenen alle prompt reagierten: ah! Benita nach Benito Mussolini, wobei eben Mussolini beim hiesigen Publikum untendurch ist.»[36]

Nach diesem Sommer will Hildebrand Gurlitt seine Kinder auf keinen Fall länger auf der Odenwaldschule belassen: nicht nur um die Familie in Düsseldorf wieder zusammenzuführen, sondern auch weil ihr Besuch der Odenwaldschule nach seiner Meinung ein rechter Misserfolg war. Cornelius könne nun weniger Latein als zwei Jahre zuvor. Doch es muss noch mehr in der Odenwaldschule vorgefallen sein. Was genau, wodurch es zu dem rapiden Leistungsabfall kam, lässt sich aus heutiger Sicht womöglich ahnen. Belastend genug muss es gewesen sein, denn das Thema steht auch im Mittelpunkt der Schweizer Sommerferien. Ballmer hat es sich zur Aufgabe gemacht, den «Odenwald-Komplex aufzudröseln», wie er an den Vater schreibt. Als überzeugter Anthroposoph und Rudolf-Steiner-Anhänger liegt ihm daran, die Seelenbalance der Kinder wiederherzustellen, die Problematik aufzuklären. Er lässt Cornelius «einen Bericht ‹Zwei Jahre Odenwaldschule›» schreiben: «Er gibt dabei nicht seine gelegentlich temperamentvollen Urteile zum Besten, sondern schildert einfach sachlich. Der Bericht soll so werden, dass er für pädagogisch Verantwortliche – in aller Welt – interessant sein kann. Manches ist ja wirklich im germanischen Odenurwald bemerkenswert.» Den Schweizer Maler befremdet bereits, dass dort die Kinder ihre Lehrer duzen sollen. «Überhaupt war die Odenwald-Sache doch wohl eine einigermaßen ziemlich finstere Sache, und es wäre bestimmt katastrophal gewesen, wenn die beiden ohne Zwischenlandung in Helvetien direkt auf die Schule in Düsseldorf gekommen wären.»[37]

Der Umzug ins Rheinland stellt für die Familie in jeder Beziehung einen Neuanfang dar. Doch bevor Hildebrand Gurlitt den beruflichen Neubeginn machen kann, muss er sich noch gegenüber den Alliierten erklären und diverse Entnazifizierungsverfahren durchlaufen. In dieser Phase, den Aschbacher Jahren, verfestigt er seine Legende als Verfolgter weiter und versäumt es damit endgültig, sich Rechenschaft über seine Rolle während des «Dritten Reiches» abzulegen.

Kapitel 13

Restitutionsversuche nach dem Krieg (1947 bis 1948)

Weiße Westen: Gurlitt wird entnazifiziert

Hildebrand Gurlitt steckt zunehmend in Erklärungsnot. Neben den Recherchen zu den Kunstwerken in seinem Besitz befragen ihn die Alliierten hartnäckig zu seinen Beziehungen zur NSDAP und seiner Rolle als Kunsthändler im «Dritten Reich». Gurlitt muss sich wie Millionen andere Deutsche einem Entnazifizierungsverfahren unterziehen, das in den vier Besatzungszonen jedoch unterschiedlich streng gehandhabt wird. Die Siegermächte legen das am 5. März 1946 erlassene Kontrollratsgesetz «zur Befreiung vom Nationalsozialismus und Militarismus» verschieden aus, am gewissenhaftesten die Amerikaner, in deren Terrain Aschbach liegt. In den drei westlichen Zonen werden Spruchkammern eingerichtet, die über den Grad der Belastung ihrer Bewohner zu urteilen haben. Es gibt fünf Kategorien: Hauptschuldige (Kriegsverbrecher), Belastete (Aktivisten, Militaristen, Nutznießer), Minderbelastete, Mitläufer und Entlastete. In der amerikanischen Besatzungszone nimmt das Office of Military Government in Germany die Entnazifizierung zunächst selbst in die Hand, indem es alle Erwachsenen Fragebögen ausfüllen lässt, bis Ende März 1946 1,39 Millionen insgesamt.

Auch Hildebrand Gurlitt muss einen solchen «Meldebogen Nr. 71 vom 21.4.46» ausfüllen, aber er kann glaubhaft machen, dass er nie Mitglied der Partei gewesen ist. Ihm gilt diese Tatsache geradezu als Nachweis seiner Nazi-Gegnerschaft – ein eher fragwürdiges Argument, denn als «Mischling» wäre er ohnehin nicht aufgenommen worden. Umso mehr bereitet ihm Sorgen, welche Folgen sein Intermezzo Mitte der 1930er Jahre bei einem Nürnberger Reitclub haben könnte. Nach dem Ende seiner Tätigkeit beim Hamburger Kunstverein hatte er mit dem Gedanken gespielt, Mitglied dieses elitären Reitvereins zu werden, weil er «glaubte als Mischling dort eine Oppositionsgruppe zu finden», so retrospektiv seine Begründung. Als Beleg für den im Reitverein herrschenden oppositionellen Geist gilt ihm das Mitglied Karl August Eskuchen, der 1933 wegen seines politischen Engagements als Direktor des Zwickauer Krankenstifts entlassen worden war. Gurlitt kennt den Neurologen noch vom Freundeskreis des König-Albert-Museums, der damals seine Stellung als Direktor zu verteidigen suchte.[1] Nun aber fürchtet Gurlitt, dass ihm seine Reitversuche im Nürnberger Tattersall zum Verhängnis werden könnten, selbst wenn er als «Mischling» auch hier gar nicht Mitglied hätte werden können. Ihn beunruhigt, dass der Verein zu den Pferdezucht- und Reitervereinigungen in Deutschland gehörte, die im April 1933 in die SS eintraten. Um Klarheit zu gewinnen, wendet er sich im Frühjahr 1947 an Hamburger Reiterfreunde, die allerdings mit den Sorgen Gurlitts wenig anzufangen wissen. «Gab es Mitglieder, die ohne etwas zu erfahren, automatisch in die SA-Reserve II übernommen wurden? Gibt es noch Listen?», versucht sich Gurlitt noch einmal rückzuversichern, um dann sich selbst besänftigend die Angelegenheit herunterzuspielen: «Im Grunde genommen bin ich zu der Überzeugung gekommen, dass man sein Gedächtnis nicht überanstrengen soll.» Der Satz wird zum Mantra seiner gesamten Beschäftigung mit der Vergangenheit. Wirklich erinnern will sich Gurlitt nicht, bis zuletzt.

Zunächst kann er aufatmen, ihm wird offiziell abgenommen, nie «Angehöriger, Anwärter, Mitglied oder förderndes Mitglied der Partei oder einer ihrer Gliederungen» gewesen zu sein, wie es in dem Fragebogen heißt. Dass er für den «Sonderauftrag» in den besetzten Gebieten nur tätig geworden sei, um sich durch das ständige Reisen vor Verfolgung zu schützen, wirkt auf die Spruchkammer glaubhaft. Allerdings droht ihm im Anschluss sogleich das nächste Verfahren, in dem er nun als «Nutznießer» angeklagt wird. Nachdem er in dem Fragebogen seine finanzielle Situation offenlegen musste, steht fest: Zwischen 1941 und 1944 ist sein Einkommen verdächtig hoch ausgefallen, denn es lag weit über den üblichen 36 000 Reichsmark Durchschnittseinkommen, in Spitzenzeiten betrug es sogar das Fünffache. 1943 beliefen sich seine Einkünfte auf 176 855 Reichsmark, 1944 auf 154 509 Reichsmark. Sein Gesamtvermögen beziffert Gurlitt für das Jahr 1944 mit 262 765 Reichsmark laut Steuererklärung vom 1. Januar 1944. Der Verdacht ist bei den Behörden automatisch geweckt.[2]

Prompt kommt es zur Anklage, das «Kontrollratsgesetz zur Befreiung von Nationalsozialismus und Militarismus» Nr. 104 greift sofort. Danach gilt als Nutznießer, «wer aus der Gewaltherrschaft der NSDAP, aus der

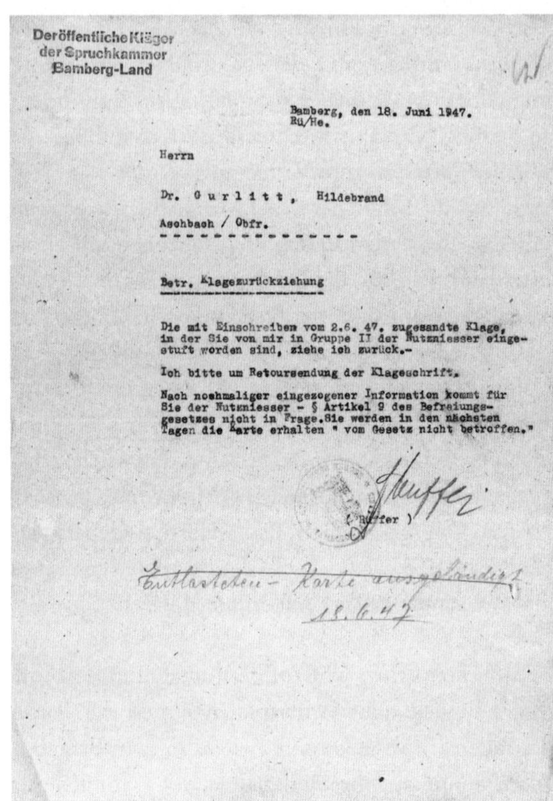

Der öffentliche Kläger
der Spruchkammer
Bamberg-Land

Bamberg, den 18. Juni 1947.
Rü/He.

Herrn

Dr. G u r l i t t , Hildebrand

Aschbach / Obfr.

Betr. Klagezurückziehung

Die mit Einschreiben vom 2.6. 47. zugesandte Klage, in der Sie von mir in Gruppe II der Nutzniesser eingestuft worden sind, ziehe ich zurück.-

Ich bitte um Retoursendung der Klageschrift.

Nach nochmaliger eingezogener Information kommt für Sie der Nutzniesser - § Artikel 9 des Befreiungsgesetzes nicht in Frage. Sie werden in den nächsten Tagen die Karte erhalten " vom Gesetz nicht betroffen."

(Rüffer)

~~Entlasteten-Karte ausgehändigt~~
18.6.47

Vorläufige Rückziehung der Klage gegen Hildebrand Gurlitt von der Spruchkammer Bamberg-Land, 18. Juni 1947

Aufrüstung oder aus dem Kriege durch seine politische Stellung oder seine politischen Beziehungen für sich oder andere persönliche oder wirtschaftliche Vorteile in eigensüchtiger Weise herausgeschlagen hat». Die Branche der Kunsthändler wird eigens darin aufgeführt. Hier hat sich schuldig gemacht, «wer auf Kosten der politisch, religiös oder rassisch Verfolgten unmittelbar oder mittelbar, insbesondere im Zusammenhang mit Enteignungen, Zwangsverkäufen und dergleichen übermäßige Vorteile für sich oder andere erlangte oder erstrebte». Für Gurlitt wird es gefährlich. Während «Hauptschuldige» mit zwei bis zehn Jahren Arbeitslager rechnen müssen, droht den Verurteilten der zweiten Kategorie, den «Belasteten», Arbeitslager bis zu fünf Jahren.

Mit der Anfang Juni 1947 zugestellten Anklage beginnen für Gurlitt weitere Tage und Wochen der Unsicherheit. Zwar zieht die Spruchkammer Bamberg-Land schon zweieinhalb Wochen später, am 18. Juni 1947, die Klage zurück, aber das Verfahren läuft über die amerikanischen Behörden weiter. Am 6. August 1947 werden der Oberbürgermeister und das Finanzamt in Hamburg um «politische Auskunft» gebeten, ebenso der Antifa-Block in Dresden und der Entnazifizierungsausschuss in Düsseldorf. Dieser gibt allerdings deutlich zu verstehen, die falsche Stelle für Auskünfte zu sein, da Gurlitt bis zu diesem Zeitpunkt nie in Düsseldorf gelebt hat. Am 1. Oktober 1947 kommt es zur Anhörung bei der Spruchkammer. Gurlitt hat Glück. Das Verfahren wird niedergeschlagen. Am 23. Oktober 1947 ergeht an die Militärregierung die endgültige Bitte, die Klageschrift zurückzusenden.[3]

Freigeist und Widerständler?
Der einstige NS-Profiteur sucht sich Fürsprecher

Zur glimpflichen Bewertung hat neben den aus Hamburg und Dresden erhaltenen wohlwollenden Bescheiden öffentlicher Stellen nicht zuletzt eine von der Spruchkammer in Auftrag gegebene «Gutachterliche Äußerung über Gewinn- und Vermögens-Zunahmen bei Briefmarkenhändlern, Buchantiquaren und Kunst- u. Antiquitätenhändlern innerhalb der Kriegsjahre» vom 17. Februar 1947 beigetragen. Das vom Bamberger Verlagshaus Meisenbach & Co verfasste Gutachten erklärt die enormen Einkommenssteigerungen dieser Berufsgruppe mit dem Phänomen der «Flucht in Sachwerte». Nach Kriegsausbruch stieg nicht nur das Einkommen der Wirtschaftselite, sondern auch weiter Bevölkerungskreise, wobei gleichzeitig die Möglichkeiten schwanden, das Geld auszugeben. Das auf Autarkie ausgerichtete Wirtschaftssystem der Nationalsozialisten hatte schon vorher zu einer Reduzierung der Importe geführt. Luxusgüter wurden nun endgültig rar, Kleidung und Essen rationiert, Grundstücke und Häuser immer knapper. Dagegen waren Kunst und Antiquitäten im Übermaß vorhanden, eine neue Käuferschicht entstand. Geschäftstüchtigen Händlern gelang es, in diesem Bereich ihre Margen erheblich zu vergrößern. Der Inhaber des Bamberger Verlagshauses, J. A. Meisenbach, kommt in seinem Gutachten deshalb allzu milde zu dem Schluss: «Mit

Politik hat diese Erscheinung in ihrer Gesamtheit nichts zu tun. Eine Bereicherung durch Parteizugehörigkeit, ein Nutznießen am Nationalsozialismus als solchem aus den Gewinn- bzw. Vermögenssteigerungen der Briefmarkenhändler, der Buchantiquare und der Kunst- und Antiquitätenhändler kann nicht ohne weiteres abgelesen werden.»[4]

Meisenbach ignoriert geflissentlich, dass die Fülle an Kunst und Antiquitäten auf dem deutschen Markt durch die Emigration jüdischer Sammler und Kunsthändler bzw. die Arisierung ihrer Sammlungen und Geschäfte bedingt war – sei es durch Beschlagnahmung, Zwangsverkauf oder Verkauf weit unter dem eigentlichen Wert. Die vor der Emigration stehenden jüdischen Sammler veräußerten ihre Schätze gezwungenermaßen, um die von den Nazis drastisch heraufgesetzte Reichsfluchtsteuer und die seit November 1938 vorgeschriebene «Judenvermögensabgabe» zahlen zu können, wobei sich alle verordneten Abgaben und Gebühren nicht selten auf bis zu 80 Prozent ihres Vermögens beliefen.

Von der Arisierung jüdischer Kunsthandlungen profitierten die verbliebenen Kunsthändler auch deshalb, weil sich auf dem florierenden Kunstmarkt nun weniger Konkurrenten das Geschäft streitig machten. Meisenbachs ignorante Haltung gegenüber diesen besonderen Umständen findet sich nicht nur bei den damaligen Akteuren, den Händlern und Auktionatoren, wieder. Sie spiegelt sich auch in den Aussagen der Sammler und Museumsdirektoren, die Hildebrand Gurlitt zu seiner Verteidigung als Referenzen vorlegt. Leumundszeugnisse sind in den Entnazifizierungsverfahren elementarer Teil der Urteilsfindung, denn gegenüber gängigen Strafverfahren ist bei den Spruchkammern die Beweislast umgekehrt: Nicht die Kammer hat die Schuld des Angeklagten zu beweisen, sondern dieser muss den Verdacht entkräften. Als Beweise dienen fast ausschließlich Zeugenaussagen, die aufgrund der erschwerten Reisemöglichkeiten häufig schriftlich abgegeben werden. Das hat zur Folge, dass den Kammern nur wohlwollende Referenzen vorgelegt werden, mit denen sich die Angeklagten bestmöglich darzustellen und reinzuwaschen suchen. Um freundliche Beurteilungen zu besorgen, versucht Gurlitt von Aschbach aus, sein Netzwerk aus früheren Tagen zu revitalisieren. Zahlreiche Freunde, Museumskollegen, Kunden attestieren ihm, ein herausragender Marktkenner und fähiger Händler gewesen zu sein, der gerade deshalb so erfolgreich war. Entsprechend schlussfolgert der Kölner Jurist Josef Haubrich, Expressionismus-Sammler und Käufer bei Gurlitt, dass dessen

Wechsel auf die Händlerseite zwar unter Druck geschah, seine rasante Karriere als Galerist sich aber unbehelligt von den politischen Verhältnissen vollzog, kraft eigener Leistung: «Nur so kam er zum Kunsthandel und musste da natürlich finanzielle Erfolge haben, da er besonders tüchtig ist und hervorragend ausgebildet».[5] Die spezifischen Umstände des Marktes blendet auch er aus.

Genau so will Gurlitt sich sehen. Von Anfang an hat er Wert darauf gelegt, von den Leitern und Mitarbeitern deutscher Museen nicht «von Amts wegen» als Vermittler von Kunstwerken aus den besetzten Gebieten herangezogen zu werden, sondern als hochqualifizierter Kenner in freier Beauftragung.[6] Um die Kontinuität seiner Galerietätigkeit zu demonstrieren, hat er in seinen Geschäftspapieren all die Jahre nach Zerstörung seines Hamburger Kunstkabinetts durch den Bombenangriff die alte Adresse in der Rabenstraße 6 beibehalten – nur ergänzt um den Zusatz «z. Zt: Dresden-A 24 Kaitzerstr. 26».[7] Das Spruchkammerverfahren trägt nun dazu bei, dass Gurlitt seine eigene Rechtfertigung zu glauben beginnt. Die Erklärungsmodelle in den Leumundszeugnissen bestärken seinen Scheuklappenblick.

Zweifellos war Gurlitt ein Profiteur des NS-Kunsthandels und aus moralischer Sicht ein Nutznießer. Aber hat er ab 1933 vielleicht tatsächlich gegen die NS-Ideologie opponiert, sogar aktiv Widerstand geleistet, wie Haubrich ihm in seiner «eidesstattlichen Versicherung» attestiert? Auch der Gründungsvater der rheinischen Denkmalpflege, Paul Clemen, vermittelt die Vorstellung einer Oppositionsgruppe im Kunstkabinett mit der Formulierung, Gurlitt habe sein Hamburger Haus «zum Mittelpunkt eines ausgesprochen antinationalsozialistischen Kreises» gemacht.[8] Seine bis in die Nachkriegszeit anhaltenden Kontakte zu politisch links orientierten Künstlerkreisen legen eine oppositionelle Haltung durchaus nahe. Die Maler Hans Christoph, Bernhard Kretzschmar und Karl Kröner bestätigen Gurlitts Engagement vor der Spruchkammer, ebenso der Literat Rudolf Adrian Dietrich.[9] Gurlitt und Dietrich, der gegen Ende des Ersten Weltkrieges in Dresden zur avantgardistischen «Gruppe 1917» gehörte, kennen sich seit 1918. Der expressionistische Dichter attestiert dem alten Freund nun eine antifaschistische Gesinnung.[10] Der Schriftsteller Ludwig Renn, eigentlich Arnold Friedrich Vieth von Golßenau, 1934 zu 30 Monaten Zuchthaus verurteilt und im mexikanischen Exil Vorsitzender der Bewegung «Freies Deutschland», stellt Gurlitt zwar kein

Leumundszeugnis aus; dennoch zieht Gurlitt ihn zum Beweis seiner linken Haltung heran, indem er einen an ihn gerichteten Brief des Schriftstellers vom 5. Juni 1946 zitiert: «Ich möchte gern mit Dir irgendwie zusammenarbeiten.»[11] In den 1920er Jahren hatten beide engen Kontakt, im Hause Gurlitt in der Kaitzer Straße war Renn ein gern gesehener Gast, was dieser auch in seinen Publikationen festgehalten hat.[12] Während seiner Amtszeit am König-Albert-Museum hat Gurlitt Renn nach Zwickau geholt, um mit seiner Hilfe die Bevölkerung zur modernen Kunst zu bekehren. Ihre Freundschaft hält bis zum Tod von Hildebrand Gurlitt an.

Beweis ist das zwar alles noch nicht, aber die Referenzen sollen ein Stimmungsbild vermitteln. Schaut man genauer auf Gurlitts angebliche Widerständigkeit gegen das NS-Regime, so zeigt sich, dass seine entschieden oppositionelle Phase im Mai 1933 mit der Fahnenmast-Affäre und schließlich seinem Weggang aus dem Kunstverein endete. Danach förderte er als Händler zwar weiterhin moderne Kunst durch Ausstellungen und Veranstaltungen in seinem Kunstkabinett und betrieb in gewisser Weise Oppositionsarbeit, aber nur solange das im Schutze der bis dahin halbwegs liberalen Hamburger Kulturpolitik noch ohne größere Schwierigkeiten möglich war. Walter Clemens, Anwalt am Hamburger Oberlandesgericht, der Gurlitts Entschädigungsantrag nach der Zerstörung von dessen Galerie in der Alten Rabenstraße gestellt hat, bestätigt in seiner Stellungnahme die damalige Bedeutung des Kunstkabinetts als «Insel der Zuflucht, als Ort geistiger Freiheit, wo Besucher ungeachtet ihrer Herkunft und politischen Einstellung einander begegnen» konnten.[13] Mit Verschärfung der NS-Politik Anfang 1937 endete jedoch auch Gurlitts provokante Ausstellungstätigkeit. Ein Jahr später hat er die Kehrtwende vollzogen und sich dem Reich als offizieller Händler angedient. Wie er sieht auch Josef Haubrich hierin keinen Bruch in der aufrechten Gesinnung, da durch seine Übernahmen verfemte Werke gerettet worden seien – eine Interpretation, die bis heute ihre Verfechter findet. Der Kölner Jurist legitimiert damit nicht zuletzt seine eigenen Erwerbungen. Gurlitt wie auch die anderen Händler «Entarteter Kunst» haben gerne an deutsche Sammler verkauft, auch wenn es offiziell verboten war. Sie widersetzten sich damit den offiziellen Anordnungen – eindeutig widerständig waren sie damit aber noch nicht.[14] Schließlich waren die Absatzmöglichkeiten im Landesinnern profitabler als im Ausland, wo nur wenige der deutschen

Künstler überhaupt bekannt waren. Selbst als im Frühjahr 1941 gegen Ende der «Verwertungsaktion» die Gefahr einer Vernichtung der Restbestände «Entarteter Kunst» wuchs und eine Bilderverbrennung wie im März 1939 im Hof der Berliner Hauptfeuerwache sich zu wiederholen drohte, tätigten die Händler ihre letzten hastigen Käufe durchaus mit Geschäftsinteresse, wenn auch nicht allein darauf fokussiert. Gurlitt übernahm in dieser Endphase nochmals umfangreiche Graphikkonvolute aus den Beständen, von denen er wusste, dass er sie nicht sofort würde losschlagen können. Vieles davon befindet sich noch heute in der Sammlung seines Sohnes. Gurlitt besaß unbezweifelbar auch ein ideelles Interesse an den Werken der Expressionisten, die für ihn große Symbolkraft ausstrahlten. Sie repräsentierten für ihn das gute Deutschland als Kulturnation und bedeuteten nicht zuletzt eine emotionale Verbindung mit der Kunst seiner Schwester Cornelia.

Vollkommen abwegig ist es dagegen, Gurlitts Einkäufe in den besetzten Gebieten als Teil seiner Opposition zu den Nazis zu interpretieren, wie Haubrich es ebenfalls versucht. Damit hatte der Kunsthändler endgültig eine Grenze überschritten. Spätestens bei seinen ersten, wenn auch über Zwischenhändler getätigten Erwerbungen in Frankreich ging ihm die moralische Orientierung verloren. Gurlitt selbst blendet geflissentlich aus, dass er benutzt wurde und sich opportunistisch zugleich der gebotenen Möglichkeiten bediente.

Trotzdem lassen sich die Alliierten von den Referenzen beeindrucken. Das Verfahren geht für Gurlitt schließlich glimpflich aus, drei Wochen nach seiner Anhörung am 1. Oktober 1947 bei der Spruchkammer ergeht der Bescheid, dass er von dem Kontrollratsgesetz nicht betroffen sei, er nicht länger als Nutznießer gilt. Sein Hausarrest wird aufgehoben, sein Besitz in Aschbach freigestellt, die Konten entsperrt. Hildebrand Gurlitt erlebt eine kurze Phase des Glücks. Er hat es geschafft und fühlt sich endlich rehabilitiert. Zu seiner Genugtuung trägt außerdem bei, dass sein Erzfeind Karl Haberstock noch immer in Bamberg in Haft sitzt. Dieser war am 3. Juni 1947 aufgrund einer Verleumdung verhaftet worden, wonach er Hauptverantwortlicher der Ausstellung «Entartete Kunst» gewesen sein soll. Beim Spruchkammerverfahren, erst zwei Jahre später, wird Haberstock zunächst als «Mitläufer» verurteilt, im Berufungsverfahren, wiederum ein halbes Jahr später, am 16. Dezember 1949 schließlich als «Entlasteter» eingestuft.[15] Für Gurlitt erscheint in dieser Zeit sogar das «Kuhdorf»

Aschbach auf einmal sonnig. Doch während er von den Alliierten kaum mehr Sanktionen befürchten muss, passiert das für ihn Ungeheuerliche: Er wird Anfang Dezember 1947 denunziert. Die Erleichterung, der Glaube, neu beginnen zu können, hat nur wenige Wochen gewährt. Erneut muss er sich einem Verfahren stellen.

Als «Nutznießer» unter Verdacht: Eine Denunziation

Gurlitt ist auch hier nur einer von vielen, immer wieder kommt es in diesen Jahren zu Denunziationen. Sie dienen im Nachkriegsdeutschland wie zuvor schon im «Dritten Reich» als opportunes Mittel der Informationsbeschaffung. In den ersten Jahren nach 1945 ist die Bevölkerung durch die Militärregierung geradezu aufgefordert, im Zuge der Entnazifizierung Anzeige zu erstatten gegen Täter des «Dritten Reiches». Was für die Alliierten ein wenn auch fragwürdiges Instrument der Ermittlungsarbeit darstellt, wird jedoch häufig aus Neid oder Rache genutzt, verbrämt als vermeintlich honoriges Anliegen. Gurlitt widerfährt dies von Seiten seiner früheren Sekretärin Inge Hertmann, die ihn anzeigt. Sie hat zwischen Ende 1940 und Ende 1941 vor dem endgültigen Umzug nach Dresden Anfang 1942 bei ihm im Hamburger Kunstkabinett gearbeitet und eine Rechnung offen. Inzwischen selbst Kunsthändlerin, erhebt sie am 27. November 1947 in der Spezialabteilung I/3 bei der Hamburger Kriminalpolizei schwere Vorwürfe gegen ihren ehemaligen Arbeitgeber. «In der Kunsthalle Hamburg hat G. zu mir unverständlich billigen Preisen aufgekauft und für ungeheure Summen verkauft», lautet einer davon.[16] Sie beschreibt den geschäftlichen Vorgang damit zwar korrekt, nur stellt er sich nun in anderem Lichte dar, ebenso der Verkauf «Entarteter Kunst» ins Ausland. Da ihr Mann Jude gewesen sei, habe sie damals geschwiegen, so Hertmann, ohne allerdings zu erwähnen, dass sie zum damaligen Zeitpunkt längst von ihm geschieden war. Unter den neuen Auspizien betrachtet sie ihren einstigen Chef nunmehr «als Nutznießer großen Maßstabes, der aus der Herrschaft des 3. Reiches und seinen Verbindungen zu führenden Nazi-Stellen den größten wirtschaftlichen und finanziellen Vorteil zog». Außerdem hält sie ihm Kontakte mit «Parteigrößen» und die «schlechte Behandlung von Juden» vor.

Die unmittelbare Folge: zunächst wird Gurlitt die gerade erst ausgehändigte «Unbelastetenkarte» wieder entzogen, die es ihm erst ermöglicht, eine neue Stelle anzunehmen.[17] Die Situation ist delikat, denn Gurlitt hat bereits eine Berufung als neuer Direktor des Kunstvereins für die Rheinlande und Westfalen in Düsseldorf erhalten und kann ohne das postkartengroße Zertifikat, den sogenannten weißen Schein, seinen neuen Posten nicht antreten. So muss er sich nun zu zwei Seiten hin erklären: gegenüber der erneut über seinen Fall beratenden Spruchkammer und gegenüber seinen künftigen beruflichen Ansprechpartnern, etwa Kurt Forberg, dem Schatzmeister des Düsseldorfer Kunstvereins und Mitinhaber des Düsseldorfer Bankhauses Trinkhaus. Gurlitt selbst erklärt die unerwartete Attacke gegen seine Person mit Missgunst, da er es nach 1945 abgelehnt habe, mit Inge Hertmann gemeinsam in Hamburg eine Kunsthandlung neu aufzuziehen. «Sie ist eine bedauernswerte Hysterikerin, der es früher sehr gut ging, und die jetzt sehr verarmt ist», so Gurlitt gegenüber Kurt Forberg. «Ich konnte sie, als sie bei mir arbeitete sehr gut bezahlen, bezahlte auch noch ein dreiviertel Jahr Gehalt, als ich schon nicht mehr in Hamburg war, und sie meint nun, es müsste das immer gehen. Ein trauriges Bild der Zeit.»[18]

Dass er selbst ein trauriges Bild seiner Zeit abliefert, kommt ihm nicht in den Sinn. Ihn bekümmert vor allem sein Ansehen, das durch die Anzeige Schaden nehmen könnte. An Carl Georg Heise, den neuen Direktor der Hamburger Kunsthalle, schreibt er ahnungsvoll: «Ich habe Sorge, daß ich in Hamburg in absentia falsch beurteilt werden könnte, und daß sich menschliche Antipathie und eine gewisse Missgunst, weil ich im Dritten Reich doch noch manches erreichte, heute manchmal als Gesinnungstreue aufmacht …»[19] Gurlitts Fall zieht in Hamburg weite Kreise, sogar Hermann Reemtsma ist involviert, denn seine Sekretärin Karla Langhoff muss in dem Verfahren als Zeugin auftreten. Laut Ingeborg Hertmann ging Gurlitts «geschäftliche Tätigkeit im ‹Ankauf› von Gemälden […] so weit, daß er sogar, wie ich von der ehem. Sekretärin von Reemtsma hörte, in den Jahren 1942/43 äusserte, dass er noch für den ‹Führer› arbeite». Doch Karla Langhoff streitet bei der Hamburger Kriminalpolizei ab, so etwas gesagt zu haben – «da ich ihn [Gurlitt] nur selten sah und auch keine Gelegenheit vorhanden gewesen wäre, sich mit ihm in Gespräch zu verwickeln».[20] Dagegen berichtet sie davon, dass Inge Hertmann ihrerseits nach dem Wegzug von Gurlitt aus Hamburg als Kunsthändlerin tätig war und in dieser Rolle auch wiederholt an Hermann Reemtsma herangetreten sei. Die Werke aus Hertmanns Angebot stammten laut Langhoff häufig von Privatsammlern, die in Geldnot waren, wodurch Hertmann ihre Margen wohl beträchtlich habe steigern können. Der Verdacht wird hier auf einmal gegen die eigentliche Anklägerin gekehrt. Hertmann «sei mit einem Juden verheiratet gewesen, der verschleppt wurde [...] und von dem sie nie wieder etwas gehört habe». Langhoff vermutet, der geschiedene Mann sei nach Litzmannstadt deportiert worden. Dabei handelt es sich um das von den Nazis eingerichtete Judenghetto im polnischen Lodz, einer Zwischenstation vor der Deportation in die Vernichtungslager, dem der Mann durch den Schutz der Ehe mit einer Arierin eventuell entkommen wäre.

Solche Fälle gibt es viele im Zuge der Entnazifizierungsverfahren: Eine Denunziation löst eine Gegendenunziation aus. Die Vorwürfe – ein Gemisch aus Erinnerung, Überzeugung, Hörensagen, Berechnung, Loyalität und Lüge – schaukeln sich gegenseitig hoch. Den Weg durch dieses Dickicht zur größtmöglichen Wahrheit zu finden, fällt den Behörden schwer, zumal für diese Arbeit häufig unausgebildete Kräfte herangezogen werden, wie auch in Hamburg zur Klärung des Gurlitt-Falls. Ein junger Mann namens Benda, der nach Abbruch seines Medizinstudiums gerade erst zur Polizei gewechselt ist, führt die Verhöre. Um eine endgültige Beurteilung abgeben zu können, benötigt Benda weitere Aussagen von Zeugen, die Gurlitt nicht nur geschäftlich, sondern auch privat gut kennen.

Gurlitt muss also wieder selbst tätig werden, um sich von den Vorwürfen zu befreien. Erneut aktiviert er von Aschbach aus sein Netzwerk aus früheren Tagen und legt zum zweiten Mal ein breit gefächertes Portfolio an Referenzen vor: Ein Theologe ist darunter, Verfolgte des Regimes, Inhaber hoher Ämter – 15 Fürsprecher insgesamt. Unter ihnen befindet sich Leopold Reidemeister, sein Freund aus Berliner Studientagen, der nun als Leiter der Kölner Museen amtiert. Auch Superintendent Pastor Theodor Knolle, der Bischof der Evangelisch-Lutherischen Kirche in Hamburg, steht Gurlitt bei und bescheinigt ihm, «gegenüber den Anfeindungen der Partei» das Interesse der Kirche verteidigt zu haben. Knolle hat eine gewichtige Stimme, denn der Theologe trat 1934 aus Protest gegen die Nationalsozialisten von seinem Amt zurück und wurde Mitglied der Bekennenden Kirche. Sein Gemeindebüro lag in der Nachbarschaft des

Kunstkabinetts, in der Alten Rabenstraße 10, wohin Gurlitt noch 1944 Gelder zur finanziellen Unterstützung sandte.[21] Großzügig fiel die Spende mit 100 Reichsmark allerdings nicht aus bei einem Einkommen von 154 509 Reichsmark in dem Jahr.

Aus dem Ausland holt sich Gurlitt ebenfalls Unterstützung, darunter von dem Sammler Otto Blumenfeld, einst Mitglied im Vorstand des Hamburger Kunstvereins, der 1938 aufgrund seiner Abstammung nach England fliehen musste. Oder von Guido Schönberger, einem Duzfreund von Gurlitt, der inzwischen für das Institute of Fine Art der New York University sowie das Jüdische Museum in New York tätig ist. Natürlich fällt auch das Urteil des in den USA lebenden Kunsthistorikers positiv aus: «Ich kenne Gurlitt als immer fortschrittlich und international eingestellt, als äußerst interessiert für moderne Kunst und in Opposition gegen alles, was die Nazis später als ihre Ideale erklärten.»[22] Die beiden kennen sich seit den 1920er Jahren, als Schönberger an der Frankfurter Universität Kunstgeschichte lehrte und als Kustos die jüdischen Altertümer am Historischen Museum der Stadt betreute. Bis 1936 wird er aufgrund seiner jüdischen Herkunft nach und nach aus all seinen Stellungen entlassen und 1938 nach Buchenwald deportiert. Ein Jahr später kann er über Hamburg, wo er noch ein letztes Mal Hildebrand Gurlitt in seinem Kunstkabinett besucht, in die Vereinigten Staaten emigrieren. Selbst Konrad Roethel, Hauptkonservator am Central Collecting Point in München, springt Gurlitt wohlwollend bei und bescheinigt, dass er bei der Identifizierung zu restituierender Werke «wertvolle Hilfe» geleistet habe.

All diese Fürsprachen schönen die Nazi-Zeit, denn sie beleuchten häufig nur einen Teil der Vergangenheit. Während Schönberger Gurlitt in seinem Brief zu verstehen gibt, dass er nur für die Jahre bis 1939 eine Aussage treffen könne, da er danach im Ausland lebte, lässt sich Maya Gotthelf, die österreichische Gesangs- und Klavierlehrerin halbjüdischer Herkunft, die in Dresden noch bis Anfang 1944 für das Kunstkabinett als Sekretärin tätig war, in alter Anhänglichkeit zu einer Falschaussage hinreißen. Sie bescheinigt Gurlitt eine antifaschistische Haltung, indem sie versichert, die Geschäftsbriefe seien niemals mit «Heil Hitler» unterschrieben worden[23] – was angesichts der erhaltenen Korrespondenzen nicht stimmt. Die Erinnerung dürfte sie kaum getrogen haben. Vielmehr macht die ehemalige Sekretärin eine gängige Aussage, wie sie in zahlreichen Verfahren vorkommt und von den Alliierten wie den Behörden kaum widerlegt werden kann. Gotthelf versucht damit, Gurlitts offensichtlichen Opportunismus zu verharmlosen.

Genau diese Strategie verfolgt auch der Angeklagte mit seiner eigenen Verteidigung. Aufgrund seiner rassischen Einstufung im «Dritten Reich» braucht er nicht nachzuweisen, selbst kein aktiver Faschist gewesen zu sein. Vielmehr muss es ihm lediglich gelingen, den Grad seiner Zugeständnisse an die Partei herunterzuspielen, um seine Kunsthändler-Rolle als unabhängig vom System darstellen zu können. Die genossenen Vorteile werden kleingeredet, um von den Nachteilen anderer abzulenken, die er billigend in Kauf genommen hat. Aus diesem Grund reicht Gurlitt gewisse Entlastungsschreiben bei den Alliierten bzw. bei der Spruchkammer gar nicht erst ein, wie jenes von Felix Kuetgens, der als deutscher Kunstschutz-Offizier in Paris kaum als Fürsprecher dienen kann. Seine Aussage, dass Gurlitt sich während seiner geschäftlichen Tätigkeit in Paris in den Jahren 1940 bis 1944 gewissenhaft an die deutsch-französischen Vereinbarungen über Ankauf und Ausfuhr von Kunstwerken gehalten habe, klingt absurd angesichts der Plünderungen, die im Rahmen dieser Vereinbarungen im besetzten Land geschehen konnten. An seinem Beispiel wird die mediokre Inszenierung der Beweislage besonders deutlich.

Gurlitt verfasst auch seinerseits eine ganze Reihe solcher Referenzen, darunter für seinen Hamburger Zahnarzt Kurt Fessel, der SS-Mitglied war. Gurlitt erklärt dessen Mitgliedschaft als eine Verkettung unglücklicher Umstände und liefert damit eine Begründung für eine aufgeladene Schuld, der sich die meisten Angeklagten eines Spruchkammerverfahrens damals bedienen – es passierte irgendwie. Dem Hamburger Kunsthallen-Direktor Werner Kloos bescheinigt Gurlitt zumindest Toleranz gegenüber Andersdenkenden, da er sich blind stellte, sobald er in Gurlitts Kunstkabinett Verbotenes erblickt habe, etwa Bilder von George Grosz.[24] Dass die beiden wenige Jahre später in hervorragender Geschäftsverbindung standen, bleibt unerwähnt. Das System der Reinwaschung beruht auf Gegenseitigkeit. So hilft sich, wer schon früher verbandelt war. Die Seilschaft setzt sich fort. Gurlitt, einst Patient bei Fessel, bittet den Arzt nach dessen Entlassung aus dem Internierungslager, nach Aschbach zu kommen und seine Zähne zu behandeln. Allerdings tut Gurlitt nicht allen den Gefallen, sie reinzuwaschen. Helenes Vetter Herbert Hanke, einst Mitglied einer NS-Parteiorganisation, empfiehlt er stattdessen, Eugen Kogons im

Juli 1947 in den «Frankfurter Heften» erschienenen Aufsatz «Das Recht auf politischen Irrtum» zu lesen.

Für Gurlitt geht die Sache jedoch abermals glücklich aus. Mit seinen bei der Spruchkammer eingereichten Unterlagen kann er einen Freispruch erwirken. Dem Vorwurf, ein Nutznießer des Systems gewesen zu sein, hält er entgegen: «Aber mein Name ist ein guter geblieben und ich bin stolz, mich auch im Kunsthandel von kleinsten und bescheidenen Anfängen zu einem der angesehendsten Händler Deutschlands emporgearbeitet zu haben.» Auch Beziehungen zu Parteigrößen will er keine gehabt, niemanden persönlich gekannt haben, «obgleich mir viele Wege zu ihnen offen gestanden hätten». Die Liebermann-Bilder aus der Hamburger Kunsthalle habe er nur verkauft, weil er «fürchtete, dass der Nazistaat, der Juden in Massen tötete, sich nicht scheuen würde auch die Werke des grössten jüdischen Künstlers zu vernichten». Juden, die emigrieren wollten, habe er nicht ausgenützt, sondern versucht, ihnen beim Umtausch von deutschen Bildern gegen international wertvolle zu helfen. Sein Verkauf von Werken moderner französischer Künstler von Paris nach Deutschland habe mit Billigung der französischen Militärregierung nur heimlich geschehen können: «Hitler hasste diese Art moderner Kunst.» Erneut versucht Gurlitt hier zu suggerieren, dass seine Pariser Geschäftstätigkeit ein Akt des Widerstands gewesen sei. Seine Gegendarstellung zu Hertmanns Vorwürfen endet mit Worten, die einmal mehr zeigen, dass Gurlitt mit der Vergangenheit ein für allemal abschließen will: «Ich möchte ungestört am Jahresanfang an die grossen Aufgaben, die mir Düsseldorf übertragen hat, gehen und damit dem deutschen Wiederaufbau dienen.»[25]

Das wirkt. Gurlitt gelingt es, die Spruchkammer nicht zuletzt deshalb zu überzeugen, weil er in der ihm eigenen akribischen Manier alle früheren Briefe von Ingeborg Hertmann aufbewahrt hat, die sie desavouieren. Die vom Aschbacher Pfarramt beglaubigten Abschriften sind seiner Erwiderung beigelegt. Mal enthalten sie rüde Beschimpfungen, dass Gurlitt als Mischling «zum Schippen» eingesetzt werden müsste, mal Hertmanns lockendes Angebot, in Hamburg zusammen mit ihm in ihrer Wohnung eine Galerie zu eröffnen.[26] Natürlich habe er das abgelehnt, so Gurlitt. Was er allerdings verschweigt: Im gleichen Monat, in dem Hertmann anbietet, mit ihm im neu gegründeten Kunstkabinett wieder zusammenzuarbeiten, leitet sie für ihn einen Antrag um Aufnahme in den Verband Norddeutscher Kunsthändler in Hamburg weiter.

Die Antwort vom 7. Juni 1946 fällt jedoch abschlägig aus, da für eine Mitgliedschaft der Geschäftsbetrieb in Hamburg wiederaufgenommen sein müsste. Nachweislich haben Hildebrand und Helene Gurlitt in dieser Zeit erwogen, sich an seiner alten Wirkungsstätte wieder niederzulassen.[27] Nachdem Gurlitt diese Pläne ohne Hertmann schmiedet, will diese ihn in der Stadt unmöglich machen. Ihren Angriff kann er zwar parieren und die Hintergründe ihrer Denunziation aufklären, doch schafft er es nicht mehr, pünktlich zum Vertragsbeginn beim Kunstverein in Düsseldorf zu erscheinen. Alles Drängen beim Spruchkammer-Vorsitzenden Brodkorb nützt ihm nichts: «Ich bitte sie dringend, doch der grotesken Situation ein Ende zu machen, dass ich nun wegen dieser Lügen hier festsitze, während ich in Düsseldorf bereits seit dem 1. Januar Gehalt beziehe und die deutschen und englischen auf mich warten.»[28] Erst am 12. Januar 1948 kommt der abschließende Bescheid, das Verfahren ist eingestellt.[29] Gurlitt kann seine Arbeit in Düsseldorf aufnehmen und alle Gewissenserforschungen, die er ohnehin nie ernsthaft betrieben hat, endgültig hinter sich lassen.

Heimholung einer Sammlung: Gurlitt erhält seine Bilder zurück

Nun muss er nur noch seine Sammlung vollständig von den Alliierten zurückerhalten, um von vorne zu beginnen. Im Frühjahr 1947 haben die amerikanischen Kunstschutz-Offiziere ein letztes Mal die am Wohnort verbliebenen Kunstwerke überprüft, unter denen sich nur einige wenige Ölgemälde befinden, dafür umso mehr Papierarbeiten der einst als «entartet» verfemten Kunst. Gurlitt hatte die ihm persönlich wichtigen Werke mit nach Aschbach genommen, um sie nah bei sich zu haben. Da sie nicht in den Kisten mit der Aufschrift «Gemäldegalerie Dresden», sondern in einfachen Paketen steckten, blieben sie zunächst unbeachtet. Allgemein tun sich die Amerikaner schwer mit einer Einschätzung der Besitzverhältnisse: «The legal status of ‹Entartete Kunst› is today as confused as the times and circumstances which saw it's development», schreibt der offiziell mit der Herkunftsklärung beauftragte Monument Man Richard F. Howard.[30] Objekte der Beschlagnahmungsaktion von 1937/38, die sich jetzt in Privatsammlungen befinden, werden vorerst dort belassen. Die zukünftige Regierung in Deutschland soll sich um das Problem kümmern. Insofern hebt der Alliierte Kontrollrat das von den Nationalsozialisten erlassene «Gesetz über Einziehung von Erzeugnissen entarteter Kunst» von 1938 nicht auf, mit dem damals der Verkauf vorbereitet wurde. Die Folgen zeigen sich bis heute an den Lücken in den Museumssammlungen, die mit den in der Nachkriegszeit auf den freien Markt gelangten Stücken nicht annähernd wieder geschlossen werden konnten. Die Deutschen behielten den Status quo juristisch bei. Das Rad wurde nicht zurückgedreht, die Selbstberaubung im «Dritten Reich» nur kaschiert und damit auch das an den eigenen Kunsthäusern begangene Unrecht nicht mehr revidiert.

Der amerikanischen Militärregierung ist ihre anfangs laxe Handhabung jedoch nicht geheuer. Im Januar 1947 erlässt die Restitutionsabteilung des OMGUS (Office of Military Government for Germany U. S.) deshalb eine neue Regelung: «Works of art clearly identifiable as having been removed from a public collection as specimens of ‹Entartete Kunst›, should be taken into custody when identified in the possession of a dealer.»[31] Aber auch diesmal hat Gurlitt Glück, er kommt durch. Bis die Regelung in allen Dienstsitzen der MFA&A verinnerlicht ist, vergeht eine ganze Weile. Der Werke, die an seinem Aufenthaltsort in Aschbach als «Entartete Kunst» identifiziert wurden, erinnert man sich nun wohl nicht mehr. Gurlitt wird jedenfalls nicht erneut behelligt. Damit ist für ihn der wichtigste Teil seiner Sammlung gerettet, die Papierarbeiten. Die Holzschnitte, Radierungen und Lithographien, häufig in Farbe, darunter auch zahlreiche handkolorierte Drucke, also kostbare Unikate, sind teils direkt von den Künstlern erworben, das meiste stammt jedoch aus Museumsbesitz. Es sind Blätter von Max Beckmann, Erich Heckel, Paul Klee, Wassily Kandinsky, Ernst Ludwig Kirchner, Franz Marc, Emil Nolde, Otto Mueller, Christian Rohlfs und vielen anderen mehr. Mit ihren Werken sollte in der Weimarer Republik die kulturelle Identität Deutschlands neu begründet werden, und Gurlitt war einer der stärksten Verfechter dieser Idee. In dem Konvolut befindet sich außerdem eine Spitzenauswahl an Zeichnungen und Aquarellen dieser Künstler, die Gurlitt gezielt für eine öffentliche Schausammlung zusammengetragen hatte, zunächst in Zwickau, später in Hamburg. Schon bald wird er sie auf Reisen schicken, um seine Mission von einst fortzusetzen.

Angesichts des Teilsiegs, seine Sammlung von Papierarbeiten behalten zu dürfen, nimmt es Hildebrand Gurlitt vorerst hin, dass seine nach Wiesbaden verbrachte Kunstsammlung sichergestellt bleibt. Noch kann er seine Ansprüche nicht geltend machen, denn für eines der Werke, Odilon Redons «Feldblumen in Tonkrug», liegt ein Rückgabe-Ersuchen aus Holland vor. Das Werk stammt aus dem Besitz von Françoise Baronin van der Borch van Verwolde, der zweiten Frau des legendären niederländischen Sammlers Andries Bonger. Gurlitt hatte es am 21. Oktober 1943 in einer Kunsthandlung in Amsterdam erworben – zumindest gibt er das an.[32] Das Gemälde wird nach Holland repatriiert. Bis zum Ende der US-Militärregierung im Mai 1949 bleiben seine restlichen Werke in Wiesbaden. Erst mit der Auflösung der amerikanischen Behörden und der Abwicklung ihrer letzten Fälle erhält Gurlitt erneut die Möglichkeit, Erklärungen über die Herkunft der Werke abzugeben, für die es bis dahin keine Nachweise gab. Ende 1950 reist er zusammen mit Erich Krause und Manfred Pahl-Rugenstein als Zeugen nach Wiesbaden. Beide sind Vertraute aus der Vorkriegszeit. Erich Krause ist der Sohn des Dresdner Mathematikers und Geheimen Hofrats Martin Johann Krause, der als Kollege von Hildebrands Vater an der Technischen Hochschule in Dresden lehrte; beide Familien waren miteinander befreundet. Den 15 Jahre jüngeren Pahl-Rugenstein kennt Gurlitt noch aus Hamburg, wo er ihm eine Art Mentor war und ihn davon überzeugte, seine kaufmännische Lehre abzubrechen und ein Kunstgeschichtsstudium aufzunehmen. Pahl-Rugenstein folgt Gurlitt von Hamburg nach Dresden, wo er für ihn unter anderem als Kurier tätig ist. Später wird er sich als Friedensaktivist gegen den Eintritt der Bundesrepublik in die NATO engagieren und den nach ihm benannten Verlag in Köln gründen.

Am 12. und 13. Dezember inspizieren Krause und Pahl-Rugenstein zusammen mit Gurlitt dessen Werke in Wiesbaden. Der Culture Property Adviser Theodore A. Heinrich empfindet die von dem Kunsthändler mündlich vorgetragenen Erklärungen über deren Herkunft zum Teil als unglaubwürdig. Gurlitt verstrickt sich seiner Meinung nach in Widersprüche. Zum Schluss händigt Heinrich ihm deshalb eine Liste mit Werken der «Gurlitt-Collection» aus mit der Aufforderung, für jedes einzelne eine schriftliche Erläuterung abzugeben. Zur Vereinfachung markiert Gurlitt die aufgeführten Stücke mit Kreuz, Haken und Kreis, um die Haupt-Erwerbsquellen zu kennzeichnen. Der Nachlass seines Vaters erhält einen Kreis, die eigene Sammlung moderner und expressionistischer

Kunst – nach Gurlitts Angaben vorwiegend von den Künstlern selbst erworben und keines davon aus «jüdischem Besitz oder aus dem Ausland» – bekommt ein Kreuz und der Nachlass seiner Schwester Cornelia einen Haken. Hinzu kommen drei kleinere Gruppen mit Schenkungen von Max Beckmann und seiner Frau Quappi, Karl Ballmer und Seiner Königlichen Hoheit Ernst Heinrich, Herzog zu Sachsen. Erich Krause bestätigt unter Eid die aus Familienbesitz stammenden Stücke, die er «im Hause des verstorbenen Geheimrats Cornelius Gurlitt in Dresden» gesehen haben will, wo er «seit 1923 vielfach als Gast wohnte». Auch Pahl-Rugenstein beeidigt dieses Konvolut, zusätzlich die direkt bei Künstlern gemachten Erwerbungen sowie die Schenkungen von Ballmer und Beckmann.[33]

Mit dieser neuesten Erklärung wischt Gurlitt seine früheren Angaben zur Herkunft der Werke vom Tisch, die er noch bei seinen ersten Verhören gegenüber Captain Robert Kelley Posey und Oberleutnant Dwight McKay im Mai, Juni 1945 gemacht hat. Damals gab es noch keine Inventarliste, Gurlitt nannte den Ursprung der Stücke aus seiner Erinnerung. Neben dem Nachlass seines Vaters und seiner Schwester führte er präzise die französischen Quellen seiner Erwerbungen auf – samt Jahr und Preis. Einen Proudhon etwa kaufte er 1942 bei der Pariser Kunsthandlung Schoeller für 30 000 Francs, im selben Jahr einen Degas für 60 000 Francs. Einen Courbet erstand er 1942 bei Engel für 150 000 Francs, 1943 Porträts der Künstlerin Marie Laurencin für 10 000 Francs bei Barrerio, ebenso Degas' Pastell «Waschende» für 150 000 Francs. In der von Gurlitt 1945 angefertigten Liste heißt es zur «Allegorischen Szene» von Chagall, dass sie aus dem Besitz seiner Schwester stamme, die in Paris eine Schülerin des russischen Malers gewesen sei. Picassos «Frauenkopf» firmiert hier noch als eine direkte Erwerbung beim Künstler selbst.[34] Fünf Jahre später gilt der Picasso ebenso wie der Chagall als eine Schenkung von Karl Ballmer aus dem Jahr 1943. Hätte man damals die Listen von 1945 und 1950 verglichen, so wären Gurlitt und mit ihm Ballmer ebenso wie Pahl-Rugenstein schnell der Lüge überführt gewesen. Die Manipulation kommt nicht von ungefähr, denn erst im Laufe des Jahres 1946 erfuhr Gurlitt davon, dass den Alliierten jedes nach 1937 getätigte Geschäft nachgewiesen werden muss.

Ebenso bekam Gurlitt erst nach seinen ersten Erklärungen davon Kenntnis, dass jedes von einem Deutschen in den besetzten Gebieten abgeschlossene Geschäft zurück abgewickelt werden muss. Für Gurlitts

Kunden bedeutet dies, dass seine Pariser Käufe revidiert werden müssen. Dazu gehören auch die Erwerbungen bei der Viau-Auktion im Dezember 1942 im Hotel Druout, wo er für die beiden Industriellen Hermann Reemtsma und Carl Neumann mitgeboten hatte. Sowohl Reemtsma als auch Neumann müssen ihre Bilder zurückgeben, Gurlitt allerdings gelingt die Täuschung mit dem Picasso und dem Chagall. Den Alliierten fallen die Diskrepanzen zwischen seinen beiden Aussagen von 1945 und 1950 nicht auf – wahrscheinlich, weil die Befragungen von unterschiedlichen Einheiten vorgenommen wurden und die eine von der Liste der anderen nichts wusste. Noch heute werden die Listen in Washington in unterschiedlichen Akteneinheiten verwahrt.

Schon zwei Tage später, am 15. Dezember 1950, erhält Gurlitt seine Sammlung zurück. Zwei Gemälde verbleiben zunächst im Central Collecting Point, Chagalls «Allegorische Szene» und Picassos «Frauenkopf», um die Bestätigung Karl Ballmers als Schenkender abzuwarten. Gurlitt hat sie schnell zur Hand. Am 30. Dezember 1950 frisch von Ballmer in der Schweiz unterzeichnet, trifft sie am 1. Januar 1951 bei ihm ein und wird gleich weitergereicht. Kurz darauf erhält er auch diese Werke zurück, die Bescheinigung Ballmers genügt den Alliierten als Beweis.[35] Es ist allerdings fraglich, ob Ballmer je eine Kunstsammlung besaß und ob darin ein Chagall enthalten war. In einem Brief vom Dezember 1933 an Max Sauerlandt, damals noch Direktor des Hamburger Museums für Kunst und Gewerbe, distanziert sich Ballmer deutlich von dem russischen Maler: «Das subjektive Spiel tut es nicht. Wir müssen zum synthetischen Bild-Bauen kommen.»[36] Ebenso wenig handelt es sich beim Picasso um eine Schenkung. Schon im Oktober 1946 hatte sich Gurlitt beim Direktor des Frankfurter Städels Ernst Holzinger erkundigt, ob sich das Werk im Central Collecting Point Wiesbaden befinde. In seinem Schreiben spricht er von einem «Bild von Picasso, das ich vom Künstler fast direkt in Paris kaufte. […] Es ist ein Ölbild mit einem Frauenkopf mit doppelter Nase.»[37] Ganz offensichtlich hat Ballmer seinem einstigen Galeristen mit seinen fragwürdigen Bescheinigungen einen Freundschaftsdienst erwiesen.

Insgesamt erhält Gurlitt vom Central Collecting Point Wiesbaden 206 Werke zurück, darunter 115 Gemälde. Aber es fehlen Stücke. Gurlitt vermisst eine «Italienische Tanzszene» des dänischen Malers Vilhelm Marstrand, eines Freunds seines Großvaters, und eine «Landschaft» von David Teniers. Daraufhin schreibt er empörte Briefe, die deutsche

Kriminalpolizei leitet eine Untersuchung ein. Auch in Wiesbaden forscht man intensiv nach den verlorenen Stücken. Ebenso der USCID (United States Criminal Investigation Command).[38] Anscheinend sind die Werke im Central Collecting Point Wiesbaden zwischen Dezember 1946 und Januar 1947 gestohlen worden. Auch eine Zeichnung sowie die kleine Marmorskulptur «Kniende Frau» von Rodin sind verschwunden sowie das Bild «Brief lesender weiblicher Akt» von Frans van Mieris. Angesichts von Hunderttausenden Bildern, Skulpturen, Büchern, kunstgewerblichen Objekten, die in den Central Collecting Points gesammelt werden, kommt es immer wieder zu solchen Verlusten. Gurlitt gerät in Panik. Rodins Skulptur ist eines der wertvollsten Stücke seiner Sammlung, die einzige, die Rodin je aus Marmor geschaffen hat. Gurlitt scheucht alle auf. Anfragen gehen an die Central Collecting Points in München und Wiesbaden, an die Staatlichen Kunstsammlungen in Kassel, an den Hausmeister der Bamberger Residenz und den Depotwärter von Aschbach, Herrn Zingraf. Aber es findet sich kein konkreter Hinweis. Die Zeichnung von Rodin ist offensichtlich aus Versehen mit einem Transport nach Frankreich zurückverfrachtet worden. Rodins Marmorskulptur und das Mieris-Bild sollen nie in Wiesbaden gewesen sein, sie stehen dort nicht auf den Listen. Gurlitt aber besteht darauf: Die Rodin-Skulptur sei unter Zeugen von den Amerikanern aus Aschbach abgeholt worden.[39] Tatsächlich bekommt Gurlitt die Skulptur zurück, auf welchem Wege bleibt ein Rätsel, aber sie befindet sich noch heute in der Sammlung von Cornelius Gurlitt.

Kapitel 14

Neuer Anfang, alte Schuld (1945 bis 1947)

Anknüpfungsversuche nach dem Krieg

Es liegt eine Absurdität in den Entnazifizierungsverfahren, indem die Angeklagten Leumundszeugnisse zu erbringen haben und geradezu aufgefordert werden, ihre alten Netzwerke wiederzubeleben. Vom fränkischen Aschbach aus schreibt Gurlitt seine Kollegen aus der Kunstszene an. Viele Briefe landen in Ruinen, aber einige erreichen ihre Adressaten doch. Darin wird sich über das Vergangene und das Zukünftige ausgetauscht: wie es einem in den letzten Jahren während des Krieges erging, was verloren, was erhalten geblieben ist, wer von den Kollegen überlebt hat und unter welcher Anschrift sie erreichbar sind. Und: ob man von offenen Stellen weiß und Fürsprache leisten kann. So schließt sich wieder der Kreis der Vertrauten, die sich schon in der Zeit des Nationalsozialismus gegenseitig geholfen haben. In der frühen Nachkriegszeit baut sich unter Museumsleuten, Händlern und Sammlern ein Beziehungsgeflecht wieder auf, an dem erst sehr viel später die personelle Kontinuität zum Nationalsozialismus beklagt wird. Die Aufarbeitung der nationalsozialistischen Vergangenheit im Kunstmilieu geschieht erst spät, beginnend mit den 1990er Jahren, lange nach den Juristen oder Medizinern.

Eine Hauptbeschäftigung von Hildebrand Gurlitt besteht in den ersten Nachkriegsjahren also im Briefeschreiben. Er nimmt auch wieder Kontakt mit emigrierten Kollegen und Kunden auf und versucht, ihnen gegenüber seine Händlertätigkeit während des «Dritten Reiches» mit sich wiederholenden Formulierungen zu erklären. Zu den Angeschriebenen gehört auch Alois Schardt, der im November 1933 als Direktor der Nationalgalerie in Berlin entlassen worden war, nachdem er vergeblich den Expressionismus als völkische Kunst zu etablieren versucht hatte. 1936 wurde er nach Eröffnung einer Marc-Gedächtnis-Ausstellung in der Berliner Galerie Nierendorf vorübergehend verhaftet, 1939 ist er in die Vereinigten Staaten gegangen, wo ihn auch der Brief von Hildebrand Gurlitt von 1948 erreicht. «Es war eine rechte Seiltänzerei, dies Leben im dritten

Reich», steht darin. Und: «Ich vergesse es nicht, wie sie mich vor Ihrer Abreise in Hamburg noch besuchten, ich glaube ich hatte gerade die letzte Beckmann-Ausstellung hängen, und wie ich oft bereut habe, Ihnen nicht gefolgt zu sein und manchmal auch wieder nicht.»[1] Gurlitt irrt mit dem Zeitpunkt von Schardts «Abreise», seine Beckmann-Ausstellung fand bereits drei Jahre vor dessen Emigration statt. Aber mit seinen zeitlich falsch gesetzten Anknüpfungspunkten gibt er Schlüsselreize und versucht, Gemeinsamkeit wiederherzustellen. Seinen Versuch, sich zu rechtfertigen, unternimmt er auch gegenüber dem Hamburger Verleger Heinrich Ellermann: «Ich bin aber immer dafür, Idealismus vom kaufmännischen Teil unserer Berufe klar zu trennen. Und so muss ich sagen, dass es mir durchaus richtig erschien, wenn ich einige Jahre meines Lebens darauf verwandt habe, mit äusserster Konsequenz – allerdings ohne auch nur irgendeine Konzession zu machen –, an dem geschäftlichen Aufbau meiner Firma zu arbeiten. Auch jetzt noch bin ich froh, dass ich die Konjunktur benutzt habe, um mir eine Basis zu schaffen, auch in Zeiten ohne jede Konjunktur Gutes wirken zu können.»[2]

Gurlitt liefert hier die klassische Erklärung eines Opportunisten ab, der glaubt, sich nicht kompromittiert und auch noch «Gutes» bewirkt zu haben. In den ersten drei Jahren nach Kriegsende feilt Hildebrand Gurlitt an seiner künftigen Selbstdarstellung, einer akzeptablen Begründung für die bis zuletzt währende Zusammenarbeit mit den Nationalsozialisten. Seine auf die Flucht mitgenommene Schreibmaschine ist in diesen Jahren sein wichtigstes Requisit. In den engen Räumlichkeiten, die den Gurlitts in Aschbach zur Verfügung stehen, muss es zeitweise von morgens bis abends geklappert haben. Die Briefe sind die zentrale Verbindung zur Welt außerhalb der Aschbacher Dorfgrenzen. Jeder Schnipsel Papier wird verwendet, zumeist von grober Qualität, zum Teil auch doppelt. Dann wird die beschriebene Seite einfach durchgestrichen und auf der Rückseite ein neuer Brief begonnen.

Gleichzeitig versucht Gurlitt, sich beruflich neu zu orientieren. Auf der Suche nach einer Anstellung schreibt er im August 1945 seine ersten Briefe seit Kriegsende an seine Hamburger Kollegen, Sammler und Bekannten. Eigentlich funktionieren die Postverbindungen zu diesem Zeitpunkt noch gar nicht wieder. So hat Hildebrand Gurlitt nicht einmal von seinem Bruder Wilibald aus Freiburg oder seiner Mutter Marie aus Dresden gehört. Aber für Hamburg tut sich eine alternative Möglichkeit auf,

Briefe auszutauschen. Zwischen dem Bankdirektor Tom Dieck vom Bamberger Bankhaus Wunderlich und dem Bankhaus S. Werner in Hamburg verkehrt regelmäßig Post durch einen Kurier. Auf diesem Weg können auch die ehemaligen Hamburger Geschäftspartner Gurlitts wieder kommunizieren. Der Kunsthändler und seine Frau sehnen sich nach den Hamburger Zeiten, wie Gurlitt schreibt. Er würde gern von seinen Briefpartnern wissen, ob Kunsthandel dort bald wieder möglich sein wird. Gurlitt weiß zu dieser Zeit noch nicht, welch scharfer Wind ihm aus der Hansestadt entgegenwehen wird und dass dort keiner auf ihn wartet. Noch ganz im Glauben an die Wertschätzung seiner Person hofft er auf eine Wiedereröffnung seines Kunstkabinetts mit Kunstabenden, Vorträgen und Ausstellungen.

Auf Kundensuche: Wiedereinstieg in den Kunsthandel

Bereits im Herbst 1945 denkt Hildebrand Gurlitt ernsthaft daran, den Kunsthandel wieder aufzunehmen. Dafür kontaktiert er Kurt Martin, mit dem er zu NS-Zeiten lukrative Geschäfte abgewickelt hat und der sich erneut auf seinem Posten als Direktor der Karlsruher Kunsthalle befindet. Die beiden Männer kennen sich bestens, denn Martin hat als Bevollmächtigter der Museen im Elsass, in Straßburg und am Oberrhein seine Erwerbungen nicht zuletzt in Paris getätigt. Er freut sich, dass Gurlitt «den schlimmsten Sturm überstanden» hat, reagiert aber erst einmal reserviert auf seinen Annäherungsversuch. Auch einstige Kunden halten sich noch zurück und lehnen Bilderofferten dankend ab. Hildebrand Gurlitt aber setzt seine Bemühungen fort, ja professionalisiert sie. Im Oktober 1946 lässt er bereits für 300 Mark bei Foto Marburg Vergrößerungen von Dürers «Apokalypse» machen, um seine Schätze auf dem Postwege feilbieten zu können. Langsam kommen auch die ersten positiven Reaktionen herein. Der Industrielle Hans Oskar Marcuse macht ihm im Mai 1947 Hoffnungen, dass er für sein «kleines Landhaus» in Prien am Chiemsee etwas erwerben könnte.

In den Sommermonaten 1946 beginnen in Deutschland die Wirtschaftsunternehmen langsam den Betrieb aufzunehmen, Fabriken starten ihre nun auf Frieden umgestellte Produktion, der Kunsthandel beginnt sich wieder zu regen, die ersten Galerien eröffnen. Auch die Dresdner Galerie «Kunstausstellung Kühl» wagt einen Neuanfang. Im August 1946 geht eine getippte Karte bei Gurlitt in Aschbach ein, in der Heinrich Kühl die Wiedereröffnung seiner Galerie anzeigt, nachdem widrige Umstände und eine lange Krankheit einen früheren Beginn lange verzögert hätten. Die zurückliegende Zeit wird ausgeblendet. Kühl macht dort weiter, wo er vor der Herrschaft der Nationalsozialisten aufgehört hat. Zu sehen sind in der Ausstellung Carl Hofer, Ernst Hassebrauk, Carl Lohse, Plastik von Ernst Blumenthal – allesamt Künstler, deren Werke kurz zuvor noch als «entartet» verfemt wurden.[3] Rudolf Probst, den Gurlitt noch aus den 1920er Jahren in Dresden kennt, wo er 1923 die Galerie «Neue Kunst Fides» mit Werken der Expressionisten, der Bauhauskünstler, der Neuen Sachlichkeit und der Konstruktivisten aufzog, versucht ebenfalls einen Neubeginn. Diesmal allerdings in Mannheim, wohin er nach Schließung seiner Dresdner Galerie in den 1930er Jahren gezogen ist. Auch mit ihm spinnt Gurlitt erneut seine Fäden. Schon im Frühjahr 1946 schicken beide Fotografien von Kunstwerken einander zu, um ins Geschäft miteinander zu kommen.[4]

Für Gurlitt hat die moderne Kunst der 1910er und 1920er Jahre nichts an Symbolkraft verloren, sie repräsentiert für ihn noch immer die deutsche Kulturnation. Ihr gilt weiterhin sein Hauptinteresse, und so ist er gleich wieder auf der Suche nach entsprechenden Werken. Dafür spannt er wie früher auch seine Familie mit ein. Als sich sein Vetter Hannes Gerlach aus Hamburg bei ihm meldet, kommt Gurlitt ohne Umschweife zur Sache: «Ich suche dringend ganz bedeutende Kunstwerke von den großen Namen der Deutschen entarteten Kunst, die auch gute Preise haben können.» Eigentlich hatte Gerlach sich zwecks Vermittlung eines vermeintlichen Correggio an Gurlitt gewendet; das Renaissance-Gemälde aber interessiert Gurlitt nicht sonderlich, der die Echtheit des Bildes bezweifelt.[5] Er weiß aber um die hervorragenden Kollektionen expressionistischer Kunst in Hamburg, von denen nun erneut Teile auf den Markt gelangen. Nachdem sich während des Nationalsozialismus bereits zahlreiche jüdische Sammler von ihren Schätzen getrennt hatten, um Deutschland verlassen zu können, beginnen nun in der Nachkriegszeit viele weitere Kunstbesitzer Stücke abzustoßen, um sich ein neues Leben aufzubauen. Das weiß auch Wilhelm Grosshennig, Leiter der Chemnitzer «Kunstausstellung Gerstenberger GmbH». Darum verlegt er sich nach Ende des Krieges auf den Verkauf expressionistischer Kunst. Auch Gurlitt ist von einer steigenden Nachfrage in den kommenden Jahren überzeugt, er wird mit Grosshennig in Kontakt bleiben, und Vetter Gerlach soll ihm als Mittelsmann in Hamburg helfen. Wie zu seinen Zwickauer Zeiten will er die Werke der Moderne jetzt wieder ins Museum vermitteln, wenn auch nun von händlerischer Seite, und fragt Gerlach daher nach Ware bester Güte: «Es muss nur allererste Qualität sein. Werke mittleren Ranges sind uninteressant. Falls Du was findest bitte ich um Eilangebot.»[6]

Aus dem gleichen Interesse bemüht sich Hildebrand Gurlitt, die Verbindung zu seinen ehemaligen Kollegen aus dem Handel mit «Entarteter Kunst» wieder aufzunehmen. Von Hermann Reemtsma erfährt er, dass sich Bernhard A. Böhmer beim Einmarsch der Roten Armee in Güstrow das Leben genommen hat. Mit Böhmer hatte sich über die Jahre der engste geschäftliche Kontakt entwickelt, sowohl beim Verkauf der als «entartet» beschlagnahmten Kunst als auch bei Akquisen für den «Sonderauftrag Führermuseum Linz». Der Dritte im Bunde des offiziellen NS-Händler-Quartetts, Karl Buchholz, befindet sich seit Kriegsende im Ausland. Er hat sich im Januar 1945 nach Madrid abgesetzt, wo er neben New York, Bukarest und Lissabon eine vierte Filiale seiner Buch- und Kunsthandlungen eröffnet hatte. Aus Berlin antwortet auf Hildebrand Gurlitts Anfrage im Dezember 1946 Buchholz' Geschäftsführerin Helene Rothe. Der Laden des Kunsthändlers in der Leipziger Straße wurde durch die Bombenangriffe 1943 restlos zerstört, Helene Rothe führt seitdem die Geschäfte von einer 1944 im Grunewald erworbenen Villa aus, wo gleich nach dem Krieg erste Kunstausstellungen zu sehen sind. Derzeit sei man mit dem Aufbau einer neuen Galerie Unter den Linden, Ecke Friedrichstraße beschäftigt, so Rothe. Sie eröffnet damit Gurlitt Aussichten auf zukünftige Geschäfte.

Mit Ferdinand Möller lässt sich dagegen sogleich wieder Handel betreiben. Möller ist 1943 aus Berlin in sein von Hans Scharoun erbautes Sommerhaus in Zermützel bei Neuruppin umgesiedelt. Im November 1947 schreibt Hildebrand Gurlitt seinen ersten Brief dorthin und fragt nach Werken der Klassischen Moderne, insbesondere von Corinth, Klee, Rodin, Pechstein oder Kirchner. Sein Kunde würde «gut und diskret» bezahlen.[7] Einen Monat später antwortet Möller, er habe zwei Werke in München gelagert, die für Gurlitt schnell zugänglich seien – Kirchners «Bild des Knaben mit dem Vogelnest» von 1918 und Pechsteins Stillleben

«Negerplastik» von 1917. Möller bietet Gurlitt noch ein weiteres Kirchner-Gemälde an sowie Werke von Erich Heckel, Otto Mueller, Lyonel Feininger, Karl Schmidt-Rottluff und Oskar Moll, die in der französischen Besatzungszone ausgelagert sind, für ihn in der sowjetisch besetzten Zone nahezu unerreichbar, von Aschbach aus aber eventuell zugänglich. Gurlitt steigt ein, er bietet die Werke von Möller im Dezember 1947 seinem alten Studienfreund Leopold Reidemeister an, der gerade Leiter der Kölner Museen geworden ist. Wie fast jeder nach dem Krieg neu eingesetzte Museumsmann ist er darum bemüht, die Sammlungslücken infolge der Beschlagnahmungsaktion «Entartete Kunst» wieder zu schließen. Gurlitt erwähnt Ferdinand Möller bei seinem Angebot an Reidemeister nicht, betont aber zugleich, an den Werken kein Eigentum zu besitzen. Wie früher agieren die Beteiligten mit höchster Diskretion; es ist besser, nicht zu viel über die Quellen zu verraten. Ein Schleier des Obskuren legt sich schon wieder über die Geschäfte. Professionell darf Gurlitt keinen Kunsthandel betreiben, er muss gerade Gewinnüberschuss abführen, was ihn nachträglich teuer zu stehen kommt.[8]

Auch wenn die Offerte reizvoll ist, geht Reidemeister darauf nicht ein, denn durch die Schenkung der Sammlung Haubrich verfügt er seit Mai 1946 bereits über einen phänomenalen neuen Bestand an Moderne. Durch die Übernahme der über den Krieg geretteten Expressionisten-Sammlung ist sein Haus auf einen Schlag zum wichtigsten Museum für die Klassische Moderne in Deutschland aufgestiegen. Die millionenschwere Kollektion umfasst Werke von Barlach, Schmidt-Rottluff, Nolde, Kirchner, Heckel, Beckmann, Chagall. Nachdem die britische Militärregierung das Haus des Sammlers im Juni 1945 beschlagnahmt hatte, sah der Kölner Anwalt in der Schenkung die beste Möglichkeit, seinen Kunstbesitz zu schützen.[9]

Mit Haubrich stand Gurlitt immer schon in bester Geschäftsverbindung. Zahlreiche Werke aus der Beschlagnahmungsaktion «Entartete Kunst» konnte der Kölner Anwalt für seine Sammlung über ihn erwerben. Zu Gurlitts wichtigsten Kunden im Rheinland gehörte außerdem der Kölnische Kunstverein, dessen stellvertretender Vorsitzender Haubrich war. Zwar wurde er 1933 wegen seiner jüdischen Frau als Mitglied ausgeschlossen, allerdings nur pro forma, so dass er auch hier zahlreiche Erwerbungen zumindest begleitet haben dürfte. Viele der Werke, die sich heute in Köln befinden, gingen durch Gurlitts Hände, auch wenn 1947 das

Geschäft mit Reidemeister nicht zustande kommt.[10] Das eine der beiden damals offerierten Kirchner-Gemälde befindet sich seit 2007 unter dem Titel «Knabe mit Vogel» wieder im Landesmuseum Oldenburg, wo es 1937 beschlagnahmt worden war. 1941 hatte es Möller im Tausch erworben.

Bei seiner Suche nach Werken, die aus Museumsbesitz beschlagnahmt wurden, streckt Gurlitt seine Fühler bis nach London aus. Dorthin ist im Herbst 1946 die gebürtige Engländerin Dorothy Ranft mit ihren vier Kindern übergesiedelt. Ihr Mann Günter Ranft war einst Depotmitarbeiter in Schloss Schönhausen gewesen und dort mit der vom Propagandaministerium zum Verkauf ins Ausland bestimmten Kunst befasst; 1945 war er als Wehrmachtssoldat in Ostpreußen gefallen. Gurlitt weiß durch Rolf Hetsch vom Evangelischen Kunstdienst, wie chaotisch die Bergung der Restbestände «Entarteter Kunst» und ihre Auslagerung in den letzten Kriegsjahren vonstatten gingen und dass dabei umfangreiche Bestände von den Beteiligten beiseitegeschafft wurden.[11] Dorothy Ranft antwortet Gurlitt auf seine Anfrage im Juli 1948 freimütig, dass sie einen Teil der von ihrem Mann aus dem Schloss tatsächlich mitgenommenen Bestände gerne an Gurlitt veräußern würde, sobald die Währung wieder stabil sei. Sie selbst ist als Zeichenlehrerin tätig, ihr Verdienst reicht nicht, um ihre Kinder studieren zu lassen. Diese Quelle sprudelt also für Gurlitt noch nicht.

Der Händler im Wartestand ist nicht nur an «entarteter» Kunst interessiert, auch französische Malerei des 19. Jahrhunderts versucht er wieder zu akquirieren. Einer seiner treuesten Abnehmer hierfür war Paul Roemer in Berlin. Diese einst lukrative Verbindung möchte Gurlitt zu gerne wiederbeleben. Im März 1945 hat er ein letztes Mal von dem Galeristen gehört. Kurz darauf verstarb Roemer, dessen Ehefrau und Tochter das Geschäft allerdings weiterführen wollen und über Gurlitts Nachfrage hoch erfreut sind, denn französischer Realismus und Impressionismus sind wieder gefragt. Auch mit Helmut May, dem Kustos der Graphikabteilung im Wallraf-Richartz-Museum, steht Gurlitt im Januar 1948 schon wieder in intensivem Austausch über Preise und Preisnachlässe für französische Kunst aus dem 19. Jahrhundert, aber auch für Max Liebermann.

Deutschlandweit zerstreut: Von Depots und ausgelagerten Schätzen

Für seine ersten Handelsgeschäfte sammelt Hildebrand Gurlitt die Kunstwerke wieder zusammen, die er an verschiedenen Orten in und um Dresden ausgelagert hatte. Mitte der 1940er Jahre unterhielt er so viele Depots an diversen Plätzen, dass er sich 1944 nur mit Hilfe einer Liste erinnern konnte, wo sich die diversen Stücke befanden. Diese Liste bewahrte Gurlitt in dem Dresdner Banksafe auf, in dem auch das Familiensilber, die Sammlung des Vaters und Werke der Schwester eingelagert waren. Zeitweise muss sich darin so viel befunden haben, dass er nicht einmal an besagte Liste herankam – so zumindest die Erklärung gegenüber einer Berliner Kundin, die im Herbst 1944 das von ihr erworbene Stück nach Hause expediert bekommen wollte. Nicht zuletzt angesichts der Unwägbarkeiten in den letzten Kriegsmonaten nahm sie jedoch Abstand davon; bei Gurlitt glaubte sie das Bild am Ende besser aufbewahrt. Auch bei der Dresdner Transport- und Lagerhaus Aktiengesellschaft hatte der Kunsthändler Ware deponiert. 1944 zahlte er Lagergeld für «1 Kiste Kunstgegenstände = 557 kg»; den Alliierten gegenüber gibt er an, darin eine Bronze von Rodin aus Frankreich zu verwahren.[12] Seinem Cousin Wolfgang schreibt er im März 1947 von einem Lager in einem Dresdner Vorort, das jedoch vernichtet worden sei, womit auch eine aus Familienbesitz von Wolfgangs Mutter Annarella stammende Begas-Büste verloren sei.[13] Einbußen muss Gurlitt auch bei den im Dresdner Banksafe deponierten Werken fürchten. Von Bekannten weiß er, dass in seiner Heimatstadt die Banken von den Russen beschlagnahmt sind. Als Gurlitt im März 1946 die Möglichkeit bekommt, nach Dresden zu reisen, nutzt er den Aufenthalt dazu, sich um seine eingelagerten Güter zu kümmern. Bei dieser Gelegenheit stellt er fest, dass zumindest die Werke seiner Schwester nicht verloren sind. Er kann sie schließlich zu sich holen. Bei seiner Mutter in Dresden hat Gurlitt ebenfalls Bilder untergestellt, darunter ein Schlachtgemälde von Horace Emile Jean Vernet, eventuell das Werk, das sich noch heute in der Gurlitt-Sammlung befindet.[14] Als die Mutter 1949 stirbt, lässt er aus Dresden den gesamten Hausrat zu sich bringen, von der Nähmaschine über den Kühlschrank bis zu den Gardinenstangen. In der für das Fuhrunternehmen gemachten Liste wird auch eine große Bilderkiste aufgeführt, die sich auf dem Dachboden der Lenbachstraße 12 befindet.

Neben gewerblichen Lagern hat Gurlitt seine Schätze auch in Museen untergebracht. So hat ihm Otto Förster, bis 1945 Direktor des Kölner Wallraf-Richartz-Museums, mit dem Gurlitt während seiner Pariser Jahre zahlreiche Geschäfte abwickelte, Stellfläche in seinem Museumsdepot überlassen. Auch die Keller der Dresdener Gemäldegalerie und des Leipziger Museums der bildenden Künste durfte Hildebrand Gurlitt mitbenutzen. Das ist nicht ungewöhnlich. Während des Krieges boten viele Museen Privatsammlern eine solche Depotlagerung an, häufig gegen Mietgebühr. Den Alliierten gegenüber gibt Gurlitt die Deponierung von Werken aus Frankreich in den Magazinen der Museen zunächst noch an.[15] Dies ändert sich jedoch mit der neuen Gesetzgebung von 1946, nach der sämtliche Erwerbungen in den besetzten Gebieten unrechtmäßig sind. In späteren Auskünften Gurlitts tauchen die Provenienzen nicht mehr auf. Zahlreiche hochpreisige französische Werke befinden sich in einer Mühle in Heuchelheim bei Schlüsselfeld in Oberfranken. Möglicherweise handelt es sich um jenes heimlich fortgebrachte Konvolut von Kisten und Kästen, von dem auch der Aschbacher Förster gegenüber den Alliierten gesprochen hat. Aus Gurlitts Unterlagen jedenfalls geht hervor, dass er im April 1947 mit einem Mühlenbesitzer namens Lorenz Weiss einen Mietvertrag abschließt. Als dieser ihm Ende August schon wieder kündigen will und ihm die bereits geleistete Miete als Scheck mitschickt, gerät Gurlitt in Panik. Eine Auflösung des Depots zum jetzigen Zeitpunkt kann er sich nicht leisten, das wäre zu riskant. Er nimmt den Scheck nicht an und beschwört den Mühlenbesitzer, ein Einsehen zu haben. Die auf der Mühle in Heuchelheim untergebrachten Werke erleiden in der Folge jedoch Wasserschäden. Vor allem die Papierarbeiten werden stark beschädigt.

1948, nachdem die Familie nach Düsseldorf übergesiedelt ist und Gurlitt seinen Besitz diskret mitnehmen konnte, lässt er die Bilder von seiner Cousine Gitta (Brigitta) restaurieren, die allerdings Mühe hat, im Nachkriegsdeutschland französische Leinwand zur Ausbesserung der Gemälde zu finden. Die Restaurierung des Gemäldes «Montagne Sainte Victoire» von Paul Cézanne aus dem Jahr 1897 wird 1949 beinahe zum öffentlichen Skandal. Denn der Industrielle Bernhard Koehler, ein passionierter Sammler moderner Kunst, sucht nach einer anderen Version des «Sainte Victoire» von Cézanne, die ihm während des Krieges gestohlen wurde. Als ihm zu Ohren kommt, dass Fräulein Gurlitt in München ein solches Bild in Arbeit hat, schickt er einen bekannten Kunsthändler zu ihr, um einen

Blick darauf zu werfen und nach dem Besitzer und der Provenienz des Werkes zu fahnden. Gitta, die von Hildebrand Gurlitt äußerste Diskretion auferlegt bekommen hat, weigert sich, den Händler zu empfangen. Erst kurz bevor Koehler die Kriminalpolizei und die alliierten Behörden einschaltet, lenkt Gurlitt ein und gibt sich zu erkennen. Er kann den Sammler davon überzeugen, dass es sich nicht um seinen Cézanne handelt, ohne dabei die Herkunft weiter offenlegen zu müssen.[16] Um Haaresbreite wäre Gurlitts Bestand an französischen Werken aus dem Mühlen-Lager damals doch noch aufgeflogen. Einiges davon kann er verkaufen, der Rest geht ins Familienerbe und später an seinen Sohn Cornelius, der den bereits von seinem Vater gesondert gehaltenen Bestand ebenfalls separiert in seinem Salzburger Haus lagert und hier dem Schimmel überlässt – darunter Papierarbeiten von Franz Marc, Picasso, Daumier, auch die kostbare Grisaille «La Promeneuse» von Seurat und eben auch Cézannes «Montagne Sainte Victoire», das heute wohl teuerste Werk der Sammlung.

Gurlitt und Gitta bilden ein regelrechtes Gespann. Sie haben schon früher zusammengearbeitet. Seit den 1930er Jahren lebt die Malerin in München, wo sie auch an der Kunstakademie studiert hat. Sie hat sich während des «Dritten Reiches» als freie Restauratorin durchgeschlagen, da sie durch ihre Herkunft keine feste Anstellung bekommen konnte. Spezialisiert auf mittelalterliche Tafel- und Barockmalerei, fand sie ihr Auskommen mit Aufträgen für die Alte Pinakothek, wo sie für den Generaldirektor Ernst Buchner tätig war. Damit diente sie zugleich als Verbindungsperson für Hildebrand Gurlitt, der sie seit 1937 zunehmend beauftragte. Darüber hinaus arbeitete Gitta für ihren Cousin als Kopistin und beteiligte sich damit an undurchsichtigen Geschäften. So erhielt sie von Hildebrand den Auftrag, ein Tafelbild von Bernhard Strigel nachzumalen, einem bedeutenden Porträtisten der Dürer-Zeit, damit Gurlitt für den Sohn der eigentlichen Besitzerin das Original verkaufen konnte. «Für die alten Augen der Frau Mama braucht die Copie bestimmt nicht zu genau zu sein und vor allem nicht für die Ewigkeit zu halten», lautet die Instruktion.[17] Das ramponierte Original musste für den Weiterverkauf hergerichtet werden, Gurlitt drückte gegenüber dem Einlieferer deshalb den Preis von 10 000 auf 3250 Reichsmark. Angesichts des gemeinsamen Gaunerstücks fügte der sich. Gitta wurde auch an das Original gesetzt, hier aber von ihrem Cousin als Auftraggeber gebeten, «die letzte Kunst zu verwenden».

Nach dem Krieg wird Gitta auf Vermittlung Hildebrands für das Wallraf-Richartz-Museum tätig und betreut dort als Restauratorin zahlreiche Werke, die er selbst noch in den besetzten Gebieten für die Kölner Sammlung erworben hat. Gitta könnte es auch gewesen sein, die Gurlitt zur Hand ging, als er bereits für den Düsseldorfer Kunstverein als Direktor tätig war und nebenher weiter Handel betrieb. Um französische Landschaftsmalerei in Deutschland besser verkaufen zu können, ließ er für potenzielle Käufer Hirsche und Rehe in die Werke hineinmalen.[18]

Unerwünscht: Versuche einer Rückkehr ans Museum

Innerhalb kürzester Zeit hat Gurlitt seine Fäden im Kunsthandel wieder geknüpft, obwohl er eigentlich gar nicht richtig ins Geschäft zurück will, wie er seinem Vetter Wolfgang Gurlitt im März 1947 nach Bad Aussee schreibt: «Zum Kunsthandel auf Zigarettenwährung, wie er heute betrieben wird, habe ich keine Neigung, später wird der große deutsche Ausverkauf kommen, auch nicht das Allerschönste! Lieber schon würde ich ins Museum gehen und reden und schreiben, aber auch da ist ein böses Gedränge und ich möchte nicht an den Platz eines jetzt Davongeschickten, wenn dieser nicht selbst weiss, dass er nicht wieder kommen will.»[19] Noble Worte, Hildebrand Gurlitt denkt hier an seine früheren Kollegen aus dem Deutschen Museumsbund, die von den Nationalsozialisten suspendiert wurden. Sie haben ihm schon im September 1945 vom Neueinstieg in den Kunsthandel abgeraten. Zwar gebe es in Hamburg ein großes Bedürfnis nach Kultur, aber die Menschen seien arm und könnten sich auf Jahre kaum leisten, Kunst käuflich zu erwerben. Lieber solle er es in einem Museum versuchen. Prompt will Gurlitt wissen, ob Carl Schellenberg noch Leiter der Hamburger Kunsthalle sei und ob er sich dort bewerben solle. Schellenberg amtierte von Januar 1942 bis September 1945 als kommissarischer Direktor, nachdem Werner Kloos zum Wehrdienst eingezogen worden war. An Kloos wie Schellenberg hat Gurlitt Werke aus Frankreich vermittelt, die nach Kriegsende alle wieder zurückgegeben werden müssen, wenn auch die Kunsthalle zunächst Einspruch erhebt. Gurlitt muss alle seine Unterlagen über Bilderverkäufe zur Verfügung stellen. Der Einspruch nutzt dem Museum am Ende nichts, es muss sämtliche Erwerbungen aus den besetzten Gebieten restituieren, alles, was die Museums- und Abteilungsleiter selbst dort erworben haben, und alles, was über Gurlitt lief. Zwischen 1946 und 1950 werden 23 Gemälde an Belgien, Frankreich und Holland repatriiert.[20]

Das Amt des Kunsthallen-Direktors soll gleich im Herbst 1945 neu besetzt werden. Kultursenator Hans-Harder Biermann-Ratjen hat zwar Carl Georg Heise im Blick, den bis 1933 amtierenden Direktor des Lübecker St. Annen-Museums, aber der müsste erst einmal aus der sowjetischen Zone geholt werden. Das könnte seine Chance sein, hofft Gurlitt. In dieser Zwischenphase sucht er Vertraute, die eine offizielle Anfrage der Stadt Hamburg an ihn in die Wege leiten können, damit er gegenüber den Alliierten ein öffentliches Interesse an seiner Person dokumentieren kann. Ansonsten darf er nicht reisen, um beim Hamburger Kultursenator vorstellig zu werden und Verhandlungen zu führen, jede weitere Entfernung von seinem Aufenthaltsort ist ihm von den Alliierten untersagt. Da die Zeit drängt, wendet Gurlitt sich mit einem Schreiben direkt an Biermann-Ratjen mit der Bitte um ein Gespräch und ein offizielles Ersuchen seitens der Stadt. Die Sache zerschlägt sich, wenige Wochen später wird Heise zum Direktor berufen – wie von den Hamburgern allseits gewünscht und auch von Gurlitt für gut befunden. Was er noch nicht ahnt: Mit Heises Amtsantritt beginnt für ihn eine harte Konfrontation mit der Vergangenheit, die härteste seit Ende des Krieges. Der ehemalige Freund und Förderer geht mit dem einstigen NS-Kunsteinkäufer weitaus schonungsloser ins Gericht als die Alliierten.

Kaum im Amt, nimmt Heise mit Gurlitt auch schon Kontakt auf, denn der Hamburger Kulturrat hat den Beschluss erlassen, «eine Untersuchung über die aus der Kunsthalle und den Hamburger Museen während des Hitlerregimes entfernten Kunstschätze» durchzuführen. Der neue Direktor drängt in seinem Brief an Gurlitt vom 11. Oktober 1945 auf Rückführung der Werke, die der Kunsthändler einst günstig vom Museum übernommen hat, darunter «vier der allerbesten Liebermanns der Kunsthalle». Gurlitt musste für die vier Gemälde laut seiner Geschäftsbücher 1941 nur 14 400 Reichsmark zahlen, während 1911 – zu Liebermanns erfolgreichsten Zeiten – der damalige Kunsthallen-Direktor Alfred Lichtwark allein für das Gemälde «Der zwölfjährige Jesus im Tempel» 60 000 Reichsmark gezahlt hatte.[21] Werner Kloos hatte sich beim Hamburger Senat für den Verkauf an Gurlitt stark gemacht: «Ein günstigeres

Angebot als das von Dr. G. kann die Kunsthalle nicht erzielen.»[22] Jetzt mit dem Vorwurf der Bereicherung konfrontiert, erklärt sich der Kunsthändler bereit, das in seinem Besitz verbliebene Bild «Wagen in den Dünen» zur Unterstützung der Kunsthalle zurückzugeben und bei der Suche nach den in Hamburger Privatbesitz verkauften Werken zu helfen. Heise reicht das als Bekenntnis nicht, er will ein Schuldeingeständnis: «Nicht nur ich, sondern alle Hamburger Kunstfreunde, die davon Kenntnis genommen haben, sind der Meinung, dass Sie nicht dazu die Hand hätten leihen dürfen, dass so schöne und bedeutende Werke der Hamburger Kunsthalle verloren gingen.» Er insistiert auf Wiedergutmachung, die der Kunsthändler nicht leisten will. Gurlitt hält sein damaliges Handeln weiterhin für opportun und besteht darauf, die Werke durch seinen Weiterverkauf gerettet zu haben. «Erscheint es heute nicht als eine Vergeßlichkeit oder Inkonsequenz, wenn die Nazi die Liebermann-Bilder nicht mit den Juden verbrannten?», fragt er rhetorisch.[23] Dass er der Kunsthalle immer wohlgesinnt gewesen sei, bewiesen doch die niedrigen Preise, die er für die Gemälde seines Großvaters Louis Gurlitt im Gegenzug verlangt habe.

In dem ursprünglichen Antwortbrief an Heise geht Gurlitt sogar noch weiter, indem er sich für die von ihm erzielten Gewinne rechtfertigt: «Der Kunsthandel ist ein Geschäft der Konjunktur, die man ergreifen muss, wenn man nicht ein kleiner Krämer bleiben will. Auch hatte ich keinen Grund an dem Staat nicht zu verdienen, der mich zweimal um Brot und Beruf brachte.»[24] Selbst Gurlitt scheinen hier Zweifel an seiner Argumentation gekommen zu sein, die Sätze fehlen in dem schließlich abgeschickten Brief. Doch noch auf die abgemilderte Version reagiert Heise befremdet: «Ihrer Dialektik bin ich nicht gewachsen.» Er empfiehlt, die Übergabe des Liebermann-Bildes so rasch wie möglich abzuwickeln, um keine große Untersuchung einleiten und «die Sache» nicht «an die große Glocke» hängen zu müssen. Zweifellos eine Drohung angesichts der Diskretion, auf die das Gewerbe des Kunsthandels angewiesen ist. Heise will Gurlitt eine Lektion erteilen: «Andererseits muß er deutlich zu fühlen bekommen, daß er unverantwortlich gehandelt hat», meint der Kunsthallen-Direktor gegenüber dem mit der Angelegenheit betrauten Rechtsanwalt.[25]

Gurlitt ist gekränkt. Ausgerechnet Heise – aus großem Hamburger Hause, verheiratet mit der Tochter des Lübecker Oberbürgermeisters, mit Pension aus Lübeck entlassen und nie ohne bedeutenden Besitz –, denkt

Gurlitt, wirft ihm vor, von seinem Berufsethos abgerückt zu sein. Der familiäre Hintergrund, die finanzielle Rückendeckung ermöglichten es Heise anders als ihm selbst, das «Dritte Reich» durch Rückzug aus der Öffentlichkeit komfortabel zu überstehen. Den stets verbindlichen Gurlitt erschüttert die offene Ablehnung, die seine Rückkehr nach Hamburg fürs Erste verhindert. Ihm bleibt unverständlich, warum der Hamburger Museumsdirektor ihm eine Wiederaufnahme der früheren Freundschaft verwehrt. Selbst in der unmittelbaren Konfrontation mit den Fakten erkennt Gurlitt nicht, was verkehrt an seinem Handeln gewesen sein soll. Trotzig beschließt er, es auf anderem Weg zu versuchen.

Schon im darauffolgenden Jahr 1946 beantragt Gurlitt Aufnahme in den Verband Norddeutscher Kunsthändler in Hamburg. Aber auch die wird ihm verweigert, da er in der Hansestadt kein Geschäft führt. Ein weiteres Jahr später holt ihn in Hamburg nochmals die Vergangenheit ein, als ihn im Winter 1947 seine ehemalige Sekretärin Ingeborg Hertmann bei den Behörden denunziert.[26] Doch da hat er bereits mit Hamburg abgeschlossen, er steht kurz vor seiner Anstellung in Düsseldorf. Konfrontiert mit seiner Tätigkeit im «Dritten Reich», stellt sich Gurlitt in dieser Phase des Neubeginns kein einziges Mal ernsthaft seiner Schuld. Dass es zwischen dem profitablen Weiterverkauf der Hamburger Liebermann-Gemälde und ihrer drohenden Vernichtung durchaus Spielraum für anderes Handeln gegeben hätte, will er nicht erkennen. Stattdessen führt er fast rituell zu seiner Verteidigung immer wieder die Rauswürfe in Zwickau und Hamburg an. Darüber geraten ihm die moralischen Kategorien durcheinander.

Auch bei Freunden in Zwickau erkundigt sich Gurlitt nach der Lage vor Ort und den Aussichten, die für ihn bestehen. Von Sammlern und Kunden erfährt Gurlitt, dass man in Zwickau wohl auf seine Bewerbung warte. Er stehe dort hoch im Kurs, bei Bürgermeister Tischler habe sein Name den besten Klang. Gurlitt ist gerührt. Endlich Anerkennung aus dieser Stadt. Am 7. Dezember 1945 schreibt er einen langen emphatischen Brief an Tischler: «Aber die Tätigkeit in Zwickau […] erschien mir immer die liebste und die sinnreichste, bei der ich am meisten mit dem Herzen dabei war. Was kann es für einen Menschen meiner Art schöneres geben, als einer Industriestadt, die an sich kunstfern sein muss, künstlerische Impulse zu geben, Menschen, die sonst von der Kunst kaum erreicht werden können, in Verbindung zu bringen mit Werken, die […] unser Leben erst lebenswert machen.»[27] In seiner Begeisterung bietet Gurlitt sofort an, nach Zwickau zu kommen und die Reise selbst zu bezahlen. Wie in Hamburg benötigt er jedoch eine offizielle Anfrage der Stadt. Der frühe Zuspruch lässt ihn unvorsichtig werden, er glaubt, er habe mehr oder weniger ein Recht auf den Posten nach dem, was ihm angetan wurde, und tritt entsprechend auf. Das ist strategisch nicht sehr klug. Denn in Zwickau ist keiner der Meinung, dass man an Gurlitt etwas gutzumachen habe, jedenfalls nicht von offizieller Seite. Am 5. Januar 1946 kommt die knappe Antwort: Die Leitung des Städtischen Museums sei in der Zwischenzeit anderweitig besetzt worden. Nicht einmal der Bürgermeister selbst antwortet ihm mehr, stattdessen schreibt Friedrich Behrens, der KPD-Stadtrat für Volksbildung.

Die Museumsleitung ist Gertrud Rudloff-Hille übertragen worden, die bis 1950 in Zwickau wirkt und dann nach Dresden als Direktorin an die Staatlichen Kunstsammlungen wechselt. Die Kunst- und Theaterhistorikerin weiß sehr wohl die Verdienste ihres Vorgängers Gurlitt zu schätzen. 1947 würdigt sie ihn, indem sie Max Pechstein eine Ausstellung widmet, den Gurlitt den Zwickauern einst vorgestellt hatte. Zugleich wird dem Maler die Ehrenbürgerwürde verliehen, außerdem der Max-Pechstein-Preis begründet, den im ersten Jahr der Graphiker Helmut Lang erhält. Rudloff-Hilles Nachfolgerin, Marianne Vater, versucht als weiteren Schritt, ein Pechstein-Archiv aufzubauen, und erwirbt Briefe aus Zwickauer Familienbesitz. Aber die aufkommende Formalismus-Debatte in der DDR durchkreuzt ihre Pläne. Ob Gurlitt diese indirekte Anerkennung seines Wirkens in Zwickau wahrgenommen hat, ist zweifelhaft.

Mission Dresden: Hildebrand Gurlitt engagiert sich in der alten Heimat

Eine Anfrage aus Dresden lässt ihn für kurze Zeit die Zwickauer Niederlage vergessen. Will Grohmann bemüht sich dort um seine Mitarbeit. Hildebrands 86-jährige Mutter Marie hat sich am 28. November 1945 durch die Ruinen Dresdens auf den Weg zur Zentralverwaltung für Wissenschaft, Kunst und Erziehung gemacht und bei dem neuen Kulturdezernenten Fürsprache für ihren Sohn eingelegt, wie immer besorgt um sein Wohlergehen. Grohmann und Gurlitt kennen sich noch aus alten Zeiten. Der Kunstkritiker war als Mitglied der Sezession seit den 1920er Jahren eine wichtige Figur im Dresdner Kulturleben, pflegte den Austausch mit den «Brücke»-Künstlern und publizierte über sie, förderte das Bauhaus und holte Mary Wigman in die Stadt. Während des Nationalsozialismus hielt er zwar weiter zu den verfemten Künstlern, zugleich versuchte er, sich mit den politischen Verhältnissen zu arrangieren. Im Mai 1945 wird er zum Kulturdezernenten der Stadt Dresden berufen, im Juli zum Ministerialdirektor in der Kunstabteilung der Sächsischen Zentralverwaltung für Wissenschaft, Kunst und Erziehung ernannt. Gleichzeitig amtiert er als Direktor der Hochschule für Werkkunst.[28]

Dass Grohmann den kaltgestellten Gurlitt kurz nach Kriegsende für Dresden zu engagieren sucht, hat auch pragmatische Gründe. Als Kulturpolitiker will er nicht nur die Kunstszene Dresdens reanimieren, sondern auch über die Stadtgrenzen hinaus wirken. Für 1946 plant er die erste «Allgemeine Deutsche Kunstausstellung» in Dresden, die die vier Zonen Deutschlands über die Kunst wieder miteinander verbinden soll. Damit greift er die in der Weimarer Republik entwickelte Idee der Kulturnation wieder auf, nach der dem Selbstbewusstsein der am Boden liegenden deutschen Nation durch Stiftung einer kulturellen Identität wieder aufgeholfen werden sollte. Doch die Ausstellung soll noch mehr bewirken, sie soll die als «entartet» diffamierten Künstler rehabilitieren. Die Eröffnungsrede des Bildhauers und Ausstellungsleiters Herbert Volwahsen am 25. August 1946 macht das deutlich: «Der heutige Tag hat für uns Dresdner Künstler noch eine besondere Bedeutung: denn wir haben nicht vergessen, daß hier vor 12 Jahren die Nazis die erste Ausstellung ‹Entartete Kunst› zeigten, die dann durch ganz Deutschland ging und in der Welt einen Sturm der Entrüstung über diese Kunstbarbarei hervorrief.»[29] Volwahsen bezieht sich damit auf die am 23. September 1933 im Dredner Rathaus eröffnete Ausstellung, die aus eingezogenen Beständen des Stadtmuseums bestand und anschließend auf Tournee ging. Große Teile daraus wurden 1937 für die Münchner Femeschau «Entartete Kunst» verwandt. Die jetzige Ausstellung versteht sich als Gegenstück. Die knapp 600 Werke von 250 Künstlern sind bis 31. Oktober 1946 in der Stadthalle am Nordplatz zu sehen. Es ist die erste und zugleich letzte gesamtdeutsche Ausstellung, in der sich der gemeinsame Aufbruchswille der Künstler nach dem Ende des Krieges artikuliert. Danach schließt sich der Eiserne Vorhang.

Während der Vorbereitungsphase für das große Unternehmen holt sich Grohmann, der mit Volwahsen das Konzept erarbeitet hat, Hildebrand Gurlitts Hilfe für die Recherche in den westlichen Besatzungszonen. Gurlitt verfügt in West-Deutschland über hervorragende Beziehungen, derer man sich nun bedienen möchte. Zumindest zeitweise scheint Gurlitt auch als einer der Ausstellungsmacher im Gespräch gewesen zu sein. Mit Datum vom 18. März 1946 wird ihm vom Rat der Stadt Dresden eine offizielle Bescheinigung ausgestellt, dass er mit der Durchführung der Deutschen Kunstausstellung beauftragt sei.[30] Gurlitt kommt bei seiner Mutter in der Lenbachstraße 12 unter, von wo aus er versucht, die von den Behörden einquartierte Mitbewohnerin aus der Wohnung zu verdrängen. Die Eisenbahnbaugenossenschaft soll sich endlich um eine neue Bleibe für die Frau kümmern, um einer Familienzusammenführung nicht im Wege zu stehen. Umziehen wird Gurlitt am Ende nicht, vermutlich hatte er das nie im Sinn, schon gar nicht mit Frau und Kindern. Ganz offensichtlich hat er bei seinem Besuch nur die Gunst der Stunde zu nutzen versucht, um seine Mutter von der aufgezwungenen Wohnungsgenossin zu befreien. Am 25. März 1946 reist Gurlitt via Eisenach zurück nach Aschbach, nicht ohne vorher nach seinen diversen Kunstlagern zu schauen.

Zur Akquise von Kunstwerken für die Ausstellung in den Westzonen nutzt Gurlitt sein bewährtes Sammler- und Museumsnetzwerk, er entwickelt ein regelrechtes System von Mittelsmännern für das große Projekt. Von München aus schickt ihm etwa der Kunsthistoriker Ludwig Grote eine 40 Künstler umfassende Namensliste. Gustav Hartlaub, den 1933 von den Nationalsozialisten entlassenen Mannheimer Museumsdirektor, schreibt Hildebrand Gurlitt am 10. Mai 1946 in Heidelberg an und bittet ihn ebenfalls um Hilfe bei der Suche nach passenden Kandidaten. Gleichwohl gesteht er ein, dass das Unternehmen problematisch sei. «Man muss zeigen, was man finden und greifen kann, aber ich bin dennoch gern an dieser Arbeit, weil es mir so wichtig erscheint, dass die abgeschlossenen östlichen Gebiete auf diese Weise ein wenig Verbindung mit den anderen Teilen Deutschlands bekommen.»[31] Walter Passarge, der Nachfolger von Hartlaub an der Kunsthalle in Mannheim, gibt Gurlitt eine Absage, nachdem er für ihn mit einigen Künstlern Kontakt aufgenommen hat. Die Künstler lehnten die Teilnahme ab, weil sie schlechte Erfahrungen damit gemacht hätten, ihre Bilder in weit entfernte Städte zu schicken. Beide, sowohl Hartlaub als auch Passarge, befragt Gurlitt bei dieser Gelegenheit nach passenden Schulen für seine Kinder. Im rheinischen Raum sind Gurlitts Ansprechpartner für das Ausstellungsprojekt der Direktor des Kölnischen Kunstvereins, Toni Feldenkirchen, und der Vorsitzende des Vereins, Josef Haubrich, sowie der frühere Direktor des Wallraf-Richartz-Museums Otto Förster.

Gurlitt nimmt seine Aufgabe sehr ernst, für das Ausstellungsunternehmen reist er kreuz und quer durch die westlichen Besatzungszonen. Für das große Projekt bekommt er freie Fahrt, eine Erlösung nach den Monaten des Arrests durch die Alliierten. Er fährt für die Deutsche Kunstausstellung nach Köln, Düsseldorf, Essen, Duisburg, Frankfurt am Main, Wiesbaden, Mannheim, Heidelberg. Überall dort bringt er die Akquise in Gang, danach reist er noch nach München, Stuttgart, Konstanz, Hamburg und Hannover. Mit Ministerialdirektor Herbert Gute, dem Leiter der Zentralverwaltung für Volksbildung, Kunst und Literatur, der in Dresden neben Grohmann sein Ansprechpartner ist, steht er in unmittelbarer Verbindung. Und er hat Fragen über Fragen, abgesehen von der Klage über das Misstrauen, das ihm von Seiten der Künstler entgegenschlägt: ob der Kunsttransfer über Karlshorst gesichert sei, ob er mit den 200 000 Reichsmark für Spesen und Transport rechnen könne, ob er einen Ausweis ausgestellt bekomme, um nach Sachsen einreisen zu können? Obwohl er bereits seit einem Monat einen Meldeschein für die Wohnung seiner Mutter in der Lenbachstraße 12 besitzt, muss Gurlitt immer wieder sein Visum erneuern. Das Passfoto auf seinem Wohnschein zeigt einen verhärmt aussehenden Mann mit hoher Stirn, der Mund zusammengekniffen, der Blick verhangen. Das Energiebündel, das aus den Briefen spricht, vermag man in diesem Gesicht nicht zu erkennen.

Und doch setzt sich Gurlitt energisch für die Ausstellung ein und versucht, alle Unwägbarkeiten zu meistern. Vom Rat der Stadt Dresden erhält er zwar schließlich einen Passierschein, in dem offiziell für ihn um Unterstützung bei der Überschreitung der Zonengrenze gebeten wird, aber die Organisation des Bildertransports über die Zonengrenzen hinweg gestaltet sich als höchst kompliziert. Er ist zwar bereit, aus Idealismus weiter Kraft und Reisespesen in die Sache zu stecken, aber er kann nicht mehr tun, als die Bilder bereitzustellen, die Genehmigungen kann er von den Besatzungsmächten nicht erhalten, dies müsste in Berlin erledigt werden. Im Juli 1946 hält er immer noch kein Visum in den Händen, das ihm ein risikoloses Einreisen nach Dresden ermöglichen würde. Gurlitt bleibt im

Westen Deutschlands, denn er will sich nicht der Gefahr aussetzen, verhaftet zu werden. Einen Monat zuvor war der freie Reiseverkehr zwischen den Besatzungszonen auf Verlangen der sowjetischen Behörden eingeschränkt worden.

Diese Unwägbarkeiten und die knappe Vorbereitungszeit führen dazu, dass die für August terminierte Ausstellung einen Monat vor Eröffnung auf das Frühjahr 1947 verschoben werden soll. Das passt allerdings der Politik nicht ins Konzept, denn mit der Ausstellung will die künftige Regierung Sachsens in ihrem Wahlprogramm werben. Im Oktober finden in der SBZ, der Sowjetischen Besatzungszone, Landtagswahlen statt. Grohmann nimmt daraufhin die Sache selbst in die Hand und setzt sich mit zwei Lastautos einfach gen Westen in Bewegung. Er hat die schon zuvor von Gurlitt angefragten 200 000 Reichsmark in der Tasche und dazu einen offiziellen Auftrag der sowjetischen Militärregierung. Gurlitts Mittelsmänner in München, Stuttgart, Mannheim und Köln sind jedoch ohne weitere Anweisungen geblieben, die Bilder stehen daher zunächst nicht zur Abholung bereit. Und so gerät Grohmanns Tour zum großen Chaos. Alle verzanken sich. Der energische Kulturpolitiker aber meistert am Ende auch diese Schwierigkeiten. Gurlitt zollt dem ungeheuren Ehrgeiz des Dresdener Kollegen Anerkennung und zieht sich von dem Projekt zurück. Grohmann wollte ihn offensichtlich nicht wirklich beteiligen, eher selbst alles steuern und den Ruhm allein kassieren. Für Gurlitt ist in diesem Konkurrenzkampf am Ende zu wenig zu gewinnen. Zu seiner alten Form ist er noch nicht wieder aufgelaufen, das spürt er selbst. Die ursprünglich für die Ausstellung eingeplante Zeit nutzt Gurlitt stattdessen, um mit seinem Sohn Cornelius «eine herrliche Tour auf die Alpspitze» zu machen.

75 000 Besucher kommen am Ende in die Ausstellung in der Dresdner Stadthalle, um diesen Neubeginn der Kunst und die Rehabilitation der Vorkriegsmoderne mitzuerleben. Ähnliche Ausstellungen, wenn auch nicht vom gleichen Rang, finden auch in den anderen Besatzungszonen statt. Die Alliierten versuchen im Zuge der «Reeducation»-Kampagne, Einfluss auf die Kulturentwicklung im Nachkriegsdeutschland auszuüben. Im russischen Sektor liegt der Akzent eher bei gegenständlicher Malerei, von sozialistischem Realismus allerdings noch weit entfernt, der erst nach 1949 zur Doktrin wird. Als bedeutendste Maler nehmen George Grosz, Max Beckmann, Paul Klee und Willi Baumeister teil. Die Schau

wird zum erhofften Erfolg und geht schließlich als ein Jahrhundertereignis in die Ausstellungsgeschichte ein. Grohmann gereicht sie tatsächlich deutschlandweit zum Ruhm. Im darauffolgenden Jahr verlässt der Kunsthistoriker allerdings die Stadt wegen politischer Differenzen und geht zum Wintersemester 1947/48 an die West-Berliner Hochschule der Künste.

Gedankenspiele zwischen Dresden und Krefeld

Kurz vor Grohmanns Weggang und dem Beginn der politischen Eiszeit spielt Hildebrand Gurlitt nochmals mit dem Gedanken, in seine Heimatstadt zurückzukehren. Im Mai 1947 erhält er von Oberbürgermeister Walter Weidauer und der Landesregierung das Angebot, das Referat für Bildende Kunst in der Landesregierung Sachsen zu übernehmen, eine ehrenvolle Aufgabe. Stolz berichtet Helene Gurlitt davon ihrer in die USA emigrierten ehemaligen Nachbarin Lisa Arnhold.[32] Wenig später erhält auch sie von der Landesregierung Sachsen eine Anfrage: ob sie an der nach den Prinzipien Mary Wigmans geplanten neuen Tanzschule in Dresden mitwirken, zumindest als Beraterin beitragen möge. Geschickt wird auch die Ehefrau des Umworbenen geködert. Helene Gurlitt mag es gefallen haben, auch wenn sie stärker auf Hildebrands Bemühungen in Städten in den westlichen Besatzungszonen gehofft haben wird. Hildebrand Gurlitt aber hält seine Eisen in West wie Ost im Feuer und geht auch auf die Anfrage des sächsischen Ministeriums ein.

Vorher aber müssen wieder Fragebögen ausgefüllt werden. Hildebrand ist daran gewöhnt, er kann kaum noch zählen, wie viele solcher Papiere er für die verschiedenen Stellen der Alliierten und die Spruchkammer Bamberg-Land angefertigt hat. Mit den Erkundigungen der sächsischen Landesregierung verhält es sich allerdings noch komplizierter. In der sowjetischen Zone dienen die Befragungen vor allem dem Ausschluss des «Klassengegners». Insbesondere in der Verwaltung soll kein ehemaliger Nationalsozialist und kein politisch falsch Denkender unterkommen. In seinem Fragebogen erwähnt Gurlitt jetzt immerhin, dass er ab 1940 Mitglied der NSV war, der Nationalsozialistischen Volkswohlfahrt. Nach dem Verbot der Arbeiterwohlfahrt übernahm die NSV als staatliche Organisation die Aufgaben der Wohlfahrtspflege und Jugendhilfe. Gurlitt zahlte dafür monatlich 50 Reichsmark. Bisher hat in der Nachkriegszeit eine Mitgliedschaft in dem Verband niemandem Schwierigkeiten bereitet; das weiß er von Kollegen, die während des «Dritten Reichs» mit der NSV ebenfalls das kleinere Übel gewählt hatten, um irgendeine Mitgliedschaft in einer der NS-Unterorganisationen vorweisen zu können. Doch auch wenn Gurlitt ein «Polizeiliches Unbedenklichkeits-Zeugnis» der Landesregierung Sachsen ausgestellt bekommen hat, ist er unsicher und fügt vorsichtshalber hinter der Angabe seiner Mitgliedschaft in Klammern hinzu: «vielleicht auch nur meine Frau».[33]

In sein ungutes Gefühl mischt sich weitere Besorgnis. Hildebrand Gurlitt ahnt bereits, dass Deutschland in eine westliche und eine östliche Hälfte geteilt sein wird. Er spricht mit hohen Amtsinhabern und Juristen aus seinem Bekanntenkreis darüber, die ihm aus allgemein-politischen Erwägungen heraus von einer Übersiedlung in die sowjetische Besatzungszone abraten. Damit ist für Gurlitt das Kapitel Dresden endgültig abgeschlossen. Rückblickend war dies sicher eine richtige Entscheidung, denn neben den Repressalien und Einschränkungen, die der DDR-Staat mit sich brachte, hätte Hildebrand Gurlitt in Dresden kaum an die während der Weimarer Republik begonnene Kunstpolitik anknüpfen können. Mit der ab 1949 aufkommenden Formalismus-Debatte wurde ein Großteil der modernen Kunst im Osten Deutschlands erneut verfemt.

Aber es gibt Alternativen für Gurlitt: Der neu zu besetzende Direktorenposten des Krefelder Kaiser-Wilhelm-Museums bietet ihm weitaus bessere Aussichten, mit moderner Kunst arbeiten zu können. Das Museum hat den Krieg unbeschadet überstanden und kann den Betrieb sofort wieder aufnehmen. 1947 feiert es sein 50-jähriges Bestehen und zeigt im Januar die Ausstellung «Expressionismus in Malerei und Plastik».[34] Der Museumsverein bittet Gurlitt, einen Vortrag in der zweiten Februarhälfte zu halten. Das Sujet der Ausstellung ist Gurlitts Paradethema, und er willigt selbstverständlich ein. Schnell entwickelt sich ein intensiver Austausch mit dem Museumsverein, Ende Januar reist Gurlitt für vier Tage an. Krefeld beginnt ihn zu reizen, auch weil der neue Direktor insbesondere kunsterzieherisch tätig sein soll. Gurlitt könnte hier seine in Zwickau und Hamburg angefangene Laufbahn fortsetzen. Er bewirbt sich unverzüglich bei der Stadtverwaltung Krefeld, wo man allerdings skeptisch ist wegen seines zu dem Zeitpunkt noch laufenden Entnazifizierungsverfahrens. Die Stadtverwaltung will die leitende Stellung nicht mit jemandem besetzen, der noch keine Genehmigung durch die Militärregierung vorweisen kann. In Krefeld bestehen noch Zweifel darüber, ob Gurlitt diesen Voraussetzungen entspricht.

Gurlitt holt in aller Eile Referenzen von Felix Kuetgens ein, der weiterhin Direktor der Aachener Museen ist, ebenso von Rose Valland, die als Konservatorin am Jeu de Paume und Mitglied der Résistance die schlimmsten Kunst-Raubzüge der Deutschen verhindern konnte und nun beim Aufspüren der verschleppten Werke hilft: «Jetzt hat man mich aufgefordert, mich in Krefeld [...] als Museumsdirektor zu bewerben. Ich hätte also endlich die Gelegenheit in meinen alten Beruf wieder zurückzukehren, den ich nur deshalb mit dem eines Kunsthändlers vertauschte, weil er mir, wie jede Arbeit als Schriftsteller und Redner, verboten wurde. Man legt nun grossen Wert darauf, dass ich mir auch von französischer Seite aus bestätigen lasse, dass keine Bedenken bestehen, dass ich wieder in meinem alten Beruf im Museumsdienst arbeite. Ich erlaube mir deshalb die höfliche Anfrage, ob Sie mir dies bestätigen können.»[35]

Die Papiere überzeugen die Krefelder Behörde, aber Gurlitt selbst kommen Bedenken. Er hat von Cornelius Müller-Hofstede erfahren, dass dieser sich bereits im Herbst 1946 auf den Posten beworben hat. Er will bei dem Auswahlverfahren nicht als Lückenbüßer fungieren. Müller-Hofstede entscheidet sich im März 1947 allerdings gegen den Posten und geht stattdessen nach Braunschweig, wo er die Leitung der Gemäldegalerie übernimmt und 1955 zum Direktor des Herzog Anton Ulrich-Museums berufen wird. Im Mai 1947 reist Gurlitt noch einmal nach Krefeld, um beim Vorstand des Museumsvereins als Bewerbung auf den immer noch vakanten Direktorenposten einen Vortrag zu halten. Den Zuschlag für das Kaiser-Wilhelm-Museum erhält am Ende Paul Wember, der von 1944 bis 1947 am St. Annen-Museum in Lübeck gewirkt hat. Bei dieser Nähe zu Carl Georg Heise, der zuvor in Lübeck tätig war, könnten die in Hamburg gegen Gurlitt erhobenen Vorwürfe auch bis nach Krefeld gedrungen sein und die dort schon gehegte Skepsis erneut geschürt haben. Im Mai 1947 erhält Gurlitt die Absage vom Vorsitzenden des Krefelder Museumsvereins, Walter von Scheven. Gurlitt nimmt sie allerdings nicht schwer.

Kein Wunder, denn mittlerweile befindet er sich in neuen Verhandlungen, nun um den Direktorenposten des Kunstvereins für die Rheinlande und Westfalen. Otto Förster vom Kölner Wallraf-Richartz-Museum hat ihn auf den Posten aufmerksam gemacht und ihn zur Bekräftigung zusammen mit Grohmann und Reidemeister der Stadt Düsseldorf empfohlen. Dieses Mal soll es klappen, wenn auch nicht glatt. Wieder kommt Gurlitt seine Vergangenheit in die Quere, diesmal in Gestalt seiner ehemaligen Sekretärin Ingeborg Hertmann, die ihn in der letzten Bewerbungsphase denunziert. Doch Hildebrand Gurlitt kann den Angriff parieren und sich als Kandidat in Düsseldorf durchsetzen. Am 15. Januar 1948 tritt er sein neues Amt im Kunstverein an und lässt damit scheinbar endgültig die Vergangenheit hinter sich.

Kapitel 15

Ein gewichtiges Erbe (1948 bis 1956)

Wieder in Amt und Würden: Gurlitt wird Direktor des Düsseldorfer Kunstvereins

Gurlitts Bewerbung um die Leitung des Kunstvereins für die Rheinlande und Westfalen läuft reibungsloser ab als seine Bemühungen zuvor. Die Referenzen von Leopold Reidemeister, Josef Haubrich, Felix Kuetgens und Otto Förster, die er auch schon bei seinen Bewerbungen in Hamburg und Dresden eingesandt hat, zählen in Düsseldorf weitaus mehr. Seine Fürsprecher sind zwar überregional bekannt, aber da sie in Köln und Aachen ansässig sind, spielen sie in der rheinischen Kunstlandschaft eine weitaus wichtigere Rolle. Hinzu kommt jetzt eine Empfehlung von Siegfried von Tilling, der seit Kriegsende als Stadtbaudirektor in Duisburg tätig ist und sich mit dem Wiederaufbau der Industriestadt einen Namen macht. Von Tilling ist ein Duzfreund Gurlitts aus Zwickauer Tagen. Der Architekt war damals in Zwickau Stadtbaurat und Mitglied im Verein der Museumsfreunde, der den unter Beschuss geratenen Direktor gegen die Anwürfe der Stadtregierung verteidigte. Mit Gurlitt bilden die alten Freunde in Zukunft eine Allianz im Rhein-Ruhr-Gebiet, dem Wirkungsraum des Kunstvereins. Außerdem spricht sich Major Lionel Perry von der MFA&A, der als Monument Man in Düsseldorf stationiert ist, für die Berufung Gurlitts aus. Er sichert dem neuen Direktor zu, ihn nicht nur mit Stücken aus der eigenen Obhut bei Ausstellungen zu unterstützen, sondern auch aus französischen und amerikanischen Depots. Ganz offensichtlich stellt Gurlitts künftige Tätigkeit für ihn einen wichtigen Faktor bei der «Reeducation» der Deutschen dar.

Mit dem Umzug von Aschbach nach Düsseldorf wechselt Gurlitt auch die Besatzungszone, er verlässt den amerikanischen Sektor und zieht in den britischen. Die Entnazifizierungsverfahren ähneln sich in beiden Abschnitten. Gurlitt bekommt daher keine weiteren Fragen mehr gestellt. Anders als im amerikanischen Sektor stellt sich hier jedoch zwischen der Bevölkerung und den Alliierten kein freundschaftliches Verhältnis ein, das englische Militär wird als «Kolonialmacht» empfunden. Die Briten wirken strenger auf die Bewohner, denn sie haben eine andere Vorstellung vom Wiederaufbau: Deutschland soll als Wirtschaftsmacht noch nicht sogleich wiedererstarken, sondern als einstiger Aggressor zunächst büßen. In der britischen Besatzungszone sind deshalb in weitaus größerem Umfang Reparationen zu zahlen.

Am 22. November 1947 reist Gurlitt ein erstes Mal zu Verhandlungen nach Düsseldorf. Auch wenn die Stadt im Krieg schwer unter den Angriffen aus der Luft durch die Royal Air Force gelitten hat, ist sie nicht ganz so stark zerstört wie Essen oder Köln. Es stehen noch eine Reihe öffentlicher Gebäude, die von Besatzungsbehörden zunächst genutzt werden können. Ende 1947 beginnt das städtische Leben bereits wieder zu erblühen. Zwar ist noch fast die Hälfte der Gebäude zerstört, aber die Versorgung und Verwaltung funktionieren bereits wieder.

Auch der kulturelle Betrieb regt sich in Düsseldorf früher wieder als in anderen deutschen Städten. Bei Gurlitts Ankunft sind die Straßen längst freigeräumt und haben ihre alten Namen zurückerhalten. Straßenbahnen fahren bereits, Konzerte finden statt, Theaterstücke werden aufgeführt. Düsseldorfs bekanntestes Denkmal, das Reiterstandbild des Kurfürsten Johann Wilhelm von Gabriel de Grupello, ist von seinem Auslagerungsort auf den Marktplatz zurückgekehrt. Auch die Kunstakademie hat ihren Betrieb wieder aufgenommen mit Ewald Mataré als neuem Direktor. Gurlitt ist der Bildhauer durchaus bekannt, denn die erste Einzelausstellung seiner Plastiken und Holzschnitte fand 1926 in der Berliner Galerie von Gurlitts Vetter Wolfgang statt. Eine weitere wichtige Adresse im Düsseldorfer Kulturleben der Nachkriegszeit sind die Städtischen Kunstsammlungen, die von 1945 bis 1953 von Werner Doede geleitet werden. Wie die Direktoren anderer Häuser versucht auch er frühzeitig, die durch die Aktion «Entartete Kunst» gerissenen Lücken in der Sammlung wieder zu schließen und sein Publikum mit der Moderne bekannt zu machen. 1947 und 1948 zeigt er Ausstellungen mit Werken der Expressionisten und von Paul Klee.

Angesichts dieser günstigen Voraussetzungen ergreift Gurlitt bei seinen Vorgesprächen Ende 1947 ein Hochgefühl, denn er hofft, hier viel erreichen zu können. Voller Tatendrang geht er in die Vertragsverhandlungen. Im November und Dezember reist er mehrfach aus Aschbach an, jedes Mal umständlich zunächst mit einem gemieteten Wagen bis zur nächstgrößeren Stadt Schlüsselfeld und dann weiter mit dem Zug nach Düsseldorf. Gurlitt erweist sich als zäher Verhandlungspartner. Für sich und seine Familie versucht er das Maximum herauszuholen – auch aus der Erinnerung heraus, dass er in Zwickau und in Hamburg am Ende jeweils seine Ansprüche verlor. Das soll ihm nun nicht mehr passieren. Die Vertragsentwürfe gehen hin und her: Pension, Witwen- und Waisenrente, Wohngeld, immer wieder muss nachgebessert werden. Auch seine Verluste an Hab und Gut durch die Bombenangriffe im Zweiten Weltkrieg lässt er sich als «Total-Fliegergeschädigter» kompensieren, der Kunstverein verpflichtet sich außerdem, ihm bei der Besorgung von «Bezugsscheinen» zu helfen, über die in der Nachkriegszeit rare Waren wie Zigaretten zu bekommen sind. Gurlitt kann sich eine kleine Zusatzbemerkung zum Punkt II des Vertrages, in dem die Gehaltshöhe festgehalten ist, nicht verkneifen: «Ich halte es nicht für unlogisch, wenn in der Tatsache, dass ich nicht den Staat als Kontrahenten habe, einmal eine günstige Chance liegt.»[1] Und sollte es doch zu einer Auflösung des Vertrages kommen, der sich nach fünf und nach zehn Jahren automatisch verlängert, dann hat Gurlitt unter Punkt V auch für diesen Fall vorgesorgt: Diesmal soll er dafür entschädigt werden.

Am 13. Dezember unterschreibt Gurlitt den Vertrag und kehrt nach Aschbach zurück, um mit seiner Familie die Weihnachtszeit ein letztes Mal dort zu verbringen. Ganz sorglos erlebt er sie nicht, die Vorfreude auf die neue Stelle wird getrübt, denn mitten in die Vertragsverhandlungen ist am 27. November 1947 die Verleumdungsklage von Ingeborg Hertmann hineingeplatzt. In seiner Erwiderung bei der Spruchkammer vom 28. Dezember führt Gurlitt bereits den Titel des Kunstvereinsdirektors, um sich zusätzlichen Respekt zu verschaffen. Die Botschaft ist offensichtlich: Er ist kein Privatmann mehr, sondern eine wichtige Person des öffentlichen Lebens mit dem Auftrag, in der britischen Besatzungszone unverzüglich kulturelle Aufbauarbeit zu leisten.

Nachdem die Anklage schließlich niedergeschlagen ist, kann Gurlitt am 14. Januar 1948, zwei Wochen nach seinem eigentlichen Vertragsbeginn, in Düsseldorf die Arbeit aufnehmen. Er hat es nun endlich geschafft. Gurlitt ist offiziell wieder in der Kunstszene installiert und tritt seinen Dienst schwungvoll an. Doch kommt es sogleich zu Auseinandersetzungen mit Mitarbeitern. Gustav Weitenauer denkt nicht daran, den Aufforderungen des neuen Direktors Folge zu leisten und ihm wie gewünscht die bearbeitete Post zur Unterschrift vorzulegen. Er pocht auf seine älteren Rechte, denn Weitenauer ist seit 1919 beim Kunstverein angestellt. Die Machtprobe wird er verlieren, ein Jahr nach Gurlitts Amtsantritt verlässt er das Haus. In den ersten Wochen der Zusammenarbeit aber versucht er noch, die Oberhand zu behalten. Gegenüber Gurlitt erklärt er, selbst der Geschäftsführer zu sein und keinerlei Anweisungen entgegennehmen zu müssen. Er allein besäße die Lizenz der Engländer; Gurlitt hätte nur den Auftrag, Ausstellungen zu organisieren. Am 31. Januar wendet sich Gurlitt zur Klärung des Konflikts an den Vorstand des Kunstvereins. Nur mühsam kann er in dem Beschwerdebrief seinen Zorn über diese Missachtung seiner Person unterdrücken. Laut Vertrag ist er als Sekretär des Vereins mit dem Titel Direktor eingestellt. Offensichtlich sorgt das für Verwirrung. Der Vertrag muss nochmals umgeschrieben werden. In dem Nachtrag vom 4. März steht nun schwarz auf weiß, dass Gurlitt «hauptamtlich die Geschäftsführung des Kunstvereins mit dem Titel eines Direktors» übernimmt.[2] Ein halbes Jahr später, am 17. September 1948, lässt er sich nochmals vom Vorstand schriftlich bestätigen, dass er der Geschäftsführer ist und den Titel Direktor tragen darf. Die Unterschriften des Vereinsvorsitzenden Josef Wilden und des Sekretärs Prof. Dr. J. H. Schmidt werden eigens von der Industrie- und Handelskammer sowie der Staatlichen Kunstakademie beglaubigt. Offensichtlich besteht auch zu diesem Zeitpunkt noch Klärungsbedarf, und aufgrund seiner früher gemachten schlechten Erfahrungen will sich Gurlitt seiner Position ganz sicher sein. Mit dem neuen Vertrag aber hat er endgültig die Handhabe, über alle Belange des Kunstvereins selbstständig entscheiden zu können.

Zum wiederholten Mal richtet Gurlitt sich auf eine neue Zukunft ein. Zunächst zieht er jedoch allein nach Düsseldorf. Eine angemessene Wohnung für sich und seine Familie hat er im Januar 1948 noch nicht gefunden, auch wenn in dem Arbeitsvertrag steht, dass der Kunstverein den neuen Direktor bei seiner Suche unterstützen werde, etwa durch das «Wohnungsbeschaffungsprogramm der Stadt Düsseldorf für Künstler». Trotz des schnellen Wiederaufbaus herrscht in der Stadt weiterhin Wohnungsnot, die Situation ist so angespannt, dass Gurlitt laut einer Vertragsklausel von seinem Posten sogar zurücktreten darf, wenn er keine für seine Position adäquate Bleibe findet. Was darunter zu verstehen ist, fixiert der Vertrag ebenfalls: «eine 5–6-Zimmerwohnung für Ehepaar, Tochter, Sohn und Hilfe».

Acht Monate nach Arbeitsbeginn aber kann die Familie am 2. September 1948 umziehen, in die Cecilienallee 75 im Stadtteil Pempelfort. Die große, schöne Straße verläuft parallel zum Rhein, vom Wohnzimmer aus ist über eine Grünanlage hinweg der breite Fluss zu sehen. Die Lage gilt als eine der vornehmsten Adressen der Stadt. Hier kann der neue Kunstvereinsdirektor seine Gäste standesgemäß empfangen und repräsentieren. Gleichwohl fährt er noch immer seinen alten DKW, auf solche Äußerlichkeiten gibt Gurlitt nicht viel – anders als seine Frau Helene, die wenige Jahre nach dem Tod ihres Mannes nach München ziehen wird, da ihr dort das Leben glamouröser erscheint, wie ihr Sohn Cornelius später beklagt. Zu Lebzeiten Gurlitts war sie immer die glanzvolle Erscheinung an seiner Seite, bei offiziellen Terminen der eigentliche Blickfang für die Pressefotografen.

In die Cecilienallee wird am 15. Dezember 1950 von der Property Division des Office of the US High Commissioner for Germany eine 150 Positionen umfassende Sendung geliefert: «Kunstwerke, Antiquitäten und Gegenstände von kulturellem Wert».[3] Das fünf Jahre zuvor von den Alliierten auf Schloss Aschbach konfiszierte Gut ist damit wieder freigegeben, Gurlitt ist offiziell als Eigentümer anerkannt. Die Fülle der Kunstwerke bildet sich jedoch nicht in der neuen Wohnung ab, sie kann es auch kaum, denn dazu ist diese nicht annähernd groß genug. Wie umfangreich Gurlitts Sammlung tatsächlich ist, bleibt den Besuchern verborgen, sie bekommen nur einige herausragende Exemplare zu sehen.

Nach dem nächsten Umzug der Familie in die nahe Rotterdamer Straße 35, ebenfalls in exklusiver Lage, verhält es sich ähnlich. Im Wohnzimmer hängen in der Sitzecke hauptsächlich Werke des Großvaters an den Wänden, auf einer kleinen Kommode steht die Marmorfigur «Kniende» von Rodin, die Gurlitt so verzweifelt unter den sichergestellten Werken in Wiesbaden gesucht hat. Über dem Esstisch befindet sich das 1953 bei Raphael Gérard erworbene «Dorfmädchen mit Zicklein» (1850) von Gustave Courbet. Der große zweigeteilte Raum ist durch schwere Samtvorhänge von einer Art Bibliothek und Arbeitszimmer getrennt. Hier prangt die «Waterloo-Bridge, Temps gris» von Claude Monet (1903) über dem Bücherbord, gegenüber ein weiteres Gemälde von Courbet, das große Hochformat «L'Apôtre Jean Journet» (1850) aus der Pariser Sammlung von Madame Albert Esnault-Pelterie, daneben eine der seltenen Meeresdarstellungen von Édouard Manet, «Marine, Temps d'Orage» (1873) aus der Sammlung des Baron Matsukata in Tokyo. In dem Raum befinden sich außerdem eine Marmorfigur von Maillol, dazu eines der beiden einzigen Gemälde aus der Aktion «Entartete Kunst», die bis heute in der Sammlung Gurlitt verblieben sind: «11 Uhr nachts» von Joachim Ringelnatz. Auf dem Schreibtisch stehen kleine ägyptische Statuetten und eine platzgreifende Büste von Cornelius Gurlitt senior. In Benitas Zimmer hängt August Mackes Gemälde «Frau mit Papagei» von 1914, das sie im November 2007 im Auktionshaus Villa Grisebach versteigern lassen wird.[4]

Ausstellungsmacher, Quartiermeister, Drahtzieher

Das zunächst noch in der Cecilienallee bezogene Heim bildet für Gurlitt die perfekte Ausgangslage, um sich in der Stadt einzuleben. Zum Kunstverein kann er von hier aus zu Fuß gehen, in wenigen Minuten gelangt er an seinen Arbeitsplatz. Der Verein ist anfangs provisorisch mit einem Geschäftszimmer in der Akademie untergebracht. Sein ursprüngliches Gebäude, die Kunsthalle in der Alleestraße, ist noch weitgehend Ruine. Die erschwerten Verhältnisse halten Gurlitt jedoch nicht davon ab, bereits Mitte Juli 1948 «Bilder der Steinzeit aus der Felsbildergalerie des Frobenius-Institutes Frankfurt am Main» im Ehrenhof als Ausweichquartier zu zeigen, einem direkt am Rhein gelegenen expressionistischen Gebäudeensemble, in dem 1925 bis 1927 zur Eröffnung die «Große Ausstellung für Gesundheitspflege, Soziale Fürsorge und Leibesübungen» gezeigt wurde.

Erstmals in seiner ganzen Laufbahn kann Gurlitt seinen Beruf als Ausstellungskurator frei und ohne politische Direktiven ausüben. Der Verein zählt 2500 Mitglieder, die sich bis zu Gurlitts Tod 1956 auf 6500 vermehrt haben werden. Der Düsseldorfer Kunstverein ist einer der ältesten und größten deutschlandweit. Bereits im Dezember 1945 hat die britische Militärregierung einen Erlaubnisschein ausgestellt, damit er seine Tätigkeit rasch wieder aufnehmen konnte. Vorsitzender ist seit 1946 Josef Wilden, Präsident der Düsseldorfer Industrie- und Handelskammer. Neben dem städtischen Kunstmuseum ist der Verein die einzige Ausstellungsinstitution in Düsseldorf und wird es während der ganzen Amtszeit von Gurlitt auch bleiben. Gerade diese herausragende Stellung, auch die Möglichkeit der Einflussnahme auf die Kulturpolitik reizt ihn. Neben dem Ausstellungsprogramm muss er sich um ein bleibendes Quartier für den Verein kümmern. Am Ende wird es das ursprüngliche Gebäude sein, der Kunstverein kehrt in das wieder hergerichtete Erdgeschoss der Kriegsruine zurück und bleibt dort bis zum endgültigen Abriss des Baus und Umzug in den Neubau im Jahr 1967, die Gurlitt jedoch nicht mehr erlebt.

Die Kunsthalle – oder vielmehr deren Reste – erinnert nach dem Krieg noch an den einstigen Glanz der Kaiserzeit. Das pompöse, im Stil des Historismus 1881 errichtete Gebäude wurde allerdings schon wenige Jahre nach seiner Übergabe als unzweckmäßig angesehen: das Treppenhaus zu groß, die Ausstellungsräume zu klein. Der Eingang liegt schräg gegenüber der Oper, die von den gleichen Architekten, Ernst Giese und Paul Weidner, stammt. Den stärksten Eindruck macht das Triumphportal des Eingangs, danach wird es eng. Bis 1906 wurden zusätzliche Oberlichtsäle angebaut, in denen 1909 und 1911 die Ausstellungen des Sonderbundes stattfanden, offiziell Sonderbund Westdeutscher Kunstfreunde und Künstler genannt, ein 1909 gegründeter Zusammenschluss zur Propagierung neuster Tendenzen in der Kunst. Nach dem Ersten Weltkrieg waren in der Kunsthalle außerdem Ausstellungen des «Jungen Rheinlands», des «Blauen Reiters» und der «Brücke» zu sehen.

Doch bevor der Kunstverein zu seinem langen Interim in die Kunsthalle zurückkehrt, zieht Gurlitt mit seinen Büros ins Haus des Industrieclubs in der Elberfelder Straße 6–8 um, das sich unweit der Kunsthalle befindet. Wahrscheinlich hat der Vorsitzende Josef Wilden dieses Zwischenquartier vermittelt, der als Präsident der Industrie- und Handelskammer Mitglied im Industrieclub ist. Dem 1912 gegründeten Verein, in dem Industrielle und politische Entscheidungsträger verkehren, gehört der halbe Häuserblock zwischen Königsallee, Elberfelder Straße und der heutigen Heinrich-Heine-Allee. Die Immobilie ist während des Krieges unversehrt geblieben, so dass der obdachlos gewordene Kunstverein darin vorübergehend Unterschlupf finden kann.

Für Ausstellungen sind die Räume jedoch ungeeignet, weshalb die erste Nachkriegsschau des Kunstvereins im Juli 1948 in den Ausstellungshallen des Ehrenhofs stattfinden muss, dem in den 1920er Jahren von Wilhelm Kreis als Messegebäude entworfenen Ensemble. Die «Rheinische Post» frohlockt in ihrer Rezension, «dass der altberühmte Kunstverein für die Rheinlande und Westfalen seine bedeutsame, durch Jahrzehnte gepflegte Ausstellungstätigkeit nach fünf Jahren aufnimmt und damit seine wichtige Funktion, unabhängiger Mittler, zwischen Kunst und Öffentlichkeit, zwischen Künstlerschaft und Publikum in der rheinischen Kunst- und Akademiestadt zu sein, in beispielhafter Weise wieder zu erfüllen beginnt».[5] Direkt im Anschluss daran folgt ab 1. August eine Gedächtnisausstellung für den Bildhauer Georg Kolbe. Mit der Präsentation von Christian Rohlfs, zu der auch die Witwe des Malers anreist, zieht der Kunstverein am 17. September 1949 schließlich in die Kunsthalle zurück.[6] Zwar war in den oberen Etagen nach den Bombenangriffen nur das äußere Mauerwerk stehen geblieben, aber die Ausstellungsräume im Erdgeschoss sowie der hintere Anbau haben sich erhalten.

Ein Coup am neuen Ort wird die erste Ausstellung Marc Chagalls in Deutschland, die Hildebrand Gurlitt von Dezember 1949 bis Januar 1950 zeigt. Er fragt dafür Werke in bedeutenden Privatsammlungen an. Den Großteil stellt der holländische Sammler P. A. Regnault zur Verfügung, der neben Chagall auch Werke von de Chirico, van Dongen, Masareel, Modigliani, Pechstein, Picabia, Picasso und Rodin besitzt. Ein weiterer wichtiger Leihgeber ist das Stedelijk Museum in Amsterdam, aber auch Gurlitts Freund Josef Haubrich und die Witwe des Krefelder Sammlers Hermann Lange überlassen Gurlitt Werke für die Ausstellung. Zu gerne hätte der neue Kunsthallen-Direktor außerdem verkäufliche Aquarelle, Graphiken und Gouachen hinzugefügt und kontaktiert seine alten Händlerkollegen Jean Lenthal und Victor Mandl in Paris: «Wenn also im Augenblick die Geschäfte noch nicht sehr groß werden, so wäre es doch sehr gut, wenn wir alte Beziehungen wieder lebendig aufnehmen könnten.»[7] Doch auf seine werbenden Worte kriegt er keine Reaktion. Gurlitt empfindet dies als Affront, fühlt sich von den Pariser Freunden «im Stich gelassen». Um Ersatz zu beschaffen, richtet er weitere drängende Anfragen an August Klipstein in Bern, mit dem er ebenfalls schon in den 1930er Jahren Kontakt hatte, und an Händler in Holland.

Am Ende steht die Ausstellung trotzdem, und sie wird zu einem großen Erfolg. Sogar der französische Generalkonsul Pierre Arnal gibt sich die Ehre und wohnt der Eröffnung bei.[8] Sogleich bemühen sich andere um eine Übernahme der Schau. Zunächst fragt die Münchner Kunsthandlung Günther Franke an, die jedoch gleich eine Absage erhält. Auch der Mannheimer Galerist Rudolf Probst bekundet Interesse, ebenso die Kestner-Gesellschaft Hannover. Doch die Ausstellung geht zunächst nach Eindhoven weiter. Gurlitt berichtet Chagall stolz von der starken Resonanz: «Wichtiger als dieser äußerliche Erfolg ist das aufrichtige Interesse, mit dem die Künstlerschaft und die Jugend Ihre Bilder betrachtet, sodass ich hoffe, dass von ihr wirklich Segen und Aufgeschlossenheit nach allen Seiten ausgehen wird.» Chagall schreibt bewegt zurück: «Ich bin gerührt von der Sympathie, welche die Künstlergemeinde in Deutschland nach dieser tragischen Phase in der Menschheitsgeschichte mir bezeugt.» Zugleich bittet er den Kunstvereinsdirektor um zwei Reproduktionen eines Bildes, das er auf einer von Gurlitt mitgeschickten Fotografie der Ausstellungseröffnung entdeckt hat. Er hat es das letzte Mal 1914 in der Galerie «Der Sturm» von Herwarth Walden in Berlin gesehen. Nun möchte er das Werk in seinen geplanten Catalogue Raisonné aufnehmen. Gurlitt lässt ihm die gewünschten Abzüge zukommen, stellt sie dem Künstler allerdings kleinlich in Rechnung.[9]

Bei dem Briefwechsel zwischen Chagall und Gurlitt verwundert, dass Hildebrands Schwester Cornelia vollkommen unerwähnt bleibt, die doch eigentlich 1913 bei dem Künstler in Paris studiert haben soll. Zumindest hatte Gurlitt dies gegenüber den Alliierten zunächst als Begründung dafür angeführt, dass sich Chagalls Gouache «Allegorische Szene» in seinem Besitz befindet. Später half ihm sein Freund Karl Ballmer mit der schriftlichen Erklärung aus, dass er ihm das Bild geschenkt habe. Vermutlich um nicht doch noch überführt zu werden, lässt Gurlitt das Werk in seinem Briefwechsel mit dem Künstler unerwähnt, ebenso wenig ist es in der Ausstellung des Kunstvereins zu sehen. Dafür klärt Gurlitt den Maler über ein anderes Missverständnis auf, nachdem dieser ihm geschrieben hat: «Ich erinnere mich gut an Ihre Galerie, die ich oft besucht habe, als ich 1923 in Berlin war. Helas! Wie hat das Weltgeschehen seitdem unsere Zeiten erschüttert.» Gurlitt rückt sogleich zurecht, dass es sich hier um die Galerie seines Vetters Wolfgang handelte. Zugleich nutzt er die Gelegenheit, als Händler bei Chagall anzuklopfen, und bittet ihn um Fotografien verkäuflicher Werke, um sie möglichen Kunden anzubieten.[10]

Ähnlich wie schon in Zwickau und Hamburg betreibt Gurlitt auch in Düsseldorf neben seiner Tätigkeit an einer öffentlichen Institution Handel, diesmal mit dem Briefpapier des Kunstvereins. Allerdings geschieht dies auf Rechnung und zu Gunsten des Kunstvereins. Auch die Zusammenarbeit mit dem Pariser Kunsthändler Hugo Engel setzt er fort, der regelmäßig nach Düsseldorf gereist kommt und ihm französische Landschaftsmalerei in Kommission hinterlässt. Für Jäger unter den potenziellen Kunden lässt Gurlitt sich den schon erwähnten Trick einfallen, für den er vermutlich seine Cousine Gitta als Retuscheurin einsetzt. Gurlitts damaliger Assistent Karl-Heinz Hering beschreibt die Mogelei in seinen späteren Memoiren: «Es fand sich jemand, der mit kundiger Hand ein kräftiges Reh oder auch einen kapitalen Hirschen unauffällig in das Gehölz zauberte und diese begehrten Wesen auch ebenso unauffällig wieder verschwinden lassen konnte, wenn das Bildformat zuhause nicht über das Sofa paßte.»[11] Gurlitt ist in Düsseldorf als Direktor einer Institution und zugleich Händler wieder in seinem Element, doch diese Doppelrolle handelt ihm Ärger mit den Düsseldorfer Galeristen ein, die im Kunstverein eine Konkurrenz erwachsen sehen. Als er sie während einer Vakanz in seinen Räumen zu einer gemeinsamen Ausstellung in die Kunsthalle einlädt, ist der Frieden wiederhergestellt. «Die Händler waren begeistert, zufrieden und versöhnt», erinnerte sich Karl-Heinz Hering, der in Gurlitt deshalb den «Erfinder der heute in aller Welt so verbreiteten Kunstmärkte» sah.[12]

Unmittelbar an die Chagall-Ausstellung schließt sich im Januar 1950 eine Präsentation von Werken Hans Thomas an, im Februar folgt Max Beckmann mit bislang unbekannten Arbeiten aus der Zeit seines holländischen Exils. Gurlitt entfaltet eine ungeheure Aktivität, er zeigt 1950 Lovis Corinth, 1951 Aristide Maillol, Max Ernst, Karl Schmidt-Rottluff, 1952 Ewald Mataré und Fernand Léger, 1953 Pablo Picasso, Ernst Wilhelm Nay, Emil Nolde, 1954 Max Liebermann. Der Rastlose sieht es als seine Aufgabe an, das Publikum im Nachkriegsdeutschland mit der alten Avantgarde wieder vertraut zu machen. Mit den Klassikern der Moderne richtet er sich vor allem auf ein eher konservativ eingestelltes Publikum ein, das er als Mitglieder zu gewinnen sucht. Die enormen Zuwächse seines Vereins geben dieser Strategie recht. Innerhalb der ersten fünf Amtsjahre verdoppelt Gurlitt die Mitgliederzahl. Er besetzt damit eine enorm wichtige Position im Kulturleben der Stadt, im Kunstverein wird der verlorene Faden der Vorkriegszeit wieder aufgenommen und das Publikum in eine veränderte Gegenwart geführt. Diese Bedeutung wird besonders deutlich in der Beckmann-Ausstellung. Die Zeitungen feiern Gurlitt als den Mann, der sich noch 1936 traute, den damals verfemten Künstler auszustellen, und der ihn nun erneut nach Deutschland holt. Auch mit seinem pädagogischen Programm, den regelmäßigen Vorträgen und Gesprächsabenden knüpft Gurlitt an seine Anfänge in Zwickau und Hamburg an. Nur wird diesmal sein Engagement uneingeschränkt anerkannt und er als «Vorkämpfer der Avantgarde» gelobt.[13]

Während Gurlitts Amtszeit finden 70 Ausstellungen statt, teilweise parallel und einander thematisch ergänzend, dazu eine Fülle an Veranstaltungen: Lesungen, Konzerte, Vorträge. Wie schon in Hamburg lädt Gurlitt auch hier seinen Bruder Wilibald ein, ein musikwissenschaftliches Referat zu halten, diesmal über «Johann Sebastian Bach und seine Zeit».[14] Als Besonderheit führt Gurlitt «Atelierabende» ein, um den Kontakt zwischen Künstlern, Publikum, Museumsleuten und Politikern zu fördern. Auf diese Weise macht er den Kunstverein zu einem wichtigen Ort des öffentlichen Lebens. Der am 10. November 1956 erscheinende Nachruf in der «Rheinischen Post» betont gerade diese Spezialität. Besondere Erwähnung findet in dem Artikel einer der letzten «Atelierabende» mit dem Sammler Heinrich Schmitz, den der Kunstvereinsdirektor «dazu ermunterte, aus seinen Erinnerungen und von seinen Erfahrungen zu erzählen, und es gelang Gurlitt, ein Stück echte alt-düsseldorferische Atmosphäre zu erzielen». Außerdem engagiert sich Gurlitt in der «Arbeitsgemeinschaft kultureller Organisationen», kurz AKO genannt, die regelmäßig zum «Studio» in den Kunstverein einlädt, einer offenen Veranstaltungsform, bei der Literatur und Musik auf Kunst treffen. Eigentlicher Erfinder des «Studio» ist der Schatzmeister des Kunstvereins, der Bankier Kurt Forberg, der aus einer bekannten Kupferstecher- und Musikerfamilie stammt, aber nach dem Tod des Vaters und von zwei Brüdern ins Bankgewerbe eintrat. Forberg gehört zu den zentralen Figuren des Kulturlebens der Stadt, ist Förderer und sammelt selber expressionistische Kunst. Er war es auch, der Gurlitt letztlich nach Düsseldorf holte. Die enorme Beliebtheit der «Studio»-Abende, an denen die Räume des Kunstvereins regelmäßig überlaufen sind, überhaupt die wachsende Reputation des Kunstvereins bestätigen Forberg in seiner Wahl.[15]

Den Höhepunkt seiner Ausstellungstätigkeit aber erreicht Gurlitt 1954 mit der Jubiläumsschau zum 125-jährigen Bestehen des Vereins, die «Meisterwerke des 15.–20. Jahrhunderts» aus dem Museu de Arte de São Paulo zeigt: Bosch, Velázquez, Raffael, Rembrandt und Rubens, Cranach, Holbein, Hals, Toulouse-Lautrec, van Gogh, Modigliani, Matisse und Picasso, «darunter sehr bedeutende Bilder, die vor 1933 deutschen Sammlern gehörten», so Gurlitt im Faltblatt der Ausstellung.[16] Erworben hatte sie der brasilianische Multimillionär und Medienmogul Francisco de Assis

Chateaubriand zum größten Teil im Nachkriegseuropa. Sie bilden den Grundstock seines 1947 eröffneten Museums. Gurlitts Verweis deutet indirekt auf jüdische Vorbesitzer hin, die ihren Besitz unter den Nationalsozialisten abstoßen mussten oder auf andere Weise verloren. Sein merkwürdig eratischer Satz bezeugt zugleich, wie wenig damals die Vorgeschichte der Bilder hinterfragt wurde. Die Ausstellung wird zum größten Erfolg des Kunstvereins in der Nachkriegsgeschichte, zu ihrer Eröffnung kommen Bundespräsident Theodor Heuss ebenso wie Katia und Thomas Mann. 130 000 Besucher sind es am Ende, denn nach Paris, Brüssel, Bern und London ist Düsseldorf die einzige Stadt in Deutschland, in der die Wanderausstellung Station macht.

Gurlitt weiß, wie er ein Massenpublikum erreichen kann, zugleich verfolgt er eine didaktische Mission. Sein Ideal ist ein Kunstverein, der «seine Aufgaben erfüllt, wenn er als kühner Mahner auftritt, als ein Unbequemer, der ernste Kunst, auch wenn sie nicht gefällt, zeigt, wenn er ein Verein bleibt, der nicht nach der Kasse ausgerichtet ist, sondern nach dem Geist und der Kunst».[17] Ein «Unbequemer» ist Gurlitt mit seinen Ausstellungen dennoch nicht mehr, die einstmals verfemte Moderne ist mittlerweile beim Publikum hochwillkommen; nicht zuletzt durch seinen Einsatz für den Expressionismus wird dieser zum Mainstream der neuen Kulturpolitik. Mit seinen glanzvollen Ausstellungen gibt Gurlitt dem Kulturleben der Landeshauptstadt wieder Strahlkraft. Die Stadt Düsseldorf dankt es ihm und benennt nach seinem Tod eine Straße nach ihm.[18]

Neben seiner Tätigkeit am Kunstverein dient Gurlitts eigene Sammlung als Instrument zum öffentlichen Wirken, zumindest jene Werke der Moderne, die er als Leihgaben in Ausstellungen gibt. Mit Antritt seines neuen Postens in Düsseldorf hat Gurlitt zwar die Tür zu den Jahren geschlossen, in denen er dem «Dritten Reich» als Kunsthändler dienlich war. Doch durch die rund 2000 Kunstwerke, die er damals erwarb und nicht weiterverkaufte, gibt es trotzdem eine Verbindung in die Vergangenheit. Seine umfangreiche Sammlung ist sehr heterogen zusammengesetzt. Gut ein Drittel besteht aus der von ihm systematisch angelegten Kollektion: angefangen mit den Aquarellen, die er ursprünglich für das König-Albert-Museum in Zwickau erwarb und dann privat übernahm, als der Ankauf von der Stadt abgelehnt wurde. Im Laufe der Jahre hat er eine herausragende Kollektion expressionistischer Graphik vor allem aus dem Kontingent «Entarteter Kunst» zusammengestellt, um die ihn nach

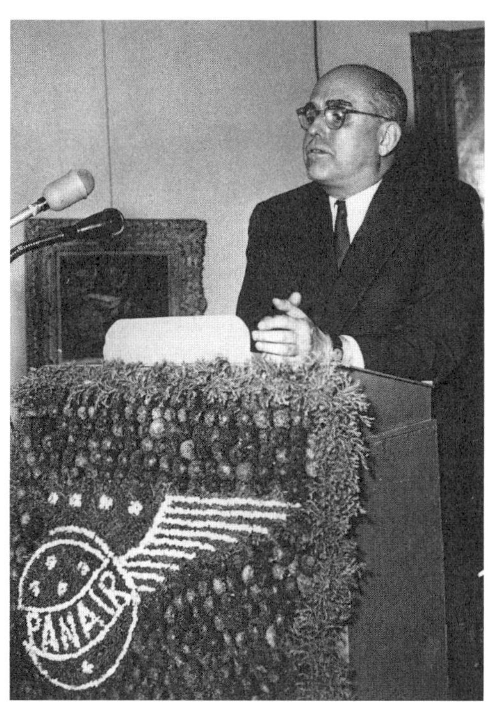

Hildebrand Gurlitt eröffnet die Ausstellung «Meisterwerke des 15.–20. Jahrhunderts» aus dem Museu de Arte de São Paulo, 1954

dem Krieg jedes Museum beneiden würde. Die nächste Gruppe bilden Werke französischer Künstler, hauptsächlich aus dem 19. Jahrhundert: Millet, Courbet, Manet, Monet, Daumier, Toulouse-Lautrec, Degas, Renoir, Rodin, Cézanne, Signac, Seurat, Matisse und Picasso. Während seiner Einkaufstouren in Frankreich hat Gurlitt ein Faible für diese Kunst entwickelt und sie zu einem eigenen Segment in seinem Angebot als Händler gemacht. Außerdem besitzt er erlesene Blätter von Dürer und Rembrandt, von Guardi und Tiepolo, die er ebenfalls in Paris erstand, ferner ganze Konvolute japanischer Holzschnitte und Liebermann-Werke, Letztere stark dezimiert durch die Rückgaben an die Museen. Hinzu kommen die Bilder seines Großvaters Louis Gurlitt sowie der künstlerische Nachlass seiner Schwester Cornelia.

Nur einen Bruchteil davon hatten die Alliierten zur Überprüfung sichergestellt, in den Central Collecting Point Wiesbaden überführt und Gurlitt Ende 1950 bzw. Anfang 1951 wieder zurückgegeben. Der Rest lagerte derweil in Aschbach oder an anderen Orten, aus denen er die

Werke nach und nach wieder zusammengeholt hat. «Erst später, als ein kommunistischer Dorf-Bürgermeister die Blätter bereits beschlagnahmt hatte, konnte ich sie mit einer kleinen List freibekommen und Dank eines braven Russen, dem in einer regennassen Nacht, zwei Flaschen Schnaps hervorragend gefielen, durch den eisernen Vorhang bringen», beschreibt der Sammler eine seiner Transaktionen 1956 im Entwurf eines Katalogvorworts zur «Wanderausstellung deutscher Aquarelle der letzten 50 Jahre in den USA, 1905 bis 1955», das für diesen Zweck jedoch nicht veröffentlicht worden ist.[19] Möglicherweise hat ihm auch sein alter Freund Kurt Kirchbach beim Transport geholfen, dessen Fabrik in Coswig den Krieg zwar unversehrt überstanden hat, aber von den Russen demontiert wurde. Im Spätsommer 1945 ließ sich der Unternehmer zunächst in Duderstadt, dann in Düsseldorf-Benrath nieder. Seine als «Juridwerk Kurt Kirchbach» neu begründete Firma begann innerhalb weniger Jahre erneut zu florieren. Kirchbach mag Gurlitt in der ersten Nachkriegszeit mit Hilfe seiner Transporter die ein oder andere Fracht von Ost nach West gebracht haben.

Bei seiner Übersiedelung nach Düsseldorf 1948 hat Gurlitt fast alles wieder beisammen. Einiges ist verbrannt, zerstört, anderes von den Russen eingezogen oder von den amerikanischen Alliierten zur Rückgabe an die Herkunftsländer eingefordert worden. Im Großen und Ganzen aber rettet Gurlitt seinen wertvollen Besitz in sein neues Leben. Nur er allein hat den Überblick über den Umfang der Sammlung, keiner sonst soll ihn erlangen. Auf diese Weise sucht er sich vor weiteren Nachforschungen zu schützen. Allerdings bringt er Teile der Sammlung als Leihgaben in öffentliche Ausstellungen ein, nicht zuletzt in die von ihm selbst im Kunstverein organisierten Präsentationen, etwa die Ausstellung des Spätwerks von Lovis Corinth, die vom 22. Oktober bis 8. Dezember 1950 stattfindet. Von ihm stammt in der Ausstellung das 1924 entstandene Gemälde «Luzern am Vormittag». Er hatte das Bild für sich erworben, nachdem es bei der Auktion 1939 in Luzern zurückgegangen war. Als Leihgeber stellt er vor allem Werke der deutschen Expressionisten zur Verfügung, die durch die Beschlagnahmungsaktion «Entartete Kunst» den deutschen Museen nun schmerzlich fehlen.

In ganz Deutschland bemühen sich in den Nachkriegsjahren die Museen um eine Rehabilitation der verfemten Kunst, eine Anknüpfung an alte, bessere Zeiten in Malerei und Skulptur. Köln entwickelt hier eine besonders starke Initiative durch die intensiven Recherchen Christian Töwes, eines Spezialisten für die Künstlergruppe «Brücke», der am Wallraf-Richartz-Museum arbeitet. 1946/47 startet von Köln aus eine große Fragebogenaktion, sozusagen eine Inventur der Moderne. Befragt werden Museumsleiter und -mitarbeiter, Sammler und Händler sowie die Künstler selbst, um herauszufinden, wo welche Werke den Krieg überstanden haben. Auch Hildebrand Gurlitts Geschäftspartner und Künstlerkontakte werden angeschrieben: Josef Haubrich, Leopold Reidemeister, Karl Schmidt-Rottluff, Erich Heckel. Nur Gurlitt selbst wird merkwürdigerweise nicht befragt.[20]

Während die anderen Museen nach Kriegsende nur langsam die Lücken der Moderne wieder zu schließen vermögen, kann Köln durch die Schenkung der Sammlung Haubrich aus dem Vollen schöpfen. Auch der Kunstverein in Düsseldorf hat durch Gurlitts Sammlung ganz andere Möglichkeiten. Gurlitt gibt gerne: Die Erkennungsmelodie seiner beruflichen Tätigkeit – die Moderne – erklingt nun laut und vernehmlich in den großen Häusern der Republik, und er ist ein Ermöglicher, einer der Tonangeber. Für die vom 4. Juli bis zum 2. Oktober 1953 im Kunstmuseum Luzern präsentierte Ausstellung «Deutsche Kunst – Meisterwerke des 20. Jahrhunderts» unter der Schirmherrschaft des westdeutschen Bundespräsidenten Theodor Heuss und des Schweizerischen Bundespräsidenten Philipp Etter stellt er 24 Leihgaben zur Verfügung, darunter Werke von Macke, Schmidt-Rottluff, Rohlfs, Kirchner, Heckel, Marc, Dix, Grosz, Beckmann, Kandinsky und Klee. Auch für die Ausstellung «Werke der französischen Malerei und Graphik des 19. Jahrhunderts», die vom Essener Folkwang-Museum in der Villa Hügel ausgerichtet wird, gibt er Bilder, darunter zwei Pastelle – Degas' «Sich waschende Frau» und Monets «Abendliche Landschaft». Während sich Gurlitt als Leihgeber bei den Werken «Entarteter Kunst» zu erkennen gibt, da er hier keine Rückgabeforderungen zu befürchten hat, bleibt er bei der Ausstellung in der Villa Hügel lieber anonym. Über 75 000 Menschen sehen die vom 25. Juli bis 6. November 1954 laufende Ausstellung.

Noch bedeutender wird für Gurlitt aber die Wanderausstellung «German Watercolors, Drawings and Prints», die 1956 durch die Vereinigten Staaten reist. Als wichtigster Leihgeber steht der Kunstvereinsdirektor gleich vorne auf dem Titel. Hier gibt er mit vollen Händen, Beckmann, Kirchner, Kandinsky, Heckel, um «in Übersee eine Vorstellung geben [zu] können, von dem was deutsche Kunst in den letzten fünfzig Jahren bedeutet hat», wie er in seinem nicht veröffentlichten Katalogtext schreibt. «In diesen Werken zeigt sich der Kampf um uns selbst.»[21] Der Sammler Gurlitt befindet sich hier auf einer Linie mit der bundesrepublikanischen Kulturpolitik, die durch die Ausstellung zur Außenpolitik verlängert wird. Die Wanderausstellung geht auf eine Initiative der Kulturabteilung des Auswärtigen Amtes zurück, der Anstoß kam vom Karlsruher Museumsdirektor und Gurlitt-Vertrauten Kurt Martin. Die Zusammenstellung der Werke besorgt Leonie Reygers, Gründungsdirektorin des Museums Ostwall in Dortmund, mit der Gurlitt ebenfalls zu Kriegszeiten als Kunsthändler in Kontakt gestanden hat. Die 112 ausgewählten Papierarbeiten decken die Jahre 1905 bis 1955 ab, der Schwerpunkt liegt bei Werken des Expressionismus, insbesondere von Künstlern, die von den Nationalsozialisten verfolgt wurden. Die 1949 gegründete Bundesrepublik bekennt sich hier mittels der Kunst zu den Werten der Freiheit, und der Expressionismus wird zum Botschafter einer geläuterten politischen Haltung.

Für Gurlitt ist die Kunst eine heilige Flamme, die er durch alle Zeitläufte trägt. In seinem Vorwort für die Wanderausstellung, zugleich ein Resümee seiner Sammlertätigkeit, mithin seines Lebens, spricht er der Kunst eine geradezu mystische Qualität zu: «Aber schon während meiner sogenannten Evakuierung, im kleinsten Nest in Franken, fingen die Blätter wieder an, wirksam zu werden. An kleinen, unvergesslichen Abenden, beim Pfarrer des Dorfes, gingen sie unter den Flüchtlingen und Ortseingesessenen von Hand zu Hand und brachten Trost in die Notquartiere. Dann fingen sie bald wieder an, von Ausstellung zu Ausstellung zu wandern, so z. B. zur großen Kunstausstellung in Luzern, in viele deutsche Städte, nach Amsterdam, nach Den Haag, nach Santiago de Chile und werden nun zu den USA und wahrscheinlich weiter nach Japan wandern.» Gurlitt ist fest davon überzeugt, eine kulturpolitische Aufgabe mit seinen Bildern zu erfüllen: «Ich sehe die Sammlung, die nach so viel Fährnissen, mir, ich kann nur sagen, [in] unerwarteter Weise, wieder zugefallen ist, nicht eigentlich als mein Eigentum an, sondern als eine Art Lehen, mit dem zu Wirken mir aufgegeben ist.»[22]

Umso größer fällt die Enttäuschung darüber aus, dass die Ausstellung in den USA längst nicht mit dem erwarteten Echo aufgenommen wird. Man lässt Gurlitt auch im Unklaren darüber, wann und wohin genau die Werke in den Vereinigten Staaten reisen werden. Eher zufällig erfährt er

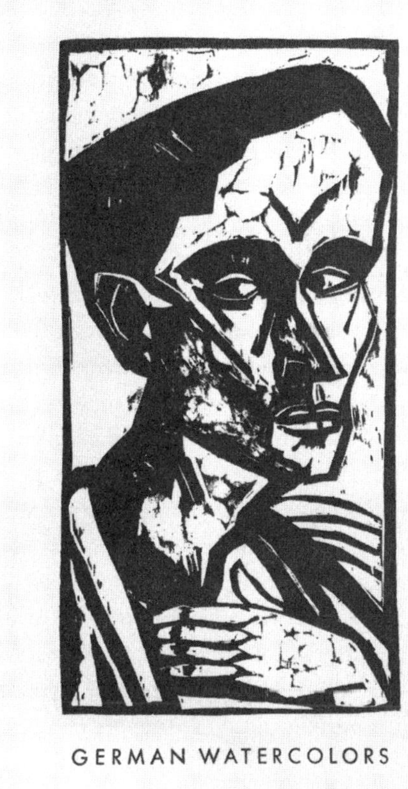

Ausstellungskatalog «German Watercolors, Drawings and Prints 1905–1955», American Federation of Arts, 1956

durch einen Bericht in der «Welt», dass die Tournee im J. B. Speed Museum in Louisville im Staat Kentucky ihren Anfang nimmt. Wütend droht er Thomas Messer, dem Direktor der American Federation of Arts und Organisator auf US-Seite, seine Leihgaben zurückzuziehen, wenn er nicht besser informiert werde. Die einzige Rezension einer US-Zeitung, die er daraufhin erhält, ist eine nörglerische Sammelbesprechung, in der die deutsche Ausstellung an dritter Stelle abgehandelt und dafür kritisiert wird, dass für einen vollständigen Eindruck von den gezeigten Künstlern die Gemälde fehlen würden.[23]

Wiedergutmachungen: Rückgaben nach Frankreich

Doch Gurlitt wird in seiner Düsseldorfer Zeit nicht nur als Leihgeber angefragt, sondern auch als Informant bei der Suche nach Raubkunst, die durch seine Hände ging. Zunächst wenden sich die Alliierten an ihn, danach die Behörden der Bundesrepublik. Bereits im Herbst und Winter 1948, also noch vor der Gründung der Bundesrepublik, haben die Amerikaner die Restbestände aus den Central Collecting Points in München und Wiesbaden in die Treuhänderschaft des bayerischen bzw. des hessischen Ministerpräsidenten übergeben. Zahlreiche Werke sind repatriiert worden, aber die Herkunft von 10 600 Kunstwerken aus dem «Sonderauftrag Linz», anderen Beschlagnahmungen und den Sammlungen ehemaliger NS-Parteigrößen hat sich bislang nicht klären lassen. Den Alliierten ist es trotz des ungeheuren Aufwandes nicht gelungen, alle Spuren des gigantischen Kunstraubs zurückzuverfolgen. Schon kurz vor der Gründung der Bundesrepublik beschließt deshalb die Kultusministerkonferenz der drei westlichen Besatzungszonen die Bildung eines trizonalen Ausschusses zur weiteren Restitution von Kunstgut, dem Vertreter der USA, Großbritanniens und Frankreichs angehören. Der Ausschuss soll Unterlagen für weitergehende Recherchen sammeln, die Arbeit in den drei Zonen koordinieren und strittige Fragen klären. Eine unmittelbare Wirksamkeit besitzt er allerdings nicht. Die USA behalten sich die Entscheidung über alle Restitutionen vor. In ihrem Gewahrsam befinden sich weiterhin die einschlägigen Unterlagen: die Dokumentationen der Raubkunst-Organisationen sowie die Verhörprotokolle und Inventarlisten der Alliierten. 1952 wird der Ausschuss aufgelöst. An seine Stelle tritt die von der Bundesregierung eingesetzte «Treuhandverwaltung für Kulturgut», die beim Tod Gurlitts noch in Funktion sein wird. Das in der Kulturabteilung des Auswärtigen Amtes eingerichtete Sonderreferat übernimmt die Restbestände der ehemaligen Central Collecting Points von Wiesbaden und München und bearbeitet die aus dem Ausland und von ehemaligen Eigentümern eingehenden Anträge. Die Treuhandverwaltung ermittelt zwar den Verbleib von Kunstgegenständen oder versucht, sie zu identifizieren, die Restitution aber bleibt Sache der Hohen Kommissare der Alliierten.

Hildebrand Gurlitt zeigt sich von Düsseldorf aus gegenüber den Amerikanern bei der Klärung von Herkunftsfragen hilfsbereit, ja konziliant. Allerdings gibt er immer nur so viel preis, dass sich für ihn Schaden und Nutzen die Waage halten. Vor allem geht es ihm darum, sich das Wohlwollen der Alliierten zu sichern. Gleichzeitig hilft er den Museen, die Provenienzen von im Krieg erworbenen Werken zu klären. Leopold Reidemeister gewährt ihm dafür Einsicht in die Akten des Wallraf-Richartz-Museums. Dabei stößt Gurlitt insbesondere auf französische Werke, die er während des Krieges selbst in die Sammlung vermittelt hat. Damals bediente sich das Kölner Museum der Möglichkeit, im besetzten Paris seinen Bestand an französischer Malerei des 19. und frühen 20. Jahrhunderts preisgünstig zu erweitern. 1953 reist Gurlitt sogar im Auftrag des Wallraf-Richartz-Museums nach Frankreich, um die Rückgabe von Werken zu vermitteln.[24]

Alte Freunde, neue Heimlichkeiten

Gurlitt nutzt diese Reise zugleich, um seine früheren Kontakte aufzufrischen. Theo Hermsen, mit dem er viele Geschäfte abgewickelt hat, ist bereits im Dezember 1944 verstorben. Dafür stattet Gurlitt Raphael Gérard einen Besuch ab, in dessen Kunsthandlung er während des Krieges ebenfalls zahlreiche Erwerbungen getätigt hat. Gérard war einer der großen Vermittler geraubter Kunst an deutsche Käufer, nach dem Krieg erhebt die französische Regierung Klage gegen ihn. Gérard hat für Gurlitt Werke in einem Depot verwahrt, ebenso Goldmünzen, und er hat im Auftrag von Gurlitt die Miete für dessen Geliebte Olga Chauvet bezahlt. Da gibt es viel zu klären. Bei dieser Gelegenheit erwirbt Gurlitt Gustave Courbets Gemälde «Dorfmädchen mit Ziege» und Daumiers «Don Quichotte», beide noch heute in der Sammlung von Cornelius Gurlitt. Außerdem kauft er jetzt erst das Matisse-Gemälde «In einem Sessel sitzende Frau» aus dem Jahr 1921. Aus Familienbriefen geht hervor, dass er damals nichts von der Herkunft des Bildes wusste, das der französische Galerist Paul Rosenberg 1923 erworben hatte.[25] Höchstwahrscheinlich befand es sich 1941 unter den Werken, die der «Einsatzstab Reichsleiter Rosenberg» in einem Banksafe in Libourne beschlagnahmte, wo Rosenberg vor seiner Flucht in die USA Kunstwerke eingelagert hatte. Von Paris aus, wohin es vom «Einsatzstab Reichsleiter Rosenberg» gebracht wurde, gelangte das Bild am 24. Juli 1942 über Kurt von Behr zu Gustav Rochlitz, der es gegen Alte Meister eintauschte.[26] Dieser gibt nach dem Krieg gegenüber den Alliierten an, das Gemälde sei im August 1944 auf dem Transport nach Baden-Baden verschollen. An anderer Stelle taucht es als Verkauf an den Händler Isidor Rosner auf. Wieder andere Dokumente belegen einen Weiterverkauf an Martin Fabiani.[27] Wie dem auch sei, das Matisse-Bild bleibt für die nächsten Jahrzehnte verschollen. Die Erben von Hildebrand, seine Frau Helene und später seine Kinder Cornelius und Benita, schweigen. Der Besitz des Bildes soll ein Familiengeheimnis bleiben. Eine freiwillige Rückgabe kommt anscheinend nicht in Frage. 1960 erstreitet Alexandre Rosenberg, der Sohn des Kunsthändlers Paul Rosenberg, zusammen mit weiteren Erben im Rahmen des Bundesrückerstattungsgesetzes eine Entschädigung für das Gemälde sowie zahlreiche andere Werke. Erst durch den «Schwabinger Kunstfund» taucht das Matisse-Gemälde wieder auf.

Hildebrand Gurlitt mag in diesem Fall von der räuberischen Vorgeschichte des Bildes keine Kenntnis gehabt haben, aber er will sie auch nicht in Erfahrung bringen und ignoriert nach dem Krieg gezielt ebenso die Besitzverhältnisse in anderen Fällen. So versuchen die Erben der Sammlung von Henri und Martha Hinrichsen gemeinsam mit ihren Anwälten nach Ende des Zweiten Weltkriegs, den Verbleib der Sammlung zu klären.[28] Auch Gurlitt wird nach den vier Werken gefragt, die er 1939 aus der Sammlung von Henri Hinrichsen gekauft hat, da hierzu Unterlagen im Museum der bildenden Künste in Leipzig vorhanden sind.[29] Gurlitt weiß durchaus, dass Hinrichsen die Zeichnung «Das Klavierspiel» von Carl Spitzweg, das Gemälde «Säender Bauer» von Camille Pissarro, das Händel-Porträt eines unbekannten Meisters aus dem 17. Jahrhundert und die sogenannte Lachner-Rolle von Moritz von Schwind unter anderen Umständen nicht verkauft hätte. Er fühlt sich allerdings eher als Helfer in der Not, da er Hinrichsen gut kannte und direkt mit ihm die Preise verhandelt haben will. Sie lagen gut über dem damaligen Durchschnitt.

Doch selbst wenn Gurlitt durch die hoch angesetzten Preise Hinrichsen zu helfen glaubte, was ihm auch sein Freund Eduard Trautschold vom Kunstantiquariat Boerner in Leipzig und andere bescheinigen, so hintergeht der Kunsthändler die Sammlerfamilie doch in der Nachkriegszeit – und zwar wissentlich, wenn er seinen Besitz verneint und bei der Aufklärung nicht hilft. Seinen Geschäftsbüchern zufolge hat Gurlitt das Händel-Porträt, das Gemälde von Pissarro und die beiden Zeichnungen statt

1939 am 6. und 7. Januar 1940 von Hinrichsen erworben. Der «Sämann» von Pissarro, den Gurlitt laut Geschäftsbuch nur anteilig erworben hat, wird am 12. Februar 1940 weiterverkauft. Die drei anderen Werke sollen angeblich am 4. Februar 1942 verkauft worden sein.[30] Auf der Rückseite der Spitzweg-Zeichnung, die mit dem «Schwabinger Kunstfund» wieder auftauchte, steht noch heute zu lesen: «Spitzweg – Aus der Sammlung Geh. Rat Hinrichsen – Leipzig». Ob sich Hildebrand Gurlitt nach Ende des Zweiten Weltkriegs tatsächlich nicht an das Bild erinnerte? Die Alliierten hatten das Blatt in Aschbach nicht beschlagnahmt. Mag sein, dass Gurlitt die Zeichnung bei der Anfrage durch den Rechtsanwalt für verbrannt hielt, da damals noch nicht alles von den verschiedenen Auslagerungsorten zusammengeholt war. Aber spätestens als er das Blatt wieder in den Händen hielt, hätte er sich melden müssen.

Den Hinrichsen-Kindern Walter und Max bedeutet die Spitzweg-Zeichnung viel, denn ihr Sujet gehört zu den von Henri Hinrichsen bevorzugten Motiven aus dem Themenbereich der Musik. Nach Hildebrand Gurlitts Tod geht die Witwe Helene Gurlitt noch einen Schritt weiter, indem sie sich im Rahmen des von den Erben angestrengten Wiedergutmachungsverfahrens über den Besitz weiterhin ausschweigt und angibt, alle Bestände und Geschäftsunterlagen ihres bereits verstorbenen Mannes seien am 13. Februar 1945 in Dresden verbrannt.[31] Die gleiche Strategie verfolgt sie auch gegenüber der eigenen Familie. Als sich der Neffe Dietrich Gurlitt 1967 nach Bildern des Urgroßvaters Louis erkundigt, über den er einen Aufsatz verfassen will, antwortet sie stereotyp: «Leider kann ich Dir gar nicht helfen, da auch der Nachlass unseres Hamburger Kunstkabinetts (Kataloge und sonstige Unterlagen) sowie viele Gemälde von Louis Gurlitt, die wir besaßen, beim großen Angriff auf Dresden in der Kaitzerstraße verbrannt sind».[32]

Hildebrand Gurlitt verdrängt perfekt. Er hat sich eingerichtet in seinem neuen Leben und schaut nur zurück, um sich der positiven Seiten der Vorkriegszeit und seiner vermeintlichen Verdienste während des «Dritten Reiches» zu erinnern. Auch an seinem 60. Geburtstag am 15. September 1955 ist das nicht anders. Bevor er sich über den Festtag eine kurze Auszeit gönnt und mit der Familie nach Italien fährt, resümiert er sein Leben in einem Text, der als Hintergrundinformation für Gratulationen in den lokalen Zeitungen dienen soll – von selbstkritischer Rückschau keine Spur.[33] Während seiner Abwesenheit trudeln die schriftlichen Glückwünsche im Kunstverein ein. Politiker, Kollegen aus der Museumsszene, Künstler, Kunsthändler, Freunde und Familienmitglieder schreiben ihm aus diesem Anlass. Auch Bekannte aus der Pariser Zeit melden sich wieder, darunter der ehemalige Hamburger Käsegroßhändler Rudolf Schleier. Der frühere NS-Funktionär und Stellvertreter von Botschafter Otto Abetz im deutsch besetzten Paris war als einer der Verantwortlichen für die Verfolgung französischer Juden in Nürnberg angeklagt. Sein Glückwunsch dürfte Gurlitt an die dunklen Seiten seiner Kunsthändler-Tätigkeit im «Dritten Reich» erinnert haben. Auch Cousin Wolfgang gratuliert und bietet Hildebrand an, den «heißen und kalten Krieg» zu beenden, «der so viele Jahre zwischen [beiden] bestand, und der es immer wieder verhinderte, dass [sie] richtig freundschaftlich zusammen kommen konnten».[34] Selbstverständlich gratuliert auch Kurt Kirchbach und widmet Gurlitt in alter Verbundenheit einige selbst gedichtete Zeilen. Zwischen die artigen bis aufrichtigen Wünsche mischen sich auch Formulierungen, in denen die Ambivalenz von Gurlitts Persönlichkeit aufscheint. So überlegt der Künstler Otto Pankok, «wie es in Düsseldorf wäre, wenn Sie nicht gekommen wären. Ich wüsste niemanden, der eine solche treibende Kraft besitzt und dem es so um die Sache geht. Sie haben auch keine richtigen Feinde. Selbst die, die Ihnen nicht so wohlgesonnen sind wie die meisten Zeitgenossen, haben immer noch einen hohen Respekt vor Ihnen.»[35]

Pankok trifft mit seiner Bemerkung einen Wesenskern Gurlitts. Seinem eigenen Selbstverständnis zufolge ging es ihm zu allen Zeiten nur «um die Sache»: um den Aufbau von Museumssammlungen, die Organisation von Ausstellungen, die Vermittlung der Kunst ans Publikum. Seine Tätigkeit am König-Albert-Museum in Zwickau, am Kunstverein in Hamburg, ja sogar der Einkauf in den besetzten Gebieten für die deutschen Museen und das geplante «Führermuseum» fallen für ihn unter diese Kategorie, als Einsatz für einen höheren Auftrag. Darauf bleibt stur sein Blick gerichtet, das treibt ihn an. Damit ist auch sein Elan, sein Ehrgeiz in Düsseldorf zu verstehen: Wenn er jetzt Anerkennung findet, so die Logik, kann er auch seine Vergangenheit rechtfertigen. Dieser unbedingte Wille zum Erfolg macht ihn zum Besessenen, ein Sympathieträger ist er nicht. So heißt es in einer Charakterisierung seiner Person, die im Vorfeld des Geburtstages verfasst wird: «Im übrigen ist Dr. Gurlitt ein oft unverträglicher Mann, der seine Freunde täglich anschnauzt, was er aber dann aufs Bitterlichste bereut. Auch dies muss gelegentlich gerügt werden.»[36] In Düsseldorf, seiner letzten beruflichen Station, will er sich nicht mehr bremsen lassen, stattdessen durchfechten, was er für richtig hält. Dass er dabei wie in allen Lebensphasen zuvor vor allem seine eigene Karriere verfolgt, wird gerne von ihm und anderen als Engagement für «die Sache» verbrämt.

An seinem 60. Geburtstag steht Hildebrand Gurlitt im Zenit seiner Karriere. Nach dem Publikumserfolg der großen Ausstellung des Museu de Arte de São Paulo zeigt er im Jahr darauf «das Spätwerk von Renoir», das «Zehntausende in die Kunsthallenruine» lockt, wie es in der Hauschronik heißt. Die aus einer Privatsammlung stammenden Werke werden in eigens rot gestrichenen Räumen gezeigt. Das Publikum ist begeistert. Der ehrgeizige Direktor aber hat noch höher fliegende Pläne. 1957 will er mit den Dresdner Kunstsammlungen eine Ausstellung mit Meisterwerken des 18. und 19. Jahrhunderts organisieren. Es soll die erste große Ausstellung mit Museumsbesitz aus dem anderen Teil Deutschlands in der Bundesrepublik werden. «Es könnte auf diesem Wege vielleicht wirklich eine Brücke zwischen Dresden und Westdeutschland geschlagen werden, die alle Menschen, die guten Willens sind, betreten dürfen», wirbt Gurlitt um sein Projekt bei Max Seydewitz, dem Generaldirektor der Staatlichen Kunstsammlungen Dresden.[37] Gurlitt knüpft hier in vielerlei Hinsicht bei seinen Anfängen an: Zum einen verbindet er sich wieder mit seiner Heimatstadt Dresden, zum anderen greift er erneut die Idee von der Kunst als Botschafter, als Instrument der politischen Vermittlung auf.

Tod eines Antreibers: Gurlitt stirbt im Zenit seines Düsseldorfer Schaffens

Doch zu der Ausstellung kommt es nicht mehr. Gurlitt als die «treibende Kraft» des Unternehmens erleidet einen tragischen Unfall. Auf der Rückkehr von Freiburg im Breisgau, wohin er seine Tochter Benita zum Studium gebracht hat, gerät er Ende Oktober 1956 mit seinem Wagen auf der Autobahn bei Oberhausen unter einen Lastzug.[38] Die genaueren Hintergründe des schweren Autounfalls sind nicht bekannt, allerdings galt der Träger einer starken Brille als schnittiger Fahrer – ungeachtet seiner beeinträchtigten Sehfähigkeit. Wie sein Vater litt er an grauem Star, der seit 1946 behandelt wurde. «Gurlitt nahm es nicht schwer, und der Straßenverkehr in den fünfziger Jahren war durchaus übersehbar.»[39] Nach dem Unfall wird der schwerverletzte Fahrer in das Josephs-Hospital in Oberhausen-Sterkrade eingeliefert. Nach zwei Wochen im Koma verstirbt Hildebrand Gurlitt am Morgen des 9. November 1956. Er wird auf dem Düsseldorfer Nordfriedhof beerdigt.

Für die rheinische Kunstszene ist es ein Schock. «Ein großer Verlust», titelt die «Rheinische Post» in ihrem Nachruf. «Der ‹Kunstverein für die Rheinlande und Westfalen›, der seinen Namen nicht ohne Grund trägt, wurde unter Gurlitts Händen wieder zu einem der größten und angesehensten Vereine seiner Art und ist, was mehr bedeuten will, dank der künstlerischen Reichweite und Aufgeschlossenheit seiner Ausstellungen ein lebendige Kräfte ausstrahlender, kultureller, künstlerischer und gesellschaftlicher Faktor der Landeshauptstadt.»[40] Um Gurlitts Verdienste nochmals zu würdigen, bittet der seit 1954 amtierende Kunstvereinsvorsitzende Viktor Achter den Generaldirektor der städtischen Kölner Museen Leopold Reidemeister, in der Generalversammlung des Vereins am 24. Januar 1957 eine Gedenkrede zu halten. Der Freund aus Studientagen steht Gurlitt noch am nächsten, bis zuletzt haben sie sich ausgetauscht. Immer wieder ist Reidemeister auch Eröffnungsredner bei Ausstellungen des Düsseldorfer Kunstvereins gewesen.

Reidemeister zögert zunächst, seine Zusage als Trauerredner zu geben, will sich aber der Verpflichtung nicht entziehen, wie er Achter zurückschreibt. Über 30 Jahre kennt er Gurlitt; «gerade in Situationen, die jeweils für den einen oder den anderen schwierig waren», habe sich ihre Freundschaft bewährt, wenn sich auch in der letzten Zeit ein Schatten darüber gelegt habe. In seiner Gedenkrede zählt Reidemeister Gurlitts Leistungen auf, beschreibt seine Art, «die zuweilen etwas Linkisches hat», und bekennt auch, dass sie beide «in den letzten Jahren des Aufbaus […] zu sehr immer nur Diener der [ihnen] gestellten Aufgaben» gewesen seien, dem «zwecklosen, freundschaftlichen Zusammensein zu wenig Raum gegeben» hätten.[41] Darin klingt die Rastlosigkeit des Wiederaufbaus an, in der kaum Zeit zum Innehalten, zum Reflektieren womöglich auch der Vergangenheit blieb.

Der überraschende Unfalltod Gurlitts bringt sein letztes großes Ausstellungsprojekt zunächst ins Stocken, am Ende scheitert es an den Zeitläuften. Nachdem die Kunstwerke bereits für den Transport vorbereitet sind, das Katalogmaterial vorliegt, kommt der Volksaufstand in Ungarn dazwischen. Die Kluft zwischen Ost und West vergrößert sich wieder, die Zeit des politischen Tauwetters ist vorüber. Zum Zeitpunkt von Gurlitts Tod sind Bilder aus seiner Sammlung als Teil der «Watercolors»-Tournee noch auf Reisen in den USA. Nach ihrer Rückkehr wird die Sammlung nie mehr so offensiv gezeigt wie zu seinen Lebzeiten, nur dann und wann sind einzelne Leihgaben in Ausstellungen zu sehen. Das Erbe geht zunächst an Helene Gurlitt, die schon immer stille Teilhaberin der Tätigkeiten ihres Mannes war. Auf Nachfragen Erhard Göpels, mit dem ihr Mann für den «Sonderauftrag Linz» zusammengearbeitet hat und der neben seiner Tätigkeit als Kunstkritiker und Autor von Beckmann-Monographien auch ein Archiv für den Künstler gründen will, lässt sie wissen, dass «der Familienrat» beschlossen habe, vorerst nichts aus der Sammlung abzugeben: «Sie soll ein geschlossenes Ganzes bleiben.» Das Schlichter-Porträt von Bert Brecht umfasst dieses Verdikt anscheinend nicht. Die Witwe schickt in ihrer abschlägigen Antwort ein Foto des Bildes gleich mit, damit Göpel es möglichen Käufern anbieten kann. Schlussendlich wird es im Mai 1960 im Stuttgarter Kunstkabinett zur Versteigerung angeboten, zusammen mit Max Beckmanns «Bar, Braun» und Picassos «Tête au capuchon (Tête de femme)», das Karl Ballmer Hildebrand Gurlitt zusammen mit der vermeintlichen Gouache von Chagall geschenkt haben will.[42]

Mit Helene Gurlitts Umzug nach München fünf Jahre nach dem Tod Hildebrands gerät die Sammlung nach und nach in Vergessenheit, auch wenn die Witwe bis 1965 noch letzte Leihanfragen erreichen, wie etwa von der Berliner Akademie der Künste, die um ein Schlemmer-Aquarell für eine Ausstellung bittet. Zuletzt ist sie nur wenigen Händlern bekannt, denen zunächst Helene Gurlitt und später ihre Kinder Stücke zum Verkauf anbieten. Leihgaben machen sie so gut wie keine mehr. Die Sammlung verschwindet aus dem Blick. Helene Gurlitt übernimmt das selbst auferlegte Schweigegelübde von ihrem Mann, was seine bedenklichen Käufe betrifft, und gibt es nach ihrem Tod 1968 an die Kinder Cornelius und Benita weiter. Der «Schwabinger Kunstfund» im Frühjahr 2012 bringt die Sammlung an die Oberfläche und damit auch die Frage nach dem Umgang mit der Vergangenheit, nach Hildebrand Gurlitts Rolle im «Dritten Reich», nach seiner Verstrickung.

Kapitel 16

Vom Dunkel ins Scheinwerferlicht

Eine Sammlung wird entdeckt

Es muss eine merkwürdige Szene gewesen sein, die Begegnung der Zollbeamten mit einem älteren, eigentlich unauffälligen Herrn am 22. September 2010 in einem Zugabteil des Eurocity 197 auf der Fahrt von Zürich nach München. Die Strecke gilt als beliebte Verbindung, um aus der Schweiz Schwarzgeld nach Deutschland einzuführen. Zwischen Lindau und Kempten kontrollieren die Grenzer gegen 21 Uhr den Koffer des Mannes, führen eine Leibesvisitation bei ihm durch, denn der Reisende war ihren Kollegen schon am Morgen auf der Hinfahrt von München aufgefallen. Diese hatten bei ihm drei leere weiße Umschläge im Aktenkoffer entdeckt. Diesmal aber wollen die Beamten es genauer wissen und fragen nach, wo sich die Couverts befinden und was darin steckt. Einer der drei Umschläge fehlt.

Damit nimmt die Geschichte ihren Lauf: schicksalhaft für den zunächst so arglosen Herrn, skandalträchtig für die Bundesrepublik. In der Folge taucht Hildebrand Gurlitts Sammlung wieder auf, die verloren schien, Wissenschaftlern war sie nur noch auf dem Papier bekannt: ein Sensationsfund. Wer wollte, konnte allerdings durchaus von ihr Kenntnis besitzen, zumindest eine Ahnung. Schließlich war Hildebrand Gurlitt kurz nach dem Krieg mehrmals als Leihgeber für Ausstellungen aufgetreten. Möglicherweise diente dies als Probelauf, ob sich einstige Besitzer melden würden. Doch die Bilder kehrten jedes Mal unbeanstandet nach Düsseldorf zurück. Da und dort tauchten dann seit den 60er Jahren Bilder in Auktionen auf, deren Kataloge den verstorbenen Kunsthändler als Vorbesitzer sogar namentlich erwähnten. Allein im Mai 1960 gab die Witwe Helene Gurlitt vier Werke aus der Sammlung ihres Mannes ins Stuttgarter Kunstkabinett von Roman Ketterer, darunter Rudolf Schlichters Porträt von Brecht, das sich heute im Lenbachhaus befindet. 1937 war es in der Staatlichen Kunsthalle Karlsruhe als «entartet» beschlagnahmt worden, und Hildebrand Gurlitt hatte es im März 1941 im Tausch erworben.[1]

Dennoch: Der Umfang der ein halbes Jahrhundert später plötzlich offenbarten Sammlung ist selbst für Kenner spektakulär. Über 1500 Kunstwerke sind es insgesamt. Die herausragenden Arbeiten, Picasso, Matisse, Renoir, Nolde, Kokoschka, Chagall, Liebermann, wirken nicht nur für den Kunstliebhaber atemberaubend. Für Verstörung sorgt allein die über Jahrzehnte erhalten gebliebene Geschlossenheit, beinahe Unberührtheit der Kollektion und damit die unmittelbare Verbindung in eine finstere Vergangenheit. Die Sammlung besitzt eine geradezu toxische Qualität, denn mit ihrer Entdeckung treten an einem konkreten Fall der räuberische Umgang der Nationalsozialisten mit der Kunst, mit jüdischen Sammlern, aber auch die tragischen Folgen der Beschlagnahmungsaktion «Entartete Kunst» für die Museen und deren Werke zutage. Geschichte und Gegenwart schließen sich an der Sammlung kurz, plötzlich rückt auch die bisherige Auseinandersetzung der Bundesrepublik mit diesem Erbe in den Fokus der Aufmerksamkeit. Der Fall Gurlitt beleuchtet grell, was seit Jahrzehnten versäumt worden ist, wie nachlässig nach 1945 die Aufarbeitung vorangetrieben wurde, wodurch neues Unrecht geschehen konnte.

Der Staat sieht sich einem der größten Kunstskandale der Nachkriegszeit ausgesetzt, die Themen Verfolgung, Raub und Restitution, geheim gehaltene Schätze in privater wie öffentlicher Hand und Provenienzforschung beherrschen in den nächsten Monaten die Schlagzeilen nicht nur der Feuilletons. Die Jewish Claims Conference schaltet sich ein, der Präsident des Jüdischen Weltkongresses, Ronald S. Lauder, erhebt schwere Vorwürfe gegenüber der Bundesregierung, die internationalen Medien berichten fasziniert von dem Fall. Für die Nachfahren jüdischer Sammler wächst die bittere Erkenntnis, dass auf diesem wohl letzten Terrain der Aufklärung deutscher Vergangenheit bislang nur schleppend gearbeitet wurde. Die Causa Gurlitt verändert für ein ganzes Land die Wahrnehmung erworbener Werte. Was an den Wänden hängt, sich in Depots befindet, ob in öffentlichem oder privatem Besitz, stellt keineswegs immer ein gesichertes Gut dar, wenn nicht die vorherigen Eigentumsverhältnisse geklärt sind. Die Kunst ist zum stillen Zeugen der NS-Vergangenheit geworden.

Zunächst aber sieht es nach einem Fall von Steuerhinterziehung aus. Die Zollbeamten im Eurocity 197 bitten den älteren Herrn aus dem Abteil, um ihn abzutasten, und entdecken bei ihm jenes vermisste Couvert, mit 9000 Euro in frisch gedruckten 500-Euro-Scheinen darin. Cornelius Gurlitt verteidigt sich, schließlich sei es erlaubt, bis 10 000 Euro steuerfrei auszuführen. Doch der Verdacht ist geweckt, umso mehr als er berichtet, das Geld stamme von einem Kunstverkauf, den sein Vater beim Auktionshaus Kornfeld in Bern getätigt habe. Später erweist sich, dass der Junior selbst der Einlieferer war. Noch ahnt keiner der Beamten, was sich mit dem Namen des Vaters verbindet, aber da sich die Ungereimtheiten häufen, gerät Cornelius Gurlitt auf den Radar der Ermittler.

Angegeben hatte der damals 77-Jährige, nur vorübergehend in der Wohnung seiner Schwester Benita in München zu wohnen, gemeldet aber ist er in Salzburg in der Carl-Storch-Straße. Er besitzt einen deutschen Pass, aber keine Steuernummer, keine Krankenversicherung. Wie verdient so einer seinen Lebensunterhalt, aus welchen Quellen stammt sein Geld? Die Behörden glauben sich auf der Spur eines umfangreichen Steuerdelikts, zumal als die direkte Verbindung zu einem der Chefeinkäufer für Hitlers «Führermuseum» in Linz zutage tritt. Der Verdacht keimt auf, dass der Sohn am deutschen Fiskus vorbei Geschäfte betreibt. Die Durchsuchung der Wohnung am Artur-Kutscher-Platz in München wird im September 2011 angeordnet. Die Ungeheuerlichkeit, die sich den Beamten dann am 28. Februar 2012 darbietet, firmiert seit ihrem erst sehr viel späteren Bekanntwerden unter dem Terminus «Schwabinger Kunstfund», ein Begriff, in dem sich sowohl die Überraschung als auch der klägliche Versuch spiegeln, das Ereignis zumindest topographisch zu erfassen.

Das Münchner Wochenmagazin «Focus» deckt mit seiner Titelstory «Der Nazi-Schatz» vom 4. November 2013 die unglaubliche Geschichte auf, die knapp anderthalb Jahre von den Behörden als Verschlusssache behandelt wurde. Danach ist sie immer wieder erzählt worden mit mal mehr, mal weniger präzisen Details. Der Fall Gurlitt hatte das Zeug zur Mythenbildung – eine geheimnisumwitterte Sammlung, ein kauziger Alter als ihr Hüter und eine ins dunkelste Kapitel der deutschen Vergangenheit reichende Vorgeschichte. Allein die Entdeckung besitzt romanhafte Züge: Nachdem sich die Beamten der zuständigen Augsburger Staatsanwaltschaft in dem Apartmenthaus Zugang zur Wohnung von Cornelius Gurlitt verschafft haben, finden sie sich in einem wunderlichen Heim wieder, das ihnen wie eine moderne Version von Ali Babas Höhle erscheint. In der 100 Quadratmeter großen Wohnung verteilen sich auf

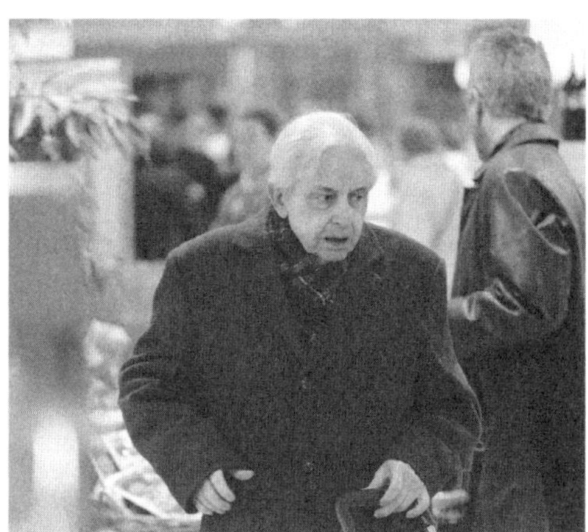

Cornelius Gurlitt in München, 9. November 2013

Stellagen und selbst gebauten Regalen, an den Wänden, in Kisten und Koffern Kunstwerke über Kunstwerke: Gemälde, zum Teil nicht mehr im Rahmen, sondern aufgerollt, Zeichnungen, Graphiken. Der Großteil besteht aus Papierarbeiten. Die vom «Focus» zunächst ins Spiel gebrachte Milliarde als geschätzter Gesamtwert der Sammlung relativiert sich dadurch, mehrere Millionen Euro bleiben es trotzdem.

Als Beweismittel wird alles konfisziert, was irgendwie im Zusammenhang mit dem Verdacht der Steuerhinterziehung stehen könnte: Es dauert vier Tage, vom 28. Februar bis zum 2. März 2012, bis sämtliche 1258 Werke hinausgeschafft und von Spezialspediteuren in ein Kunstlager in München-Garching befördert sind: darunter Max Liebermanns «Reiter am Strand», Henri Matisses «In einem Sessel sitzende Frau», Carl Spitzwegs «Das Klavierspiel», die als prominenteste Werke später in der Presse immer wieder genannt werden, aber auch als Beispiele von Raubkunst und damit für die Unrechtmäßigkeit des Besitzes gelten. Mit der Veröffentlichung des abenteuerlichen Vorgangs und dem Bekanntwerden dieses Bund und Land erfassenden Skandals rückt auch der menschenscheue Mann, der die Bilder über Jahrzehnte gehütet hat, ins Zentrum des internationalen Interesses. Eine regelrechte Verfolgungsjagd der Medien beginnt, bis er von «Paris-Match» in einer Münchner Shopping-Mall fotografiert und schließlich von einer «Spiegel»-Reporterin bei einer dreitägigen Reise zu einem seiner regelmäßigen Arztbesuche in einer bayerischen Kleinstadt begleitet wird. Cornelius Gurlitt ist die Verbindungsfigur zur Geschichte der spektakulären Sammlung, doch seine Person gibt eher Rätsel auf.

Ein Leben im Verborgenen: Der Sohn eines übergroßen Vaters

Auch wenn Cornelius Gurlitt über Wochen und Monate wie kaum eine andere Person des Kunstlebens die Öffentlichkeit beschäftigt hat, bekannt geworden ist nur wenig über den Mann, der Zeit seines Lebens vor allem der Sohn eines übermächtigen Vaters und schließlich der Wahrer von dessen Erbe war. Geboren wurde Rolf Nikolaus Cornelius am 28. Dezember 1932 in Hamburg. Seine zwei Jahre jüngere Schwester Benita Renate sollte bis zu ihrem Tod im Jahr 2012 seine engste Vertraute bleiben. Später wird er sagen: «Mehr als meine Bilder habe ich nichts geliebt in meinem Leben.»[2] Cornelius wächst im gutbürgerlichen Villenviertel Rotherbaum auf. Eine unbeschwerte Kindheit wird es trotzdem kaum gewesen sein, zu Gurlitts Erinnerungen an die Hamburger Zeit gehört die Errichtung von Tarnbauten für die Flugabwehrkanonen an der Alster, mit denen die Stadt vor Bombenangriffen geschützt werden sollte. Cornelius besucht in Hamburg noch die Grundschule. Nachdem im November und Dezember 1941 das Kunstkabinett des Vaters durch Fliegerangriffe schwer beschädigt wird, zieht die Familie nach Dresden ins Elternhaus des Vaters. Cornelius besucht dort das Gymnasium, nach Kriegsende kommt er zusammen mit seiner Schwester für zwei Jahre auf die Odenwaldschule. Das Abitur macht er schließlich 1953 am Max-Planck-Gymnasium in Düsseldorf, wohin die Gurlitts 1948 nach drei Jahren im oberfränkischen Aschbach übergesiedelt sind.[3]

Die häufigen Ortswechsel – nicht zuletzt die dramatische Flucht aus dem beim Bombenangriff in der Nacht zum 14. Februar 1945 fast vollständig ruinierten Dresdner Heim nach Aschbach, wo der Vater von den Amerikanern unter Hausarrest gesetzt wird – dürften den ohnehin verunsicherten Jungen tief verstört haben. Um in der Familientradition zu bleiben, beginnt Cornelius Gurlitt in Köln ein Studium der Kunstgeschichte, der Musikgeschichte und Philosophie. Einen Abschluss jedoch macht er nicht. Am 20. Oktober 1960 lässt er sich exmatrikulieren. Parallel zu seinem Studium hat sich der junge Gurlitt in den Werkstätten des Städtischen Kunstmuseums Düsseldorf bei Ernst Kohler zum Restaurator ausbilden lassen, von dem sich noch heute das Gemälde «Manege» in der Sammlung Gurlitt befindet. Der angehende Restaurator muss in seiner Düsseldorfer Zeit einiges Geschick bewiesen haben. In seinem Abschlusszeugnis werden ihm Geduld, Gewissenhaftigkeit und «künstlerisches Einfühlungsvermögen in hohem Maße» attestiert.[4] Die Direktorin des Kunstmuseums bittet deshalb im August 1959 beim Kulturamt der Stadt darum, Cornelius Gurlitt mit einem Werkvertrag anstellen zu können. Für 450 Mark Monatslohn wird er 1959 und 1960 als Werkstudent am Kunstmuseum angestellt. Die Zusammenarbeit aber setzt sich nicht fort, denn Gurlitt verlässt die Stadt. Der Familiensitz in Düsseldorf wird fünf Jahre nach dem Tod von Hildebrand Gurlitt aufgelöst, denn auch die Witwe zieht aus dem Rheinland fort. Für den 26. Januar 1961 liegt Cornelius' Ummeldung von der Rotterdamer Straße 35 in Düsseldorf nach Salzburg vor. Weitere berufliche Tätigkeiten sind für ihn nicht belegt. Ihm gelingt es fortan nicht mehr, im Arbeitsleben Tritt zu fassen: Er wird zum Sonderling. Am Ende sieht er seine Bestimmung allein darin, den Bilderschatz des Vaters zu hüten, von dessen stückweisem Verkauf er gleichwohl lebt.

Während Cornelius nach Salzburg geht, erwirbt die Mutter 1961 zwei Wohnungen am Artur-Kutscher-Platz im Münchner Stadtteil Schwabing, wo sie bis zu ihrem Tod sieben Jahre später lebt. Die in Düsseldorf wieder in Empfang genommenen Kunstwerke reisen noch ein letztes Mal mit, sie sind die Familienversicherung und das vom Vater übernommene Vermächtnis. Dass schon die Mutter um die Fragwürdigkeit dieses Besitzes weiß, lässt sich aus der vorsätzlich falschen Auskunft von Helene Gurlitt auf eine behördliche Anfrage Mitte der 60er Jahren schließen. Das Berliner «Wiedergutmachungsamt», zuständig für die Bearbeitung der Anträge zur Rückerstattung jüdischen Eigentums, will 1967 von der Witwe wissen, wo Werke aus dem Besitz des jüdischen Sammlers Henri Hinrichsen verblieben seien, darunter auch die 2012 aufgetauchte Spitzweg-Zeichnung «Das Klavierspiel». Helene Gurlitt erklärt daraufhin, dass sämtliche Geschäftsunterlagen und Bestände aus dem Besitz ihres Mannes in Dresden verbrannt seien.

Die Staatsanwaltschaft glaubt zunächst, durch diese mit dem «Schwabinger Kunstfund» nachgewiesene Lüge Cornelius Gurlitt die Eigentumsrechte an den Bildern absprechen zu können. Für einen Moment steht die juristisch gewagte Variante seiner Enteignung im Raum. Der Staat hätte die Rechtsnachfolge angetreten und den Nachfahren früherer Besitzer die belasteten Bilder restituiert. Ernsthaft wird diese Lösung nicht in Erwägung gezogen, obwohl sie dem Bund eine verspätete Wiedergutmachung ermöglicht hätte. Auch der vom bayerischen Justizminister Winfried Bausback im Juni 2014 vorgelegte Gesetzesentwurf, der rückwirkend die Verjährungsfrist von 30 Jahren für den Erwerb von Raubkunst aufweichen soll, findet keine Zustimung. Seine Vorlage scheitert an den Mehrheitsverhältnissen im Bundesrat.

Mit ihrer Falschaussage aber hat Helene Gurlitt dem Sohn den Weg vorgezeichnet: die Außenwelt um keinen Preis von dem Erbe wissen zu lassen, sich gegenüber den Behörden und möglichen Anspruchstellern abzuschotten. Diese Strategie hatte schon Hildebrand Gurlitt mit seiner Verschleierungstaktik in den ersten Nachkriegsjahren vorgegeben, die Verlustangst ist der Witwe wie später den Kindern eingeimpft. Die Familie ist darauf gedrillt, dass die Sammlung zusammenbleibt und nicht in «falsche Hände» gerät. Als die Mutter 1968 stirbt, erben die Geschwister die Sammlung, die Wohnungen, das Vermögen. Cornelius aber soll sich um die Bilder kümmern. Wie Helene Gurlitt zuvor gibt er dem Staat von dem ihm nun zugefallenen Schatz keine Kenntnis und zahlt auch nicht die fällige Erbschaftssteuer, ebenso wenig wie eine Vermögenssteuer. Als die Staatsanwaltschaft dies im Zuge ihrer Ermittlungen entdeckt, hat auch hier die Verjährung längst gegriffen. Durch Verjährung ist Cornelius Gurlitt rechtmäßiger Besitzer der Bilder, zehn Jahre nach gutgläubigem Erwerb, dreißig Jahre nach bösgläubigem Erwerb sind sie ihm eigentlich nicht mehr streitig zu machen. Daher gehört es zu den unter Juristen diskutierten Fragwürdigkeiten des Falles, dass die der Raubkunst verdächtigen Werke später im Internet publiziert werden. Hier würden Persönlichkeitsrechte verletzt, lautet der Vorwurf.

Das Leben von Cornelius Gurlitt in den 50 Jahren nach dem Tod der Mutter muss man sich als ein Eremitendasein vorstellen, vollkommen abgeschieden von der Welt. Er ist ein Eigenbrötler, der seine Briefe noch mit einer Schreibmaschine schreibt und dem Computer vollkommen fremd sind. Seine Menschenscheu geht so weit, dass er bei seinen Aufenthalten in Salzburg nur nachts auf die Straße geht, um möglichst nicht angesprochen zu werden.[5] Der einzige nähere Kontakt, den er besitzt, besteht zu seiner Schwester Benita, mit deren Tod im Jahre 2012 er noch weiter in die Isolation gerät. Einer regelmäßigen Arbeit geht der Erbe nicht nach, nur dann und wann verkauft er Bilder, um sich seinen Unterhalt zu sichern, im Alter zur Bezahlung der Ärzte, die er wegen seiner Herzkrankheit aufsuchen muss. Für den Verkauf der Bilder nutzt er die alten Beziehungen seines Vaters. Der Name Gurlitt hat einen Klang in der Welt des Kunsthandels. So meldet sich der Stuttgarter Auktionator Roman Ketterer bei Cornelius bald nach dem Tod der Mutter mit dem Verweis, dass er Hildebrand Gurlitt gut gekannt habe. Tatsächlich verkaufte das Stuttgarter Kunstkabinett zu Lebzeiten Hildebrand Gurlitts etliche Werke für ihn, sein Sohn setzt die Geschäfte fort. 1985 versteigert Christie's das «Mädchen mit Katze» von Heinrich Campendonk, 1990 Sotheby's das Grosz-Aquarell «Sirene in der Potsdamer Straße». In der öffentlichen Rezeption wird Cornelius Gurlitt durch seine fragile Erscheinung vor allem als gebrechlicher Mann, als verunsicherter Greis wahrgenommen, doch damit würde man ihn aus seiner Mitverantwortung entlassen und ihn zum reinen Opfer stilisieren, als das ihn seine Anwälte darzustellen suchten. Um den Verkauf seiner Bilder in die Wege zu leiten, muss der Erbe mit der Außenwelt kommunizieren, die richtigen Kontakte knüpfen, den Transport der Kunst aus ihrem Versteck vorbereiten.

Dass Cornelius Gurlitt auch als hoch betagter Herr noch lukrative Verbindungen in den Kunsthandel unterhält, zeigt die Versteigerung von Max Beckmanns «Löwenbändiger» im Kölner Kunsthaus Lempertz. Gurlitt liefert die großformatige Gouache am 2. Dezember 2011 ein, ein halbes Jahr nachdem die Staatsanwaltschaft am 20. Mai 2011 ein Steuerstrafverfahren gegen ihn eingeleitet hat. Womöglich alarmiert die Kölner Auktion nochmals die Staatsanwaltschaft, die daraufhin eine Razzia am Artur-Kutscher-Platz anordnen lässt. Das seit 1930 verschollene Werk Beckmanns weist bei der Einlieferung alle Spuren einer unsachgemäßen Lagerung auf: von Staub bedeckt, der Rahmen in desolatem Zustand. Das ursprünglich dem jüdischen Kunsthändler und Sammler Alfred Flechtheim gehörende Werk wird zum Spitzenlos der Auktion. Durch den Katalog aufmerksam geworden, nimmt der Rechtsanwalt der Nachfahren Kontakt mit dem Kölner Versteigerungshaus auf. Es überzeugt Cornelius Gurlitt, den erwarteten Zuschlag mit den Erben zu teilen. Ein Procedere, das einen Verkauf ohne unliebsame Aufmerksamkeit sichert. Ansonsten hätte die Gefahr bestanden, dass Gurlitt das Gemälde aus der Auktion

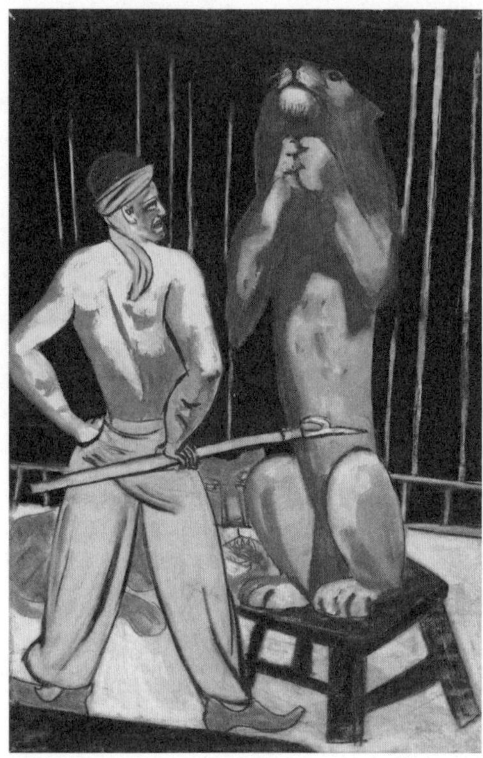

Max Beckmann, Löwenbändiger (Zirkus), 1930, Gouache

zurückzieht, um es woanders unter Ausschluss der Öffentlichkeit und vor allem mit ungeteiltem Ertrag zu verkaufen. Die Versteigerung bei Lempertz bringt 2012 auf der Herbstauktion 892 000 Euro ein, an Gurlitt dürften 430 000 Euro gegangen sein.

Auch Benita Gurlitt hat Bilder im Kunsthandel eingeliefert, genauer: über ihren Mann Nikolaus Fräßle. Im Jahr 2000 soll sie es gewesen sein, die beim Berliner Auktionshaus Villa Grisebach ein Werk Max Liebermanns mit dem Titel «Die Korbflechter» versteigern ließ, der Katalog weist Hildebrand Gurlitt als einen der Vorbesitzer aus. Es handelt sich hierbei um ein Werk aus der Sammlung des Breslauer Zuckerfabrikanten David Friedmann, dem auch das Gemälde «Reiter am Strand» vom gleichen Künstler gehörte. 2007 liefert Benita Gurlitt nochmals bei Grisebach ein, diesmal die noch fünf Jahre zuvor in eine Ausstellung entliehene «Frau mit Papagei» von August Macke aus dem Jahr 1914, die jahrelang in ihrem Zimmer im Düsseldorfer Haus der Familie hing. Ursprünglich stammt das Werk aus den Staatlichen Gemäldesammlungen Dresdens. Hier bleibt der Vorbesitzer im Katalog ungenannt. Nach dem Verweis «1937 als ‹entartet› beschlagnahmt» erwähnt der Katalog nur noch: «Privatsammlung, Süddeutschland (1940 erworben, seitdem in Privatbesitz)». In der Auktion vom 30. November wird das Bild zu einem Rekordpreis von rund 2,4 Millionen Euro versteigert.

Wie die Bilder zuvor in die Auktionshäuser gelangt sind, wie Cornelius Gurlitt sie Händlern angeboten hat, darüber lässt sich nur spekulieren. Dafür ist überliefert, wie der Erbe Beckmanns «Löwenbändiger» dem Vertreter von Lempertz vorgeführt hat. Gurlitt überredete eine 92-jährige nichts ahnende Nachbarin, die auf dem gleichen Flur wie er wohnte, ihn zum Kaffee einzuladen. Bei der Gelegenheit hängte er das Werk in ihrer Wohnung auf. Der ihn dann begleitende Mitarbeiter des Auktionshauses bekam den Beckmann auf diese Weise präsentiert, die eigene Wohnung, das reine Bilderlager, hielt Cornelius Gurlitt geschickt vor neugierigen Blicken verborgen.[6]

Bei der Razzia im Frühjahr 2012 entdecken die Fahnder leere Bilderrahmen, Quittungen und Belege. Sie finden spezielle Behältnisse, die womöglich zum verdeckten Geldtransfer dienen – etwa ein Buch, in dessen Mitte passgenau Platz für Banknoten ausgespart ist, oder einen Schalenkoffer mit insgesamt 149 Abbildungen von Kunstwerken, der an das Equipment eines Handelsvertreters erinnert. All das nährt bei der Staatsanwaltschaft den Verdacht, dass hier jemand an der Steuer vorbei als Kunsthändler gearbeitet haben könnte. Die vorgegebene Arglosigkeit, ja Gutgläubigkeit von Cornelius Gurlitt, der sich bis zuletzt zugute hielt, nichts Unrechtes getan zu haben, passt nicht zu diesem Bild. Bis zu seinem Tod am 6. Mai 2014 ermitteln die Behörden in Sachen Steuerhinterziehung und Unterschlagung. Mit seinem Tod enden die Ermittlungen. Allein die Aufhebung der Beschlagnahmung seiner Bilder erlebt er noch.

Die Sammlung Gurlitt und die Washingtoner Prinzipien

Allem anfänglichen Verdacht zum Trotz wird das bleibende Bild von Cornelius Gurlitt das eines soignierten Herrn sein, der ungewollt die Weltbühne betrat – nicht das eines Steuerhinterziehers oder Geldwäschers. Der Schar von PR-Beratern und Rechtsanwälten, die sein Ende 2013 vom Amtsgericht München bestellter Betreuer beauftragt hatte, gelang es, die öffentliche Wahrnehmung des Mannes in seinen letzten Monaten entscheidend zu ändern. Durch seine Zusage, den Richtlinien der «Washingtoner Erklärung» zu folgen, gewann der einst weltferne Erbe gar Vorbildfunktion. Allerdings entschied sich Gurlitt erst durch Druck von außen zu diesem Schritt. Erst spät, beinahe zu spät hat er damit auch eine gesellschaftliche Verantwortung für den Nachlass seines Vaters übernommen. Zweifellos versuchte er dadurch auch, das Ansehen seines Vaters zu retten. Einen ähnlichen Weg beschritten die Nachfahren von Ferdinand Möller, der wie Hildebrand Gurlitt in offizieller Mission als Händler «Entarteter Kunst» tätig war. Sie gründeten eine Stiftung, die seit 2003 die Forschungsstelle «Entartete Kunst» an der Freien Universität Berlin finanziert und wichtige Grundlagenarbeit leistet. Die Forschungsstelle hat in den vergangenen Jahren eine Datenbank aufgebaut, in der alle von der Beschlagnahmungsaktion betroffenen Werke dokumentiert sind, ein international genutztes Hilfsmittel zur Provenienzrecherche.

Cornelius Gurlitt unterwirft sich als erster Privatsammler der Bundesrepublik offiziell den auf staatlicher Ebene entwickelten «Washingtoner Prinzipien», die 1998 von 44 Nationen im Rahmen einer Konferenz in der US-Hauptstadt als Selbstverpflichtung unterzeichnet worden waren. Darin einigten sich die Regierungen auf elf Grundsätze, nach «fairen und gerechten» Lösungen zu suchen, um den Erben jüdischer Sammler von Nazis geraubte oder abgepresste Kunst zurückzugeben – trotz Verjährung. Ein Jahr später verpflichteten sich Bund, Länder und kommunale Spitzenverbände der Bundesrepublik in einer «Gemeinsamen Erklärung», die Washingtoner Prinzipien umzusetzen. Gelten konnte diese Zusage nur für Werke in öffentlichem Besitz, in Museen und Behörden. Doch durch die von Cornelius Gurlitt am 3. April 2014 mit der Bundesregierung und dem Land Bayern geschlossene «Verfahrensvereinbarung», die nicht zuletzt die Rückgabe seiner Sammlung an ihn in die Wege leiten soll, eröffnen sich auch für private Besitzer neue Perspektiven einer Handhabung. Ganz neu ist sein Vorstoß trotzdem nicht. Provenienzrecherche wurde auch schon vorher von privater Seite geleistet. So ließ das Münchner Auktionshaus Neumeister ab 2009 seine Geschichte zwischen 1933 und 1945 erforschen. Und der Kunsthistoriker und ehemalige Direktor des Bauhaus-Archivs Berlin Peter Hahn beauftragte eine Untersuchung der Sammlung seines Vaters Willy Hahn, bevor er sie in einer Ausstellung präsentierte und dem Dresdner Kupferstichkabinett als Schenkung übereignete.

Cornelius Gurlitts Schritt geschieht also nicht ganz aus freien Stücken, denn für ihn stellt die väterliche Sammlung seinen Lebensinhalt dar. Ihre Freigabe aus dem Sicherheitsdepot ist sein größter Wunsch, selbst wenn die Werke danach nicht mehr in seine ungesicherte Schwabinger Wohnung zurückkehren können. Zugleich gerät die Staatsanwaltschaft unter Druck. Mit Bekanntwerden der spektakulären Razzia wird bald klar, dass sie sich mit der Beschlagnahmung zu weit vorgewagt hat. Der Strafrechtler Tido Park etwa gibt zu bedenken, dass ein einziges Werk genügt hätte, um die Steuerschuld Gurlitts abzudecken, und nicht die ganze Sammlung als Beweismittel hätte herhalten müssen.[7] Gemeinsam mit Derek Setz, ebenfalls als juristischer Berater für Cornelius Gurlitt engagiert, erstattet er außerdem am 30. Januar 2014 Strafanzeige wegen Verletzung des Dienstgeheimnisses bei der Generalstaatsanwaltschaft München. Anlass ist die Veröffentlichung von Fotos der Durchsuchung und anderen vertraulichen Informationen aus der Ermittlungsakte. Der Münchner Jurist Volker Rieble meldet sich mit dem Vorwurf der politischen Strafjustiz zu Wort, nachdem Bundesjustizministerin Sabine Leutheusser-Schnarrenberger vorgeschlagen hat, im Falle von Gurlitts Verzicht auf die Sammlung das Strafverfahren gegen ihn einzustellen.[8]

Eins jedoch ist von Anfang an zweifelsfrei: Ein großer Teil der Sammlung gehört Gurlitt ohne Einschränkungen – die 276 Bilder aus dem Familienbestand und die 231 bisher eindeutig als «Entartete Kunst» identifizierten Werke, die vor 1933 von Museen erworben wurden: 507 Stücke insgesamt. Weitere 252 Kunstwerke stammen voraussichtlich ebenfalls aus der Beschlagnahmungsaktion. Die rechtliche Grundlage ist hier unstrittig: Das «Gesetz über Einziehung von Erzeugnissen entarteter Kunst» vom 31. Mai 1938 ist nie für ungültig erklärt worden, so dass die in staatlichen Museen konfiszierten Werke nicht als Raubkunst gelten können. Auch wurden hier die Kunstwerke aus öffentlichen Institutionen genommen und nicht verfolgten Personen entwendet, so dass die moralische Dimension eine andere ist. Die damals rund 20 000 beschlagnahmten Werke gehören heute rechtmäßig ihren nachfolgenden Besitzern. Einzige Ausnahme bilden Leihgaben, die damals von Privatpersonen den Museen überlassen und im Rahmen der Aktion «Entartete Kunst» ebenfalls konfisziert wurden. Durch die Beibehaltung der Rechtswirksamkeit des Gesetzes von 1938 suchte sich die junge Bundesrepublik den «Rechtsfrieden» zu sichern, da sie eine Revision für nicht realisierbar hielt. Zugleich öffnete sie nach 1945 dem Kunstmarkt Tür und Tor zum Handel mit genau dieser Ware. Von den 20 000 konfiszierten Werken soll während des «Dritten Reiches» ungefähr ein Drittel in den Kunsthandel gegangen sein. Ebenso viel, sogar etwas mehr, wurde vernichtet, so die Erkenntnis der Forschungsstelle «Entartete Kunst» an der Freien Universität Berlin. Mit den bis 1945 nicht verkauften Werken wurde in der Nachkriegszeit noch schwunghafter Handel betrieben. Vieles landete durch Verkauf in ganz anderen als den ursprünglichen Museen, vieles ging auch an Museen im Ausland.

Der Vorstoß der ehemaligen Präsidentin des Bundesverfassungsgerichts Jutta Limbach musste deshalb ins Leere gehen. Die Vorsitzende der nach ihr benannten Beratenden Kommission des Bundes zur Schlichtung strittiger Restitutionsfälle hatte im Dezember 2014 einen «großen Ringtausch» unter den Museen vorgeschlagen, um die Eigentumsverhältnisse von 1937 wiederherzustellen – ein schier unmögliches Verfahren, auf das die Direktoren in ganz Deutschland ablehnend reagierten. Hermann Parzinger, Präsident der Stiftung Preußischer Kulturbesitz, kritisiert etwa daran, dass die «neuen organischen Sammlungszusammenhänge der vergangenen Jahrzehnte wieder aufgebrochen» würden.[9] Rheinische Museen zum Beispiel, die heute ehemalige Bilder der Berliner Nationalgalerie besitzen, haben kaum Interesse daran, eine solche Form der Restitution «Entarteter Kunst» zu praktizieren. Während für Jutta Limbach hier eine «moralische Pflicht» gilt, ist für die Museen die kuratorische Seite relevanter.[10] Ohne genauer nach dem Woher zu fragen, erwarben die Museen nach dem Krieg auf den offenen Markt zurückgekehrte Werke, die zuvor als «entartet» diskreditiert waren, um so weit wie möglich die Lücken zu schließen, die in ihren eigenen Sammlungen geschlagen worden waren.

Alarmstufe Kunst: Die Taskforce wird gegründet

Neben der Beschlagnahmung der kompletten Sammlung von Cornelius Gurlitt bestand ein weiterer Vorwurf gegenüber der Augsburger Staatsanwaltschaft darin, dass sie die wissenschaftliche Untersuchung der Bilder einer einzigen Kunsthistorikerin überlassen hatte: Das Projekt hätte sich angesichts des Umfangs noch über Jahre hingezogen. Allerdings ist in einem Steuerverfahren normalerweise nur ein Sachgutachter zulässig. Nicht nur das Bundesland Bayern, auch der Bund musste Verantwortung übernehmen, als sich die Affäre auszuwachsen begann. Zunächst Geheimhaltung des spektakulären Funds, dann die verschleppte Aufarbeitung – als Reaktion auf den sich anbahnenden internationalen Skandal wird am 11. November 2013 die Taskforce «Schwabinger Kunstfund» ins Leben gerufen unter der Leitung von Ingeborg Berggreen-Merkel. Die pensionierte Spitzenbeamtin war während ihrer Tätigkeit beim damaligen Kulturstaatsminister Bernd Neumann noch selbst mit dem Fall befasst, hat dessen Brisanz aber damals ebenfalls verkannt. Die Gründung eines internationalen 14-köpfigen Forschergremiums, darunter Wissenschaftler aus Israel und den USA, soll den aufkeimenden Verdacht entkräften, man spiele durch Verzögerung auf Zeit und versuche, die jüdischen Nachfahren und letzten Anspruchsteller nochmals abzuspeisen. Vorwürfe wie der von Rüdiger Mahlo, Deutschland-Repräsentant der Jewish Claims Conference, dass der Fall Gurlitt «symptomatisch für den Umgang mit NS-Kunst» sei, sollen mit diesem politischen Instrument schleunigst aus der Welt geschafft werden.[11]

Innerhalb kürzester Zeit gehen rund 300 Anschreiben bei der Taskforce ein, nachdem die ersten Bilder aus der Sammlung auf der Website lostart.de veröffentlicht waren. Davon sind allerdings nur 187 Anfragen kunstbezogen und von diesen wiederum nur 113 mit Ansprüchen auf ein bestimmtes Kunstwerk verbunden. Nicht zuletzt melden sich Institutionen wie die Staatlichen Kunstsammlungen Dresden, das Wuppertaler Von der Heydt-Museum, das Essener Folkwang-Museum oder die Kunsthalle Mannheim. Dem Ansturm der Anfragen und dem großen öffentlichen Interesse stehen die schmalen Ergebnisse selbst nach einem Jahr Forschungsarbeit gegenüber: Nur fünf Werke lassen sich bisher zweifelsfrei als Raubkunst identifizieren; drei davon wurden sogleich mit Bekanntwerden des «Schwabinger Kunstfunds» von den Erben zurückgefordert:

Liebermanns «Reiter am Strand», Matisses «In einem Sessel sitzende Frau» und Spitzwegs «Das Klavierspiel». Damit gerät auch die Taskforce in die Kritik, deren Arbeit zu langsam, zu wenig transparent sei, so der Vorwurf. Die Forderung wird laut, die aus Gründen des Persönlichkeitsschutzes nicht publizierten Geschäftsbücher von Hildebrand Gurlitt müssten ebenso wie die Bilder im Internet publiziert werden, um auch externen Forschern Einblick zu gewähren. Im November 2014 werden sie schließlich online gestellt, allerdings sind die Namen der Käufer geschwärzt. Obwohl sich nun anhand dieser Unterlagen nachvollziehen lässt, von wem Hildebrand Gurlitt seine Ware erhielt, geben sie Außenstehenden nicht wirklich Aufschluss. Und auch die Taskforce kommt kaum voran. Mehr als die Werke von Liebermann, Matisse und Spitzweg können selbst Monate später nicht einwandfrei als Raubkunst identifiziert werden. Für Unverständnis sorgt in dieser Phase außerdem, dass die Taskforce eindeutig identifizierte Raubkunst nicht sogleich restituiert. Abgesehen davon, dass sich etwa für den Matisse weitere Anspruchsteller melden, deren Berechtigung zunächst geklärt werden muss, sind weder Taskforce noch Bundesregierung befugt zu restituieren. Sie besitzen dafür kein Mandat. Dieses hat allein der Eigentümer. In dieser komplizierten Situation führt schließlich Cornelius Gurlitt selbst eine Wende herbei, indem er am 10. Januar 2014 über eine von seiner Anwaltskanzlei freigeschaltete Website verkünden lässt, dass er zur Rückgabe von Raubkunst bereit ist.

Wenige Wochen später kommt erneut Bewegung in den Fall. Für eine nochmalige Überraschung sorgt ein weiterer Kunstfund, diesmal in Österreich, der jedoch nicht wirklich erstaunen kann, da die Adresse schon lange bekannt ist. Cornelius Gurlitt hat hier nach eigener Auskunft noch bis 2011 gelebt. Am 10. Februar 2014 sucht eine Abordnung von Anwälten, Kunstexperten, Entrümplern, Sicherheitspersonal das unscheinbare Haus im Salzburger Villenviertel Aigen auf. Das Codewort der Aktion lautet «Betriebsausflug». Gurlitt selbst hatte immer wieder darauf verwiesen, dass die dortigen Bestände gesichert werden müssten. Ihm gehört das knapp 90 Quadratmeter große Haus seit 1960. Über 60 Bilder werden bei diesem ersten Ortstermin in der Carl-Storch-Straße entdeckt. Gern hätte sich die deutsche Staatsanwaltschaft dort zwei Jahre zuvor selbst umgetan, doch die österreichische Justiz hatte ihre Amtshilfe verweigert – mit dem Hinweis, dass es sich um Privatbesitz handele. Ende März 2014 geben Gurlitts Anwälte bekannt, wie umfangreich die Entde-

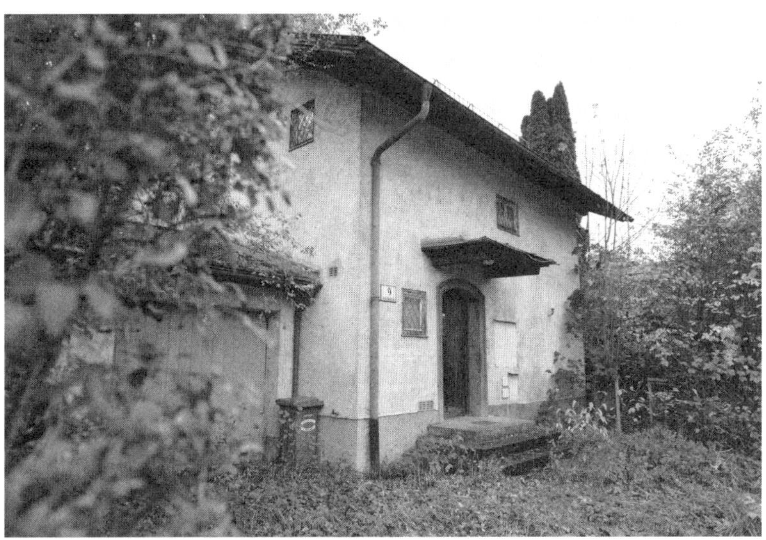

Das Haus von Cornelius Gurlitt in Salzburg Aigen, November 2013

ckung nach nochmaliger Durchsuchung auch in einem zunächst nicht zugänglichen Teil des heruntergekommenen Gebäudes tatsächlich ist: Über 250 Kunstgegenstände werden sichergestellt. Die Gesamtzahl der bekannten Werke der Sammlung Gurlitt erhöht sich dadurch auf über 1500. Gleichzeitig stellt sich erneut die Frage, ob es weitere Standorte der Sammlung geben könnte.

Die Entdeckung in Österreich lässt das öffentliche Interesse erneut aufflammen, denn trotz geringerem Umfang reicht ihr Wert an den der Schwabinger Sammlung heran. Unter den Bildern befinden sich kapitale Werke – Corot, Courbet, Liebermann, Manet, Monet und Picasso. Neben einer Bronze von Renoir taucht auch eine Büste von Cornelius Gurlitt senior auf, die zu Lebzeiten Hildebrand Gurlitts immer einen repräsentablen Platz in seinen Wohnungen besaß. Der Salzburger Fund erweist sich als Pendant zum ersten Fund, denn auch hier dominieren die Papierarbeiten, nur 39 Werke sind Gemälde. Der Schwerpunkt liegt ebenfalls beim Impressionismus und Expressionismus, vornehmlich handelt es sich um Landschaftsdarstellungen. Außerdem zeigen sich die Folgen unsachgemäßer Lagerung: Stockflecken auf Papier, beschädigte Leinwände. Der alte

Mann war offensichtlich mit der selbst gestellten Aufgabe als Hüter eines Schatzes vollkommen überfordert. Ihm lag mehr daran, die Sammlung zu verbergen, als sie angemessen zu verwahren. Dem Zustand des Gebäudes nach ist Cornelius Gurlitt seit Jahren nicht mehr im Haus gewesen. Die Fenster hat er vollkommen verklebt, um das Innere vor der Außenwelt verborgen zu halten. Im Hausflur ist eine spezielle Konstruktion installiert, um Blicke Neugieriger selbst durch den Briefkastenschlitz abzuwehren.

Gurlitts Anwälte beauftragen nach dem Abtransport der Bilder eigene Provenienzforscher mit der Bearbeitung des Konvoluts, die erstaunlich schnell zur Erkenntnis gelangen, dass es kaum Verdachtsmomente für Raubkunst gebe. Zum Salzburger Fund gehören außerdem wichtige Unterlagen, die insgesamt 17 Kisten füllen: Bücher, Briefe, Kataloge, darunter auch der Pariser Auktionskatalog der Sammlung Georges Viau mit Notizen Hildebrand Gurlitts, dazu Fotobände mit rund 2000 Abbildungen von Gemälden, die der Kunsthändler in den 1930er und 1940er Jahren zur Vorführung seiner Waren bei Kunden benutzte. Auf der Rückseite der Fotografien stehen wichtige Angaben wie Titel, Maße, Herkunft. Die 25 000 Blatt Dokumente werden von den Forschern erfasst, die von Gurlitts Anwälten beauftragt sind. Erst über ein Jahr nach dem Fund will Taskforce-Chefin Ingeborg Berggreen-Merkel von den Papieren erfahren haben. Für die vom Bund eingesetzten Provenienzforscher bedeutet dies verlorene Zeit, denn mit Hilfe der Salzburger Quellen hätten sie die Geschichte der rund 500 auf lostart.de eingestellten Werke sehr viel schneller klären können. Mit dem Tod Cornelius Gurlitts am 6. Mai 2014 stockt die Bearbeitung des Konvoluts durch die privaten Forscher, ihr Auftrag endet hier. Erst im April 2015 gelangt es in die Hände des Taskforce-Office.

Seine größte Wendung aber erfährt der Fall mit dem Tod des Erben am 6. Mai 2014. Denn er hat ein Testament verfasst, das alle bereits von der Bundesregierung ins Auge gefassten Pläne für die Sammlung über den Haufen wirft. Bereits im Januar hat Cornelius seinen letzten Willen verfasst, zu einem Zeitpunkt, als Ingeborg Berggreen-Merkel noch hoffte, die Kollektion einem bayerischen Museum übergeben zu können. Dass es anders kommt, nachdem Gurlitt sich von den Behörden des Freistaats in seinen letzten Lebensjahren ungerecht behandelt fühlte, verwundert nicht. Der Erbe vermacht seinen kompletten Nachlass – Sammlung, Immobilien, Vermögen – dem Kunstmuseum Bern. Die Überraschung, ja Enttäuschung könnte kaum größer sein. Das bayerische Kultusministerium will daraufhin sogar überprüfen lassen, ob einzelne Werke als nationales Kulturgut einzuordnen sind, um eine Ausfuhr zu verhindern.

Das Schweizer Museum selbst kann sich Gurlitts Zuwendung nicht erklären. Ein Grund mag darin bestehen, dass zu den Förderern des Museums der Berner Kunsthändler Eberhard Kornfeld gehört. Von ihm erhielt Gurlitt jenes Bündel mit 500-Euro-Scheinen, mit dem er sich auf der Zugfahrt aus der Schweiz zurück nach München als Steuersünder verdächtig machte. Die Geschäftsverbindung reicht bis in die 70er Jahre zurück, seit denen immer wieder Werke der Gurlitt-Sammlung bei dem Auktionshaus eingeliefert wurden, Bilder von Beckmann, Nolde, Kirchner und Heckel. Eine andere Verbindung in die Schweiz findet sich in Cornelius Gurlitts Kindertagen. Sein Onkel Wilibald lebte hier mit seiner Familie und unterrichtete zwischen 1946 und 1948 als Gastprofessor Musikwissenschaft an der Universität der Stadt Bern. Vielleicht hat Cornelius ihn dort besucht. Im Sommer 1948 verbrachte er mit seiner Schwester Benita bei dem Künstler und Anthroposophen Karl Ballmer im Tessin sechs Wochen lang die Ferien, für beide Geschwister eine glückhafte Erinnerung. Ebenfalls ein Grund könnte die 2010 in der Münchner Hypo-Kunsthalle präsentierte Ausstellung des Berner Kunstmuseums sein, in der die besten Stücke der von der Gotik bis in die Gegenwart reichenden Sammlung zu sehen waren, darunter Werke von Monet, Hodler, Picasso, Giacometti, Rothko, Dalí. Vielleicht hat sie Cornelius Gurlitt damals gesehen und sich ihrer später erinnert.

Kapitel 17

Eine Sammlung sucht ihren Ort

Eine moralische Pflicht: Die Bundesregierung will die Restitutionen übernehmen

Cornelius Gurlitts Tod bringt den Restitutionsprozess ins Stocken, zunächst müssen die Besitzverhältnisse geklärt werden: ob das Berner Kunstmuseum das Erbe antritt und ob Teile der Familie Gurlitt ebenfalls Ansprüche stellen. Die noch von Gurlitt selbst angebahnte Rückgabe des Matisse-Gemäldes «In einem Sessel sitzende Frau» an die Enkelinnen des Pariser Kunsthändlers Paul Rosenberg – die New Yorker Anwältin Marianne Rosenberg und die Pariser Journalistin Anne Sinclair, Ex-Frau von Dominique Strauss-Kahn – wird deshalb im letzten Moment aufgehalten. Auch die Restitution der «Reiter am Strand» von Max Liebermann an David Toren, den Großneffen des einstigen Besitzers David Friedmann, kann vorerst nicht erfolgen. Die Klage des Nachfahren gegen die Bundesrepublik und den Freistaat Bayern auf Herausgabe wird entsprechend zurückgewiesen, weder Bundes- noch Landesregierung sind zuständig.

Erst am 12. Mai 2015 kommt es zur Restitution der Bilder von Liebermann und Matisse, nachdem nicht nur die Provenienzen geklärt sind, sondern auch darüber Sicherheit besteht, dass die Bilder in die richtigen Hände gelangen. Für die Nachfahren endet damit ein mühsamer bürokratischer Prozess, in dessen Verlauf sie immer neue Nachweise für die Legitimität ihrer Ansprüche erbringen mussten. Von den Erben wird das als «schikanös» empfunden, von der Öffentlichkeit als kaum nachvollziehbar. Wie Gurlitt in den Besitz des Gemäldes von Matisse gelangte und dass er bei seinem Kauf die Herkunft nicht kannte, wurde bereits erwähnt. Dass aber die Familie um die belastete Herkunft wusste, geht aus Papieren hervor, die sich in den Salzburger Unterlagen befinden. Cornelius Gurlitt gibt in einem Brief an seine Mutter und seine Schwester die Warnung eines Vertrauten von Hildebrand Gurlitt weiter: «Er wusste ja auch dass der M vorerst nicht verkauft werden soll, obgleich ich davon garnichts wusste von Papi oder so.»[1] Im Entwurf des Briefes ist für das M noch ausgeschrieben der Name Matisse zu lesen. Bei dem Bild von Liebermann waren offensichtlich auch Hildebrand Gurlitt die Hintergründe bekannt. Den Behörden erklärte er später, das Gemälde habe sich bereits vor 1933 in der Sammlung seines Vaters Cornelius befunden.

Beide Fälle, sowohl der Matisse als auch der Liebermann, lassen Hildebrand Gurlitt in einem dubiosen Licht erscheinen. Die Verzögerungen bei der Übergabe, die bürokratischen Hürden tun ein Übriges, so dass die Nachfahren sich nicht für einen Festakt zur Übergabe gewinnen lassen, den sich die Bundesregierung als Zeichen einer Versöhnung gewünscht hatte. Wie kompliziert die Abwicklung der Restitutionsfälle nach dem Tod Cornelius Gurlitts werden würde, hatte sich bereits bei der Annahme des Erbes gezeigt. Das Kunstmuseum Bern tut sich zunächst schwer damit. Die Stiftung als Träger des Museums nimmt sich die volle Bedenkzeit von einem halben Jahr, um abzuwägen, welche Konsequenzen die Übernahme der Sammlung für das Haus haben könnte. Es folgt eine Phase intensiver Verhandlungen mit der Bundesregierung, wie sich im Nachhinein zeigt, denn mit der offiziellen Verkündung in Berlin am 24. November 2014 über die Annahme des Erbes wird zugleich eine 13-seitige Vereinbarung zwischen Bund, Freistaat Bayern und der Berner Museumsstiftung unterzeichnet, in der detailliert festgelegt ist, wie mit den verschiedenen Konvoluten umzugehen sei.[2]

Der Vertrag bildet die Grundlage eines diplomatischen Balanceaktes: Bern nimmt sämtliche unverdächtigen Werke an, die aus dem Familienbesitz stammen, also jene von Anbeginn unumstrittenen 276 Bilder von Künstlern aus der Familie, von Louis und der jung verstorbenen Schwester Hildebrands. Ebenso übernimmt Bern die 231 von den Nazis als «entartet» beschlagnahmten Bilder, die sich bereits vor 1933 in den Museen befanden. Diese sollen allerdings bevorzugt als Leihgaben an jene Museen gehen, denen sie damals genommen wurden, darunter Häuser in Stettin und Breslau. Dies ist ein Entgegenkommen, denn kurz nach Bekanntwerden des «Schwabinger Kunstfunds» hatten die ersten Museen Ansprüche angemeldet, für die allerdings eine Grundlage fehlte. Die knapp 500 Arbeiten aber, bei denen der Raubkunstverdacht nicht ausgeschlossen werden kann, verbleiben in der Bundesrepublik, bis ihre Provenienz durch die Taskforce ausgeleuchtet ist. Es sind Werke, die Hildebrand Gurlitt wahrscheinlich in den Kriegsjahren in Frankreich erworben hat, darunter

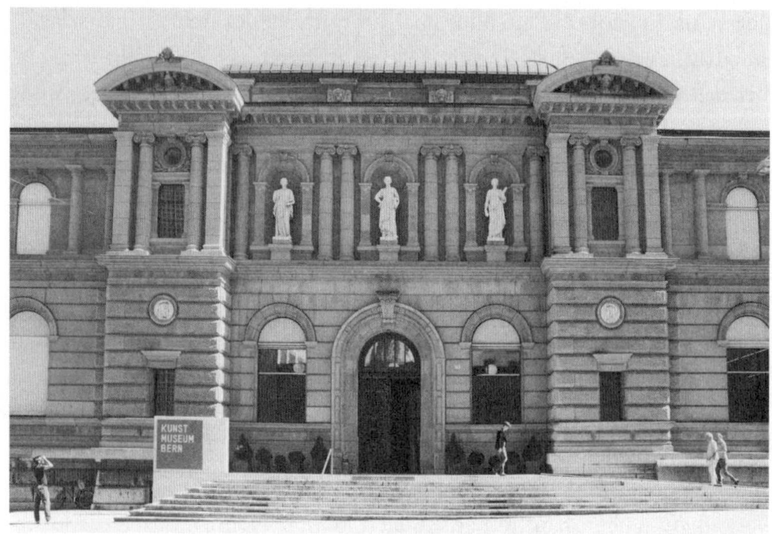

Das Kunstmuseum Bern

Altmeister-Gemälde und bedeutende Zeichnungen des 17. bis 19. Jahrhunderts. Das Konvolut gilt als das kunsthistorisch wichtigste, denn es umfasst auch französische Impressionisten von Monet bis Signac. Dort, wo sich der Verdacht auf Raubkunst bestätigt, übernehmen der Bund und das Land Bayern die Restitution. Das gilt ebenso für die im Salzburger Haus aufgetauchten Bilder.

Diese Aufgabenverteilung soll nach außen signalisieren, dass sich die Bundesrepublik zu ihrer Verantwortung bekennt: Deutschland übernimmt die Aufklärung und Entschädigung nationalsozialistischer Raubzüge, wie sie am Fall Gurlitt sichtbar geworden sind. Die weiterhin geltende Selbstverpflichtung Gurlitts, den Richtlinien der «Washingtoner Erklärung» zu folgen, geht damit an den Bund über. Den Grund für diese Regelung nennt Kulturstaatsministerin Monika Grütters bei der offiziellen Unterzeichnung: Es geht bei der Vereinbarung um mehr als eine rechtliche Klärung, die moralische Dimension besitze größere Bedeutung. Ans Berner Museum gelangt auf diese Weise keine Raubkunst, es braucht somit keine «Lawine von Prozessen» fürchten, wie sie Ronald S. Lauder, Präsident des Jewish World Congress, dem Haus bereits in Aussicht gestellt hatte.[3] Christoph Schäublin, Präsident der Stiftung Kunstmuseum Bern, kündigt zugleich an, eine Forschungsstelle einzurichten, um die Sammlung und ihre Vorgeschichte angemessen aufzuarbeiten.

Das Kunstmuseum Bern als neue Bleibe

Auf diese Weise will sich auch das Museum an der Provenienzforschung beteiligen und den Vorwurf der «Rosinenpickerei» (Schäublin) erst gar nicht aufkommen lassen. Die Leitung der Forschungsstelle «Gurlitt» übernimmt der Kunsthistoriker Oskar Bätschmann. Für die Schweiz stellt die Annahme des Erbes ein Politikum dar, das an die heftigen Auseinandersetzungen in den 1990er Jahren um die sogenannten nachrichtenlosen Vermögenswerte auf Schweizer Banken erinnert. Damals wurden zahlreiche Sammelklagen jüdischer Organisationen in den USA sowie des Jüdischen Weltkongresses eingereicht. Durch eine Zahlung der Banken in Höhe von 1,25 Milliarden Dollar wurde 1998 schließlich eine Einigung erzielt. Anders als diese erfährt der nun zwischen dem Bund, dem Land Bayern und dem Museum vereinbarte Umgang mit der Sammlung Gurlitt auch von kritischen Beobachtern Lob, darunter Stuart Eizenstat, der als Diplomat der Clinton-Regierung die Rückerstattung mit den Schweizer Banken ausgehandelt hatte.[4]

Wie in der Bundesrepublik wirft auch in der Schweiz die Causa Gurlitt ein Schlaglicht auf die verschleppte Aufarbeitung von Raubkunst. Auch die Schweiz hat 1998 die Washingtoner Erklärung unterschrieben, denn sie war trotz ihrer Neutralität in die Geschäfte der Nationalsozialisten involviert. Das Alpenland stellte für das NS-Regime einen wichtigen Umschlagplatz zur Veräußerung konfiszierter Kunst dar, um an Devisen zu gelangen. Die spektakulärste Auktion war die Versteigerung «Entarteter Kunst» aus deutschen Museen im Juni 1939 durch die Galerie Theodor Fischer in Luzern, bei der Schweizer Museen mitboten. Von den 125 aufgerufenen Gemälden und Skulpturen ging allerdings ein Drittel zurück, das meiste blieb unter den bereits niedrig angesetzten Taxen. Das Ergebnis lag insgesamt bei einer halben Million Reichsmark. In dieser Zeit erwarb das Kunstmuseum Basel aus den Beständen der «Entarteten Kunst» 21 Werke von Oskar Kokoschka, Marc Chagall, Lovis Corinth und Franz

Marc; auch andere Sammlungen kauften ein – nicht zuletzt um die Kunst zu retten, so lautete die Erklärung der Kuratoren für ihre Geschäfte mit den Nationalsozialisten. Dabei reisten die Einkäufer Schweizer Museen auch nach Deutschland, um in Berlin auf Schloss Schönhausen für ihre Sammlungen auszuwählen. Auf diese Weise gelangte etwa Franz Marcs «Tierschicksale» aus dem Museum Moritzburg in Halle durch Hildebrand Gurlitt nach Basel, nachdem er das Gemälde auf eigene Rechnung vom Propagandaministerium erworben hatte.

Anders als die Auktion von «Entarteter Kunst» stellen sich die Verkäufe über die vier offiziellen Kunsthändler des NS-Regimes weitaus undurchsichtiger dar, so dass die damaligen Erwerbungen in der Schweiz noch heute für Konflikt sorgen. Wie im Fall Basel werden die Werke vorsorglich nicht ins Ausland ausgeliehen, damit die Museen nicht in Auseinandersetzungen mit möglichen Anspruchstellern geraten. Die Debatte um Provenienzen wird in der Schweiz weitaus weniger offensiv geführt, der Begriff Raubkunst enger ausgelegt. Ein besonderes Problem stellt die sogenannte Fluchtkunst dar, Werke, die von Emigranten in die Schweiz mitgenommen und dort verkauft wurden, um die Weiterreise zu finanzieren. Der dringende Appell der Schweizer Historikerin Esther Tieser-Francini auf einer Tagung in Winterthur im November 2014, sich dieser Problematik intensiver zu widmen, stieß bezeichnenderweise auf entsprechend wenig Gegenliebe. Das Schweizer Bundesamt für Kultur machte aus seinen Vorbehalten gegenüber einer Annahme des Gurlitt-Erbes keinen Hehl, nicht zuletzt aus Sorge vor einer weitergehenden Diskussion über Rückerstattungen aus Schweizer Museen. Die Causa Gurlitt wird damit auch in der Schweiz zum Lackmustest. Wo immer die Sammlung des NS-Kunsthändlers auftaucht, wohin sie auch gelangt, fordert sie zur Stellungnahme über die Vergangenheit heraus.

Im Erbstreit

Der deutlichste Widerspruch gegen die Annahme des Erbes durch das Berner Museum aber kommt bis heute von Seiten der übergangenen Familie, die sich nach Veröffentlichung des Testaments jedoch stets zu Cornelius Gurlitts ausdrücklichem Wunsch bekannt hat, Raubkunst den

Nachfahren jüdischer Sammler zurückzugeben. Der als «entartet» in deutschen Museen beschlagnahmte Teil der Kollektion solle zusammenbleiben und in einem deutschen Museum ausgestellt werden, so der Plan von Gurlitts Cousine Uta Werner, die wenige Tage vor der Annahmeerklärung des Berner Museums in München einen Erbschein beantragte. Zuvor hatte sie postum ein psychiatrisches Gutachten in Auftrag gegeben, das Cornelius «paranoide Ideen» attestiert und daher zu dem Schluss kommt, dass die «Freiheit der Willensbildung bei der letztwilligen Verfügung» nicht gegeben gewesen sei.[5] Nachdem das Münchner Amtsgericht Ende April 2015 den Erbscheinantrag von Uta Werner abgelehnt und das Testament für gültig erklärt hat, geht die Cousine in die nächste Runde. Ihre Anwälte legen Beschwerde ein mit der Begründung, dass die Testierfähigkeit des Verstorbenen nicht genügend geprüft worden sei, der unter Verfolgungswahn durch die Nationalsozialisten gelitten habe. Zur Klärung beauftragt das Oberlandesgericht München ein weiteres medizinisches Gutachten, das Ende 2015 vorliegt und zur gegenteiligen Erkenntnis kommt. Demnach war Cornelius Gurlitt bei der Verfassung seines Testaments im Vollbesitz seiner geistigen Kräfte. Die Entscheidung, wem das Erbe nun zugesprochen wird, dem Berner Museum oder der Familie, bleibt damit weiterhin offen.

Pläne für den von ihm übernommenen Teil der Sammlung hat auch das Kunstmuseum Bern. Bevor die Einzelstücke in die Sammlung des Hauses integriert und nur noch mit dem Schild «Legat Gurlitt» gekennzeichnet sein werden, will Direktor Matthias Frehner die Kollektion geschlossen als Retrospektive präsentieren. Dabei soll auch die Geschichte der Bilder dokumentiert werden. Für die Aufarbeitung ist Gurlitts Erbe an eine gute Adresse geraten, denn Matthias Frehner ist ein Experte auf dem Gebiet der Provenienzforschung. Als leitender Kunstredakteur der «Neuen Zürcher Zeitung» hat er in den 1990er Jahren als einer der Ersten in den Archiven der Schweizer Museen recherchiert und seine zunächst als Artikelserie publizierten Forschungsergebnisse 1998 in dem Buch «Das Geschäft mit der Raubkunst» zusammengefasst.[6] Nach anfänglichem Zaudern stellt sich die Annahme der Sammlung als ein Gewinn für das Museum dar. Ähnlich wie die Bundesrepublik Deutschland die übernommene Pflicht zur Provenienzrecherche und Restitution von Raubkunst als Chance begreift, diesen Teil der NS-Vergangenheit nicht länger zu vernachlässigen, sieht es auch Bern.

Diese Signale nehmen auch Vertreter der Gegenwartskunst auf. Einen ungewöhnlichen Vorschlag macht deshalb im April 2015 Adam Szymczyk, der künstlerische Leiter der Documenta 15 in Kassel. Er möchte die Sammlung 2017 im Rahmen der alle fünf Jahre stattfindenden Weltkunstschau in der Neuen Galerie zeigen und damit an einem Ort präsentieren, wo im Nachkriegsdeutschland an das Erbe der Moderne angeknüpft werden sollte. Ein Kreis würde sich schließen, sogar im Sinne Hildebrand Gurlitts, der – wenn auch unter widersprüchlichen Vorzeichen – ebenfalls seinen Anteil an der Rehabilitation verfolgter Kunst hatte. Mit dieser Idee steht Szymczyk allerdings nicht allein, auch andere Museen haben bereits Interesse bekundet, die spektakuläre Sammlung zu zeigen. Umso überraschender kündigt ein halbes Jahr später im Oktober 2015 die Bundesregierung an, ihrerseits die Sammlung Gurlitt präsentieren zu wollen. Ende 2016 sollen in der Bonner Bundeskunsthalle jene Werke gezeigt werden, deren Herkunft bislang noch ungeklärt ist. Die Schau solle der Aufklärung dienen, so die Erklärung, man hoffe durch die öffentliche Präsentation auf neue Spuren zu stoßen.

Dahinter steckt jedoch zugleich ein Repräsentationsbedürfnis der Bundesrepublik, den Fall Gurlitt zur positiven Selbstdarstellung im Umgang mit Raubkunst zu nutzen, nachdem auch bei Auflösung der Taskforce Ende 2015, zwei Jahre nach ihrer Gründung, bis auf den Matisse und den Liebermann immer noch keine weiteren Restitutionen vollzogen sind. Sowohl der Präsident des Jüdischen Weltkongresses, Ronald S. Lauder, als auch der Repräsentant der Jewish Claims Conference in Deutschland, Rüdiger Mahlo, äußern sich enttäuscht über die Rechercheergebnisse der Taskforce, die nur für fünf Werke eindeutig nachweisen konnte, dass sie jüdischen Eigentümern geraubt oder abgepresst wurden. Knapp 500 Werke aus dem Münchner Bestand sind weiterhin nicht vom Verdacht befreit. Auf 104 Werke werden von insgesamt 113 Parteien Ansprüche geltend gemacht, von denen allerdings nur 17 eine Dokumentation vorlegen können. Das enttäuschende Resultat kommt einerseits durch überzogene Erwartungen zustande, denn Provenienzforschung ist zeitaufwändig, die von der Politik versprochenen schnellen Ergebnisse erwiesen sich als unrealistisch. Andererseits verhinderten strukturelle Probleme innerhalb der Taskforce eine effektivere Arbeit. Ihre Aufgabe übernimmt ab 2016 das im Vorjahr gegründete Deutsche Zentrum Kulturgutverluste in Magdeburg.

Kapitel 18

Folgen für öffentliche Museen und private Sammlungen

Perspektivwechsel auf die eigenen Bestände

Der Fall Gurlitt entwickelte sich durch die schiere Größe der Sammlung und die unmittelbare Verbindung in die NS-Zeit zum Skandal von internationaler Reichweite. Deutlicher denn je trat einer großen Öffentlichkeit zugleich vor Augen, wie sich in der Nachkriegszeit Händler, Museen, Sammler auf der Grundlage des kurz zuvor begangenen Unrechts bereichern konnten und wie dadurch das Unrecht bis in die Gegenwart fortwirkt. «Durch die Dominanz des Themas ‹Entartete Kunst› stilisierten sich deutsche Museen lange als Opfer der NS-Kulturpolitik», konstatierte die Kunsthistorikerin Anja Heuss schon 2002 beim Hamburger Kongress «Die eigene Geschichte». «Dabei wurde ausgeblendet, dass sie auch Täter und Nutznießer waren, weil sie sich an der Ausplünderung jüdischer Menschen beteiligten.»[1] Der «Schwabinger Kunstfund» wirkte wie ein Katalysator für eine lang schon ausstehende Debatte. Auf Cornelius Gurlitt wurden jedoch öffentliche Versäumnisse projiziert, für die er nicht zur Verantwortung gezogen werden konnte. Der Fall hat zweifellos sein Gutes: «Die moralische Ächtung von Sammlungen mit belasteter Kunst und deren Vermarktung scheint mir eine der wesentlichen Entwicklungen zu sein», so Rüdiger Mahlo, Deutschland-Repräsentant der Jewish Claims Conference.[2]

Die neue kritische Aufmerksamkeit betrifft ebenso öffentliche Häuser wie private Kunstbesitzer. Unter Letzteren sorgt in jüngster Zeit ein Generationenwechsel für neue Sensibilität. Vielfach legen sich die nun angetretenen Erben erstmals darüber Rechenschaft ab, was bislang arglos an den Wänden der Großeltern und Eltern hing, woher ein kostbares Möbelstück, ein Porzellanobjekt oder ein alter Teppich stammt. So glaubt der Autor und Raubkunst-Experte Robert Edsel, dessen Buch über die Arbeit der alliierten Kunstoffiziere von George Clooney unter dem gleichnamigen Titel «Monuments Men» verfilmt wurde, dass schon in den nächsten Jahren Tausende Kunstwerke auftauchen werden.[3] Der gleichen Überzeugung ist auch der schwedische Journalist Anders Rydell, der sich seit der Restitution des Nolde-Gemäldes «Blumengarten» 2009 durch das Moderna Museet in Stockholm mit dem Thema Raubkunst beschäftigt.[4] Die «Beutegeneration» stirbt aus, ihre Nachfahren fühlen sich weniger an Familiengeheimnisse gebunden, wenn sie davon überhaupt noch wissen; viele wollen nichts mehr zu verbergen haben. Erst seit wenigen Jahren bringen Forschungsarbeiten wie die des Historikers Götz Aly ans Licht der Öffentlichkeit, wie umfassend sich die deutsche Bevölkerung bei «Judenauktionen» am konfiszierten Gut ihrer einstigen Nachbarn bereicherte.[5] Ein neues Unrechtsbewusstsein sowohl im privaten wie im öffentlichen Bereich entwickelt sich nicht zuletzt durch den gewachsenen zeitlichen Abstand.

Der Fall Gurlitt hat die Bundesrepublik gegenüber einer internationalen Öffentlichkeit in die Defensive gebracht. So nannte Anne Webber vom Zentralregister für Raub- und Beutekunst in London schon bald nach Bekanntwerden des «Schwabinger Kunstfunds» die Aufarbeitung des Themas eine «Achillesferse» der Deutschen. Während die Regierungen in Großbritannien, Österreich und den Niederlanden ihre Museen anwiesen, nach möglicher Raubkunst zu suchen, hinke Deutschland bei der Sichtung hinterher.[6]

Kirchners «Straßenszene»: Eine Restitution eröffnet die Diskussion in Deutschland

Für eine erste größere Erschütterung in Sachen Provenienz sorgte der Fall Ernst Ludwig Kirchner. 2006 wurde sein Gemälde «Straßenszene» aus dem Bestand des Berliner Brücke-Museums restituiert. Plötzlich begann sich eine breitere Öffentlichkeit zu interessieren. Das Gemälde wurde durch den damaligen Berliner Kultursenator an die Nachfahrin des jüdischen Sammlers Alfred Hess zurückgegeben und anschließend für fast 30 Millionen Dollar von Ronald S. Lauder für sein Privatmuseum «Neue Galerie» in New York ersteigert. Ein Sonderausschuss des Berliner Abgeordnetenhauses gründete sich daraufhin, um zu klären, wie der Senat

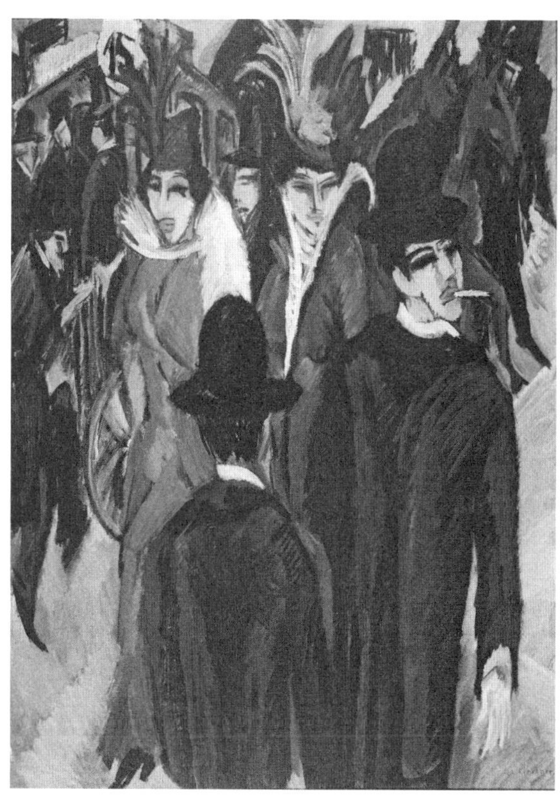

Ernst Ludwig Kirchner, Straßenszene, Öl auf Leinwand, 1913, New York, Neue Galerie

fortan in ähnlich gelagerten Fällen reagieren wolle. Eine weitere Konsequenz: Der Bund richtet 2008 gemeinsam mit der Kulturstiftung der Länder in Berlin eine Arbeitsstelle für Provenienzforschung ein, um den Museen bei der systematischen Aufarbeitung ihrer Bestände zu helfen. Das ansonsten bislang nur im Zusammenhang mit russischer Beutekunst angeschnittene Thema ist seitdem auf der öffentlichen Agenda. Zugleich melden sich zunehmend die Nachfahren der verfolgten Sammler. Letztere waren, so sie denn überlebten, nach dem Krieg mit anderen Problemen beschäftigt, als nach ihren verschollenen Bildern zu suchen. Viele wollten auch nicht mit der Erinnerung konfrontiert werden oder als Antragsteller deutschen Behörden gegenüberstehen. Auf der Täter- wie auf der Opferseite wagen sich vielfach erst die Nachgeborenen an diese heiklen Fragen. Hinzu kommen neue Recherchemöglichkeiten nach dem Fall des Eisernen Vorhanges, denn viele Archive im Osten sind erst seit 1989 zugänglich.

Seit dem Berliner Kirchner-Fall findet die bereits 2001 formulierte «Handreichung» der Bundesregierung, mit der auch die kommunalen Museen aufgefordert sind, ihre Bestände zu durchforsten, forciert Anwendung, die Etats werden laufend erhöht. Und doch verhalten sich bis heute viele Museumsdirektoren und Kuratoren defensiv, für sie gilt das Museum als der am besten geeignete Ort zur Verwahrung, sind private Ansprüche dem öffentlichen Interesse gegenüber nachrangig. Das Gefühl der Unerträglichkeit, dass etwas an den Galeriewänden hängt, das dem Museum nicht gehört, wird nicht von allen Kunsthistorikern geteilt. Zu den Ersten, die hier Handlungsbedarf sahen, gehörte 1998 der damalige Präsident der Stiftung Preußischer Kulturbesitz Klaus Dieter Lehmann, der sich vom Stiftungsrat die Vollmacht geben ließ, «Einzelfälle von zweifelhafter Herkunft in eigener Verantwortung verhandeln zu dürfen».[7] Von den 6000 deutschen Museen haben Anfang 2014 gerade einmal 285 Häuser mit der Erforschung ihrer Bestände begonnen, wobei ein Großteil sich Spezialthemen widmet und mit dem Thema Beutekunst gar nicht in Berührung kommt.

Der Gurlitt-Skandal aber hat erneut den Handlungsbedarf gesteigert. Kulturstaatsministerin Monika Grütters erhöhte 2014 den Jahresetat der Arbeitsstelle für Provenienzforschung nochmals auf vier Millionen Euro und gründete zum Jahresende das «Deutsche Zentrum Kulturgutverluste – Lost Art Foundation» in Magdeburg. In der von Bund, Ländern und Kommunen getragenen Einrichtung haben die Koordinierungsstelle Magdeburg mit ihrer Datenbank Lost Art, die Berliner Arbeitsstelle für Provenienzforschung, das Büro der Limbach-Kommission, eine Geschäftsstelle für Provenienzforscher und die Taskforce-Nachfolge für den «Schwabinger Kunstfund» ein gemeinsames Dach gefunden. Hier werden nicht nur die Aktivitäten auf dem Gebiet öffentlicher Herkunftsforschung gebündelt, sondern finden auch die Antrag stellenden Nachfahren privater Sammler eine Anlaufstelle. Als Ergänzung schlägt der Journalist Stefan Koldehoff vor, eine Stiftung «Raubkunst» ähnlich der seit 2000 bestehenden Stiftung «Erinnerung, Verantwortung und Zukunft» zu gründen. Die zur Hälfte von deutschen Wirtschaftsunternehmen finanzierte Einrichtung dient der Entschädigung von Zwangsarbeitern des NS-Regimes. Die von Bund und Kunsthandel getragene neue Stiftung «Raubkunst» – so die

Idee – soll Privatbesitzern eine angemessene Entschädigungssumme anbieten, um so eine gütliche Einigung zu erzielen.[8] Die erfolgreiche Restitution könnte sich dann sogar positiv auf den weiteren Verkauf eines Werks auswirken wie bei den «Welken Ahornblättern» (1817) des weniger bekannten Zeichners Friedrich Olivier, die 2014 bei der Herbstauktion des Berliner Auktionshauses Bassenge einen Rekorderlös von 2,6 Millionen Euro erzielten. Adolph Menzels Gouache «Stehende Rüstungen» (1866) erbrachte in der Villa Grisebach in der Herbstauktion 2014 sogar 2,8 Millionen Euro.[9]

Alte Fristen, neue Gesetze

Neben finanzieller und organisatorischer Verbesserung in der Provenienzforschung aber fehlt es noch immer an einer deutlicheren Verbindlichkeit gegenüber den Erben, ihre rechtliche Stärkung ist ein dringendes Desiderat. Die Bundesrepublik hat nach Kriegsende die Verjährungsfristen denkbar knapp gehalten, um den wirtschaftlichen Aufschwung nach 1945 schnell wieder anzukurbeln. Um 1960 ist bis auf Ausnahmen die Zeit für Anträge auf Wiedergutmachung abgelaufen. Hier muss bei Raubkunstfällen unter bestimmten Umständen über ein Aussetzen der Fristen nachgedacht werden, und es könnte – so ein Vorschlag von Monika Grütters – künftig die Beweislast für die Gutgläubigkeit des Erwerbs beim Besitzer liegen. Impulse für ein Umdenken mag auch die Rechtsprechung in anderen Ländern geben. In den USA etwa kann man sich generell nicht auf gutgläubigen Erwerb berufen, in Großbritannien gibt es bei Diebstahl keine Verjährung. In Österreich untersucht seit 1998 eine unabhängige Kommission für Provenienzforschung die Bestände der Bundesmuseen. Ein vom Bundesministerium für Unterricht, Kunst und Kultur gebildeter Beirat entscheidet dann, ob eine Restitution angemessen ist. Verjährung oder Gutgläubigkeit gelten hier nicht.

Darüber hinaus müsste die Limbach-Kommission mit weiter reichenden Kompetenzen ausgestattet werden. Sie sollte auch allein von einer Seite angerufen werden können und nicht wie bisher nur einvernehmlich von beiden Kontrahenten. In ihrer Funktion als Mediatorin kann die Kommission bislang nur Empfehlungen aussprechen, sie darf nicht entscheiden. Im Zweifel können die Museen bei ihrer vorher gefassten Meinung bleiben und eine Rückgabe verweigern, auch wenn die Kommission ihrer Auffassung nicht folgt. In Großbritannien etwa besitzt das 2000 gegründete Spoliation Advisory Panel als unabhängige Schiedsstelle für Museen und Privatsammler eine sehr viel größere Autorität. Eine ähnliche Institution gibt es in den Niederlanden in Gestalt der Eckhardt-Kommission, die ihre Entscheidungen ausführlich dokumentiert, um die historischen Hintergründe transparent zu machen. Auch die Limbach-Kommission müsste offensiver Öffentlichkeitsarbeit leisten und die Hintergründe ihrer jeweiligen Voten deutlicher erklären als nur mit einer Pressemitteilung.

Ausnahmefall Privatmuseum

Die Limbach-Kommission versteht sich als Schlichtungsstelle für öffentliche Sammlungen und die Nachfahren einstiger Eigentümer. Was aber ist mit den privaten Museen, vor allem mit den Stiftungen, die vom Staat bezuschusst werden und doch Raubkunst besitzen? Sie unterliegen nicht der Washingtoner Erklärung und entziehen sich häufig der Pflicht zu recherchieren. Beispielhaft für diese Problematik stehen das Museum Georg Schäfer in Schweinfurt und Lothar-Günther Buchheims Museum der Phantasie in Bernried.[10] Beide Sammler kauften vornehmlich in der Nachkriegszeit ein, als niemand genauer nach der Herkunft der Werke fragte. Sie waren häufige Kunden jener zu NS-Zeiten aktiven Händler und Auktionshäuser, die nach dem Krieg wieder auf dem Markt agierten und aus ihren vor 1945 angelegten Beständen sowohl Museen als auch Industrielle, Bankvorstände, Politiker des Wirtschaftswunderlandes mit Bildern der Klassischen Moderne versorgten. Die Werke von Heckel, Schmidt-Rottluff & Co. sollten nicht zuletzt den Neubeginn, die richtige Gesinnung der Käufer demonstrieren.

Das Museum der Phantasie hat zwar einen Projektantrag bei der Arbeitsstelle für Provenienzforschung gestellt, um mit der Untersuchung seiner Bestände endlich zu beginnen, doch noch fehlen die Mittel, so dass bislang die Arbeit noch nicht aufgenommen wurde. Die Sammlung Dr. Georg Schäfer, die weltweit über eine der größten Spitzweg-Kollektionen verfügt, besitzt zahlreiche Werke, die unter Raubkunst-Verdacht stehen. Eine Einigung mit den Liebermann-Erben, die 2009 zum ersten Mal vorstellig geworden sind, wurde bislang noch nicht erzielt. Die Eske und Henri-Nannen-Stiftung in Emden dagegen gab bereits im Oktober 1999 als eine der ersten Restitutionen Deutschlands ein Werk von Otto Mueller an die Erben des Breslauer Sammlers Ismar Littmann zurück.

Eine andere Konstellation besteht am Wiener Leopold-Museum, dessen Begründer ebenfalls in den 50er Jahren zu sammeln begann. Rudolf Leopold brachte die 5289 Werke seiner Kollektion 1994 in eine gemeinsam mit der Republik Österreich und der Nationalbank ins Leben gerufene Stiftung ein, in deren Vorstand neben Familienmitgliedern auch Vertreter der Regierung sitzen. Das Museum lässt seit 2008 sämtliche Werke, die vor 1938 entstanden sind, auf ihre Provenienz hin untersuchen. Neben zwei Werken von Anton Romako wurde bislang über zwei Bilder von Egon Schiele ein Vergleich erzielt: über das Gemälde «Häuser am Meer» sowie nach einem zwölfjährigen Rechtsstreit über das «Bildnis Wally Neuzil», das der Wiener Kunsthändlerin Lea Bondy-Jaray im Zuge der Arisierung ihrer Galerie abgepresst worden war. Die US-Staatsanwaltschaft hatte das Porträt 1998 nach einer Ausstellung im New Yorker Museum of Modern Art konfisziert, nachdem die Erben der Kunsthändlerin Klage erhoben hatten. Grundlage für die Beschlagnahmung war das Einfuhrverbot gestohlener Ware in die USA. Der spektakuläre Vorgang löste in Österreich eine Debatte um Raubkunst aus, in deren Folge das Kunstrückgabegesetz erlassen wurde, welches die Regierung zur Rückgabe von Raubkunst ermächtigt. Zwar findet es keine Anwendung auf Privatstiftungen, aber das Leopold-Museum orientiert sich an den Washingtoner Prinzipien und folgt freiwillig den Empfehlungen der Michalek-Kommission, benannt nach dem früheren Justizminister Nikolaus Michalek. Deren Beschlüsse sind, anders als bei der deutschen Limbach-Kommission, für die öffentlichen Museen verpflichtend, nicht aber für private Stiftungen. Bislang warten die Erben des Sammlers Karl Mayländer deshalb vergeblich auf die Herausgabe von fünf Schiele-Zeichnungen durch das Leopold-Museum. Während die Albertina längst Werke an sie restituiert hat, weigert sich das Leopold-Museum bisher, da es allein einen finanziellen Vergleich als Lösung des Konflikts akzeptiert.

Beispielhaft ist der Umgang mit der Asiatika-Sammlung Philipp F. Reemtsmas, 319 fernöstlichen Kunstgegenständen insgesamt, die 1996 als

Schenkung in den Besitz des Hamburger Museums für Kunst und Gewerbe übergingen und dort zwischen 2010 und 2013 auf ihre Provenienzen hin untersucht wurden. Für insgesamt 91 Objekte konnte die Vorgeschichte transparent gemacht werden, Objekte ungeklärter Herkunft wurden in der Datenbank Lost Art publiziert. Reemtsmas Kollektion war ein wichtiges Kapitel der Ausstellung «Raubkunst? Provenienzforschung zu den Sammlungen des Museum für Kunst und Gewerbe», die sich offensiv der Vergangenheit der Museumsbestände widmete.[11] Der Hamburger Tabak-Industrielle hatte in den 30er Jahren Asiatika aus acht verschiedenen Sammlungen erworben. Darunter befanden sich auch Objekte aus der Kollektion von Margarete Oppenheim sowie aus den Beständen der 1935 aufgelösten Berliner Kunsthandelsfirma Dr. Otto Burchard & Co. Für diese Exponate wird nun ein Rückgabeanspruch geprüft.[12]

Der Fall Gurlitt sensibilisiert auch für ein weiteres, bislang kaum wahrgenommenes Terrain: den Umgang in der DDR mit enteigneten Kunstgegenständen. Beim Deutschen Kunstsachverständigentag im Januar 2014 in Köln verwies Samuel Wittwer, Direktor der Schlösser und Sammlungen bei der Stiftung Preußische Schlösser und Gärten, in seinem Vortrag auf die Problematik. 1945/46 wurden in der russischen Besatzungszone 7000 Großgrundbesitzer enteignet, daraufhin deren Gutshäuser und Schlösser leergeräumt. Unter der verschleiernden Bezeichnung «Schlossbergung» gelangten die höherwertigen Stücke in öffentliche Museen, wo sich ihre Spur häufig durch die Einführung eines vereinheitlichenden Nummernsystems verlor. Eine weitere Form staatlicher Bereicherung waren Steuerforderungen gegenüber privaten Sammlern, um ihnen Objekte abzupressen, oder die Entziehung von Privateigentum bei Ausreise bzw. Flucht. Obwohl die Erforschung dieser Enteignungen noch in ihren Anfängen steckt, erfährt das Anliegen weniger politische Unterstützung. Aber auch hier drängt die Zeit, denn die Generation der unmittelbar Betroffenen stirbt allmählich aus.[13]

Die Fälle von Kunstraub während des Nationalsozialismus und unter dem DDR-Regime mögen noch so anders liegen, bei beiden befriedigt die Wiedergutmachungspraxis nicht. Auch bei der Aufarbeitung des DDR-Unrechts sind die Meldefristen zu kurz und greift das Prinzip der Verjährung – die rechtliche Situation hinkt hinter den moralischen Erfordernissen her. Die geltenden Gesetze verlängern das im früheren Staatssystem begangene Unrecht. Auch hier mahnt die Causa Gulitt, die nach

1945 gemachten Fehler nicht zu wiederholen. Dieser Fall mag singulär sein, und doch ist er ein Pars pro toto. Die in öffentlichen und privaten Sammlungen verborgene Raubkunst gehört ans Licht und, wo es möglich ist, zurück in die Hände der ehemaligen Besitzer oder der Nachfahren. Ein Zufall hat die Sammlung Gurlitt und ihre Geschichte in die Öffentlichkeit gebracht. Die Vergehen der Vergangenheit, die Komplikationen der Gegenwart haben sich deutlicher denn je daran gezeigt. 70 Jahre nach Kriegsende wird es Zeit, auch in der Kunst den Opfern des NS-Regimes Gerechtigkeit widerfahren zu lassen.

Anhang

Dank

Unser Gemeinschaftswerk konnte nicht ohne die Unterstützung anderer entstehen. Wir möchten deshalb unseren herzlichsten Dank all jenen aussprechen, die uns mit Gesprächen, Informationen, Hinweisen und Kontakten halfen:

Andreas Abele (Berlin), Elizabeth Baars (Hamburg), Dr. Maike Bruhns (Hamburg), Mary Kate Cleary (Research and Due Diligence Director, Art Recovery International, London), Alexandra Cedrino Nahrstedt (Berlin), Dr. Nikolaus Fräßle (Kornwestheim), Dr. Matthias Frehner (Direktor, Kunstmuseum Bern), Maren Giering-Desler (Hamburg), Barbara Göpel (München), Catherine Hickley (Kunstkritikerin, Berlin), Victoria Hohmann-Vierheller (stud. Hilfskraft, Forschungsstelle «Entartete Kunst», FU Berlin), Dr. Robert Holzbauer (Leiter Provenienzforschungsstelle, Leopold Museum Privatstiftung, Wien), Stephan Holzinger (Holzinger Associates, Executive Representation Management, München), Dr. h.c. Andreas Hüneke (wiss. Mitarbeiter und Dozent, Forschungsstelle «Entartete Kunst», FU Berlin), Dr. Rüdiger Joppien (ehem. Kurator, Museum für Kunst und Gewerbe, Hamburg), Linda Karohl (wiss. Mitarbeiterin, Städtische Galerie Dresden), Susanne Kippenberger (Berlin), Isabel von Klitzing (Provenanceresearch, Frankfurt am Main), Jan Thomas Köhler (Provenienz-Recherche Berlin), Christine Königs (Amsterdam), Gregor Kuhn (Düsseldorf), Dr. Carolin Lange (wiss. Mitarbeiterin, Universität Stuttgart), Dr. Gregor Langfeld (wiss. Mitarbeiter und Dozent, Universiteit van Amsterdam), Dr. Matthias Listl (wiss. Mitarbeiter Provenienzforschung, Kunsthalle Mannheim), Dr. Valentina Locatelli (Projektleiterin, Kunstmuseum Bern), Iris Merz (Berlin), Prof. Dr. Herbert Molderings (Univ.-Prof. em., Ruhr-Universität Bochum), Dr. Hedwig Müller (akad. Oberrätin, Theaterwissenschaftliche Sammlung, Universität zu Köln), Matthias Nickolai (Oberstaatsanwalt Pressesprecher, Staatsanwaltschaft Augsburg), Lynn H. Nicolas (i. a. Senior Advisor, Commission for Looted Art in Europe, London), Emmanuel Pollack (Chercheuse associée, Institut national d'histoire de l'art, Paris), Johanna Poltermann (wiss. Mitarbeiterin Provenienzforschung, Bayerische Staatsgemäldesammlungen, München), Dr. Hugo Portz (Inhaber, Kunsthaus Désirée, Hochstadt/Pfalz), Dr. Roland Prügel (Leiter Deutsches Kunstarchiv, Nürnberg), Maurice Philip Remy (Dokumentarfilmer, Drehbuchautor, Regisseur, Fernsehproduzent, München), Angela Schlicht (Nürnberg), Dr. Iris Schmeisser (Leiterin Provenienzforschung, Städel Frankfurt am Main), Johannes Schmidt (Kurator, Städtische Galerie Dresden), Kerstin Schmidt (Berlin), Wolfgang Schöddert (wiss. Mitarbeiter Provenienzforschung, Berlinische Galerie/Ferdinand Möller Archiv, Berlin), Dr. Daniel J. Schreiber (Direktor, Buchheim Museum, Bernried), Barbara Schweiker (Österreich), Prof. Dr. Aya Soika (Prof., Bard College, Berlin), Prof. Albert Speer (Albert Speer & Partner GmbH, Architekten, Planer, Frankfurt am Main), Laurie A. Stein (Senior Advisor, Smithsonian Institution, Washington D. C., Chicago/Berlin), Peter Sumerauer (Leiter Hans-Domizlaff-Archiv, Frankfurt am Main), Dr. Katja Terlau (Kunstrecherche/Provenienzforschung, Köln), Prof. Maria Vedder (Univ.-Prof. em., Universität der Künste Berlin), Hubertus von Tippelskirch (stud. Hilfskraft, Forschungsstelle «Entartete Kunst», FU Berlin), Antje Welp (Nürnberg).

Ein besonderer Dank gilt den Mitgliedern der Taskforce «Schwabinger Kunstfund», die gemeinsam mit Meike Hoffmann in intensiver Gruppenkommunikation den Weg zu einer internationalen Raubkunstforschung grundlegend befördert haben:

Thierry Bajou (Projektleiter «Musées Nationaux Récupération», Ministerium für Kultur und Kommunikation der Französischen Republik, Paris), Prof. Dr. Magnus Brechtken (Stellv. Direktor, Institut für Zeitgeschichte, München), Heike Impelmann (Regierungsdirektorin, Bundesamt für zentrale Dienste und offene Vermögensfragen, Berlin), Dr. Monika Kuhnke (Provenienzforscherin, Außenministerium der Republik Polen, Warschau), Dr. Sophie Lillie (Kunst- und Zeithistorikerin, Provenienzforscherin, Wien), Anne Liskenne (Archives Diplomatiques, Außenministerium der Französischen Republik, Paris), Jane Milosch (Director, Provenance Research Initiative, Smithsonian Institution, Washington D. C.), Dr. Agnes Peresztegi (Executive Director of Europe, Commission for Art Recovery, Budapest/Paris), Yehudit Shendar (Deputy Director and Senior Art Curator, Museums Division, Yad Vashem, Jerusalem), Shlomit Steinberg (Hans Dichand Curator of European Art, Israel Museum, Jerusalem), Dr. Stephanie Tasch (Dezernentin, Kulturstiftung der Länder, Berlin).

Unser Dank geht an Dr. Daniel Graf von der Literatur- und Medienagentur Graf & Graf in Berlin, der uns als Autorinnen zusammenbrachte und begleitete, und insbesondere Dr. Stefanie Hölscher vom Verlag C.H.Beck für ihr hervorragendes Lektorat.

Anmerkungen

Kapitel 1: Prolog: Eine doppelte Wende

1 Ludolph Brauer: Rede am 1. Mai 1933 im Rahmen eines Festaktes im Großen Hörsaal des Hauptgebäudes, Universität Hamburg, Kopie der Rede in der Hamburger Bibliothek für Universitätsgeschichte.
2 Kunstverein Hamburg, Archiv: Protocoll der Vorstandsversammlung 1932–1933, Vorstandssitzung 28.7.1933.
3 Staatsarchiv Coburg: Spruchkammerakten Bamberg-Land, Hildebrand Gurlitt, Meldebogen aufgrund des Gesetzes zur Befreiung von Nationalsozialismus und Militarismus vom 5. März 1946, Aschbach, 21.4.1946, S. 2.
4 Stadtarchiv Düsseldorf: Kunstverein für die Rheinlande und Westfalen, Hildebrand Gurlitt, Aus dem Vorwort zu einer Wanderausstellung deutscher Aquarelle der letzten 50 Jahre in USA, 1954.

Kapitel 2: Die Gurlitts: Ein Familienporträt

1 Johann Gottfried Gurlitt (1799): Allgemeine Einleitung in das Studium der schönen Kunst des Altertums, Magdeburg: Georg Christian Keil, S. 9.
2 Kunst und Künstler. Illustrierte Monatsschrift für Kunst und Kunstgewerbe, Jg. IX, Heft III, S. 147.
3 Jugenderinnerungen des Altonaer Malers Prof. Louis Gurlitt (1965), in: Heimatliches Buxtehude, Bd. III, S. 176–198.
4 Technische Universität Dresden, Archiv: Nachlass Cornelius Gustav Gurlitt (TU Dresden CGG Nachlass) 026/021.
5 TU Dresden CGG Nachlass 028/014.
6 Zit. nach: Wolfgang Scheibe (1969): Die Reformpädagogische Bewegung 1900–1932. Eine einführende Darstellung, Weinheim/Basel: Beltz, S. 53 f.
7 TU Dresden CGG Nachlass 026/007.

Kapitel 3: Schule der Kunst (1895 bis 1914)

1 TU Dresden CGG Nachlass 126/141.
2 TU Dresden CGG Nachlass 032/078.
3 TU Dresden CGG Nachlass 032/110.
4 TU Dresden CGG Nachlass 032/175.
5 TU Dresden CGG Nachlass 033/012, 224/363.
6 TU Dresden CGG Nachlass 033/075.
7 TU Dresden CGG Nachlass 123/008.
8 TU Dresden, Archiv: Akte Gurlitt, Hildebrand, Allg. Nr. 4306.
9 Cornelius Gurlitt (1924): Lebenserinnerungen, in: Johannes Jahn: Die Kunstwissenschaft der Gegenwart in Selbstdarstellungen, Leipzig: Felix Meiner, S. 14.
10 Cornelius Gurlitt 1924, S. 11.
11 Fackelzug der Korporationen an der Technischen Hochschule, Dresdner Anzeiger, 6.3.1904.
12 Meike Hoffmann (2005): Leben und Schaffen der Künstlergruppe «Brücke». Mit einem kommentierten Werkverzeichnis der Geschäfts- und Ausstellungsgraphik, Berlin: Reimer, S. 27 ff.
13 Fritz Schumacher (1942): Die Sprache der Kunst, Stuttgart/Berlin: Deutsche Verlagsanstalt, S. 240.
14 Meike Hoffmann 2005, S. 23 ff.
15 Fritz Schumacher (1932): Aus der Vorgeschichte der Brücke, in: Der Kreis. Zeitschrift für künstlerische Kultur, hg. von Ludwig Benninghoff und Wilhelm Postulart, Hamburg, Heft 9, S. 8.
16 Stadtarchiv Düsseldorf: Kunstverein für die Rheinlande und Westfalen, Hildebrand Gurlitt 1954, S. 2.
17 Stadtarchiv Düsseldorf: Kunstverein für die Rheinlande und Westfalen, ebenda: Hildebrand Gurlitt datiert die tatsächlich 1906 stattgefundene Ausstellung in falscher Erinnerung in das Jahr 1912. In der von Catherine Hickley verfassten Publikation ist das falsche Datum korrekturlos übernommen, s. Catherine Hickley (2015): The Munich Art Hoard. Hitler's Dealer and His Secret Legacy, London: Thames & Hudson, S. 26. In der von Susan Ronald verfassten Publikation ist die Ausstellung falsch auf 1907 datiert, um durch die Gleichzeitigkeit mit Erbstreitigkeiten zwischen der Dresdner und Berliner Gurlitt-Familie sowie einer langen Abwesenheit des Vaters Cornelius im Sommer eine Krisenzeit für Hildebrand zu konstruieren, die angeblich Auswirkungen auf sein späteres Leben hatte, s. Susan Ronald (2015): Hitler's Art Thief: Hildebrand Gurlitt, the Nazis, and the Looting of Europe's Treasures, New York: St. Martin's Press, S. 17 f., 22 f.
18 Künstlergruppe «Brücke», Programm, 1906, abgedruckt in: Meike Hoffmann 2005, WVZ 17.

19 TU Dresden CGG Nachlass 125/016.
20 Konrad Lange: Das Wesen der künstlerischen Erziehung, in: Kunsterziehung. Ergebnisse und Anregungen des Kunsterziehungstages in Dresden am 28. und 29. September 1901, S. 79, 307.
21 Konrad Lange 1901, S. 27–38.
22 Ebenda, S. 323.
23 Jahresbericht der Annenschule (Realgymnasium) zu Dresden-Altstadt (1908), Dresden: B. G. Teubner, S. 18.
24 Cornelius Gurlitt (1908): Der Rembrandtdeutsche, in: Die Zukunft, Jg. XVI, Nr. 12, S. 139 ff.
25 TU Dresden CGG Nachlass 126/001.
26 Jahresbericht der Annenschule (Realgymnasium) zu Dresden-Altstadt (1915), Dresden: B. G. Teubner, S. 5.

Kapitel 4: Schule des Lebens (1914 bis 1918)

1 Cornelius Gurlitt 1924, S. 3.
2 Geschichte der TU Dresden, http://tu-dresden.de/die_tu_dresden/portrait/geschichte (Stand 27.3.2015).
3 TU Dresden CGG Nachlass 126/001, 126/002.
4 TU Dresden CGG Nachlass 126/005, 126/006.
5 Susan Ronald behauptet, Hildebrand Gurlitt sei zeitweise Mitglied der Kunstschutztruppe von Paul Clemen gewesen und sei dort auf den Kunsthändler Alfred Flechtheim getroffen, s. Susan Ronald 2015, S. 60 f. Dafür gibt es keine Nachweise.
6 TU Dresden CGG Nachlass 126/0129.
7 TU Dresden CGG Nachlass 126/024.
8 Stadtarchiv Düsseldorf: Kunstverein für die Rheinlande und Westfalen, Hildebrand Gurlitt, Aus dem Vorwort zu einer Wanderausstellung deutscher Aquarelle der letzten 50 Jahre in USA. Dass sich Gurlitt hier vorsätzlich verletzt hat, um von der Front abgezogen zu werden, wie Susan Ronald vermutet, ist aufgrund der Schilderung in den Dokumenten höchst unwahrscheinlich und lässt sich nicht belegen, s. Susan Ronald 2015, S. 57. Stattdessen war Cornelius Gurlitt mit seinem Freund Paul Clemen in Belgien für den Denkmalschutz tätig, s. Paul Clemen und Cornelius Gurlitt (1916): Die Klosterbauten der Cistercienser in Belgien, Berlin: Architekturverlag «Der Zirkel».
9 TU Dresden Akte Gurlitt, Hildebrand, Allg. Nr. 4306.
10 TU Dresden CGG Nachlass 126/007.
11 TU Dresden CGG Nachlass 126/025.
12 TU Dresden CGG Nachlass 126/025.

13 TU Dresden CGG Nachlass 125/022.
14 TU Dresden CGG Nachlass 126/045.
15 TU Dresden CGG Nachlass 126/044.
16 TU Dresden CGG Nachlass 126/055.
17 Heinrich Heine Institut, Rhein. Literaturarchiv: Nachlass Eulenberg, zit. nach Hugo Portz (2015): Cornelia Gurlitt – Reise des Herzens, Ausstellungs-Katalog Staatliches-Jüdisches Gaon-von-Vilnius-Museum, Landau: Knecht-Verlag, S. 25.
18 Zeitung der 10. Armee, Nr. 25, Dienstag 1.2.1916, zit. nach Hugo Portz 2015, S. 25.
19 TU Dresden CGG Nachlass 031/003.
20 TU Dresden CGG Nachlass 126/001, 002.
21 Paul Fechter (1949): An der Wende der Zeit. Menschen und Begegnungen, Gütersloh 1949, S. 286 f.
22 TU Dresden CGG Nachlass 126/005, 006.
23 TU Dresden CGG Nachlass 125/020, 021.
24 Sammy Gronemann (1924): Hawdoloh und Zapfenstreich, Berlin: Jüdischer Verlag Athenäum, S. 49.
25 Paul Fechter 1949, S. 162.
26 Richard Dehmel (1916): Ich weiß Bescheid. Kleiner Soldatenführer durch Wilna, Wilna: Verlag Armeezeitung A. O. K. 10.
27 Morand Claden / Eduard Reinacher / Oskar Wöhrle (2007): Das Drei-Elsässer-Buch, St. Ingbert: Röhrig Universitätsverlag, S. 311.
28 Sammy Groncmann 1924, S. 58.
29 Hermann Struck: Die jüdische Stadt. Skizzen aus dem Leben der Ostjuden, in: Wieland, Zeitschrift für Kunst und Dichtung, Juni 1918, Heft 3, S. 14.
30 Julius Langbehn (1890): Rembrandt als Erzieher. Von einem Deutschen, Leipzig: Verlag von Hirschfeld, 23. Auflage, S. 42.
31 Karl Schmidt-Rottluff an Wilhelm Niemeyer, o. D. [vmtl. Frühjahr 1915], zit. nach: Aya Soika (2014): Weltenbruch. Die Künstler der Brücke im Ersten Weltkrieg 1914–1918, S. 155, Anm. 19.
32 Cornelius Gurlitt (1890): Dresdner Kunstbriefe, in: Die Gegenwart. Wochenschrift für Literatur, Kunst und öffentliches Leben, Heft 37; Cornelius Gurlitt 1908; Cornelius Gurlitt (1927): Langbehn, der Rembrandtdeutsche, Protestantische Studien, Heft 9.
33 TU Dresden CGG Nachlass 126/019.
34 TU Dresden CGG Nachlass 197/009.
35 TU Dresden CGG Nachlass 125/200.
36 TU Dresden CGG Nachlass 126/049.
37 TU Dresden CGG Nachlass 126/055.
38 TU Dresden CGG Nachlass 126/047.
39 TU Dresden CGG Nachlass 126/054.

40 TU Dresden CGG Nachlass 126/046.
41 TU Dresden CGG Nachlass 126/045.
42 TU Dresden CGG Nachlass 126/054.

Kapitel 5: Netzwerke (1918 bis 1920)

1 TU Dresden CGG Nachlass 126/057.
2 Cornelius Gurlitt 1924, S. 31 f.
3 TU Dresden CGG Nachlass 031/011.
4 TU Dresden CGG Nachlass 033/08.
5 TU Dresden CGG Nachlass 224/030, 033/014.
6 TU Dresden CGG Nachlass 126/065.
7 TU Dresden CGG Nachlass 126/058, 126/059.
8 TU Dresden CGG Nachlass 031/010.
9 TU Dresden CGG Nachlass 031/010.
10 TU Dresden CGG Nachlass 126/059.
11 TU Dresden CGG Nachlass 126/057.
12 TU Dresden, Archiv: Akte Gurlitt, Hildebrand, Allg. Nr. 4306.
13 TU Dresden CGG Nachlass 126/062, 126/066.
14 TU Dresden CGG Nachlass 224/151.
15 TU Dresden CGG Nachlass 197/020.
16 TU Dresden CGG Nachlass 126/025.
17 TU Dresden CGG Nachlass 125/029.
18 TU Dresden CGG Nachlass 125/027.
19 TU Dresden CGG Nachlass 035/001.
20 TU Dresden CGG Nachlass 126/069.
21 Cornelius Gurlitt 1924, S. 30.
22 Deutsches Literaturarchiv Marbach: Nachlass Paul Fechter, Hildebrand Gurlitt an Paul Fechter, August 1919.
23 TU Dresden CGG Nachlass 224/372.
24 TU Dresden CGG Nachlass 126/077.
25 Deutsches Literaturarchiv Marbach: Nachlass Paul Fechter, Hildebrand Gurlitt an Paul Fechter, 6.1.1922 und 10.2.1922.
26 TU Dresden CGG Nachlass 126/062.
27 TU Dresden CGG Nachlass 125/018.
28 Georg Heinrich Wahle: Lebenserinnerungen, http://www.kunsthaus-desiree.de/lotte_wahle.htm (Stand 10.11.2015).
29 Hildebrand Gurlitt (1922): Felixmüller. Eine Ausstellung im Kunstsalon Arnold, Dresden, in: Dresdener Woche, S. 7.
30 TU Dresden CGG Nachlass 224/272.

31 TU Dresden CGG Nachlass 197/003.
32 TU Dresden CGG Nachlass 126/093.
33 TU Dresden CGG Nachlass 126/086.
34 TU Dresden CGG Nachlass 197/003.
35 TU Dresden CGG Nachlass 197/007.
36 TU Dresden CGG Nachlass 197/009.
37 TU Dresden CGG Nachlass 126/100.
38 Birgit Gropp (2000): Studien zur Kunsthandlung Fritz Gurlitt in Berlin, 1880–1943, Diss. Berlin, S. 128 f.
39 Wasmuths Monatshefte für Baukunst, Berlin 1921/22, Jg. VI, Heft 7/8, S. 233–236.
40 TU Dresden CGG Nachlass 033/074.
41 TU Dresden CGG Nachlass 26/100.
42 TU Dresden CGG Nachlass 126/096.
43 TU Dresden CGG Nachlass 224/239.
44 TU Dresden CGG Nachlass 224/307.
45 TU Dresden CGG Nachlass 197/013.
46 Humboldt Universität Berlin, Archiv: Akte Gurlitt, Hildebrand, Philosophische Fakultät der Friedrich-Wilhelms-Universität zu Berlin, Matrikel-Nr. 1329 des 110. Rektorats Kunstwissenschaften.
47 TU Dresden CGG Nachlass 197/018.
48 Leopold Reidemeister (1988): Erinnerungen an das Berlin der zwanziger Jahre, Brücke Archiv, Heft 15/16, Berlin, S. 29 f.
49 TU Dresden CGG Nachlass 126/114.
50 Literaturarchiv Marbach: Nachlass Paul Fechter, Hildebrand Gurlitt an Paul Fechter, 10.2.1922.
51 TU Dresden CGG Nachlass 224/246.

Kapitel 6: Die Kunst ruft – der Vater auch (1920 bis 1925)

1 Konrad Haenisch (1919): Kulturpolitische Aufgaben. Aus dem Vortrag des Kultusministers, Berlin: Arbeitsgemeinschaft.
2 Fritz Wichert: Die bildende Kunst als Mittel der Selbstgestaltung, in: Die Kunstmuseen und das deutsche Volk (1919), hg. vom Deutschen Museumsbund, München: Kurt Wolff-Verlag, S. 22.
3 TU Dresden CGG Nachlass 126/086.
4 TU Dresden CGG Nachlass 126/067.
5 TU Dresden CGG Nachlass 197/003.
6 TU Dresden CGG Nachlass 197/090.
7 TU Dresden CGG Nachlass 097/011.
8 Otto Andreas Schreiber: Probleme der Fabrikausstellungen, in: Die Kunst-

kammer. Illustrierte Monatszeitschrift nebst amtlicher Mitteilungen (1935), hg. vom Präsidenten der Reichskammer der bildenden Künste, Heft 7 / Juni, Berlin: Propyläen-Verlag, S. 12 f.

9 Hildebrand Gurlitt: Museen und Ausstellungen in mittleren Industriestädten. Die Meinung des Kunsthistorikers, in: Das neue Frankfurt. Internationale Monatsschrift für die Probleme kultureller Neugestaltung, April 1930, Frankfurt a. M.: Englert und Schlosser, S. 146.

10 Humboldt-Universität zu Berlin, Archiv: Bestand Rektorat.

11 TU Dresden CGG Nachlass 126/133.

12 TU Dresden CGG Nachlass 033/075.

13 TU Dresden CGG Nachlass 028/047.

14 TU Dresden CGG Nachlass 033/048.

15 TU Dresden CGG Nachlass 024/232.

16 Vgl. hierzu: Stadtarchiv Düsseldorf: Kunstverein für die Rheinlande und Westfalen, Korrespondenz Bruno E. Werner – Hildebrand Gurlitt.

17 TU Dresden CGG Nachlass 126/137.

18 TU Dresden CGG Nachlass 126/163.

19 TU Dresden CGG Nachlass 126/050.

20 TU Dresden CGG Nachlass 224/354.

21 TU Dresden CGG Nachlass 126/082.

22 TU Dresden CGG Nachlass 033/075.

23 TU Dresden CGG Nachlass 197/013.

24 TU Dresden CGG Nachlass 126/106.

25 TU Dresden CGG Nachlass 224/307.

26 TU Dresden CGG Nachlass 224/077.

27 Lothar Grisebach (1997): Ernst Ludwig Kirchners Davoser Tagebuch, Ostfildern: Verlag Gerd Hatje, Eintrag 26. Januar 1926, S. 126 f.

28 DAZ, 22.12.1921.

29 TU Dresden CGG Nachlass 126/150.

30 TU Dresden CGG Nachlass 224/371.

31 TU Dresden CGG Nachlass 224/143.

32 TU Dresden CGG Nachlass 224/214.

33 TU Dresden CGG Nachlass 224/214.

34 TU Dresden CGG Nachlass 224/348.

35 TU Dresden CGG Nachlass 224/218.

36 Kunstmuseum Bern, Liste Nachlass Gurlitt–München, Nr. 36/060 Karl Schmidt-Ruttluff, Glückwunschkarte, 25.8.1923.

37 TU Dresden CGG Nachlass 224/289, 262.

38 TU Dresden CGG Nachlass 121/061.

39 TU Dresden CGG Nachlass 109/001.

40 TU Dresden CGG Nachlass 009/009.

Kapitel 7: Vorerst am Ziel – vorerst am Ende (1925 bis 1930)

1 Michael Löffler (1995): Gurlitt: Erster Zwickauer Museumsdirektor, Stadt Zwickau, Abb. S. 11.
2 TU Dresden CGG Nachlass 031/018.
3 TU Dresden CGG Nachlass 031/018.
4 TU Dresden CGG Nachlass 121/040.
5 Vossische Zeitung, 15.7.1925, September 1925; Cicerone, No. 15 / Aug. 1926.
6 La décadence de l'art moderne à New York, in: L'Humanite, Paris, 25.9.1926.
7 TU Dresden CGG Nachlass 109/001.
8 TU Dresden CGG Nachlass 121/105.
9 Wissenswertes über Zwickau, in: Adressbuch der Kreisstadt Zwickau, 1925.
10 Adressbuch der Kreisstadt Zwickau, 1924.
11 Zit. nach: Petra Lewey und Wilfried Stoye (Hg.): Die Zwickauer Gemäldesammlung. Ausgewählte Werke (Sächsische Museen, Fundus, Bd. 2), Zwickau 2007, S. 19.
12 Stadtarchiv Düsseldorf: Kunstverein für die Rheinlande und Westfalen Christian Lenz an Hildebrand Gurlitt, 15.9.1955.
13 Kunstsammlungen Zwickau, Archiv: Max Pechstein-Museum, Max Pechstein an Hildebrand Gurlitt, 25.7.1925.
14 Kunstsammlungen Zwickau, Archiv: Korrespondenz Conrad Felixmüller – Hildebrand Gurlitt, 1928/29.
15 Kunstsammlungen Zwickau, Archiv: Hans Christoph an Hildebrand Gurlitt, 18.6.1928.
16 Staatsarchiv Coburg: Spruchkammerakten Bamberg Land, Hans Christoph, Erklärung, 8.4.1947.
17 Michael Löffler 1995, S. 22.
18 Kunstsammlungen Zwickau, Archiv: Korrespondenz Fritz Salo Glaser – Hildebrand Gurlitt, 1929.
19 Neuere Kunstwerke aus Dresdener Privatbesitz, III Jubiläumsausstellung Sächsischer Kunstverein, 1929, S. 22 f.
20 National Archives and Records Administration, Washington D. C. (NARA): Ardelia Hall Collection, Wiesbaden Administrative Records, Hildebrand Gurlitt, Erklärung und markierte Liste seiner Sammlung, Wiesbaden, 13. Dezember 1950.
21 Kunstsammlungen Zwickau, Archiv: Einlieferungsscheine zur Wanderausstellung «Das junge Dresden» des König-Albert-Museums Zwickau, Dresden 1925; KS-A, Zwickau: Korrespondenz Hans Christoph, Otto Griebel, Conrad Felixmüller, 1926–1929.
22 Archiv Andreas Hüneke, Potsdam: Werbefaltblatt «50. Museums-Ausstellung / Museum Zwickau 1930».

23 TU Dresden CGG Nachlass 121/060.
24 Michael Löffler 1995, S. 16.
25 Hildebrand Gurlitt 1930, S. 146.
26 Nolde Stiftung Seebüll, Archiv: Hildebrand Gurlitt an Emil Nolde, 2.5.1928.
27 TU Dresden CGG Nachlass 033/031.
28 Zwickauer Zeitung, 26.10.1929.
29 Staatliche Museen zu Berlin, Zentralarchiv: Gesprächsprotokolle DMB – Oberbürgermeister Holz, Zwickau, 1930.
30 Staatliche Museen zu Berlin, Zentralarchiv: Eingabe und Ergänzung des Kreises der Museumsfreunde Zwickau an Oberbürgermeister Holz, Zwickau, 12.2.1930/14.3.1930.
31 Staatliche Museen zu Berlin, Zentralarchiv: Gesprächsprotokolle DMB – Oberbürgermeister Holz, Zwickau, 1930.
32 Museum Behnhaus / Drägerhaus, Lübeck, Archiv: Carl Georg Heise an Hildebrand Gurlitt, 4.3.1931.
33 TU Dresden CGG Nachlass 031/036.
34 Zwickauer Zeitung, 9.11.1930.

Kapitel 8: Vom Regen in die Traufe (1931 bis 1933)

1 Herbert Molderings (Lehrstuhl für Kunstgeschichte, Ruhr-Universität Bochum, Biograph Kurt Kirchbachs) in einem Gespräch mit den Autorinnen in Berlin, 30.4.2015.
2 TU Dresden CGG Nachlass 033/061.
3 Hildebrand Gurlitt: Fotografie als Handwerk, in: Der Kreis. Zeitschrift für künstlerische Kultur, Heft 1 / Januar 1932, Hamburg, S. 48.
4 Zit. nach: Beth Gates Warren: Edward Weston and His German Connections, 2014, http://www.moma.org/interactives/objectphoto/assets/essays/Warren.pdf.
5 TU Dresden CGG Nachlass 121/086.
6 TU Dresden CGG Nachlass 026/009.
7 Privatarchiv Berlin: Helene Gurlitt an Cornelius Gustav Gurlitt, 4.5.1931.
8 1938 emigriert Karl Schneider in die USA, wo er 1945 stirbt, ohne als Architekt weitere Bauten realisiert zu haben.
9 Richard Tüngel: Sinn und Zweck des neuen Hamburger Ausstellungshauses, in: Der Kreis. Zeitschrift für künstlerische Kultur, Heft 6 / Juni 1930, Hamburg.
10 TU Dresden CGG Nachlass 031/038.
11 Neue Lotterie in den Straßen Hamburgs, Hamburger Anzeiger, 2.6.1932.
12 TU Dresden CGG Nachlass 031/038.
13 Kunstverein Hamburg, Archiv: Protocoll der Vorstandsversammlung 1930–1932, Vorstandssitzung 11.6.1931.

14 Hildebrand Gurlitt: Zum Winterprogramm des Kunstvereins in Hamburg, in: Der Kreis. Zeitschrift für künstlerische Kultur, Heft 8 / August 1931, Hamburg.
15 Hamburger Künstler stellen in Schweden aus, Hamburger Fremdenblatt, 20.10.1931.
16 Mitteilung von Rüdiger Joppien (ehem. Kurator Museum für Kunst und Gewerbe, Hamburg) an Meike Hoffmann, 3.6.2015.
17 Staats- und Universitätsbibliothek Hamburg: Nachlass Gustav Schiefler, Korrespondenz mit Johannes Meyer, 1932.
18 Hildebrand Gurlitt: Moderne englische Bildhauer, in: Die neue Stadt. Internationale Monatsschrift für architektonische Planung und städtische Kultur, Jg. 6 / 1932–1933, Heft 6/7, S. 149–150; Hildebrand Gurlitt: Die neue englische Malerei, in: Die neue Stadt. Internationale Monatsschrift für architektonische Planung und städtische Kultur, Jg. 6/1932–1933, Heft 9, S. 186–189.
19 Mitteilung Rüdiger Joppien (ehem. Kurator Museum für Kunst und Gewerbe, Hamburg) an Meike Hoffmann, 3.6.2015.
20 Staats- und Universitätsbibliothek Hamburg: Nachlass Max Sauerlandt, Brief an Hildebrand Gurlitt, 16.4.1932.
21 Kunstverein Hamburg, Archiv: Protocoll der Vorstandsversammlung 1932–1933, Vorstandssitzung 6.7.1932.
22 Staatsarchiv Hamburg, Senatskommission für die Kunstpflege, Hamburg: Ludolf Albrecht an Alexander Zinn, 2.2.1932.
23 TU Dresden CGG Nachlass 121/009.
24 TU Dresden CGG Nachlass 026/016.
25 TU Dresden CGG Nachlass 026/017.
26 Elizabeth Baars, Archiv, Hamburg: Hildebrand und Helene Gurlitt, Bekanntgabe der Geburt von Rolf Nikolaus Cornelius, 28.12.1932.
27 Staats- und Universitätsbibliothek Hamburg: Nachlass Fritz Schumacher, Carl Vincent Krogmann an Fritz Schumacher, 1944.
28 Hamburger Tageblatt, 16. April 1933.
29 Hamburger Tageblatt, 10.5.1933.
30 TU Dresden CGG Nachlass 121/092.
31 Hans Platte: 150 Jahre Kunstverein in Hamburg 1817–1967, Schriften des Kunstvereins in Hamburg, Nr. 2, Hamburg: Kunstverein, 1967, S. 24.
32 Kunstverein Hamburg, Archiv: Jahresbericht 1933, Jahresberichte 1933–1952.
33 Rolf Nesch an das Ehepaar des Arts, 10.8.1933, zit. nach: Rolf Nesch: Zeugnisse eines ungewöhnlichen Künstlerlebens in turbulenter Zeit, hg. von Maike Bruhns, Gifkendorf 1993, S. 143.
34 Städel Frankfurt am Main, Archiv: Akte Gurlitt: Otto Blumenfeld, Erklärung, 9.10.1946.
35 Kunstverein Hamburg, Archiv: Protocoll der Vorstandsversammlung 1932–1933, Vorstandssitzung 28.7.1933.

Kapitel 9: Zwischen Geradlinigkeit und taktischen Manövern (1933 bis 1937)

1 Staatsarchiv Coburg: Spruchkammerakten Bamberg Land, Hildebrand Gurlitt, Lebenslauf.
2 TU Dresden CGG Nachlass 026/021.
3 Gesetz zur Wiederherstellung des Berufsbeamtentums, 7.4.1933, § 3 (RGBl. 1933 I, S. 175–177), Erste Verordnung zur Durchführung des Gesetzes zur Wiederherstellung des Berufsbeamtentums, 11. April 1933, § 3.1 (RGBl. 1933 I, S. 175).
4 TU Dresden CGG Nachlass 026/021.
5 TU Dresden CGG Nachlass 026/023.
6 Staatsarchiv Coburg: Spruchkammerakte Bamberg Land, Hildebrand Gurlitt, Meldebogen.
7 TU Dresden CGG Nachlass 026/009.
8 TU Dresden CGG Nachlass 026/024.
9 TU Dresden CGG Nachlass 026/022.
10 Herbert Molderings im Gespräch mit Meike Hoffmann und Nicola Kuhn, Berlin 30.4.2015; Herbert Molderings an Meike Hoffmann, 18.6.2015.
11 TU Dresden CGG Nachlass 026/024.
12 Das Haus wurde 1946 beschlagnahmt, die Fabrik in Dresden-Coswig enteignet, während Kirchbach in Düsseldorf sein Unternehmen neu aufzubauen begann. Bei seinem Auszug ließ er einen Teil der Fotosammlung im Haus zurück, von dem zehn Aufnahmen 2005 auf der Herbstauktion der Villa Grisebach auftauchten.
13 TU Dresden CGG Nachlass 0121/095.
14 TU Dresden CGG Nachlass 224/332.
15 TU Dresden CGG Nachlass 033/077.
16 Hamburger Kunsthalle, Archiv: Hildebrand Gurlitt an Carl Georg Heise, 29.12.1945, zit. nach: Maike Bruhns: Kunst in der Krise. Hamburger Kunst im «Dritten Reich», Bd. 1, Hamburg 2001, S. 622.
17 Staatsarchiv Hamburg: Die Polizeibehörde, Abteilung III, Gewerbepolizei, Gewerbeanmeldeschein Nr. 16 915.
18 Privatarchiv: Werbepostkarte «Neu eröffnet / Kunstkabinett Dr. H. Gurlitt / Werke neuer und alter Meister / Wechselnde Ausstellungen / Hamburg 36 / Klopstockstr. 35 I Ruf: 44 26 00».
19 TU Dresden CGG Nachlass 121/097.
20 Hamburger Kunsthalle, Archiv: Wilhelm von Allwörden, Entscheidung zum Antrag der Behörde für Volkstum, Kirche und Kunst, zit. nach: Kat. Private Schätze. Über das Sammeln von Kunst in Hamburg bis 1933 (2001), hg. von Ulrich Luckhardt und Uwe M. Schneede, Hamburg: Christians Verlag, S. 38.

21 Staatliche Museen zu Berlin, Zentralarchiv: Nationalgalerie, Angebote von Gemälde, 1935.

22 Kunsthalle Mannheim, Archiv: Korrespondenz Hildebrand Gurlitt – Walter Passarge, 1935.

23 Empfehlung der Beratenden Kommission in der Sache «Behrens ./. Düsseldorf» (www.lostart.de/Content/06_Kommission/15-02-03-Empfehlung%20der%20Beratenden%20Kommission%20zum%20Fall%20Behrens-Düsseldorf.html).

24 Die Weltkunst, 22.12.1935, Kleinanzeigen.

25 Privatarchiv: Korrespondenz Hildebrand Gurlitt mit verschiedenen Sammlern.

26 Staatsarchiv Coburg: Spruchkammerakte Bamberg-Land, Hildebrand Gurlitt, Meldebogen Nr. 436.

27 Erste Verordnung zur Durchführung des Reichskulturkammergesetz, § 10, 1. November 1933 (RGBl I, S. 969).

28 TU Dresden CGG Nachlass 214/001, 026/023, 214/001.

29 Erste Verordnung zur Durchführung des Reichskulturkammergesetz, § 15, 1. November 1933 (RGBl I, S. 969).

30 Erste Verordnung zur Durchführung des Reichskulturkammergesetz, § 15, 1. November 1933 (RGBl I, S. 969).

31 Privatarchiv: Hildebrand Gurlitt an Gitta Gurlitt, 27.6.1935.

32 Hamburger Kunsthalle, Archiv: Anita Rée 1986, vgl. Maike Bruhns 2001, S. 225.

33 Karl Ballmer in einem Briefwechsel mit Gerhard Langmaack, Dezember 1935 – Januar 1936, abgedruckt in: Beat Wismer: Karl Ballmer 1891–1958. Der Maler, Aarauer Kunsthaus, Aarau 1990, S. 61 ff.

34 Staatsarchiv Coburg: Spruchkammerakte Bamberg-Land, Hildebrand Gurlitt, Hildebrand Gurlitt an den Öffentlichen Kläger Bamberg-Land, 28.12.1947.

35 TU Dresden CGG Nachlass 121/093.

36 Staatsarchiv Coburg: Spruchkammerakte Bamberg-Land, Hildebrand Gurlitt, Meldebogen Nr. 436.

37 Barbara Schweikert (Tochter von Mercedes Gurlitt) im Gespräch mit Meike Hoffmann, 23.3.2015.

38 Privatarchiv: Hildebrand Gurlitt, Bestätigung der Mitarbeit, 28.01.1937.

39 Mercedes Gurlitt: Begegnungen, unpubliziertes Manuskript, 1991/92.

40 Staatsarchiv Hamburg: Abwicklung von Entschädigungszahlungen für erlittene Kriegsschäden, Feststellungsbehörde, 1941.

41 Maike Bruhns 2001, S. 224.

42 Zit. nach: Maike Bruhns 2001, S. 103.

43 Roswitha Quadflieg 2006: Beckett was here. Hamburg im Tagebuch Samuel Becketts von 1936, Hamburg: Hoffmann und Campe, S. 115, 121.

44 Die Weltkunst, 5.4.1936; Hamburger Anzeiger, 14.4.1936.

45 Roswitha Quadflieg 2006, S. 147 f.

46 Landesarchiv Schleswig Holstein: Entschädigungsakte Karl Ballmer, Hildebrand Gurlitt, Erklärung, 14.2.1955.
47 Erste Verordnung zum Reichsbürgergesetz, 14.11.1935 (RGBl. I. S. 1146).
48 TU Dresden CGG Nachlass 195/001.
49 Prof. Gurlitt tritt in den Ruhestand, in: Deutsche Allgemeine Zeitung, 12.10.1937, Professor Wilibald Gurlitt ist von seinem Amt entpflichtet, Frankfurter Zeitung, 10.10.1937; Bundesarchiv Berlin: Personenakte Wilibald Gurlitt.
50 Landesarchiv Schleswig Holstein: Entschädigungsakte Karl Ballmer, Teilbescheid, 5.11.1955.
51 Staatsarchiv Hamburg: Meldekartei Gewerbe.
52 Bundesarchiv Berlin: Reichsministerium für Volksaufklärung und Propaganda, «Liste der seit 1933 aus der Reichskammer der bildenden Künste ausgeschlossenen Juden, Mischlingen [sic!] und mit Juden Verheirateten», 8.6.1938; «Liste der in der Kammer tätigen Voll-, Dreiviertel- u. Halbjuden».
53 Privatarchiv Berlin: Die Reichskammer der bildenden Künste an Helene Gurlitt, 13.9.1944.
54 Kunstverein Hamburg, Archiv: Protocoll der Vorstandsversammlung 1936–1937, Sitzung 21.12.1936.
55 Die Weltkunst, 20.12.1936, Kleinanzeigen.
56 Zit. nach: Maike Bruhns 2001, S. 225.

Kapitel 10: Der Pakt mit den Schergen (1937 bis 1941)

1 Adolf Hitler: Rede im Sportpalast Berlin, 10.2.1933.
2 Die Tagebücher von Joseph Goebbels (online 2000), Berlin, Boston: De Gruyter, Tagebucheintrag 5.6.1937 (www.degruyter.com/view/TJGO/TJG-3583).
3 Bundesarchiv Berlin: Reichsministerium für Volksaufklärung und Propaganda, Führererlass 30.6.1937.
4 Bundesarchiv Berlin: Reichsministerium für Volksaufklärung und Propaganda: Die «Liste der seit 1933 aus der Reichskammer der bildenden Künste ausgeschlossenen Juden, Mischlingen [sic!] und mit Juden Verheirateten» vom 8.6.1938 verzeichnet für Hamburg 25 «Volljuden und -jüdinnen» sowie 1 «Halbjuden» und 1 «jüdisch versippten» Kunsthändler; die weiterführende Liste aus den Jahren 1940 und 1941 nennt keine neu ausgeschlossenen Hamburger Kunsthändler.
5 John M. Steiner u. Jobst Freiherr von Cornberg (1998): Willkür in der Willkür: Befreiung von den antisemitischen Nürnberger Gesetzen, in: Vierteljahreshefte für Zeitgeschichte, Heft 2, S. 143–188, hier S. 158.
6 Die Tagebücher von Joseph Goebbels (online 2000), Tagebucheintrag 11.6.1937.

7 Vgl. Christoph Zuschlag (1995): «Entartete Kunst». Ausstellungsstrategien im Nazi-Deutschland, Worms: Wernersche Verlagsgesellschaft, S. 169 ff.

8 Prager Tagblatt (www.hausderdeutschenkunst.de/geschichte/grosse-deutsche-kunstausstellung.html).

9 Felix Hartlaub in seinen Briefen (1958), hg. von Erna Krauss und Gustav Friedrich Hartlaub, Tübingen: Rainer Wunderlich Verlag, S. 160.

10 Vgl. Christoph Zuschlag: 75 Jahre Ausstellung «Entartete Kunst», in: Der Berliner Skulpturenfund. «Entartete Kunst» im Bombenschutt. Entdeckung – Deutung – Perspektive (2012), hg. von Matthias Wemhoff, Meike Hoffmann und Dieter Scholz, Regensburg: Schnell und Steiner, S. 37 ff.

11 «Entartete Kunst – Ausstellungsführer» (1937), bearb. von Fritz Kaiser, Berlin: Verlag für Kultur- und Wirtschaftswerbung.

12 Die Tagebücher von Joseph Goebbels (online 2000), Tagebucheintrag 14.1.1938.

13 «Gesetz über Einziehung von Erzeugnissen entarteter Kunst», 31.5.1938 (RGBl. I, S. 612).

14 Bundesarchiv Berlin: Reichsministerium für Volksaufklärung und Propaganda, «Kommission zur Verwertung der Produkte entarteter Kunst», Franz Hofmann an Joseph Goebbels, 22. Juli 1938.

15 Der Kreis. Zeitschrift für künstlerische Kultur, hg. von Ludwig Beninghoff, Hamburg 1931, Jg. 8 / Heft 8.

16 TU Dresden CGG Nachlass 130/001.

17 Verordnung zur Ausschaltung der Juden aus dem deutschen Wirtschaftsleben, 12.11.1938 (RGBl. I, S. 1580).

18 Privatarchiv: Hildebrand Gurlitt an Werner Thiede, Landesleitung RdbK Hamburg, 12.11.1938.

19 Bundesarchiv Berlin: Reichsministerium für Volksaufklärung und Propaganda, Galerie Gurlitt, Hildebrand Gurlitt an Rolf Hetsch, 28.10.1938.

20 Bundesarchiv Berlin: Reichsministerium für Volksaufklärung und Propaganda, Galerie Gurlitt, Hildebrand Gurlitt: Liste mit 45 Werken aus Schloss Schönhausen.

21 Privatarchiv Berlin: Hildebrand Gurlitt an Rechtsanwalt Walter Schmidt, 1.2.1944.

22 Freie Universität Berlin, Forschungsstelle «Entartete Kunst», Archiv: Jeanpaul Goergen, Interview mit Gert Werneburg, o. D., S. 22.

23 Bundesarchiv Berlin: Reichsministerium für Volksaufklärung und Propaganda, Galerie Gurlitt, Rolf Hetsch an Hildebrand Gurlitt, 7.2.1939.

24 Freie Universität Berlin, Forschungsstelle «Entartete Kunst», Datenbank «Entartete Kunst», http://entartetekunst.geschkult.fu-berlin.de.

25 Bundesarchiv Berlin: Reichsministerium für Volksaufklärung und Propaganda, Galerie Gurlitt, Hildebrand Gurlitt an das Reichsministerium für Volksaufklä-

rung und Propaganda, 27.10.1939; Hildebrand Gurlitt, Ein- und Verkaufsbuch 1937, 20.5.1939, Nr. 1281.

26 Zit. nach: Georg Kreis (1990): «Entartete» Kunst für Basel. Die Herausforderung von 1939, Basel: Wiese Verlag, S. 58.

27 Kunstmuseum Basel, Archiv: zit. nach: Zuschlag 1995, S. 216.

28 Bundesarchiv Berlin: Reichsministerium für Volksaufklärung und Propaganda, Galerie Gurlitt.

29 Freie Universität Berlin, Forschungsstelle «Entartete Kunst», Datenbank «Entartete Kunst», http://entartetekunst.geschkult.fu-berlin.de.

30 Leopold Reidemeister (1956): Gedenkrede «In Memoriam Dr. Hildebrand Gurlitt», S. 8.

31 Vgl. Maike Bruhns 2001, S. 226.

32 NARA, Washington D. C.: Vernehmung Dr. Eduard Plietzsch, 22.8.1947.

33 Hildebrand Gurlitt: Einkaufsbuch Verkaufsbuch 1937–1941; Ein- und Verkaufsbuch 1937- (www.lostart.de); vgl. Freie Universität Berlin, Forschungsstelle «Entartete Kunst», Datenbank «Entartete Kunst», http://entartetekunst.geschkult.fu-berlin.de; Vanessa-Maria Voigt (2007): Kunsthändler und Sammler der Moderne im Nationalsozialismus. Die Sammlung Sprengel 1934 bis 1945, Berlin: Reimer.

34 Bundesarchiv Berlin: Reichsministerium für Volksaufklärung und Propaganda, Briefwechsel zwischen Ministerialdirektor Leopold Gutterer und Reinhard Heydrich, 25.4.–6.5.1941.

35 Bundesarchiv Berlin: Reichsministerium für Volksaufklärung und Propaganda, Hildebrand Gurlitt an die Abteilung IX – Bildende Kunst – im RMVP, 2.1.1940.

36 Bundesarchiv Berlin: Reichsministerium für Volksaufklärung und Propaganda, Galerie Gurlitt, Tauschvertrag, 12.3.1941.

37 Kunsthalle Mannheim, Archiv: Hildebrand Gurlitt an Walter Passarge, 27.10.1937.

38 Staatliche Museen zu Berlin, Zentralarchiv: Korrespondenz Hildebrand Gurlitt – Kaiser Friedrich-Museum Berlin und Nationalgalerie Berlin, 1941.

39 Kunstmuseum Moritzburg Halle, Archiv: Hermann Schiebel, Tagungsmitschrift, 8.8.1937.

40 Kunstmuseum Moritzburg Halle, Archiv: Robert Scholz an Oberbürgermeister Weidemann, zit. nach: Susana Köller: Zwischen Ablehnung und Wertschätzung. Werke Max Liebermanns in deutschen Museen nach 1933, in: Festschrift für Wolfgang Wittrock (2012), hg. von Meike Hoffmann, Andreas Hüneke, Tobias Teumer, Meerane: Schwarz-Medien-Center GmbH, S. 237 ff.

41 Muzeum Narodowe we Wrocławiu: Hildebrand Gurlitt an das Prov. Museum Breslau, 9.6.1941.

42 Archiwum Panstwowe we Wroclawiu: Oberregierungsrat Westram an den Reichswirtschaftsminister in Breslau, 5.12.1939.

43 Herder-Institut, Marburg: Lagerbuch Schlesisches Museum der bildenden Künste, Nr. 28 321, 28 322, 28 323, 28 324, 28 325.
44 Hamburger Kunsthalle, Archiv: Slg. 18, Hildebrand Gurlitt an Werner Kloos, 23.4.1938.
45 Hamburger Kunsthalle, Archiv: Slg. 18, Hildebrand Gurlitt an Carl Georg Heise, 4.11.1945, zit. nach: Maike Bruhns 2001, S. 622.
46 Hildebrand Gurlitt: Ein- und Verkaufsbuch 1937–, 1941, Nr. 1394–1398, 1402.
47 Hamburger Kunsthalle, Archiv: Slg. 18, Hildebrand Gurlitt an Carl Georg Heise, 29.12.1945, zit. nach: Maike Bruhns 2001, S. 622.

Kapitel 11: Im Auftrag des «Führers» (1941 bis 1944)

1 Hildebrand Gurlitt: Ein- und Verkaufsbuch 1937-, (www.lostart.de).
2 Museum der bildenden Künste, Leipzig, Archiv: Der Oberfinanzpräsident Leipzig an das Museum der bildenden Künste, Leipzig, 11.1.1940, 16.1.1940.
3 Hildebrand Gurlitt: Ein- und Verkaufsbuch 1937-, Nr. 1180–1193; Staatsarchiv Hamburg: Sonderbestand: Zeitungsausschnittsammlung, Familien und Personenkunde.
4 Auktionen: Hans W. Lange Berlin, 18.–19.11.1938 und 25.–27.01.1940, Lempertz Köln 12.–13.12.1939 und 3.02.1940, Kunst- und Versteigerungshaus Dr. Fritz Nagel Mannheim 22.02.1940.
5 Bundesarchiv Berlin: Reichsministerium für Volksaufklärung und Propaganda, Hildebrand Gurlitt an Rolf Hetsch, 12.11.1940.
6 Deutsches Kunstarchiv, Germanisches Nationalmuseum Nürnberg: Hans Posse: Tagebuch 1936–1942, Dresden – Berlin.
7 Jean Vlugt: Detailed Interrogation Report No 1 – Kajetan Mühlmann and the Dienststelle Mühlmann, 25.12.1945, S. 13.
8 Stadtarchiv Düsseldorf: Gedächtnisausstellung Georg Kolbe 1948.
9 Eduard Plietzsch (1955): … heiter ist die Kunst. Begegnungen mit Künstlern und Kennern, Gütersloh: Bertelsmann Verlag. Der Schwerpunkt liegt auf den Jahren vor dem Ersten Weltkrieg, Hildebrand Gurlitt wird nicht erwähnt.
10 Politisches Archiv des Auswärtigen Amtes Berlin: Paris, Deutsche Botschaft, Deutsches Institut, Ausstellungen 1943.
11 Stadtarchiv Düsseldorf: Mahn- und Gedenkstätte Düsseldorf, Korrespondenz Dr. Hildebrand Gurlitt 1942–1943, Hildebrand Gurlitt an Karl Epting, 20.5.1943.
12 Archives du ministère des Affaires étrangères, Paris: Michel Martin, Rapport Docteur Hildebrand Gurlitt, 1946; Privatarchiv Berlin: Geschäftskorrespondenz Hildebrand Gurlitt 1943–1944.
13 Stadtarchiv Düsseldorf: Mahn- und Gedenkstätte Düsseldorf, Korrespondenz Dr. Hildebrand Gurlitt 1942–1943, Hildebrand Gurlitt an Karl Epting, 6.5.1943.

14 Hans Domizlaff (1950): Nachdenkliche Wanderschaft – Autobiographische Fragmente, Bd. II, Hamburg: Hans Dulk, S. 304.

15 Vgl. die Charakterisierung der verschiedenen Händler «Entarteter Kunst» durch Gert Werneburg, Freie Universität Berlin, Forschungsstelle «Entartete Kunst», Archiv: Jeanpaul Goergen, Interview mit Gert Werneburg, o. D.

16 Deutsches Kunstarchiv, Germanisches Nationalmuseum Nürnberg: Nachlass Arnold Gutbier, Will Grohmann an Arnold Gutbier, 1941–1943.

17 Bargatzky-Bericht, 1944, in: Vierteljahrshefte für Zeitgeschichte, Jg. 13, Heft 3, Juli 1965, S. 285–337.

18 Archives du ministère des Affaires étrangères, Paris: Michel Martin, Rapport Docteur Hildebrand Gurlitt, 1946.

19 Stadtarchiv Düsseldorf: Mahn- und Gedenkstätte Düsseldorf, Korrespondenz Dr. Hildebrand Gurlitt 1942–1943, Hildebrand Gurlitt an Felix Kuetgens, 9.11.1943.

20 Privatarchiv Berlin: Staatsverwaltung der Hansestadt Hamburg, Vereinbarung, 4.10.1944.

21 Stadtarchiv Düsseldorf: Mahn- und Gedenkstätte Düsseldorf, Hildebrand Gurlitt an das Ernährungsamt Dresden, Stadtbezirk 11, o. D.

22 Stadtarchiv Düsseldorf: Mahn- und Gedenkstätte Düsseldorf, Hildebrand Gurlitt an das Erholungsheim des Deutschen Roten Kreuzes, Grunewald Kreis Glatz bei Reinerz, 29.?.1943.

23 Bundesarchiv Berlin: Reichsstelle Papier- und Verpackungswesen, vgl. Devisenanträge Kunstkabinett Gurlitt 1943–1944.

24 Petra Lewey und Wilfried Stoye (Hg.): Die Zwickauer Gemäldesammlung. Ausgewählte Werke (Sächsische Museen, Fundus, Bd. 2), Zwickau 2007, S. 30 f.

25 Bundesarchiv Berlin: Reichsstelle Papier- und Verpackungswesen, Durchschrift zum Antrage einer Devisenbescheinigung für die Wareneinfuhr sowie zur Bezahlung der entstehenden besonderen Nebenkosten, 10.3.1944.

26 Bundesarchiv Koblenz: Treuhandverwaltung von Kulturgut bei der Oberfinanzdirektion München, Notiz zur Akte Dr. Gurlitt, 2.9.1941.

27 Privatarchiv Berlin: Gustav Rochlitz, Tableaux anciens et modernes, expertises, Rechnung Palma Vecchio «Portrait de Femme», 5.2.1944.

28 Stadtarchiv Düsseldorf: Mahn- und Gedenkstätte Düsseldorf, Erhard Göpel an Hildebrand Gurlitt, 15.1.1943, 22.1.1943.

29 Stadtarchiv Düsseldorf: Mahn- und Gedenkstätte Düsseldorf, Erhard Göpel an Hildebrand Gurlitt, 15.8.1943; Privatarchiv Berlin: Erhard Göpel an die Pass-Stelle der Deutschen Botschaft Paris, 21.12.1943.

30 Archives of American Art, Smithsonian Institution: Beckmann Papers, Notebooks 1904–1948, Diaries 30.06.1944–31.12.1944.

31 Stadtarchiv Düsseldorf: Korrespondenz Beckmann-Ausstellung, 1949–1950.

32 Archives of American Art, Smithsonian Institution: Beckmann Papers, Correspondence 1948–1954, Max Beckmann an Minna Beckmann, 1.1.1950.

33 Staatsarchiv Coburg: Spruchkammerakten Bamberg Land, Max Beckmann an Hildebrand Gurlitt, 6.8.1946.

34 NARA, Washington D. C.: Ardelia Hall Collection, Wiesbaden Administrative Records, Collection Gurlitt, Hildebrand Gurlitt an Collecting Point, Fine Art and Monuments, 3.10.1946.

35 Stadtarchiv Düsseldorf: Mahn- und Gedenkstätte Düsseldorf, vgl. Korrespondenz Hildebrand Gurlitt 1942–1943; Privatarchiv Berlin: vgl. Korrespondenz Hildebrand Gurlitt 1943–1944.

36 Zentrale Datenbank der Namen der Holocaustopfer (http://db.yadvashem.org).

37 Privatarchiv Berlin: Hildebrand Gurlitt an Paul Roemer, 11.3.1944.

38 Hildebrand Gurlitt: Ein- und Verkaufsbuch 1937, 22.9.1941, Nr. 1470–1508.

39 NARA, Washington D. C.: Ardelia Hall Collection, Wiesbaden Administrative Records, Collection Gurlitt, Hildebrand Gurlitt an Collecting Point, Fine Art and Monuments, 3.10.1946.

40 Beate Battenfeld: «Neumann, Carl» in: Neue Deutsche Biographie 19 (1999), S. 154–156.

41 Lynn H. Nicolas (1994): The Rape of Europa. The Fate of Europe's Treasures in the Third Reich and the Second World War, New York: Vintage Books / Random House Inc., S. 154.

42 NARA, Washington D. C.: Strategic Services Unit, War Department, Art Looting Investigation Unit, Consolidated Interrogation Report No. 4, Linz Hitler's Museum and Library, S. 51.

43 Bundesarchiv Berlin: Reichsstelle Papier- und Verpackungswesen, vgl. Devisenanträge Kunstkabinett Gurlitt 1943–1944.

44 Hanns Christian Löhr (2005): Das Braune Haus der Kunst. Hitler und der Sonderauftrag Linz, Oldenburg: Akademie Verlag, S. 117.

45 Verordnung über den Warenverkehr 11.12.1942 (RGBl I, S. 685 § 10).

46 Privatarchiv Berlin: vgl. Korrespondenz Hildebrand Gurlitt 1943–1944.

47 Katja Terlau: Das Wallraf-Richartz-Museum in der Zeit zwischen 1933–1945, in: Museen im Zwielicht. Ankaufspolitik 1933–1945 / Die eigene Geschichte. Provenienzforschung an deutschen Museen (2007), Veröffentlichungen der Koordinierungsstelle für Kulturgutverluste Magdeburg, Bd. 2, Calbe: Grafisches Centrum Cuno, S. 31 ff.

48 Ute Haug: «sucht ständig zu kaufen» – Karl Haberstock und die deutschen Kunstmuseen, in: Horst Kessler (2008): Karl Haberstock. Umstrittener Kunsthändler und Mäzen, München und Berlin: Deutscher Kunstverlag, S. 41 ff.

49 Privatarchiv Berlin: Werner Kloos an Hildebrand Gurlitt, 4.4.1944.

50 Bundesarchiv Berlin: Reichsstelle Papier- und Verpackungswesen, vgl. Devisenanträge Kunstkabinett Gurlitt 1943–1944.
51 Privatarchiv Berlin: Aktennotiz betr. Dr. Hildebrand Gurlitt, Dresden, 14.1.1944.

Kapitel 12: Ein Lastauto voller Kunst (1944 bis 1947)

1 Privatarchiv Berlin: Hildebrand Gurlitt an Familie Krause, 6.7.1944.
2 Privatarchiv: RA Johannes Sienknecht an Hildebrand Gurlitt, o. D. (1944).
3 Privatarchiv Berlin: Hildebrand Gurlitt an Erich und Arno Krause, 6.7.1944.
4 Privatarchiv Berlin: Reichskammer der bildenden Künste Berlin an Helene Gurlitt, 29.8.1944.
5 Privatarchiv Berlin: Reichskammer der bildenden Künste Berlin an Helene Gurlitt, 12.9.1944.
6 Staatsarchiv Coburg: Spruchkammerakten Bamberg-Land, Maya Gotthelf, Erklärung, 6.3.1946.
7 Privatarchiv Berlin: Fritz Walther an Hildebrand Gurlitt, 7.8.1944.
8 Stadtarchiv Düsseldorf: Mahn- und Gedenkstätte Düsseldorf, Dresdner Transport- und Lagerhaus-Aktiengesellschaft, Rechnung an Hildebrand Gurlitt, September 1944.
9 Privatarchiv Berlin: Reichskammer der bildenden Künste Berlin, Rundschreiben an alle Kunst- und Antiquitätenhändler, o. D.
10 Kathrin Iselt (2010): «Sonderbeauftragter des Führers». Der Kunsthistoriker und Museumsmann Hermann Voss (1884–1969), Köln: Böhlau-Verlag, S. 344 f.
11 NARA, Washington D. C.: O. S. S. Art Looting Investigation Unit – Detailed Interrogation Reports (DIR), Report No. 12, Hermann Voss, September 1945.
12 Vgl. Horst Kessler: Karl Haberstocks Kunsthandel bis 1944, seine Rolle im «Dritten Reich» und die Augsburger Stiftung, in: Karl Haberstock – Umstrittener Kunsthändler und Mäzen, hg. von Horst Kessler (2008), München / Berlin: Deutscher Kunstverlag, S. 17 ff.
13 Staatsarchiv Coburg: Spruchkammerakten Bamberg-Land, Hildebrand Gurlitt an den Herrn Vorsitzenden der Spruchkammer Bamberg-Land, 25.6.1947.
14 Privatarchiv: Hildebrand Gurlitt an Horst Meixner, o. D.
15 Privatarchiv: Helene Gurlitt an Lisa Arnhold, 1947.
16 NARA, Washington D. C.: Ardelia Hall Collection, Wiesbaden Administrative Records, Collection Gurlitt, Hildebrand Gurlitt, Sworn Statement, to Capt. Dwight McKay, 1st, Lt, Inf., Aschbach Germany, 10.6.1945.
17 Politisches Archiv des Auswärtigen Amtes Berlin: Verzeichnis der durch die Deutsche Botschaft sichergestellten Bilder und Kunstgegenstände.

18 NARA, Washington D. C.: Capt. Thomas Giuli, Excerpt from «Daily Reports», 16.05.1945, 1945- Monthly Report On Monuments Fine Arts And Archives Eastern Military District – Third United States Army Activity Reports, 1945, M1941, Roll: 31.

19 NARA, Washington D. C.: Excerpts from «Daily Reports», 16.05.1945, Annexure 6 to Capt. Thomas Giuli, MFA&A Officer, Wurzburg, 31.07.1945, July 1945- Monthly Report On Monuments Fine Arts And Archives Eastern Military District – Third United States Army Activity Reports, 1945, RG 260. M1941, Roll: 31.

20 Privatarchiv Berlin/München: Hildebrand Gurlitt an Wolfgang Gurlitt, 12.6.1945.

21 NARA, Washington D. C.: Consolidated Interrogation Report No. 4, Linz: Hitler's Museum and Library, 15. Dezember 1945, (3) Dr. Hildebrandt (sic) Gurlitt, S. 51–53, hier S. 52–53.

22 NARA, Washington D. C.: Ardelia Hall Collection, Wiesbaden Administrative Records, Collection Gurlitt, Hildebrand Gurlitt, Sworn Statement, to Capt. Dwight McKay, 1st, Lt, Inf., Aschbach Germany, 10.6.1945.

23 NARA, Washington D. C.: Ardelia Hall Collection, Wiesbaden Administrative Records, Collection Gurlitt, Hildebrand Gurlitt an Rose Valland, 10.2.1947.

24 NARA, Washington D. C.: Office of Military Government of Bavaria, Declaration of Property Removed From an Area Occupied by German Forces, 29.4.1946.

25 NARA, Washington D. C.: Ardelia Hall Collection, Wiesbaden Administrative Records, Collection Gurlitt, Hildebrand Gurlitt, Eidesstattliche Erklärung, 4.3.1947.

26 NARA, Washington D. C.: National Archives Collection of World War II War Crimes Records, Record Group 238, Chief of Counsel for the Prosecution of Axis Criminality, Hildebrand Gurlitt, Auflistung der sichergestellten Werke mit Angaben zur Provenienz und handschriftlichen Annotationen [1945].

27 NARA, Washington D. C.: Art Looting Investigation Unit, Information by Dr. Gurlitt, 3.10.1945.

28 Privatarchiv Berlin/München: Hildebrand Gurlitt an Wolfgang Gurlitt, 12.6.1945.

29 Privatarchiv: Hildebrand Gurlitt an Hugo Engel, 29.8.1946.

30 NARA, Washington D. C.: Ardelia Hall Collection, Munich Administrative Records, Hildebrand Gurlitt an Jean Lenthal, 25.9.1947.

31 Getty Research Institute, Los Angeles: Alois Schardt papers and photographs 1917–1983, Hildebrand Gurlitt an Alois Schardt, 2.1.1948.

32 Privatarchiv Berlin/München: Hildebrand Gurlitt an Wolfgang Gurlitt, 12.6.1945.

33 Privatarchiv: Hildebrand Gurlitt an Pfarrer Emmerich, o. D.

34 Karl Ballmer, in: Beckett in Hamburg 1936, online Ausstellung der Staats- und Universitätsbibliothek Hamburg Carl von Ossietzky.
35 Privatarchiv: Hildebrand Gurlitt an Ehepaar Ballmer, 18.2.1947.
36 Privatarchiv: Karl Ballmer an Ehepaar Gurlitt, 14.8.1948.
37 Privatarchiv: Karl Ballmer an Ehepaar Gurlitt, 9.9.1948.

Kapitel 13: Restitutionsversuche nach dem Krieg (1947 bis 1948)

1 Staatliche Museen zu Berlin, Zentralarchiv: Deutscher Museumsbund, Mitgliederliste des Freundeskreises des König-Albert-Museums und Korrespondenzen der Mitglieder.
2 Staatsarchiv Coburg: Spruchkammerakten Bamberg-Land, Hildebrand Gurlitt, Arbeitsblatt Einkommen Auskunft, o. D.; Hildebrand Gurlitt, Erklärung zu abweichenden Angaben zum Einkommen, 26.10.1946.
3 Staatsarchiv Coburg: Spruchkammerakten Bamberg-Land, Der öffentliche Kläger der Spruchkammer Bamberg-Land an Hildebrand Gurlitt, 18.6.1947, Die Militärregierung Special Branch, 23.10.1947.
4 Staatsarchiv Coburg: Spruchkammerakten Bamberg-Land, Bamberger Verlagshaus Meisenbach & Co an den öffentlichen Kläger der Spruchkammer Bamberg-Land, 17.2.1947.
5 Staatsarchiv Coburg: Spruchkammerakten Bamberg-Land, Josef Haubrich, Eidesstattliche Versicherung, 18.2.1947.
6 Bundesarchiv Berlin: Reichsstelle Papier- und Verpackungswesen, Durchschrift zum Antrage einer Devisenbescheinigung für die Wareneinfuhr, 8.10.1944.
7 Privatarchiv Berlin: Geschäftskorrespondenz Hildebrand Gurlitt, Briefe 1944.
8 Staatsarchiv Coburg: Spruchkammerakten Bamberg-Land, Paul Clemen, Erklärung, 7.1.1946.
9 Staatsarchiv Coburg: Spruchkammerakten Bamberg-Land, Karl Kröner, Eidesstattliche Erklärung, 17.4.1947; Bernhard Kretzschmar, Erklärung, 3.4.1947; Hans Christoph, Erklärung, 27.4.1947.
10 Staatsarchiv Coburg: Spruchkammerakten Bamberger-Land, Rudolf Adrian Dietrich an Hildebrand Gurlitt, 26.2.1946.
11 Staatsarchiv Coburg: Spruchkammerakten Bamberg-Land, Excerpt aus einem Brief von Ludwig Renn an Hildebrand Gurlitt, 5.6.1946.
12 Vgl. Ludwig Renn (1967): Ausweg – Bei Cornelius Gurlitt, Berlin / Weimar: Aufbau-Verlag, S. 256 ff. u. a.
13 NARA, Washington D. C.: Ardelia Hall Collection, Wiesbaden Administrative Records, Collection Gurlitt, Walter Clemen, 7.01.1946.
14 Bundesarchiv Berlin: Reichsministerium für Volksaufklärung und Propaganda,

Briefwechsel zwischen Ministerialdirektor Leopold Gutterer und Reinhard Heydrich, 25.4.–6.5.1941.

15 Horst Kessler 2008, S. 31 ff.

16 Staatsarchiv Coburg: Spruchkammerakten Bamberg-Land, Nachtrag zum Bericht vom 30.10.1947, Zeugenaussagen 1 / Sa. Paul Theodor Hildebrand Gurlitt, Inge Hertmann, 27.11.1947.

17 Staatsarchiv Coburg: Spruchkammerakten Bamberg-Land, Einzug Unbelastetenkarte Hildebrand Gurlitt, 17.12.1947.

18 Stadtarchiv Düsseldorf: Kunstverein für die Rheinlande und Westfalen, Hildebrand Gurlitt an Kurt Forberg, 6.1.1948.

19 Archiv der Hamburger Kunsthalle, Slg. 18, zit. nach Maike Bruhns 2001, S. 622.

20 Staatsarchiv Coburg: Spruchkammerakten Bamberg-Land, Nachtrag zum Bericht vom 30.10.1947, Zeugenaussagen 1 / Sa. Paul Theodor Hildebrand Gurlitt, Karla Langhoff, 1.12.1947.

21 Privatarchiv Berlin: Hildebrand Gurlitt an Pastor Knolle, 06.07.1944.

22 Staatsarchiv Coburg: Spruchkammerakten Bamberg-Land, Guido Schönberger, An alle die es angeht, 7.6.1947.

23 Staatsarchiv Coburg: Spruchkammerakten Bamberg-Land, Maya Gotthelf, Erklärung, 6.3.1946.

24 Maike Bruhns 2001, S. 476.

25 Staatsarchiv Coburg: Spruchkammerakten Bamberg-Land, Hildebrand Gurlitt an den Öffentlichen Kläger Bamberg-Land, 8.12.1947.

26 Staatsarchiv Coburg: Spruchkammerakten Bamberg-Land, Inge Hertmann an Hildebrand Gurlitt, 12.10.1944, 24.5.1946.

27 Staatsarchiv Hamburg: Amtsgericht, Handels-Genossenschaftsangelegenheiten, Brief der Handelskammer Hamburg an die Firma Kunstkabinett Dr. H. Gurlitt, 26.11.1952.

28 Staatsarchiv Coburg: Spruchkammerakten Bamberg-Land, Hildebrand Gurlitt an Herrn Brodkorb, 8.1.1948.

29 Staatsarchiv Coburg: Spruchkammerakten Bamberg-Land, Verfahren Hildebrand Gurlitt eingestellt, 12.1.1948.

30 NARA, Washington D. C.: Restitution Branch, Economics Division, Office of Military Government for Germany, So-called «Degenerate Art». (U. S.), APO 742 an Information Control Division, Office of Military Government for Wuerttemberg-Baden, APO 154, 4.2.1947.

31 NARA, Washington D. C.: Restitution Branch, Economics Division, Office of Military Government for Germany, So-called «Degenerate Art». (U. S.), APO 742 an Information Control Division, Office of Military Government for Wuerttemberg-Baden, APO 742, 25.01.1947, fold3.

32 NARA, Washington D. C.: Ardelia Hall Collection, Munich Administrative Records, Gurlitt Collection, Liste 1951/4.

33 NARA, Washington D. C.: Ardelia Hall Collection, Munich Administrative Records, Gurlitt Collection, vgl. unterschiedliche Versionen der Werkliste.

34 NARA, Washington D. C.: National Archives Collection of World War II War Crimes Records, Record Group 238, Chief of Counsel for the Prosecution of Axis Criminality, Hildebrand Gurlitt, Auflistung der sichergestellten Werke mit Angaben zur Provenienz und handschriftlichen Annotationen [1945].

35 NARA, Washington D. C.: Ardelia Hall Collection, Munich Administrative Records, Gurlitt Collection, Karl Ballmer, Bestätigung, 30.12.1950, William G. Daniels an Hildebrand Gurlitt, 9.1.1951.

36 Staats- und Universitätsbibliothek Hamburg, Carl von Ossietzky: Handschriftenabteilung, Nachlass Max Sauerlandt, Karl Ballmer an Max Sauerlandt, 20.12.1933.

37 Städel, Frankfurt, Archiv: Akte Gurlitt, Hildebrand Gurlitt an Ernst Holzinger, 21.10.1946.

38 NARA, Washington D. C.: Ardelia Hall Collection, Munich Administrative Records, Gurlitt Collection, William G. Daniels an Hildebrand Gurlitt, 9.1.1951.

39 NARA, Washington D. C.: Ardelia Hall Collection, Munich Administrative Records, Gurlitt Collection, Hildebrand Gurlitt an von Schmidt von Altenstein, 21.1.1951.

Kapitel 14: Neuer Anfang, alte Schuld (1945 bis 1947)

1 Getty Research Institute, Los Angeles: Alois Schardt papers and photographs 1917–1983, Hildebrand Gurlitt an Alois Schardt, 2.1.1948.

2 Privatarchiv: Hildebrand Gurlitt an Heinrich Ellermann, 1947.

3 Sächsische Landesbibliothek – Staats- und Universitätsbibliothek Dresden: Nachlass Ernst Hassebrauk, vgl. Raumaufnahme Ernst-Hassebrauk-Ausstellung, Kunstausstellung Kühl Dresden, Januar – Februar 1945.

4 Vgl. Karl-Ludwig Hofmann und Christmut Präger: «Wegbereiter in ein «Neuland» – Der Kunsthändler Rudolf Probst, in: Von Monet bis Mondrian. Meisterwerke der Moderne aus Dresdner Privatsammlungen der ersten Hälfte des 20. Jahrhunderts, hg. von Heike Biedermann, Ulrich Bischoff und Mathias Wagner (2006), Ausstellungskatalog Galerie Neue Meister, Staatliche Kunstsammlungen Dresden, Dresden: Deutscher Kunstverlag, S. 61 ff.

5 Privatarchiv: Hildebrand Gurlitt an Hannes Gerlach, 22.10.1947.

6 Privatarchiv: Hildebrand Gurlitt an Hannes Gerlach, 22.10.1947.

7 Berlinische Galerie Museum für moderne Kunst, Ferdinand Möller Archiv: Hildebrand Gurlitt an Ferdinand Möller, 24.10.1947.

8 Staatsarchiv Coburg: Spruchkammerakten Bamberg-Land, Korrespondenz Finanzamt Bamberg-Land, 1947.

9 Vgl. Meisterwerke der Moderne – Die Sammlung Haubrich im Museum Ludwig (2012), Ausstellungskatalog Museum Ludwig Köln, Köln: Verlag Buchhandlung Walter König.

10 Vgl. Freie Universität Berlin, Forschungsstelle «Entartete Kunst», Datenbank «Entartete Kunst».

11 Freie Universität Berlin, Forschungsstelle «Entartete Kunst», Archiv: vgl. Jeanpaul Goergen, Interview mit Gert Werneburg, o. D.

12 NARA, Washington D. C.: National Archives Collection of World War II War Crimes Records, Record Group 238, Chief of Counsel for the Prosecution of Axis Criminality, Hildebrand Gurlitt, Auflistung der sichergestellten Werke mit Angaben zur Provenienz und handschriftlichen Annotationen [1945].

13 Privatarchiv: Hildebrand an Wolfgang Gurlitt, 12.3.1947.

14 Deutsches Zentrum Kulturgutverluste: Lost Art Datenbank, www.lostart.de/DE/Fund/478440.

15 NARA, Washington D. C.: National Archives Collection of World War II War Crimes Records, Record Group 238, Chief of Counsel for the Prosecution of Axis Criminality, Hildebrand Gurlitt, Auflistung der sichergestellten Werke mit Angaben zur Provenienz und handschriftlichen Annotationen [1945].

16 Privatarchiv: Franz Resch an Hildebrand Gurlitt, 31.10.1949.

17 Privatarchiv: Hildebrand Gurlitt an Gitta Gurlitt, 17.2.1938.

18 Von Dada bis Beuys. 30 Jahre Kunstverein für die Rheinlande und Westfalen mit Karl-Heinz Hering (1998), hg. von Marie-Luise Otten, Ratingen: Schwarzbach-Presse, S. 41.

19 Privatarchiv: Hildebrand Gurlitt an Wolfgang Gurlitt, 12.3.1947.

20 Vgl. Maike Bruhns 2001, S. 439.

21 Hildebrand Gurlitt: Einkaufsbuch Verkaufsbuch 1937–1941; Ein- und Verkaufsbuch 1937-, Nr. 1394–1397 (www.lostart.de).

22 Hamburger Kunsthalle, Archiv: Slg. 18, Werner Kloos an den Senator Becker, 1.2.1941, zit. nach: Maike Bruhns 2001, S. 621.

23 Hamburger Kunsthalle, Archiv: Slg. 18, Hildebrand Gurlitt an Carl Georg Heise, 29.12.1945, zit. nach: Maike Bruhns 2001, S. 622.

24 Privatarchiv: Hildebrand Gurlitt an Carl Georg Heise, 28.12.1945.

25 Hamburger Kunsthalle, Archiv: Carl Georg Heise an Rechtsanwalt Ruscheweyh, 20.11.1945, zit. nach: Maike Bruhns 2001, S. 211.

26 Staatsarchiv Coburg: Spruchkammerakten Bamberg-Land, Denunziation Inge Hertmann und Erwiderung Hildebrand Gurlitt, 1947.

27 Stadtarchiv Zwickau: Hildebrand Gurlitt an Bürgermister Tischler, 7.12.1945.

28 Vgl. Will Grohmann: Leben – Werk – Kontexte, in: Im Netzwerk der Moderne. Kirchner, Braque, Kandinsky, Klee, Richter, Bacon, Altenbourg und ihr Kritiker, Will Grohmann (2013), hg. von Konstanze Rudert, München: Hirmer, S. 334 ff.

29 Katalog zur Allgemeinen Kunstausstellung Dresden 1946, Dresden: Sachsenverlag, S. 6.

30 Privatarchiv: Der Rat der Stadt Dresden an Hildebrand Gurlitt, 18.3.1946.

31 Privatarchiv: Hildebrand Gurlitt an Gustav Hartlaub, 10.5.1946.

32 Privatarchiv: Helene Gurlitt an Lisa Arnhold, 1947.

33 Privatarchiv: Landesverwaltung Sachsen Fragebogen, Hildebrand Gurlitt, 16.3.1946.

34 Ausstellung Expressionismus in Malerei und Plastik (1946), Ausstellungskatalog Kaiser-Wilhelm-Museum 15.12.1946–15.1.1947, Krefelder Museums-Verein.

35 Washington D. C.: Ardelia Hall Collection, Munich Administrative Records, Hildebrand Gurlitt an Rose Valland, 10.2.1947.

Kapitel 15: Ein gewichtiges Erbe (1948 bis 1956)

1 Stadtarchiv Düsseldorf: Korrespondenz zum Anstellungsvertrag Hildebrand Gurlitt, 1947.

2 Stadtarchiv Düsseldorf: Anstellungsvertrag Hildebrand Gurlitt, 4.3.1948.

3 NARA, Washington D. C.: Ardelia Hall Collection, Wiesbaden Administrative Records, Collection Gurlitt, Cultur Property Adviser Theodore A. Heinrich, Out-Shipment 234, 15.12.1950.

4 Mit den Fotos aus Familienbesitz ist die Behauptung, etwa in der FAZ vom 11.11.2013, dass Gurlitt seine Werke unter Verschluss gehalten habe, entkräftet.

5 Rheinische Post, 14.7.1948.

6 Stadtarchiv Düsseldorf: Korrespondenz und Unterlagen zur Ausstellung Christian Rohlfs, 1949.

7 Stadtarchiv Düsseldorf: Hildebrand Gurlitt an Jena Lenthal und Victor Mandl, o. D.

8 Stadtarchiv Düsseldorf: Korrespondenz und Unterlagen zur Ausstellung Marc Chagall, 1949–1950.

9 Stadtarchiv Düsseldorf: Korrespondenz Hildebrand Gurlitt – Marc Chagall, 1949–1950.

10 Stadtarchiv Düsseldorf: Korrespondenz Hildebrand Gurlitt an Marc Chagall, 27.1.1950.

11 Von Dada bis Beuys. 30 Jahre Kunstverein für die Rheinlande und Westfalen mit Karl-Heinz Hering (1998), hg. von Marie-Luise Otten, Ratingen: Schwarzbach-Presse, S. 41.

12 Von Dada bis Beuys. 30 Jahre Kunstverein für die Rheinlande und Westfalen mit Karl-Heinz Hering (1998), hg. von Marie-Luise Otten, Ratingen: Schwarzbach-Presse, S. 29.

13 Vgl. Der Mittag, 9.3.1950; Rheinisches Echo, 21.6.1950; Kölnische Rundschau, 2.12.1949 u. a.

14 Archives of American Art, Smithonian Institution: Beckmann Papers, Correspondence 1948–1954, Werbefaltblatt zur Max-Beckmann-Ausstellung im Kunstverein für die Rheinlande und Westfalen, 1950.

15 Stadtarchiv Düsseldorf: Manuskript zur Tätigkeit von Hildebrand Gurlitt im Kunstverein für die Rheinlande und Westfalen, 20.4.1955.

16 Stadtarchiv Düsseldorf: Werbefaltblatt «Gemälde aus dem Museo de Arte Sao Paulo. Kunstverein für die Rheinlande und Westfalen Düsseldorf. Alleestraße Kunsthalle. Ende August bis Anfang Oktober».

17 Stadtarchiv Düsseldorf: zit. nach: Tätigkeitsbericht Karl-Heinz Hering, 24.1.1957.

18 Die Gurlittstraße liegt im Süden der Friedrichstadt, Ecke Mecumstraße.

19 Stadtarchiv Düsseldorf: Hildebrand Gurlitt, Aus dem Vorwort zu einer Wanderausstellung deutscher Aquarelle der letzten 50 Jahre in USA, 1954, S. 8.

20 Privatarchiv Berlin: Kopien der Fragebogenaktion und Korrespondenzen mit den Künstlern und Sammlern, 1942–1949.

21 Stadtarchiv Düsseldorf: Hildebrand Gurlitt, Aus dem Vorwort zu einer Wanderausstellung deutscher Aquarelle der letzten 50 Jahre in USA, 1954, S. 12.

22 Stadtarchiv Düsseldorf: Hildebrand Gurlitt, Aus dem Vorwort zu einer Wanderausstellung deutscher Aquarelle der letzten 50 Jahre in USA, 1954, S. 12.

23 Stadtarchiv Düsseldorf: Hildebrand Gurlitt an Helene Münscher vom Auswärtigen Amt, Kulturabteilung, Bonn 29.5.1956.

24 Stadtarchiv Düsseldorf: Katja Terlau, Zusammenstellung der Daten von Hildebrand Gurlitts Tätigkeiten, 28.2.2001.

25 Maurice Philip Remy in einem Gespräch mit Meike Hoffmann, 3.5.2015.

26 NARA, Washington D. C.: O. S. S. Art Looting Investigation Unit. Detailed Interrogation Reports, No. 4, Gustav Rochlitz, 1945, Tauschvertrag 21.

27 Taskforce Schwabinger Kunstfund: Provenienzbericht zu Henri Matisse «Sitzende Frau / In einem Sessel sitzende Frau / Femme assise» (1921), 2014 (www.taskforce-kunstfund.de).

28 Erika Bucholtz: Ausgrenzung und «Arisierung». Der Leipziger Musikverlag C. F. Peters, in: «Arisierung» in Leipzig. Annäherung an ein lang verdrängtes Kapitel der Stadtgeschichte der Jahre 1933 bis 1945, hg. von Monika Gibas (2007), Leipzig: Universitätsverlag, S. 98 ff.

29 Museum der bildenden Künste, Leipzig, Archiv: Der Oberfinanzpräsident Leipzig an das Museum der bildenden Künste, Leipzig, 11.1.1940, 16.1.1940.

30 Hildebrand Gurlitt: Ein- und Verkaufsbuch 1937–, Nr. 1292–1295.

31 Landesarchiv Berlin: Wiedergutmachungsakten: Korrespondenz Wiedergutmachungsämter Berlin und Helene Gurlitt, 1966–1967.
32 Privatarchiv: Helene Gurlitt an Dietrich Gurlitt, 6/1967.
33 Stadtarchiv Düsseldorf: Hildebrand Gurlitt, Typoskript Geburtstag, 1955.
34 Stadtarchiv Düsseldorf: Wolfgang Gurlitt an Hildebrand Gurlitt, 12.9.1955.
35 Stadtarchiv Düsseldorf: Otto Pankok an Hildebrand Gurlitt, 2.10.1955.
36 Stadtarchiv Düsseldorf: Manuskript zur Tätigkeit von Hildebrand Gurlitt im Kunstverein für die Rheinlande und Westfalen, 20.4.1955.
37 Zit. nach: Der Mittag, Düsseldorf, 20.12.1956.
38 Jürgen Paul im Gespräch mit Meike Hoffmann, 10.10.2014.
39 Von Dada bis Beuys. 30 Jahre Kunstverein für die Rheinlande und Westfalen mit Karl-Heinz Hering (1998), hg. von Marie-Luise Otten, Ratingen: Schwarzbach-Presse, S. 33.
40 Rheinische Post, Nr. 263, 10.11.1956.
41 Leopold Reidemeister: In memoriam Dr. Hildebrand Gurlitt, Gedenkrede, gehalten im Kunstverein für die Rheinlande und Westfalen, 24.1.1957, S. 3, 4.
42 Stuttgarter Kunstkabinett Roman Norbert Ketterer, 35. Auktion moderne Kunst, 20. und 21. Mai 1960, Nr. 57, 501, 503.

Kapitel 16: Vom Dunkel ins Scheinwerferlicht

1 Freie Universität Berlin, Forschungsstelle «Entartete Kunst», Datenbank «Entartete Kunst», http://entartetekunst.geschkult.fu-berlin.de.
2 Zit. nach: Der Spiegel, 47/2013.
3 Stadtarchiv Düsseldorf: Personalakte Cornelius Gurlitt, vgl. Benedikt Mauer (2015): Cornelius Gurlitt in Düsseldorf. Annäherungen an einen Kunstbegeisterten, in: Düsseldorfer Jahrbuch. Beiträge zur Geschichte des Niederrheins, Bd 85, Essen: Klartext Verlag GmbH, S. 293.
4 Düsseldorfer Stadtarchiv: Personalakte Cornelius Gurlitt, Arbeitszeugnis, 21.3.1958.
5 Stephan Holzinger im Gespräch mit Nicola Kuhn, 5.3.2015.
6 Stephan Holzinger im Gespräch mit Nicola Kuhn, 5.3.2015.
7 Der Spiegel, 49/2013.
8 Volker Rieble: Politische Strafjustiz. Der Umgang der Staatsanwaltschaft mit den Gemälden Cornelius Gurlitts spricht dem Rechtsstaat Hohn. In dieser Form ist er eigentlich nur aus Diktaturen bekannt, in: Frankfurter Allgemeine Zeitung, 25.11.2013.
9 Pressemitteilung der Stiftung Preußischer Kulturbesitz «Hermann Parzinger sieht Vorschlag von Jutta Limbach skeptisch» vom 21.11.2014.
10 «Bern verhält sich anständig». Fall Gurlitt, Auch «entartete Kunst» soll restitu-

iert werden. Das fordert die Vorsitzende der Raubkunst-Kommission, in: Aargauer Zeitung, 5.12.2014.

11 Christopher Pramstaller: Münchner Kunstfund. Geheimniskrämerei um geraubte Kunst, in: Zeit online, 5.11.2013.

Kapitel 17: Eine Sammlung sucht ihren Ort

1 Zit. nach: «Schnellstmögliche Aufklärung?», in: SZ, 27.3.2015.

2 Gemeinsame Pressemitteilung der Beauftragten der Bundesregierung für Kultur und Medien, des Kunstmuseums Bern und des Bayerischen Staatsministeriums der Justiz vom 24.11.2014.

3 Deutsches Erbgut. Spiegel-Gespräch mit Kulturstaatsministerin Monika Grütters und Ronald Lauder, Präsident des Jüdischen Weltkongresses, in: Der Spiegel, 45/2014.

4 Simon Gemperli: Stuart Eizenstat lobt die Gurlitt-Vereinbarung. Holocaust-Berater der US-Regierung glaubt nicht an Klagen gegen das Kunstmuseum Bern, in: Neue Zürcher Zeitung, 8.12.2014.

5 Kerstin Krupp: Gurlitts schwieriges Erbe. Verwandte wollen nicht, dass die Sammlung nach Bern geht, in: Berliner Zeitung, 24.11.2014.

6 Das Geschäft mit der Raubkunst. Fakten, Thesen, Hintergründe, hg. von Matthias Frehner (1998), Zürich: Verlag Neue Zürcher Zeitung.

Kapitel 18: Folgen für öffentliche Museen und private Sammlungen

1 dpa: Täter und Nutznießer. Museen und Nazi-Behörden, die jüdisches Eigentum beschlagnahmten, spielten oft zusammen, in: Salzburger Nachrichten, 23.2.2002.

2 Jüdische Allgemeine, 15.5.2014.

3 Robert M. Edsel (2013): Monuments Men. Die Jagd nach Hitlers Raubkunst. St. Pölten.

4 Anders Rydell (2014): Hitlers Bilder. Kunstraub der Nazis – Raubkunst in der Gegenwart, S. 325 f., Frankfurt.

5 Götz Aly (2005): Hitlers Volksstaat – Raub, Rassenkrieg und nationaler Sozialismus, Frankfurt. Ders. (2015): Volk ohne Mitte. Die Deutschen zwischen Freiheitsangst und Kollektivismus, Frankfurt.

6 Matthias Thibaut: Gurlitt ist nur der Anfang. Das wirft ein schlechtes Licht: Im Umgang mit NS-Beutekunst handelt der deutsche Staat zögerlich und ineffektiv. Sagt Anne Webber von der «Commission for Looted Art» in London, in: Der Tagesspiegel, 19.11.2013.

7 E-Mail vom 2.3.2015 an Nicola Kuhn.

8 Stefan Koldehoff (2014): Die Bilder sind unter uns. Das Geschäft mit der NS-Raubkunst und der Fall Gurlitt. Berlin: Galiani 2014.

9 Jan Bykowski: Triumphe auf Papier, in: Der Tagesspiegel, 27.12.2014.

10 Ira Mazzoni: Verweigerte Aufklärung. Bei Cornelius Gurlitt wird beschlagnahmt – anderen fragwürdigen Kunstsammlern baut der Staat Museen, in: Süddeutsche Zeitung, 12.12.2013.

11 12. September 2014 bis 1. November 2015.

12 Sabine Schulze, Silke Reuther (Hg.) (2014): Raubkunst Provenienzforschung zu den Sammlungen des Museum für Kunst und Gewerbe Hamburg, Hamburg.

13 Samuel Wittwer: Die Folgen der Raubkunst. Beutekunst und staatliche Enteignung aus der Sicht eines Museums der Neuen Bundesländer, in: Tagungsband «Raubkunst/Beutekunst», Deutscher Kunstsachverständigentag, 27. Januar 2014 im Wallraf-Richartz-Museum in Köln.

Archive und Quellen

Akademie der Künste, Archiv
Literatur, Ludwig Renn Archiv
Darstellende Künste, Tanzarchiv, Nachlass Mary Wigman
Historisches Archiv, Institutionsbestände, Ausstellungen
Bildende Künste

Archives du ministère des Affaires étrangères, Paris
Michel Martin, Rapport Docteur Hildebrand Gurlitt, 1946
Commission Récuperation Artistique
Correspondance Hildebrand Gurlitt à Rose Valland

Archives of American Art, Smithsonian Institution
Beckmann Papers, Correspondence 1948–1954

Archiwum Panstwowe we Wroclawiu
Finanzbehörde der Provinz Niederschlesien und Breslau
Reichswirtschaftsministerium Breslau

Beckmann-Archiv, München
Skizzenbücher, Bilder- und Einnahmelisten

Berlinische Galerie Museum für moderne Kunst, Archiv
Ferdinand Möller Archiv, Korrespondenz mit Hildebrand Gurlitt
Raoul Hausmann Archiv, Korrespondenz mit Hildebrand Gurlitt

Bundesarchiv Berlin / Koblenz
Reichsministerium für Volksaufklärung und Propaganda, Verwertungskommission, Kommissionslisten und Kauf- und Tauschverträge mit Bernhard A. Böhmer, Karl Buchholz, Hildebrand Gurlitt, Korrespondenzen
ehem. Berlin Document Center, Akte Hermann Voss, Reichskammer der bildenden Künste, Personalakten, Devisenstelle, Handakten der Sachbearbeiter
Reichsstelle Papier- und Verpackungswesen

Reichsministerium für Wissenschaft, Erziehung und Volksbildung
Reichswirtschaftsministerium
Reichskanzlei
Kulturpolitisches Archiv
Treuhandverwaltung von Kulturgut bei der Oberfinanzdirektion München

Deutsches Kunstarchiv Nürnberg

Hans Posse Reisetagebücher
Nachlass Conrad Felixmüller
Max Beckmann, Einzelausstellungen
Cornelius Gustav Gurlitt
Nachlass Arnold Gutbier
Nachlass Hermann Voss
Nachlass Cornelius Müller-Hofstede
Nachlass Eduard Plietzsch

Deutsches Literaturarchiv Marbach

Nachlass Paul Fechter, Korrespondenz mit Hildebrand, Cornelius und Wolfgang Gurlitt

Düsseldorf Kunstsammlungen, Archiv

Inventarbücher
Melde- und Beschlagnahmelisten
Fotobestand

Düsseldorfer Stadtarchiv

Kunstverein für die Rheinlande und Westfalen, Hildebrand Gurlitt
Kunstmuseum Düsseldorf, Personalakte Cornelius Gurlitt
Mahn- und Gedenkstätte Düsseldorf, Korrespondenz Dr. Hildebrand Gurlitt 1942–1943

Ernst Barlach Haus, Stiftung Hermann F. Reemtsma, Archiv

Akte Hildebrand Gurlitt

Freie Universität Berlin, Forschungsstelle «Entartete Kunst»

Jeanpaul Goergen Archiv
Datenbank «Entartete Kunst», intern

Forschungsstelle für Zeitgeschichte in Hamburg

Hamburger Kulturverwaltung 1933–1945

Georg Kolbe Museum, Archiv
Nachlass Georg Kolbe, Korrespondenz mit RA Sienknecht

Getty Research Institut, Los Angeles
Alois Schardt papers and photographs 1917–1983

Hamburger Kunsthalle, Archiv
Auslieferung von öffentlichem Kunstbesitz an die Feindbundmächte

Herder-Institut, Marburg
Lagerbuch Schlesisches Museum der bildenden Künste

Humboldt Universität Berlin, Archiv
Friedrich-Wilhelms-Universität zu Berlin, Philosophische Fakultät, Studienakte Hildebrand Gurlitt, Studienakte Leopold Reidemeister

Johann Wolfgang Goethe-Universität Frankfurt am Main, Archiv
Studienakte Hildebrand Gurlitt

Karl und Magdalene Haberstock Stiftung Augsburg, Archiv
Korrespondenz

Kunsthalle Bremen, Archiv
Korrespondenzen mit Hildebrand Gurlitt, Angebote

Kunsthalle Mannheim, Archiv
Korrespondenz Walter Passarge mit Hildebrand Gurlitt, Angebote

Kunstsammlungen Zwickau, Stadtarchiv
Korrespondenzen alphabetisch, Hildebrand Gurlitt mit Künstlern, Sammlern, Geschäftspartnern und Museumskollegen
Schriftwechsel chronologisch, Ausstellungsorganisation, Einlieferungslisten, Ankäufe
Inventarbücher
Verwaltungsberichte

Kunstverein Hamburg, Archiv
Protocoll der Vorstands-Versammlungen 1930–1936
Protocoll der Deliberations-Versammlungen 1930–1933
Jahresberichte
Kassenbücher

Landesarchiv Berlin

Wiedergutmachungsakten
Reichskammer der bildenden Künste, Landesleitung Berlin, Personalakte Wolfgang Gurlitt

Landesarchiv Schleswig-Holstein Kiel

Aktenbestand Entschädigungsverfahren, Katharina Ballmer

Landesmuseum Oldenburg, Archiv

Korrespondenz Walter Müller-Wulckow mit Hildebrand Gurlitt

Museum Wiesbaden, Archiv

«Entartete Kunst»
Tauschakten

Museum Behnhaus / Drägerhaus Lübeck, Archiv

Korrespondenz Carl Georg Heise mit Hildebrand Gurlitt

Museum der bildenden Künste Leipzig, Archiv

Ankäufe, Schenkungen, Stiftungen, Korrespondenz Oberfinanzpräsident Leipzig mit dem Museum der bildenden Künste

Muzeum Narodowe we Wrocławiu

Korrespondenz Hildebrand Gurlitt mit den Museumsmitarbeitern

National Archives and Records Administration (NARA), Washington D. C.

Daily and Monthly Reports, Monuments Fine Arts & Archives
Interrogation Reports, Strategic Services Unit, War Department, Art Looting Investigation Unit
Ardelia Hall Collection, Wiesbaden Administrative Records, Collection Gurlitt
Office of Military Government of Bavaria
National Archives Collection of World War II War Crimes Records

Nolde Stiftung Seebüll, Archiv

Korrespondenz Hildebrand Gurlitt mit Emil Nolde

Politisches Archiv des Auswärtigen Amtes Berlin

Paris, Deutsche Botschaft, Verzeichnisse von sichergestellten Kunstwerken
Deutsches Institut, Propagandistische Tätigkeit, Veranstaltungen und Ausstellungen

Privatarchiv
Dokumente, Materialien und Fotografien aus Nachlässen von Familienmitgliedern

Privatarchiv Andreas Hüneke, Potsdam
König-Albert-Museum Zwickau, Zeitungsartikel, Werbematerial

Privatarchiv Berlin
Geschäftsunterlagen Hildebrand Gurlitt ab 1943

Privatarchiv Berlin/München
Dokumente, Materialien und Fotografien aus Nachlässen von Familienmitgliedern

Privatarchiv Elisabeth Baars Hamburg
Dokumente und Fotografien aus Nachlässen von Familienmitgliedern

Rijksbureau voor Kunsthistorische Documentatie (RKD), Den Haag
Bildarchiv

Sächsische Landesbibliothek Dresden
Teilnachlass von Rudolf Adrian Dietrich
Ausstellungsfotografien

Schweizerisches Bundesarchiv Bern
Aktenbestand Entrechtungsschäden, Rückwanderer, Karl Ballmer

Staatliche Kunstsammlungen Dresden, Archiv
Archiv 1, Korrespondenz Posse – Sächsisches Ministerium für Volksbildung
Führerauftrag Linz, Sammlung von Schriftstücken
Posteingangsbücher Gemäldegalerie, Angebote und Anfragen von Hildebrand Gurlitt
Vorakten Gemäldegalerie, Kriegsbedingte Auslagerungen

Staatliche Museen zu Berlin, Zentralarchiv
Deutscher Museumsbund, Korrespondenzen, Protokolle der Tagungen und Sitzungen, Mitgliederlisten
Kaiser Friedrich-Museum Berlin, Angebote und Ankäufe, Korrespondenz Hildebrand Gurlitt
Nationalgalerie, Angebote und Ankäufe Korrespondenz Hildebrand Gurlitt, «Entartete Kunst» Tauschvorgänge

Staatsarchiv Coburg
Spruchkammerakten Bamberg-Land, Hildebrand Gurlitt

Staatsarchiv Hamburg

Staatliche Pressestelle, Zeitschriften-Ausschnittsammlung, Ausstellungen und Berichterstattung, Kunstverein Hamburg, Familien und Personenkunde
Hamburger Künstlerverein
Senatskommission für die Kunstpflege
Kulturbehörde
Die Polizeibehörde, Abteilung III, Gewerbepolizei
Gemeindeverwaltung, Feststellungsbehörde
Familie Krogmann
Kriegsschädensakten

Staats- und Universitätsbibliothek Hamburg Carl von Ossietzky

Nachlass Gustav Schiefler, Korrespondenz mit Hildebrand Gurlitt, Johannes Meyer, Conrad Felixmüller, Max Beckmann
Gustav Schiefler, Tagebuch 1933
Nachlass Max Sauerlandt, Korrespondenz mit Hildebrand Gurlitt, Karl Ballmer
Nachlass Fritz Schumacher, Korrespondenz mit Familienmitgliedern Gurlitts, Carl Vincent Krogmann
Nachlass Manfred Gurlitt
Hamburger Bibliothek für Universitätsgeschichte, «Drittes Reich»
Hamburger Tageszeitungen

Stadtarchiv Wiesbaden

Nassauischer Kunstverein

Städel Frankfurt am Main, Archiv

Hildebrand Gurlitt, Korrespondenzen, Teile der Spruchkammerakte

Technische Universität Dresden, Archiv

Nachlass Cornelius Gustav Gurlitt
Königlich Sächsische Hochschule, Allgemeine Abteilung, Studienakte Hildebrand Gurlitt

Universität zu Köln, Archiv

Theaterwissenschaftliche Sammlung, Programmzettel Tanzaufführungen mit Helene Hanke, Fotografien

Zentralinstitut für Kunstgeschichte München

Photothek
Altbestand Abbildungen von Werken aus dem CCP München mit Provenienzen

Bildnachweis

Wir danken dem Universitätsarchiv der TU Dresden und dessen Direktor Dr. Matthias Lienert für die großzügige Bereitstellung des Archivmaterials aus dem Nachlass Cornelius Gurlitt.

S. 17: Kunstsammlungen Zwickau/picture alliance/dpa
S. 29: TU Dresden, Nachlass Cornelius Gurlitt_fs157
S. 36: TU Dresden, Nachlass Cornelius Gurlitt_fs160
S. 40: TU Dresden, Nachlass Cornelius Gurlitt_fs135
S. 43: TU Dresden, Nachlass Cornelius Gurlitt_fs177
S. 63: TU Dresden, Nachlass Cornelius Gurlitt_fs183
S. 66: TU Dresden, Nachlass Cornelius Gurlitt_fs182
S. 70: Heinrich-Heine-Institut, Rheinisches Literaturarchiv, Nachlass Eulenberg
S. 82: © 2016 Pechstein Hamburg/Tökendorf
S. 88: Privatbesitz, Berlin/München
S. 104: Von Monet bis Mondrian. Meisterwerke der Moderne aus Dresdner Privatsammlungen der ersten Hälfte des 20. Jahrhunderts, hg. von Heike Biedermann u. a., Dresden 2006, S. 112
S. 110: Akademie der Künste, Berlin/Gret-Palucca-Archiv 5989
S. 112: TU Dresden, Nachlass Cornelius Gurlitt, Brief von Hildebrand und Helene Gurlitt an Wilibald und Gertrud Gurlitt, 1923, Nr. 126/145
S. 115: © akg-images/arkivi
S. 119: © KUNSTSAMMLUNGEN ZWICKAU
Max-Pechstein-Museum
S. 122: Heim und Welt Nr. 34, 24.8.1930, S. 4 (Beilage zum Dresdner Anzeiger)
S. 131: © Kunstverein in Hamburg/Kals
S. 137: Foto: Ernst Scheel, © Petra Vorreiter/Getty Research Institute, Los Angeles
S. 142: Staatsarchiv Hamburg, Z_900=719, Hamburger Fremdenblatt, November 1931
S. 152: © ullstein bild/Heinz Fremke
S. 166: www.hamburg-bildarchiv.de, AA 7138
S. 181: © ullstein bild/ullstein bild
S. 184: © bpk

S. 205: © Nürnberg, Germanisches Nationalmuseum, Deutsches Kunstarchiv, NL Posse, Hans, I,B-1 (0004)

S. 227: © Privatbesitz

S. 231: © Ludwig Dorbert

S. 235: Robert Posey Collection, courtesy of the Monuments Men Foundation for the Preservation of Art

S. 246: © Staatsarchiv Bamberg, Spruchkammer Bamberg-Land G 251, Blatt 62

S. 299: © Kunstverein für die Rheinlande und Westfalen, Düsseldorf

S. 303: Das Titelblatt wurde gestaltet unter Verwendung von Erich Heckels Graphik «Der Mann», 1913 (Dube 262); © Nachlass Erich Heckel, Hemmenhofen

S. 315: © Goran Gajanin/Paris Match/Bestimage

S. 320: © Saša Fuis Photographie, Köln/Kunsthaus Lempertz/VG Bild-Kunst, Bonn 2016

S. 327: picture alliance/BARBARA GINDL/APA

S. 332: © Kunstmuseum Bern

S. 339: © akg-images

Personenregister